Die Deutsche Bibliothek - CIP-Einheitsaufnahme

Werner Wirth / Edmund Lauf (Hrsg.):
Inhaltsanalyse:
Perspektiven, Probleme, Potentiale
Köln : Halem, 2001
ISBN 3-931606-40-6

Alle Rechte, insbesondere das Recht der Vervielfältigung
und Verbreitung sowie der Übersetzung, vorbehalten.
Kein Teil des Werkes darf in irgendeiner Form (durch
Fotokopie, Mikrofilm oder ein anderes Verfahren)
ohne schriftliche Genehmigung des Verlages reproduziert
oder unter Verwendung elektronischer Systeme
(inkl. Online-Netzwerken) gespeichert, verarbeitet,
vervielfältigt oder verbreitet werden.

© 2001 by Herbert von Halem Verlag, Köln

ISBN 3-931606-40-6

GESTALTUNG: mikan media design, Meerbusch
PRODUKTION: Print Communications, Düsseldorf
UMSCHLAGFOTO: Imagebank Germany
Copyright Lexicon © 1992 by The Enschedé Font Foundry.
Lexicon® is a Registered Trademark of The Enschedé Font Foundry.

Werner Wirth / Edmund Lauf (Hrsg.)

Inhaltsanalyse:

Perspektiven, Probleme, Potentiale

Herbert von Halem Verlag

Inhalt

Vorwort   7

Teil I: Konzeptualisierung und Standardisierung

WOLFGANG HÜNING   13
Standardisierung von Inhaltsanalysen für
Fernsehnachrichten? Eine exemplarische Meta-Analyse
zum Stand der Methode

INGRID A. SCHMID / CARSTEN WÜNSCH   31
Definition oder Intuition?
Die Konstrukte ›Information‹ und ›Unterhaltung‹
in der empirischen Kommunikationsforschung

HANS-JÜRGEN WEISS / JOACHIM TREBBE   49
Fernsehinformation.
Zur Methode kontinuierlicher Programmanalysen
in einem medienpolitisch aufgeladenen Forschungsfeld

UDO MICHAEL KRÜGER   72
Das Problem bleibt das Problem: Replik zum
Beitrag von Hans-Jürgen Weiß und Joachim Trebbe

Teil II: Kategorienbildung

BERTRAM SCHEUFELE   82
Notwendigkeit, Nutzen und Aufwand von
Mehrfach- und Sondercodierungen

HELENA BILANDZIC / FRIEDERIKE KOSCHEL / 98
BERTRAM SCHEUFELE
Theoretisch-heuristische Segmentierung im Prozeß
der empiriegeleiteten Kategorienbildung

WERNER FRÜH 117
✗ Kategorienexploration bei der Inhaltsanalyse.
Basiswissengeleitete offene Kategorienbildung (BoK)

PATRICK RÖSSLER 140
Visuelle Codierung und Vielfalts-Analysen auf Mikroebene.
Kategorisierungs- und Auswertungsstrategien für die
ikonographische Untersuchung journalistischer
Berichterstattung

Teil 3: Codierprozeß und Gütesicherung

WERNER WIRTH 157
✗ Der Codierprozeß als gelenkte Rezeption.
Bausteine für eine Theorie des Codierens

MARCUS MAURER / OLAF JANDURA 183
Kontrast oder Konsistenz?
Ein Feldexperiment zum Einfluß der
Kanzlerpräferenz auf das Codierverhalten bei
Inhaltsanalysen in Wahlkämpfen

EDMUND LAUF / JOCHEN PETER 199
Die Codierung verschiedensprachiger Inhalte.
Erhebungskonzepte und Gütemaße

EVELYN ENGESSER / CARSTEN REINEMANN 218
Können sich Aussagen und Beiträge widersprechen?
Die Relevanz sozialpsychologischer Erkenntnisse zur
Personenwahrnehmung für die inhaltsanalytische
Tendenzmessung

Teil 4: Instrumente und Anwendungen

KLAUS MERTEN 234
✗ Konsensanalyse.
Ein neues Instrument der Inhaltsanalyse

STEFFEN KOLB / RAINER MATHES / CHRISTOPH KOCHHAN 244
Von der kommunikatzentrierten Auswertung von
Medieninhaltsanalysen zur Schätzung von Rezeptionswahrscheinlichkeiten. Wahrnehmungschancen als Ansatz für
eine Weiterentwicklung der Inhaltsanalyse

ELKE GRITTMANN 262
Fotojournalismus und Ikonographie.
Zur Inhaltsanalyse von Pressefotos

PATRICK RÖSSLER / WERNER WIRTH 280
Inhaltsanalysen im World Wide Web

Teil 5: Computergestützte Analysen

CORNELIA ZÜLL / MELINA ALEXA 303
Automatisches Codieren von Textdaten.
Ein Überblick über neue Entwicklungen

ALFONS GEIS 318
Konventionelle versus computergestützte Codierung
offener Fragen. Ein Vergleich der Codierergebnisse

LUTZ HAGEN 337
Freitextrecherche in Mediendatenbanken als Verfahren
zur computergestützten Inhaltsanalyse. Beschreibung,
theoretische und praktische Überlegungen zur
Validität und ein Anwendungsbeispiel

Teil 6: Inhaltsanalyse und Methodenlehre

WERNER WIRTH 353
Zum Stellenwert der Inhaltsanalyse in der
kommunikations- und medienwissenschaftlichen
Methodenausbildung

EVA BAUMANN 362
Graduell oder grundsätzlich?
Unterschiede der inhaltsanalytischen
Grundlagenliteratur von K. Merten und W. Früh

Autorenbiographien 374

Vorwort

Der vorliegende Band informiert über Entwicklungen der Inhaltsanalyse und soll zu einer Wiederaufnahme der Diskussion über ihre methodischen Probleme anregen. Angesichts der zunehmenden Bedeutung der Inhaltsanalyse in der Kommunikationswissenschaft und der bislang nur schwach ausgeprägten Reflexionskultur zur Methode selbst war dieser Themenband zur Inhaltsanalyse aus unserer Sicht überfällig.

Relevant ist das Thema, weil die Inhaltsanalyse mittlerweile zur zentralen Methode der Kommunikations- und Medienwissenschaft geworden ist (MERTEN 1995: 13; DGPuK 2001: 7): In Deutschland ist nicht nur ein steter Zuwachs an einschlägigen inhaltsanalytischen Arbeiten in Publikationen festzustellen (MERTEN 1995: 355), auch in der kommunikationswissenschaftlichen Lehre ist die Inhaltsanalyse zur dominanten Erhebungsmethode gewachsen und wird in nahezu 80% aller medien- und kommunikationswissenschaftlichen Vollstudiengänge gelehrt (vgl. den Beitrag von Wirth zur Methodenausbildung in diesem Band). Auch in Abschlußarbeiten erfreut sich die Inhaltsanalyse größter Beliebtheit, zumindest wenn man TRANSFER, die Sammlung der kommunikationswissenschaftlichen Nachwuchsforschung der DGPuK, zum Maßstab nimmt. Keine andere Methode wurde demnach häufiger eingesetzt als die Inhaltsanalyse (www.dgpuk.de/transfer; Stand 1/2001).

International hat die Inhaltsanalyse eine vergleichbare Bedeutung in der Kommunikationswissenschaft: So stieg der Anteil der Artikel im *Journalism Quarterly*, die inhaltsanalytisch ermittelte Ergebnisse berichten, von sechs Prozent 1971 auf 20 Prozent 1980 und schließlich 35 Prozent 1995 (RIFFE & FREITAG 1997: 518). Und in der Methodenlehre in den USA war die Inhaltsanalyse schon in den 80er Jahren Bestandteil von 84 Prozent aller Methodenkurse auf Master-Niveau, während die Befragung nur in 73 Prozent der Kurse thematisiert wurde (FOWLER 1986).

Die zunehmende Anwendung und Bedeutung in der Lehre in Deutschland führte bislang allerdings weder zu einer Etablierung inhaltsanalytischer Methodenstandards (LAUF 2001) noch zu einer methodischen Entwicklung (MERTEN & GROSSMANN 1996). Beides ist nur möglich, wenn methodische Probleme in Forschung und Lehre reflektiert werden. Geeignete Foren dafür können Jahrestagungen sein[1] und auch Fachzeitschriften. Ein Beispiel ist die kontinuierliche Diskussion von Reliabilitätsproblemen in den USA[2], die nicht unwesentlich dazu beigetragen haben dürfte, daß im *Journalism Quarterly* überwiegend Reliabilitäten und ihr Zustandekommen berichtet und dokumentiert werden (RIFFE & FREITAG 1997, LAUF 2001). Daß auf deutschen Fachtagungen eine Reflexion der Methode eine Rarität ist und in deutschen kommunikationswissenschaftlichen Zeitschriften häufig am Platz zur Darstellung der Methode gespart wird, fördert nicht die methodische Diskussion um aktuelle Probleme und Entwicklungen der Inhaltsanalyse. Auch die (einführenden) Lehrbücher sind dazu nur bedingt in der Lage. Gerade die deutschsprachige Lehrbuchsituation ist symptomatisch für die Situation: Die Ausbildung stützt sich im wesentlichen auf nur zwei Lehrbücher (von K. MERTEN und W. FRÜH; vgl. BAUMANN in diesem Band), die beide bald ihr zwanzigjähriges Dienstjubiläum antreten, freilich in überarbeiteten und erweiterten Auflagen. Einerseits weisen die Neuauflagen in zum Teil immer kürzeren Zeitabständen auf den stetig wachsenden Bedarf hin. Andererseits belegt die Tatsache, daß sie immer noch so gut wie konkurrenzlos bzw. ohne weiterführende Ergänzungen seitens anderer kommunikationswissenschaftlicher AutorInnen geblieben sind, daß eine breite Methodenentwicklung offenbar nicht bzw. ohne kommunikationswissenschaftliche Beteiligung stattfand. Auf dem anglo-amerikanischen Markt sieht dies durchaus anders aus (vgl. etwa RIFFE, LACY & FICO 1998).

Zu erwarten, daß alle kommunikationswissenschaftlichen Studierenden und ForscherInnen an amerikanischen und internationalen Konfe-

---

1 Im Rahmen der Annual Conference der ICA 2001 finden z.B. ein Workshop zur »Computer-Aided Text Analysis« (CATA) statt, und Panels zu den Themen »Content Analysis of Mass Communication Context: New Aspects for Communication Research and Practice« und »Advanced Methods for Studying Media Content«.

2 Allein in den letzten Jahren erschienen im *Journalism Quarterly* vier Beiträge zum Thema Reliabilität in der Inhaltsanalyse: KAUFMAN, REESE DYKERS & CALDWELL 1993; LACY & RIFFE 1996; RIFFE & FREITAG 1997 und MCMILLAN 2000.

renzen teilnehmen und auch englischsprachige Fachzeitschriften und Bücher rezipieren, ist zwar wünschenswert, jedoch wenig realistisch und zudem nicht ausreichend: Denn auch internationale Tagungen und Journals haben ihre blinden Flecken, vor allem dann, wenn es um spezifische Probleme deutscher Inhalte und ihrer Analyse geht.

Mit einer Tagung zum Thema »Inhaltsanalyse: Innovative Anwendungen, Gütekriterien, Standardisierungs- und Systematisierungsansätze« der DGPuK-Fachgruppe »Methoden der Publizistik- und Kommunikationswissenschaft« im September 2000 haben wir versucht, nicht die Ergebnisse, sondern die Methode in den Mittelpunkt zu stellen. Die Resonanz auf den ›Call for Paper‹ und die vor allem in der Folgezeit als Reaktion auf die Tagung entstandenen Diskussionen haben uns dazu ermutigt, mit einer Sammelpublikation die im Laufe der letzten zwanzig Jahre entstandenen Lücken zumindest teilweise aufzudecken, zu problematisieren und vielleicht ab und an zu schließen. Unser Ziel war dabei nicht, mit einer einzigen Publikation quasi »ex cathedra« den Stand der Forschung zu dokumentieren. Vielmehr wollten wir den *Diskurs* - und nicht zuletzt die *Forschung* - über die Methode der Inhaltsanalyse (neu) beleben. In diesem Sinne ist es als erfreulich zu werten, daß der diskursive Prozeß bereits *innerhalb* des vorliegenden Sammelwerkes deutlich wird (vgl. insbesondere die Beiträge von WEISS & TREBBE und KRÜGER sowie von BILANDZIC, KOSCHEL & SCHEUFELE UND FRÜH). Dies sowie die Reihe weiterer problematisierender Diskussionen, innovativer Vorschläge und aufschlußreicher Methodenstudien in diesem Band stimmt uns zuversichtlich, daß Tagung und Reader keine einmalige Aktion bleiben, sondern zu weiteren Studien und Diskussionen führen, die schon bald ihren Niederschlag in Folgetagungen und -publikationen finden werden. Dabei bauen wir vertrauensvoll auf die Multiplikatorwirkung, die von den insgesamt 21 Beiträgen der 28 AutorInnen aus 14 Einrichtungen in Wissenschaft und Praxis ausgehen kann.

Der Band beginnt mit einem Beitrag von WOLFGANG HÜNING, der anhand einer exemplarischen Metaanalyse aufzeigt, wie wenig sich bislang Standards herausgebildet haben - selbst in dem relativ überschaubaren Feld von Inhaltsanalysen zu Fernsehnachrichten. Der Diskussion um Standards sind auch die folgenden drei Beiträge gewidmet: INGRID A. SCHMIDT & CARSTEN WÜNSCH resümieren metaanalytisch die Konzeptualisierung der Konstrukte »Information« und »Unterhaltung« in wissenschaftlichen Publikationen. HANS-JÜRGEN WEISS & JOACHIM TREBBE sowie (in einer Replik) UDO MICHAEL KRÜGER führen diese Diskussion (nicht nur) aus der Sicht der angewandten Forschung weiter und dokumentieren dabei auch die Diskussionslinien in einem medienpolitisch »verminten« Feld.

Wie die Henne zum Ei bzw. wie der Inhaltsanalytiker zu seinen Kategorien kommt, ist als Problem aus der Forschungspraxis bestens bekannt. Neben der (im Prinzip) unproblematischen deduktiven Kategorienbildung wird meist auch eine eher induktive oder auch empiriegeleitete Vorgehensweise gewählt. Zwei Beiträge (HELENA BILANDZIC, FRIEDERIKE KOSCHEL & BERTRAM SCHEUFELE und WERNER FRÜH) gehen - durchaus diskursiv - der Frage nach, wie letztere sinnvoll systematisiert werden können. BERTRAM SCHEUFELE zeigt, daß Mehrfach- und Sondercodierungen mitunter unvermeidlich sind, und er diskutiert auch die technischen und methodologischen Probleme, die damit verbunden sein können. Ähnlich berichtet PATRICK RÖSSLER über Kategorisierungs- und Auswertungsstrategien für die visuelle Codierung auf Mikroebene, die etwa für Vielfaltsanalysen hilfreich sein können.

Steht das Kategoriensystem, so beginnt der Codierprozeß. Dieser erscheint jedoch in der Regel als »Black Box«: Als Forscher weiß man selten, was da eigentlich genau passiert. Gleich vier Beiträge widmen sich diesem bislang eher vernachlässigten Aspekt der Inhaltsanalyse. WERNER WIRTH beschreibt Codieren als gelenkte Rezeption und referiert rezeptionspsychologische Theorien, die den Codiervorgang allgemein zwischen heuristisch-schematischen und reflektiert-systematischen Prozessen verorten. MARCUS MAUERER & OLAF JANDURA berichten über ein Feldexperiment, das zeigt, unter welchen Bedingungen und in welchem Ausmaß Einflüsse der politischen Einstellung von Codierern auf die Codierung von Politikern zu erwarten sind. EDMUND LAUF & JOCHEN PETER weisen darauf hin, daß dem Problem der Mehrsprachigkeit in international vergleichenden Studien bislang erstaunlich wenig Bedeutung beigemessen wurde. Sie referieren dazu Ergebnisse aus einer eigenen empirischen Studie und schlagen Standards für entsprechende Reliabilitätstests vor. EVELYN ENGESSER & CARSTEN REINEMANN nehmen die inhaltsanalytische Tendenzmessung unter die Lupe und zeigen aus sozialpsychologischer Perspektive auf, welche Bedeutung für die Codierung von Personendarstellungen schon die Wahl der Codiereinheit haben kann.

Die Weiterentwicklung des inhaltsanalytischen Instrumentariums ist meist eng mit konkreten Anforderungen verknüpft, die sich aus der wissenschaftlichen und/oder kommerziellen Praxis ergeben. KLAUS MERTEN stellt mit der Konsensanalyse ein Instrument vor, das in Konsonanz- bzw. Vielfaltsanalysen einsetzbar ist. STEFFEN KOLB, RAINER MATHES & CHRISTOPH KOCHHAN diskutieren, wie man mit der Verknüpfung von inhaltsanalytischen Daten mit rezipientenorientierten Relevanzindikatoren wie etwa der Reichweite Inferenzschlüsse auf das Publikum handfester gestalten kann. ELKE GRITTMANN referiert die Methodendefizite bei der Bild-Inhaltsanalyse und weist mit der ikonographischen Methode von Panofsky einen möglichen Weg aus der prekären Lage. PATRICK RÖSSLER & WERNER WIRTH beschreiben die Probleme, die bei der Anwendung der Inhaltsanalyse auf das World Wide Web gelöst werden müssen.

In den Sozialwissenschaft seit Jahrzehnten etabliert, fristet die *Computergestützte Inhaltsanalyse* (CUI) in der Kommunikationswissenschaft nach wie vor eher ein Schattendasein. CORNELIA ZÜLL & MELINA ALEXA berichten über neuere Entwicklungen auf diesem Gebiet. ALFONS GEIS referiert die Ergebnisse aus einer Vergleichsstudie zwischen computergestützer und konventioneller (manueller) Inhaltsanalyse. Er zeigt auf, an welchen Stellen beim Einsatz der CUI Reliabilitätsprobleme zu erwarten sind. LUTZ HAGEN geht auf die Möglichkeiten und Probleme ein, die sich durch die Nutzung der zunehmenden Zahl von Volltextdatenbanken im Internet und auf CD-ROM für inhaltsanalytische Fragestellungen ergeben.

Angesichts der oben schon erwähnten Verbindungen zwischen Methodenentwicklung und Methodenausbildung ist ein Kapitel über die Inhaltsanalyse-Ausbildung in einem Methodenbuch nicht fehl am Platze. WERNER WIRTH stellt Ergebnisse aus einer Enquete zur Methodenausbildung in kommunikations- und medienwissenschaftlichen Vollstudiengängen vor und zeichnet für die Inhaltsanalyse-Ausbildung ein insgesamt positives Bild, allerdings mit deutlichen Schattenseiten. EVA BAUMANN geht möglichen Unterschieden in der Methodenauffassung bei der inhaltsanalytischen Grundlagenliteratur von K. Merten und W. Früh nach.

Wir haben gar nicht erst versucht, die Beiträge in ein allzu enges thematisches Korsett zu zwängen oder gar Vollständigkeit anzustreben, sondern dem Kriterium »thematic diversity« Priorität gegeben und den Band nur grob in die Teilbereiche »Konzeptualisierung und Standardisierung«, »Kategorienbildung«, »Codierprozeß und Gütesicherung«, »Instrumente und Anwendungen«, »Computergestützte Inhaltsanalyse« sowie »Inhaltsanalyse in der Methodenlehre« gegliedert. Eine - nicht notwendigerweise negative - Folge ist, daß häufig Themen aus mehr als nur einem der genannten Bereiche angesprochen werden. Es lohnt sich also, auch in den jeweils anderen Beiträgen zu stöbern.

Der Band wäre in dieser Breite nicht möglich gewesen, wenn uns nicht der *Herbert von Halem Verlag* großzügig unterstützt hätte. Dafür und für seine in allen Phasen freundliche und kompetente Beratung danken wir sehr herzlich.

Werner Wirth und Edmund Lauf
Hannover & Amsterdam, im April 2001

Literatur

DGPUK: *Die Mediengesellschaft und ihre Wissenschaft. Herausforderungen für die Kommunikations- und Medienwissenschaft als akademische Disziplin.* Filderstadt 2001

FOWLER, G. L.: Content and Teacher Characteristics for Master's Level Research Course. In: *Journalism Quarterly*, 63, 1986, S. 594-599

KAUFMAN, P. A.; C. REESE DYKERS; C. CALDWELL: Why Going Online for Content Analysis Can Reduce Research Reliability. In: *Journalism Quarterly*, 70, 1993, S. 824-832

LACY S.; D. RIFFE: Sampling Error and Selecting Intercoder Reliability Samples for Nominal Content Categories. In: *Journalism & Mass Communication Quarterly*, 73, 1996, S. 963-973

LAUF, E.: ».96 nach Holsti«: Was erfahren wir über die Reliabilität von Inhaltsanalysen aus Beiträgen in kommunikationswissenschaftlichen Fachzeitschriften? In: *Publizistik*, 46, 2001, S. 57-68

MCMILLAN S. J.: The Microscope and the Moving Target: The Challenge of Applying Content Analysis to the World Wide Web. In: *Journalism & Mass Communication Quarterly*, 77, 2000, S. 80-98

MERTEN, K.: *Inhaltsanalyse. Einführung in Theorie, Methode und Praxis.* 2., verbesserte Auflage. Opladen 1995

MERTEN, K.; B. GROSSMANN: Möglichkeiten und Grenzen der Inhaltsanalyse. In: *Rundfunk und Fernsehen*, 44, 1996, S. 70-85

RIFFE D.; A. FREITAG: A Content Analysis of Content Analyses: Twenty-Five Years of Journalism Quarterly. In: *Journalism & Mass Communication Quarterly*, 74, 1997, S. 515-524

RIFFE, D.; S. LACY; F. G. FICO: *Analyzing Media Messages. Using Quantitative Content Analysis in Research.* Mahwah, London 1998

WOLFGANG HÜNING

Standardisierung von Inhaltsanalysen für Fernsehnachrichten? Eine exemplarische Meta-Analyse zum Stand der Methode

Klingemann bezeichnet als die entscheidende Schwäche der Inhaltsanalyse, »daß sie keinen gesicherten Bestand an Meßinstrumenten hervorgebracht hat, der in standardisierter und valider Weise soziale Realität beschreibt und damit konkurrierende theoretische Erklärungsansätze empirisch überprüfen konnte« (KLINGEMANN 1984: 9). Immer neue, spezielle und ad hoc entwickelte Klassifikationssysteme führen zu einer disparaten Methodenlandschaft und erschweren damit Replikation, Verbesserung der Instrumente und eine Kumulation von Wissen (vgl. ebenda). Genau diesen Problemen ist die wissenschaftliche Forschung bei der Durchführung von Langzeitstudien ausgesetzt. Besondere Schwierigkeiten treten in diesem Zusammenhang bei der Analyse von Rundfunkinhalten auf. Sind Druckerzeugnisse in vielen Fällen noch nach Jahren über Bibliotheken und Archive relativ einfach zu beschaffen, so wirft - in Ermangelung eines umfassenden, der Wissenschaft kostengünstig zugänglichen Fernseharchivs - der Zugriff z.B. auf Fernsehnachrichten nach dem Ausstrahlungszeitpunkt nicht zu unterschätzende praktische und ökonomische Probleme auf.

Andererseits sind Längsschnittuntersuchungen jedoch für all solche Fragestellungen von zentraler Bedeutung, die sich mit Veränderungen des Untersuchungsgegenstandes befassen. Erst durch den Vergleich mehrerer Untersuchungszeitpunkte lassen sich Trendaussagen empirisch absichern. Als Folge der beschriebenen Problemlage gibt es jedoch in der Bundesrepublik bisher nur wenig inhaltsanalytische Langzeitstudien von Fernsehnachrichten (z.B. BRUNS & MARCINKOWSKI 1997; KRÜGER 1992; MERTEN 1994).[1] Um Längsschnittdesigns unter den gegebenen

Rahmenbedingungen dennoch - und zudem forschungsökonomisch effizient - verwirklichen zu können, bieten sich die Techniken der Sekundäranalyse und der Meta-Analyse an. Darüber hinaus wird mit diesen Techniken auch eine kumulative Wissensintegration gefördert (vgl. GLASS, MCGAW & SMITH 1981; HUNTER, SCHMIDT & JACKSON 1982; HYMAN 1972).

1. Standardisierung als Problemlösungsansatz

Vor den aufgeworfenen Schwierigkeiten stand auch ein Forscherteam unter Leitung von Schatz und Marcinkowski am Rhein-Ruhr-Institut für Sozialforschung und Politikberatung an der Gerhard-Mercator-Universität Duisburg im Rahmen eines von der DFG geförderten Forschungsprojektes »Das Bild der Politik im Fernsehen«. Ziel des Projektes war es, über einen Zeitraum von 30 Jahren die Veränderung der Politikberichterstattung in Fernsehnachrichten nachzuzeichnen und zu überprüfen, wie weit die empirischen Befunde mit der Theorieentwicklung zur politischen Kommunikation in diesem Zeitraum korrespondieren. Angelegt war der empirische Teil des Forschungsprojekts als Sekundäranalyse, ergänzt durch eine erneute Erhebung im Frühjahr 1998.[2] Auch in diesem Forschungszusammenhang mußte das zentrale Problem einer jeden Sekundäranalyse (und auch Meta-Analyse) gelöst werden: die Frage, wie die Äquivalenz der Daten aus verschiedenen Primärerhebungen sichergestellt werden kann.

Da es sich hierbei um ein grundsätzliches Problem handelt, erschien es sinnvoll, Überlegungen für eine ebenso grundsätzliche Problemlösung anzustrengen. Aus diesem Grund wurde die vorliegende exempla-

---

[1] Bei den wenigen Inhaltsanalysen von Fernsehprogrammen mit Längsschnittdesign fällt zudem auf, daß die Analysen zumeist auf einer programmstrukturellen Ebene stattfinden. Von den erwähnten Beispielen berücksichtigt einzig die Studie von Bruns und Marcinkowski (1997) auch die Inhalte der Berichterstattung auf der Ebene einzelner Nachrichtenbeiträge (bzw. »Themen«). Hinzu kommen einige regelmäßig wiederholte Analysen im Rahmen von Wahlkämpfen.

[2] Die Befunde des mittlerweile abgeschlossenen Forschungsprojektes werden voraussichtlich im Frühsommer 2001 unter dem Titel »Stabilität und Wandel der Semantik des Politischen im deutschen Fernsehen - Ergebnisse einer Längsschnittanalyse« im von Halem Verlag veröffentlicht.

rische Meta-Analyse durchgeführt, die sich mit der methodischen Anlage und Umsetzung einer Reihe von Inhaltsanalysen befaßt. Zielsetzung war es, die Rahmenbedingungen für eine mögliche Standardisierung zu klären, also sowohl konkrete Anknüpfungspunkte als auch bestehende Probleme für ein Standardisierungsvorhaben aufzudecken. In diesem Sinne handelt es sich um eine explorative Untersuchung, die als Orientierungshilfe in einem Standardisierungsdiskurs verstanden werden sollte.

Der entscheidende Vorteil standardisierten Vorgehens in Inhaltsanalysen liegt dabei vor allem darin, daß auf diese Weise Sekundär- und Meta-Analysen angemessener, leichter und wirkungsvoller durchführbar würden. So könnten alle Vorzüge dieser Analysemethoden erschlossen werden, und nicht zuletzt wären auch Längsschnittstudien mit deutlich geringerem Aufwand zu verwirklichen. Darüber hinaus erschließt sich durch ein standardisiertes Vorgehen ganz grundsätzlich eine verbesserte Vergleichbarkeit von Ergebnissen. Dies verstärkt empirische Evidenzen und erleichtert die wissenschaftliche Anschlußfähigkeit. Gerade unter Berücksichtigung der angedeuteten Schwierigkeiten beim Materialzugang in der Fernsehforschung erscheint dies sehr wünschenswert.

Als möglicher Nachteil einer Standardisierung wäre zu nennen, daß diese die forscherische Kreativität und damit die wissenschaftliche Innovation beschränken könnte.[3] Ferner kann sich auch der Untersuchungsgegenstand verändern. Wird dann an einem starren Instrumentarium festgehalten, so entsteht die Gefahr, inadäquate Messungen durchzuführen und somit Validität einzubüßen (vgl. MERTEN 1983: 98). Beiden Argumenten ist jedoch entgegenzuhalten, daß sich dadurch lediglich Implikationen für die Art und Weise einer Standardisierung ergeben, nicht jedoch dieses Vorhaben grundsätzlich unnütz wird.

Um dies zu verdeutlichen, sollen drei Kriterien angeführt werden, nach denen Standardisierung differenziert werden kann: die Genese, die Reichweite bzw. das Objekt und die Flexibilität. Die Genese bezieht sich auf den Modus bei der Entstehung eines Standards. Wenn ein Erhe-

---

3   Dieses Argument wurde von einigen Wissenschaftlern z. B. in der Diskussion während des Panels »Quantitative Inhaltsanalyse politischer Kommunikation im Fernsehen: Initiative zur Entwicklung von Standardinstrumenten« am 5. Oktober 1998 in Frankfurt/Main im Rahmen der Tagung »Die Medienwirkungsforschung vor der Jahrtausendwende - Stand und Perspektive« von der Deutschen Gesellschaft für Medienwirkungsforschung e.V. (DGMF) vorgebracht.

bungsinstrument einer beliebigen Studie solche Evidenz besitzt, daß es sich im Laufe der Zeit in der *scientific-community* durchsetzt, so handelt es sich um eine implizite Standardisierung. Das Gegenstück bildet das planvoll implementierte Standardinstrument, was als explizite Standardisierung bezeichnet werden soll. Das Kriterium der Reichweite differenziert danach, ob das Objekt der Standardisierung ein einzelner Indikator ist (spezielles Instrument) oder ein ganzes Kategoriensystem und möglicherweise zusätzlich bestimmte Auswahlverfahren umfaßt (weitreichende Standardisierung). Die Flexibilität schließlich beschreibt, ob es sich um ein starres, unveränderliches Instrument handelt oder um einen Kernbestand von Indikatoren (Basismodul), der jederzeit erweitert und abhängig vom Erkenntnisinteresse variabel gehandhabt werden kann. In Abbildung 1 sind diese Kriterien und ihre Ausprägungen idealtypisch kontrastiert dargestellt.

Für die im folgenden vorgestellte Meta-Analyse wurde auf eine Festlegung auf eine bestimmte Standardisierungsstrategie verzichtet. Gerade im Hinblick auf die Zielsetzung - die Klärung von Rahmenbedingungen für eine Standardisierung - und unter Berücksichtigung des explorativen Charakters der Untersuchung ist es sinnvoll, zunächst von einem weiten Standardisierungsbegriff auszugehen und diesen mit großer Offenheit zu verwenden. Deshalb wurde Standardisierung in diesem Zusammenhang definiert als eine Maßnahme, mit der Vergleichbarkeit von Meßinstrumenten und von Ergebnissen in verschiedenen Studien gewährleistet werden soll.

2. Die Anlage der Meta-Analyse

Für die Meta-Analyse wurde der Gegenstandsbereich so eingegrenzt, daß nur quantifizierende Inhaltsanalysen über Fernsehnachrichten Berücksichtigung fanden. Eine strenge Begrenzung ist gerade deshalb wichtig, weil die Inhaltsanalyse ein basales Instrument ist und daher in völlig unterschiedlichen Zusammenhängen eingesetzt wird. Aufgrund der außerordentlichen Vielfalt inhaltsanalytischer Untersuchungsgegenstände und Verfahren ist es selbsterklärend, daß eine Standardisierung niemals sämtliche Einsatzbereiche der Methode umfassen kann. Vielmehr ist es notwendig, genau zu bestimmen, in welchem Teilbereich der Inhaltsanalyse die Bedingungen für eine Standardisierung betrachtet werden sollen.

ABBILDUNG 1
Alternative Standardisierungsansätze

Kriterium	Aspekt	Vorteil	Nachteil
Genese	implizit	- kein Aufwand zur Implementation - hohe Evidenz (sonst würde sich das Instrument nicht durchsetzen)	- kein direkter Einfluß auf die Einführung des Standards
	explizit	- gezielte Maßnahme möglich - planvolle Methodenverbesserung	- aktive Implementation notwendig - Aufwand für die Entwicklung
Reichweite / Objekt	spezifisch	- das Instrument kann sehr spezifisch aufgebaut sein - implizite Standardisierung leicht möglich	- Vergleichbarkeit wird nur hinsichtlich eines Konstruktes gewährleistet, nicht für die ganze Untersuchung
	weitreichend	- Vergleichbarkeit wird für viele Aspekte gewährleistet	- große Komplexität bei der Entwicklung - hoher Aufwand - implizite Standardisierung unwahrscheinlich
Flexibiltät	starres Instrument	- Einhaltung des Standards ist leicht	- Instrument ist nicht anpassungsfähig für Veränderungen des Gegenstandes - als planvolle, explizite Standardisierung schwer zu verwirklichen
	erweiterbares Basismodul	- forscherische Kreativität wird kaum eingeschränkt - Instrument kann an Veränderungen oder spezielle Fragestellungen angepaßt werden	- die Vergleichbarkeit spezifischer Ergänzungen des Basismoduls muß in jedem Einzelfall neu belegt werden

Das bringt natürlich automatisch mit sich, daß sich die in der Meta-Analyse zu untersuchenden Studien hinsichtlich einer Reihe von Aspekten ähneln. Wäre dies jedoch nicht der Fall, so würde Standardisierung keinen Sinn machen, denn wie schon erwähnt, besteht die zentrale Bedingung für standardisierte Messungen darin, daß Äquivalenz hergestellt werden kann.[4] Wäre eine solche aufgrund fundamentaler Unterschiede zwischen Studien grundsätzlich auszuschließen, dann würde sich eine Untersuchung wie die vorliegende ad absurdum führen. Andererseits zeigt sich in der Forschungspraxis, daß - aller Ähnlichkeit zum Trotz - eine direkte Vergleichbarkeit selbst von recht ähnlichen Studien und deren Ergebnissen bislang gerade nicht gewährleistet ist. Dies erscheint Grund genug zu sein, den Ursachen für die Äquivalenzprobleme nachzuspüren.

Die Materialbasis der Meta-Analyse bilden die publizierten Forschungsberichte und die Kategoriensysteme (soweit zugänglich) der untersuchten Studien. Ursprünglich wurden 28 Studien von 16 Forschern bzw. Forschungsgruppen unter dem primären Gesichtspunkt der Kategorienbildung ausgewertet. Anschließend sind sechs Studien für die eingehendere, exemplarische Meta-Analyse ausgewählt worden. Da eine dieser Studien für die hier vorliegende Fragestellung keinen zusätzlichen Erkenntnisgewinn brachte, werden hier die Ergebnisse auf der Basis der folgenden fünf Inhaltsanalysen dargestellt:[5]

1. *Fernsehen und Demokratie* (SCHATZ, ADAMCZEWSKI, LANGE & NÜSSEN 1981),
2. die Studie zum Kabelpilotprojekt in Ludwigshafen/Vorderpfalz (FAUL 1988),
3. die Programmstruktur- und Inhaltsanalyse (PIA) des Rundfunkprogramms an den vier Kabelpilotprojekt-Orten (SCHATZ, IMMER & MARCINKOWSKI 1989),
4. *Öffentliche Streitfragen in privaten Fernsehprogrammen* (WEISS & TREBBE 1994) und
5. *Politische Information im Fernsehen* (BRUNS & MARCINKOWSKI 1997).

---

4   Mit dem Problem der Äquivalenz zwischen verschiedenen Messungen beschäftigt sich im Zusammenhang der international vergleichenden Forschung van Deth (1998) eingehend.

5   Anzumerken ist, daß in einigen Studien neben der Analyse der Nachrichtensendungen weitere Untersuchungsteile vorkommen (z. B. Programmstrukturanalysen). Im Sinne der vorgenommenen Begrenzung des Untersuchungsfeldes bleiben solche Untersuchungsteile in der Meta-Analyse unberücksichtigt.

Im Rahmen der explorativen Meta-Analyse wurde eine so geringe Fallzahl ganz bewußt in Kauf genommen, um dafür um so gründlicher die Problematik der Äquivalenz zwischen den Studien beleuchten zu können. Anzumerken ist noch, daß, nicht zuletzt aus forschungspraktischen Gründen, drei Inhaltsanalysen von ›Duisburger Forschungsgruppen‹ eingehen. Dies führt, wie die Untersuchung ergab, mitnichten zu einer leichteren Vergleichbarkeit als bei den anderen Studien.

In der Untersuchung kommt als Technik der Meta-Analyse das propositionale Inventar zur Anwendung (vgl. BONFADELLI & MEIER 1984). Durch die Anwendung dieser Methode - welche selbst eine Variante der Inhaltsanalyse darstellt - soll das *reviewing* von Texten an Systematik und Intersubjektivität gewinnen. Ziel ist es dabei, das Material einer inhaltlichen Strukturierung zu unterziehen, die sich an theoriegeleitet entwickelten Kategorien orientiert (vgl. MAYRING 1995: 83). Dem explorativen Charakter der Studie gemäß wurden für die Entwicklung der Kategorien nicht explizite Hypothesen, sondern Leitfragen formuliert. Abgeleitet sind diese aus den einzelnen Phasen des Forschungsprozesses.[6] Die zentrale Frage der Meta-Analyse lautet: Worin unterscheiden sich inhaltsanalytische Studien von Fernsehnachrichten in methodischer Hinsicht? Worin sind sie sich ähnlich (äquivalent)? Im einzelnen beziehen sich die Leitfragen auf Unterschiede bzw. Ähnlichkeiten der Studien hinsichtlich:

1. der Forschungsfragen,
2. der theoretischen Konstrukte,
3. der Grundgesamtheit,
4. der Untersuchungseinheiten,
5. des Auswahlverfahrens,
6. einer ggf. angestrebten Repräsentativität,
7. der erhobenen Variablen,
8. der formalen Konstruktionslogik dieser Variablen,
9. der konkreten Differenzierung in einzelne Ausprägungen und
10. einer möglichen Zusammenfassung von Ausprägungen mittels Recodierung.

Zu diesen Leitfragen wurden Angaben in 46 Kategorien und Unterka-

---

6 Da der formale Aufbau eines Forschungsprozesses (vgl. statt vieler MERTEN & TEIPEN 1991: 28ff.) Grundlage jeglicher empirischer Forschung ist und daher als bekannt vorausgesetzt werden kann, soll an dieser Stelle auf eine ausführliche Explikation der einzelnen Schritte verzichtet werden.

tegorien eines eigens entwickelten Analyseschemas erhoben. Zugrunde gelegt wurden dabei die entsprechenden Aussagen in den publizierten Berichten bzw. die jeweiligen Kategorienschemata mit ihren Variablen und deren Ausprägungen. Die ermittelten Informationen wurden einander inhaltlich strukturiert gegenübergestellt und im wesentlichen qualitativ ausgewertet. Die Ergebnisse werden jeweils thematisch gebündelt vorgestellt. Die Leitfragen 3 bis 6 zielen auf die »methodische Anlage« der Untersuchungen, die Leitfragen 7 bis 10 behandeln die »Kategorien, Variablen und deren Ausprägungen«.

3. Befunde

Bevor die Befunde der Meta-Analyse im einzelnen dargestellt werden, soll einleitend in gebotener Kürze skizziert werden, in welchen Kontexten die untersuchten Studien zu verorten sind (Leitfragen 1 und 2). Es fällt dabei auf, daß nur in drei der Studien ein expliziter Theoriebezug hergestellt wurde: In der Untersuchung *Fernsehen und Demokratie* wird ein steuerungstheoretischer Ansatz zur Hypothesengenerierung geprüft (vgl. SCHATZ u.a. 1981: 9-14), die Kabelpilotstudie PIA gründet sich auf die normative Demokratietheorie und die ökonomische Theorie der Massenkommunikation (vgl. SCHATZ, IMMER & MARCINKOWSKI 1989: 28f.), und bei *Politische Information im Fernsehen* wird ausführlich auf theoretische Überlegungen zur Politikvermittlung Bezug genommen (vgl. BRUNS & MARCINKOWSKI 1997: 19ff.). In den zwei anderen Fällen wird die Rechtslage als zentraler Bezugspunkt für die Fragestellung angegeben: Die Kabelpilotstudie von Faul macht es sich zur Aufgabe, die Einhaltung verfassungsrechtlicher Normen zu prüfen, und gründet die Annahmen insbesondere auf die Rechtsprechung des Bundesverfassungsgerichts (vgl. FAUL 1988: 23), Weiss und Trebbe richten ihr Interesse dagegen an den Bestimmungen des nordrhein-westfälischen Landesrundfunkgesetzes (LRG NW) aus (vgl. WEISS & TREBBE 1994: 17).

Fast alle Studien haben im wesentlichen deskriptiven Charakter. Einzig die nach Auskunft der Autoren als hypothesengenerierende Untersuchung angelegte Studie *Fernsehen und Demokratie* nimmt hier eine andere Ausprägung an: Darin werden anfangs 15 Hypothesen formuliert, die anschließend der konfirmatorischen Analyse unterzogen werden. Der eigentliche Umgang mit dem empirischen Material stellt sich also eher hypothesentestend dar. Der intendierte explorative Charakter läßt sich mithin so verstehen, daß ein theoretisches Modell vor seiner ausführlicheren Explikation einem Testlauf mit empirischem Material unterzogen wird.

3.1 Befunde zur methodischen Anlage

Auffällig ist, daß die Grundgesamtheit überwiegend eher beiläufig definiert wird. In kaum einer Publikation wird sauber zwischen der Definition der Grundgesamtheit und der Samplebeschreibung unterschieden. Es handelt sich demnach nicht zuletzt um ein Problem ungenauer Dokumentation. Auch in diesem Zusammenhang stellt die Studie *Fernsehen und Demokratie* eine Ausnahme dar, in der ein eindeutig begrenzter Zeitraum und konkrete Sendungen für die Abgrenzung der Grundgesamtheit benannt werden. In diesem Fall kennt der Leser klare Kriterien, anhand derer er zweifelsfrei nachvollziehen kann, welche Elemente zur Grundgesamtheit gehören. Eine weitere Besonderheit findet sich in der Studie *Öffentliche Streitfragen in privaten Fernsehprogrammen*. Darin werden die Untersuchungseinheiten mittels einer Programmstrukturanalyse durch ein aufwendiges empirisches Verfahren ermittelt. In diesem Fall bedingt die Anlage der Studie, daß die Grundgesamtheit nicht im Voraus auf eine bestimmte Nachrichtenpopulation begrenzt werden kann.

Als Untersuchungseinheit kommt in allen fünf Studien der inhaltliche Beitrag bzw. das ›Nachrichtenthema‹ zur Anwendung. Die Begriffswahl ist zwar durchaus unterschiedlich - z. B. »Informationsstory« (FAUL 1988: 156), »Beitrag« (WEISS & TREBBE 1994: 63) oder »Thema« (BRUNS & MARCINKOWSKI 1997: 36) -, aber soweit anhand der Publikationen zu überprüfen ist, stellt in allen Fällen die inhaltlich-thematische Abgrenzung das vorrangige Kriterium zur Definition des Beitrags dar.[7] In drei Studien werden zusätzlich Analysen auf Sendungsebene durchgeführt, und in zwei Studien finden spezielle Auswertungen an anderen Untersuchungseinheiten statt.[8] Als kleinster gemeinsamer Nenner ist bei den

---

7 Als zusätzliches, aber nachrangiges Kriterium der Abgrenzung fungieren in *Fernsehen und Demokratie* sowie in der Kabelpilotstudie PIA formale Merkmale. In der Kabelpilotstudie von Faul findet sich keine Definition.

8 Bei *Fernsehen und Demokratie* findet eine zusätzliche Filmdetailanalyse anhand der filmi-

Untersuchungseinheiten der inhaltlich definierte Beitrag (das Nachrichtenthema) festzuhalten.

Problematischer ist das Ergebnis der vergleichenden Untersuchung bei den Auswahlverfahren. Die diesbezüglichen Informationen sind teilweise ähnlich lückenhaft dokumentiert, wie es für die Grundgesamtheit festgestellt werden konnte. Faul spricht in seiner Kabelpilotstudie von einer »(Zufalls-)Stichprobe von sieben Programmwochen aller Fernsehkanäle« (FAUL 1988: 34), bleibt weitere Erläuterungen - sogar Angaben zur Stichprobengesamtheit und Stichprobeneinheit - jedoch schuldig. Bei *Fernsehen und Demokratie* findet in der auf 11 Wochen begrenzten Grundgesamtheit eine Vollerhebung statt. In den anderen Fällen wird, soweit ersichtlich, mit Methoden der bewußten Auswahl gearbeitet, teilweise ergänzt durch Quotenverfahren. Ein wesentliches Merkmal ist allen vier Stichprobenuntersuchungen gemein, jedoch in keiner erwähnt: Es handelt sich in allen Fällen um Klumpenauswahlen - Untersuchungseinheit ist der Beitrag, ausgewählt werden jedoch immer ganze Sendungen.

Die aus den Samplingverfahren resultierenden Stichproben sehen durchaus recht unterschiedlich aus. Allerdings zeichnet sich eine gewisse ›Kernauswahl‹ ab, die in jeder der Studien vertreten ist: In allen Fällen werden die Sendungen innerhalb von ›natürlichen‹ Wochen erhoben, sog. ›künstliche‹ Wochen kommen nicht zur Anwendung. In allen Untersuchungen seit der Dualisierung des Rundfunks sind die vier Sender ARD, ZDF, RTL und SAT.1 in der Stichprobe berücksichtigt. Und schließlich läßt sich eine Tendenz erkennen, daß bevorzugt die abendlichen Nachrichtensendungen, auf jeden Fall aber die sog. ›Hauptnachrichten‹, in die Analysen eingehen.

Aus methodologischer Sicht ist in diesem Zusammenhang noch die Frage interessant, ob Repräsentativität in den Studien angestrebt wird. Dies ist außer bei *Fernsehen und Demokratie* überall der Fall, was aufgrund der bisher diskutierten Defizite bezüglich der Grundgesamtheit und des Sampling aufmerken läßt. Auf der Grundlage der Quotenauswahl für die Untersuchung *Politische Information im Fernsehen* mag man die Aussage, »daß je Tag ein typischer Querschnitt von Nachrichtenthemen« (BRUNS & MARCINKOWSKI 1997: 34) in die Analyse eingeht, noch plausibel finden. Mit welcher Berechtigung jedoch in den drei verbleibenden Studien mehr

schen »Einstellung« statt und bei *Öffentliche Streitfragen in privaten Fernsehprogrammen* werden in einem speziellen Untersuchungsteil sog. Argumentationssequenzen analysiert.

ABBILDUNG 2
Anlage der Studien im Überblick

	Fernsehen und Demokratie (Schatz et al. 1981)	Kabelpilotstudie Ludwigshafen (Faul 1988)	Kabelpilotstudie PIA (Schatz et al. 1989)	Öffentliche Streitfragen (Weiss/Trebbe 1994)	Politische Information (Bruns/Marcinkowski 1997)
Erhebungseinheiten					
	Sendung	Sendung	Sendung	Sendetag Sendung	Sendung
Untersuchungseinheiten					
	Beitrag ›Einstellung‹	Beitrag	Sendung redakt. Beitrag	Sendung Beitrag (thematisch) Argumentationssequenz	Sendung ›Thema‹ (Beitrag)
Auswahlverfahren					
	Vollerhebung	[unvollständig dokumentiert]		bewußte Auswahl, Quotenauswahl	bewußte Auswahl, Quotenauswahl
Generalisierung					
	Nein	Ja		Ja	Ja

oder minder unverhohlen die Repräsentativität der Untersuchung behauptet wird, bleibt für den Leser der Publikationen völlig im unklaren. Vermutlich trifft es den Kern des Problems, wenn man mit Kops feststellt: »[...] daß es kein ›nicht-abbildendes‹ Sample gibt; und somit die Fragestellung auch nicht lautet, ob ein Sample eine Grundgesamtheit abbildet, sondern vielmehr, welche Grundgesamtheit es abbildet. Erst durch diese Orientierung an der Zielgesamtheit (target population) läßt sich die Frage nach der Repräsentativität eines Samples bejahen oder verneinen« (KOPS 1977: 35). Somit sind die Studien in jedem Fall repräsentativ, nur erfährt man nicht wofür.

Die zentralen Befunde sind in Abbildung 2 nochmals tabellarisch dargestellt. Für die Fragestellung läßt sich daraus folgendes zusammenfassen:

Auch unter Berücksichtigung recht unterschiedlicher Forschungsfragen gibt es Anhaltspunkte dafür, daß der thematisch definierte Beitrag (das Nachrichtenthema) eine basale Untersuchungseinheit darstellt. Hieran kann im Zuge von Standardisierungsüberlegungen angeknüpft werden. Die Festlegung der Grundgesamtheit und die Handhabung von Auswahlverfahren weisen innerhalb des hier betrachteten Ausschnitts aus der Forschungslandschaft ernstliche Defizite auf. Daraus resultieren auch Probleme bei der Begründung von Repräsentativität der Befunde. Dies wird als ein generelles Problem bei der Inhaltsanalyse von Massenmedien und insbesondere von Fernsehsendungen vermutet, weil es hierfür kaum eine fundierte Adaption der allgemeinen Stichprobentheorie gibt.

3.2   Befunde zu Kategorien, Variablen und deren Ausprägungen

In einem zweiten Analyseschritt wurden die operationalen Kategorien der untersuchten Studien einer ausführlichen Betrachtung unterzogen, was an dieser Stelle nur auszugsweise vorgestellt werden kann. Es konnten erwartungsgemäß eine Reihe von Kategorien ermittelt werden, die in der Mehrzahl der Studien erhoben wurden (siehe Abbildung 3).

Die Variablengruppe der »Identifikatoren« dient insbesondere dazu, die Untersuchungseinheit genau zu bestimmen und eine spätere Identifikation zu ermöglichen. Sie enthält mithin Variablen, die vorrangig eine technische Funktion bei der Analyse erfüllen, und erscheint daher für die vorliegende Fragestellung von geringerer Bedeutung. Die zweite Gruppe wird von den »Ereignisvariablen« gebildet. Davon ist der »Informationsanlaß« in vier Studien berücksichtigt. In zwei Studien stimmen die Ausprägungen der entsprechenden Variablen weitgehend überein, ausgenommen die der außerpolitischen Anlässe (FAUL 1988 und BRUNS & MARCINKOWSKI 1997). Da es sich um fast identische Messungen handelt, kann Vergleichbarkeit nach einer entsprechenden Recodierung in diesen beiden Fällen angenommen werden. Deutlich grober kategorisiert die Kabelpilotstudie PIA, in der nur fünf Ausprägungen für den »Anlaß für die Meldung« zur Verfügung stehen. Durch Recodierung in den beiden erstgenannten Inhaltsanalysen wäre auch hier weitgehend Vergleichbarkeit zu erreichen, allerdings ergeben sich Schwierigkeiten bei der Ausprägung »sonstige Vorgänge mit politischer Stoßrichtung« (z. B. Verlautbarungen

ABBILDUNG 3
Häufig vorkommende Kategorien

Variablengruppe	Variable (Sammelbegriff)	Anzahl der Studien
Identifikatoren	Dauer (der UE)	5
	Sender	5
	Sendung	4*
Ergebnisvariablen	Informationsanlaß	4
	nationaler/internat. Bezug	4
	Ereignis-/Handlungsort	3
Themenvariablen	Sachgebiete/Themenfelder	5
	Politikebene	3
	Themenkataloge	3
Akteursvariablen	Akteurslisten	4
	Präsentation von Akteuren	3**
Variablen zur Gestaltung	Filme	5
	Bebilderung/Visualisierung (unbewegte Bilder)	4
	journal. Darbietungsform	4

Legende: Basis=5; * für die 5. Studie liegen hierzu keine Informationen vor; ** in zwei Studien als Ausprägung der Variablen unter ›Akteurslisten‹

von Verbänden), die nicht überall zweifelsfrei zugeordnet werden kann. Für die vierte Studie sind nicht alle Ausprägungen des Informationsanlasses dokumentiert, jedoch ist die Logik der Messung auch hier vergleichbar.

Hier deutet sich ein grundsätzliches Äquivalenzproblem bei Residualkategorien in stark unterschiedlich ausdifferenzierten Variablen an. Da Residualkategorien ihrem Charakter nach negativ definiert sind (unter »Sonstige« fallen alle Merkmalsausprägungen, die keiner vorgenannten Kategorie zugeordnet sind), bleibt bei einem sekundäranalytischen Vergleich ein ›Restrisiko‹, daß während der Datenerhebung verschiedene Sachverhalte in diesen Kategorien codiert wurden.

Bei der Variable »Informationsanlaß« stellt sich idealtypisch eine Situation dar, die verdeutlicht, welchen Nutzen Standardisierung bringen kann. Wo immer der Informationsanlaß erhoben wird, machen eigentlich alle Forscher das gleiche. Für eine Sekundäranalyse jedoch liegt die

Tücke im Detail. Durch geringfügig unterschiedliche Variablenkonstruktionen - die sich nicht mit zwingenden Belangen der einzelnen Untersuchungen begründen lassen - ist eine vollständige Vergleichbarkeit nicht zweifelsfrei zu belegen.

Noch viel drastischer stellt sich das Problem bei der Variablen »Ereignis- bzw. Handlungsort« dar. Auch hier ist die grundlegende Meßlogik zunächst recht einheitlich: Erhoben wird im Prinzip der Ort des berichteten Geschehens anhand der Zuordnung zu dem betreffenden Staat (teilweise in Gruppen zusammengefaßt). Soweit wäre zunächst zu vermuten, daß spätestens durch geschickte Recodierung eine Vergleichbarkeit herzustellen wäre. Als hochgradig problematisch stellt sich jedoch dar, daß die Meßlogik an mehreren Stellen nicht konsequent eingehalten wurde, sondern Variablen teilweise multidimensional konstruiert sind. Der Bestimmung des Ereignisortes liegen bei genauer Betrachtung sowohl geographische Größen (z. B. Südosteuropa) als auch politische Gebilde (z. B. EU) und abstrakte Konstrukte wie »Machtblöcke« (z. B. Ostblock) zugrunde. Daß eine solche Variablenkonstruktion mit grundsätzlichen Methodenstandards in Konflikt steht, sei nur erwähnt (vgl. MERTEN 1983: 95). Für das Problem der Äquivalenz läßt sich jedoch feststellen, daß insbesondere die Multidimensionalität der betreffenden Variablen einen Vergleich zwischen den Studien nachhaltig vereitelt.

Eine weitere Schwierigkeit wird gerade an der Variablen »Ereignisort« sehr deutlich und ist auf die Tatsache zurückzuführen, daß sich der Untersuchungsgegenstand im Laufe der Zeit verändert. So wuchs zwischen den einzelnen Studien die Zahl der EG- bzw. EU-Staaten,[9] und der Warschauer Pakt löste sich ebenso auf wie die UDSSR und Jugoslawien. Es ist für ein langfristig einzusetzendes Standardinstrument entsprechend wichtig, auch solche Veränderungen bewältigen zu können. Unter anderem aufgrund dieser Erkenntnis wurde der Ereignisort für das eingangs schon erwähnte Forschungsprojekt *Das Bild der Politik im Fernsehen* doppelt erfaßt. Zunächst wurde in einer offenen Codierung die Bezeichnung des Ereignisortes (als originärer Ort des Geschehens, z. B. Bonn, Berlin,

---

9 Zum Zeitpunkt der Studie *Fernsehen und Demokratie* umfaßte die EG neun Staaten (die sechs Gründungsmitglieder sowie Irland, Großbritannien und Dänemark), im ersten Erhebungszeitraum der Kabelpilotstudie PIA 1985 waren es 10 Staaten (hinzu kam Griechenland) und in deren zweiten Erhebungszeitraum 1986 bereits 12 Staaten (mit Spanien und Portugal als neue Mitglieder).

Moskau, Washington) aus dem Nachrichtenbeitrag übernommen. Für eine bessere Handhabbarkeit während der quantitativen Auswertung wurde der Staat, in dem das Ereignis stattfand, zusätzlich in einer geschlossenen Abfrage erfaßt.

Auf der Grundlage einer konsequent eindimensionalen Erfassung der Ereignisorte anhand geographischer Kriterien wird es ferner möglich, diese Orte - unter Berücksichtigung der jeweiligen historischen Realitäten - zu den jeweils bestehenden politischen Gemeinschaften, Bündnissen und Blöcken zusammenzufassen. Darüber hinaus ermöglicht ein solches Vorgehen - je nach Erkenntnisinteresse -, anhand der gleichen Daten unterschiedliche Aggregate zu bilden. So könnte je nach Kontext ein deutscher Handlungsort mit anderen zu »NATO-Mitgliedstaaten«, »EU« oder »Industrienationen« zusammengefaßt werden. Wäre von vornherein z.B. »EU« codiert, so ließen sich »NATO-Staaten« anhand der Daten nicht mehr abbilden.

Wie auch immer die vorgebrachten Vorschläge im einzelnen zu bewerten seien mögen, um Vergleichbarkeit zwischen verschiedenen Studien zu gewährleisten, ist es notwendig, die in Ansätzen einheitliche Meßlogik auch konsequent einzuhalten. Wie sich hingegen die Problemlage bei größeren Unterschieden in der Konstruktionsweise der Erhebungsinstrumente darstellt, läßt sich an dem Beispiel der Sachgebiete aus der dritten Variablengruppe verdeutlichen, die in allen untersuchten Studien berücksichtigt wurden. In der Variablen »Sachgebiete« (oder »Themenfelder«) wurden in mehreren Fällen thematische Zusammenhänge anhand der politischen Prozesse und Ressorts differenziert. In einem Fall jedoch handelt es sich ausschließlich um außerpolitische Sachgebiete. In einem anderen Fall liegt die Ausprägung »Staat/Parteien« als Kontrollvariable für einen Politikfilter quer zu den übrigen Sachgebieten, was zur Konsequenz hat, daß beispielsweise die Thematisierung von Wirtschaftspolitik und außerpolitischem Wirtschaftsgeschehen beide in die gleiche Kategorie »Wirtschaft« fallen. In der Untersuchung *Politische Information im Fernsehen* ist für jedes Sachgebiet eine eigene dichotome (ja/nein) Variable vorgesehen und somit beliebige Mehrfachnennung möglich. In zwei Studien konnten bis zu zwei Sachgebiete codiert werden.

Vermutlich sind die gravierenden Unterschiede in der Konstruktionslogik dieser Variablen nicht zuletzt auf den hohen Abstraktionsgrad des Konstrukts »Thema« zurückzuführen (zum Themenbegriff vgl. z.B. RÖSSLER 1997: 72ff.). Ein Thema ist nicht ein Thema an sich, sondern wird erst in der kommunikativen Situation und deren kognitiven Verarbeitung als Thema konstruiert. Trotz der zentralen Bedeutung dieses Konstrukts bei der Inhaltsanalyse von Politikberichterstattung scheint es noch keine befriedigende, allgemeingültige Klärung zu geben, wie das Thema zu definieren und zu differenzieren ist. Für die Standardisierungsüberlegungen stellt dies eine fundamentale Schwierigkeit dar. Auch wurden für die Messung des Themas anhand des hier betrachteten Forschungsausschnitts keine Ansatzpunkte für ein Standardinstrument erkennbar, bei gleichzeitig zu unterstellender hoher Relevanz.

Als ein viertes Beispiel seien abschließend die Akteursvariablen angeführt. In diesem Fall stimmt die Meßlogik in den untersuchten Studien weitgehend überein: Personale und kollektive Akteure werden in ihrer politischen (bzw. gesellschaftlichen) Funktion erfaßt und entsprechenden Kategorien zugeordnet (z.B. Bundespräsident, Landesparlament oder Wirtschafts- und Verbraucherverbände). Dabei ist die Ausdifferenzierung in einzelne Akteure und Akteursgruppen zwar unterschiedlich, jedoch lassen sich in den meisten Fällen Sammelkategorien finden, mit denen zumindest näherungsweise Vergleichbarkeit herzustellen ist.

Unterschiedlich hingegen ist die datentechnische Konstruktion der Variablen: Mehrfachnennungen sind zwar in allen Fällen vorgesehen, in zwei Fällen jedoch ist dies auf vier bzw. sechs Nennungen begrenzt. In zwei anderen Studien steht für jede Akteurskategorie eine eigene Variable zur Verfügung, so daß beliebige Mehrfachnennung möglich ist. In diesen Fällen bilden die Variablenausprägungen gleich auch noch die Art des Vorkommens ab (erwähnt/zitiert/kommt selbst zu Wort).

Für die Fragestellung läßt sich an dieser Stelle die gleiche Feststellung treffen wie bei dem Informationsanlaß: Im wesentlichen gleichen sich die Studien recht stark, aber auch hier liegt die Tücke im Detail. Gerade das aber kann mittels eines Standardinstruments überwunden werden.

4. *Schlußfolgerungen für eine Standardisierung*

In den vorgestellten Befunden zeichnet sich ein gewisses Grundrepertoire sowohl in der Anlage des Methodendesigns als auch in den Kategorienschemata ab, welches Ansatzpunkte für Standardisierungsbemühungen darstellt. Darüber hinaus müssen an einigen Stellen Defizite der Methodenentwicklung für die Inhaltsanalyse von Fernsehnachrichten diagnostiziert werden, die sich wiederum als Stolpersteine für eine Standardisierung erweisen könnten. Die entscheidende Frage ist nun, wie diese Situation im Sinne einer praktikablen Lösung für das Vergleichbarkeitsproblem handhabbar gemacht werden kann. Es bietet sich hier sicherlich eine flexible Lösung an, die als Nebeneffekt auch nach einer Standardisierung eine innovative Fortentwicklung der Methode offen halten würde. Um eine solche flexible Lösung zu schaffen, könnte das festgestellte Grundrepertoire zu einem »Basismodul« für die Inhaltsanalyse von Fernsehnachrichten gebündelt werden. Ein solches Basismodul kann dann - je nach Forschungszusammenhang - um weitere Indikatoren ergänzt werden und gleichzeitig als Referenzpunkt für die Prüfung von Vergleichbarkeit dienen.

Um zu verdeutlichen, wie so etwas aussehen könnte, läßt sich die »identity-equivalence procedure« anführen, die von Przeworski und Teune (1966) schon vor über 30 Jahren im Rahmen der international vergleichenden Forschung vorgeschlagen wurde. Dabei wird ein Teil der Indikatoren über alle Messungen unverändert eingesetzt (»identity set«). Hinzu kommen veränderliche Indikatoren, die an die spezifischen Gegebenheiten angepaßt werden. Im Idealfall liegt in beiden Indikatorensets für jedes abzubildende Konstrukt mindestens ein Indikator vor. Die Äquivalenz verschiedener Indikatoren in verschiedenen Messungen wird daran überprüft, ob sie in gleicher Weise mit dem *identity set* in Beziehung stehen.

Wie die Befunde der Meta-Analyse gezeigt haben, ist über die Indikatorenbildung hinaus insbesondere bezüglich der Stichprobenprobleme und der Operationalisierung des Konstrukts »Thema« eine Weiterentwicklung der Methode wünschenswert.

Literatur

BONFADELLI, H.; W. MEIER: Metaforschung in der Publizistikwissenschaft. Zur Problemstellung der Synthese von empirischer Forschung. In: *Rundfunk und Fernsehen*, 32, 1984, S. 537-550
BRUNS, TH.; F. MARCINKOWSKI: *Politische Kommunikation im Fernsehen. Eine Längsschnittstudie*. Opladen 1997
DETH, J. W. VAN: Equivalence in comparative political research. In: DETH, JAN W. VAN (Hrsg.): *Comparative Politics. The problem of equivalence.*

London, New York 1998, S. 1-19
FAUL, E.: *Die Fernsehprogramme im dualen Rundfunksystem.* Berlin, Offenbach 1988
GLASS, G. V.; B. MCGAW; M. L. SMITH: *Meta-Analysis in Social Research.* Beverly Hills, London 1981
HUNTER, J. E.; F. L. SCHMIDT; G. B. JACKSON: *Meta-Analysis. Cumulating research findings across studies.* Beverly Hills, London, New Delhi 1982
HYMAN, H. H.: *Secondary Analysis of Sample Surveys. Principles, Procedures and Potentialities.* New York, London, Sydney, Toronto 1972
KLINGEMANN, H.-D.: *Computergestützte Inhaltsanalyse in der empirischen Sozialforschung.* Frankfurt a. M. 1984
KOPS, M.: *Auswahlverfahren in der Inhaltsanalyse.* Meisenheim am Glan 1977
KRÜGER, U. M.: *Programmprofile im dualen Fernsehsystem 1985-1990. Eine Studie der ARD-ZDF-Medienkommission.* Baden-Baden 1992
MAYRING, PH.: *Qualitative Inhaltsanalyse. Grundlagen und Techniken.* Weinheim 1995
MERTEN, K.: *Inhaltsanalyse. Einführung in Theorie, Methode und Praxis.* Opladen 1983
MERTEN, K.; P. TEIPEN: *Empirische Kommunikationsforschung. Darstellung, Kritik, Evaluation.* München 1991
MERTEN, K.: *Konvergenz der deutschen Fernsehprogramme. Eine Langzeituntersuchung 1980-1993.* Münster 1994
MERTEN, K.; B. GROSSMANN: Möglichkeiten und Grenzen der Inhaltsanalyse. In: *Rundfunk und Fernsehen,* 44, 1996, S. 70-85
PRZEWORSKI, A.; H. TEUNE: Establishing Equivalence in Cross-National Research. In: *Public Opinion Quarterly,* 30, 1966, S. 551-568
RÖSSLER, P.: *Agenda-Setting. Theoretische Annahmen und empirische Evidenzen einer Medienwirkungshypothese.* Opladen 1997
SCHATZ, H.; K. ADAMCZEWSKI; K. LANGE; F. NÜSSEN: *Fernsehen und Demokratie. Eine Inhaltsanalyse der Fernsehnachrichten von ARD und ZDF vom Frühjahr 1977.* Opladen 1981
SCHATZ, H.; N. IMMER; F. MARCINKOWSKI: *Strukturen und Inhalte des Rundfunkprogramms der vier Kabelpilotprojekte. Bd. 23. Begleitforschung des Landes Nordrhein-Westfalen zum Kabelpilotprojekt Dortmund.* Düsseldorf 1989
WEISS, H.-J.; J. TREBBE: *Öffentliche Streitfragen in privaten Fernsehprogrammen. Zur Informationsleistung von RTL, SAT.1 und PRO7.* Opladen 1994

INGRID A. SCHMID / CARSTEN WÜNSCH[1]

Definition oder Intuition? Die Konstrukte ›Information‹ und ›Unterhaltung‹ in der empirischen Kommunikationsforschung

1. Einleitung

Unterschiedliches Informationsverständnis im öffentlich-rechtlichen und privaten Fernsehen (KRÜGER 2000) - ungeachtet jedes rundfunkpolitischen Bedeutungsgehaltes wirft dieser Titel ein Licht auf die Problematik, die in diesem Aufsatz näher betrachtet werden soll: ›Information‹ kann offensichtlich unterschiedlich verstanden werden - und ebenso der oft im gleichen Atemzug genannte Begriff ›Unterhaltung‹. Beiden Begriffen ist zu eigen, daß sie auf den ersten Blick eindeutig und unmißverständlich - und damit wenig erklärungsbedürftig - scheinen, aber bei genauerer Betrachtung fällt auf, daß sie sehr unterschiedlich verstanden werden können und innerhalb verschiedenster Kontexte verwendet werden.

Und dies gilt nicht nur, wie im oben zitierten Aufsatz konstatiert, für die Kommunikatoren des dualen Rundfunksystems, sondern auch für die Verwendung der Begriffe in der Kommunikationswissenschaft. Die Begriffe ›Information‹ und ›Unterhaltung‹ spielen in verschiedenen kommunikationswissenschaftlichen Theorien und Ansätzen eine wichtige Rolle und sind somit auch häufig Untersuchungsgegenstände empirischer Forschung. Im Rahmen dieser Theorien und Ansätze werden sie dabei u.a. auch inhaltsanalytisch erhoben.

Nicht zuletzt aus diesem Grund rücken sie bei einer Diskussion um Standardisierung von Meßinstrumenten immer wieder in das Blickfeld des Interesses. Dabei besteht in der angedeuteten Vielschichtigkeit des

---

[1] Unter Mitarbeit von: Kathleen Arendt, Jana Hoffmann, Heike Masurek und Ole Siebert

Begriffs sowohl die Begründung der Notwendigkeit von Standardinstrumenten als auch das größte Problem einer solchen Standardisierung: Die Basis für eine einheitliche Operationalisierung - ein einheitliches Begriffsverständnis - scheint zu fehlen. Dieses Defizit hat uns dazu veranlaßt, eine empirische Untersuchung über die Verwendung der Begriffe ›Information‹ und ›Unterhaltung‹ in der kommunikationswissenschaftlichen Forschung durchzuführen, deren Ergebnisse wir hier für den Bereich »Inhaltsanalyse« vorstellen wollen.

1.1 Verwendung von ›Unterhaltung‹ und ›Information‹ als wissenschaftliche Konstrukte

Im Bereich der Kommunikationswissenschaft bezeichnen die Begriffe ›Unterhaltung‹ und ›Information‹ zentrale Konstrukte.

So greift z. B. die Forschung zu Infotainment und Boulevardisierung auf die beiden Konstrukte zurück und verwendet diese zur Beschreibung von Merkmalen der Medieninhalte (vgl. z. B.: FRÜH, KUHLMANN & WIRTH 1996, SCHULTHEISS & JENZOWSKY 2000, WEGENER 2000). Auch bei der Videomalaise-Hypothese (ROBINSON 1975) und im Kontext der Mood-Management-Theorie (vgl. z. B.: ZILLMANN & BRYANT 1985) werden die beiden Konstrukte in einem ähnlichen Begriffsverständnis verwendet. In zahlreichen Rezeptionsstudien werden die beiden Begriffe zur Typologisierung von Rezipienten herangezogen (z. B. PEISER 1996, SCHULZ 1997, BERENS, KIEFER & MEDER 1997): Die überwiegende Nutzung bestimmter (informierender vs. unterhaltender) Medieninhalte klassifiziert einen Rezipienten als Unterhaltungs- oder Informationsnutzer. Etwas abweichend bezeichnen in der Uses-and-Gratifications-Forschung die beiden Begriffe zwei zentrale Motive zur Mediennutzung: die Suche nach Information bzw. Unterhaltung (vgl. z. B. KATZ, HAAS & GUREVITCH 1973, GREENBERG 1973, PERSE & GREENBERG DUNN 1998). Verschiedene Medienwirkungstheorien, wie z. B. die Wissenskluftthypothese (vgl. z. B. BONFADELLI 1994, WIRTH 1997), greifen ebenfalls implizit auf das Konstrukt ›Information‹ zurück.

Die Palette der mit den Begriffen benannten Forschungsgegenstände reicht also von Medieninhalten über Merkmale von Medieninhalten, Mediennutzertypologien, Mediennutzungsmotiven bis hin zu Medienwirkungen.

1.2 ›Unterhaltung‹ und ›Information‹ als Bestandteile von Vollprogrammen

Der Rundfunkstaatsvertrag benutzt diese Begriffe in der Beschreibung der Anforderungen an ein Vollprogramm: Dies ist ein Programm mit vielfältigen Inhalten, in welchem Information, Bildung, Beratung und Unterhaltung einen wesentlichen Teil des Gesamtprogramms bilden (RStV,I. §2 Abs. 2).[2] Die Begriffe werden dabei also normativ verwendet. Durch diese politisch-normative Forderung wurde eine wissenschaftliche Diskussion im Rahmen der Konvergenzthese angeregt (vgl. z.B. KRÜGER 2000, WEISS 1998 sowie WEISS & TREBBE und KRÜGER in diesem Band), welche der inhaltlichen Annäherung zwischen öffentlich-rechtlichen und privaten Fernsehanbietern in Deutschland nachgeht. Die Ergebnisse von Untersuchungen im Rahmen der Konvergenzthese, welche i.d.R. zur Analyse der Programmstrukturen auf das sozialwissenschaftliche Instrumentarium der Inhaltsanalyse zurückgreifen, besitzen somit per se auch rundfunkpolitische Relevanz. Da sich der Rundfunkstaatsvertrag einer näheren Erläuterung hinsichtlich des Verständnisses von Unterhaltung und Information enthält, liegt die den Forschungen zugrunde gelegte Lesart der Begriffe in der Verantwortung der Wissenschaftler und läuft deshalb immer wieder Gefahr, als beliebig oder gar willkürlich zu erscheinen. Eine auf einer einheitlichen und allgemein akzeptierten Begriffsdefinition basierende, standardisierte Messung der Konstrukte würde dieses Problem deutlich reduzieren.

2. Standardisierte Messung von ›Unterhaltung‹ und ›Information‹

Was ist aber unter der Forderung nach Standardisierung zu verstehen, und wo liegen deren Vorteile und Nachteile? Standardisierung in der empirischen Sozialforschung bedeutet, daß für ein bestimmtes theoretisches Konstrukt zumindest innerhalb einer Wissenschaftsdisziplin ein bestimmtes Meßinstrument, eine feste Operationalisierung eingesetzt wird. Im Bereich der Inhaltsanalyse wäre dies eine ausführliche Katego-

---

2 Vgl. *Media Perspektiven*: Dokumentation I/2000, S. 3

riendefinition, die es ermöglicht, alle potentiellen Forschungsobjekte zuverlässig zu klassifizieren.

Neben einem Anstieg der Effektivität und forschungsökonomischen Aspekten bieten standardisierte Instrumente vor allem den Vorteil, daß damit die Möglichkeit verbessert wird, verschiedene Studien miteinander zu vergleichen und zu verknüpfen. Gegen diese Bemühungen spricht die Unflexibilität »genormter« Messungen, die die Gefahr bergen, langfristig nur die durch das Instrument erfaßbaren Teile der sozialen Realität zu beachten, was zu einer Verengung des Forschungshorizonts führen kann. Mit der zunehmend schneller stattfindenden Veränderung der sozialen Umwelt steigt die Gefahr, daß mit schnell veralteten »Normmessungen« Artefakte produziert werden. Dies betrifft die soziale »Wirklichkeit«, welche mit Hilfe von Inhaltsanalysen untersucht wird - das Medienangebot, ganz besonders.

Wenn sie trotz dieser Einwände bei Inhaltsanalysen im Bereich der Kommunikationswissenschaft Anwendung finden sollen, müssen Standardisierungsvorschläge also erstens umfassend die theoretisch relevante soziale Wirklichkeit erfassen und zweitens flexibel, also aus- und umbaufähig sein. Wir gehen davon aus, daß die Vorteile einer Standardisierung der Begriffe Information und Unterhaltung zumindest bei dem medienpolitisch »aufgeladenen« (vgl. WEISS & TREBBE sowie KRÜGER in diesem Band) Forschungsgegenstand der Medienangebote und der damit verbundenen Methode der Inhaltsanalyse überwiegen und eine Standardisierung anzustreben ist. Basis einer jeden Standardisierung ist die Definition des zu standardisierenden Konstruktes.

3. *Forschungsinteresse*

Einen ersten Arbeitsschritt hin zu einer einheitlichen Definition wollen wir mit dieser Arbeit gehen. Aus der Forderung, daß diese Definition im Sinne einer möglichst großen Übereinstimmung zwischen den Mitgliedern der entsprechenden Wissenschaftsdisziplin erstellt werden muß, leitet sich folgendes Forschungsanliegen ab:

Wie, in welchem Zusammenhang und mit welchem Begriffsverständnis werden die beiden Konstrukte in der empirischen kommunikationswissenschaftlichen Forschung verwendet?

Daraus ergeben sich konkrete Fragestellungen zu drei Bereichen. Das ›Wie‹ konkretisiert sich als Frage nach der Häufigkeit der Verwendung, nach der Zentralität der Begriffe für die untersuchte Forschungsfrage und, damit zusammenhängend, ob die Begriffe im Sinne eines wissenschaftlichen Konstrukts mit Definition, Beschreibung und/oder Operationalisierung oder lediglich als Ausdrücke der Alltagssprache benutzt werden.

Im Zusammenhang der Begriffsverwendung interessiert die untersuchte Mediengattung und der forschungstheoretische Bezug, in dem die Begriffe Information und Unterhaltung mit dem Meßinstrument Inhaltsanalyse gemessen wurden. Besonders interessant sind dabei die Forschungsarbeiten, in denen das Begriffsverständnis von Unterhaltung und Information auf Grund des forschungstheoretischen Bezuges in Relation zu den Programmanforderungen des Rundfunkstaatsvertrags zu bringen ist.

Die Analyse des Begriffsverständnisses soll die zentrale Frage klären, in welchen Bedeutungsaspekten die Konstrukte bei ihrer Verwendung übereinstimmen und ob es möglich ist, einen gemeinsamen Kern im Begriffsverständnis zu finden. Dieser gemeinsame Kern sollte auf Grund einer einheitlicheren Forschungsperspektive besonders deutlich in rundfunkpolitisch relevanten Arbeiten zutage treten. Es stellt sich die Frage nach der Art des Objekts, welches mit Information bzw. Unterhaltung bezeichnet wird, und nach den inhaltlichen Definitionsaspekten der Konstrukte.

Dabei ist davon auszugehen, daß zur Definition der Begriffe unterschiedlichste Attribute herangezogen werden. Wir nehmen an, daß diese Eigenschaften zu verschiedenen Bedeutungsdimensionen gehören. Deshalb suchten wir erstens nach diesen verwendeten Dimensionen und zweitens nach typischen bzw. häufig verwendeten Aspekten innerhalb dieser einzelnen Dimensionen. Werden also zur Beschreibung der Begriffe z.B. die Formate von Medieninhalten herangezogen (Dimension), und welches Format (Aspekt) wird als typisches Unterhaltungs- bzw. Informationsformat genannt?

Dieses Wissen über den Status quo der Begriffsverwendung soll als Basis sowohl für weitere Recherchen als auch für erste Überlegungen hinsichtlich eines Definitionsvorschlags dienen.

4. *Methode*

4.1 *Grundgesamtheit und Zugriffskriterien*

Zur Beantwortung der Forschungsfragen wurde eine Meta-Analyse (vgl. z.B. BONFADELLI & MEIER 1984) in Form einer Inhaltsanalyse von Fachveröffentlichungen durchgeführt. In die Untersuchung gingen die Titel *Rundfunk und Fernsehen*, *Publizistik*, *Media Perspektiven* und *Medienpsychologie*[3] ein. Bei den ersten beiden Publikationen wurden alle Ausgaben der Jahrgänge 1970 bis inkl. 1994[4] untersucht, bei der *Medienpsychologie* alle Ausgaben im Zeitraum von 1991 bis inkl. 1999.[5] Es handelt sich bei diesen Zeitschriften also um eine Vollerhebung des Untersuchungszeitraumes. Bei den *Media Perspektiven* wurde auf Grund der häufigeren Erscheinungsfrequenz aus jedem Jahrzehnt eine (Zufalls-) Stichprobe von jeweils drei Jahrgängen gezogen, welche dann komplett untersucht wurden. Es handelt sich dabei um die Jahrgänge 1976, 1977, 1979, 1985, 1986, 1988, 1991, 1995 und 1996. In die Untersuchung wurden alle Aufsätze aus der eben beschriebenen Auswahlgesamtheit aufgenommen, welche empirische Primärstudien[6] vorstellten und in denen die Stichwörter Unterhaltung oder Information vorkamen[7] und die sich auf Gegenstände der

---

[3] Eine Beschränkung auf die relevanten deutschsprachigen Fach-Publikationen erfolgte aus inhaltlichen Beweggründen: Der Anlass für die Untersuchung lag u.a. in der rundfunkpolitischen Relevanz der beiden Begriffe für das deutsche Mediensystem. Außerdem war uns die zusätzliche Analyse der englischsprachigen Publikationen auf Grund begrenzter Ressourcen nicht möglich.

[4] Dieser zeitlichen Auswahl lag die Vermutung zugrunde, daß im Rahmen der Einführung des dualen Rundfunksystems in Deutschland Mitte der 80er Jahre den beiden Begriffen deutlich mehr Aufmerksamkeit zukam als in den Jahrzehnten davor und danach. Um aber zu verhindern, daß die Begriffsverwendung lediglich aus der »eingeengten tagespolitischen« Perspektive der 80er Jahre analysiert wird, wurde ein wesentlich längerer Zeitraum in die Untersuchung aufgenommen.

[5] Diese Zeitschrift erscheint erst seit 1988.

[6] Primärstudien verstehen wir als Untersuchungen, in denen der Autor erkennbar selber Daten erhoben und ausgewertet hat. Auch als Veröffentlichung einer Primärstudie zählten Arbeiten, wenn die Autoren Vertreter einer Institution (z.B. MDR-Zuschauerforschung) waren und eine von dieser Institution durchgeführte Studie vorstellten.

[7] Es war dabei unerheblich, ob die Begriffe als Substantiv, Adjektiv oder als Verb auftauchten.

Mediennutzung, der Medieninhalte oder der Medienwirkung bezogen.[8] Im Rahmen der hier dargelegten Forschungsfrage wurde noch eine Einschränkung auf empirische Studien vorgenommen, in denen mindestens eines der beiden Konstrukte mit der Methode der Inhaltsanalyse erhoben wurde.[9] Auf insgesamt 60 Arbeiten in den untersuchten Zeitschriftenjahrgängen trafen die beschriebenen Zugriffskriterien zu.[10]

4.2 Das Kategoriensystem

Mittels dieser Inhaltsanalyse wurden neben den formalen Merkmalen der Aufsätze drei Gruppen von Kategorien erhoben: 1. Der Verwendungszusammenhang der Begriffe ›Information‹ und ›Unterhaltung‹ sollte Auskunft über die Einbindung der beiden Begriffe in kommunikationswissenschaftliche Theorien, über die Zentralität der beiden Begriffe im Aufsatz und über die empirische Umsetzung der Begriffe bei deren Messung geben (Datenerhebungsmethode). 2. Eine zweite Gruppe von Kategorien quantifizierte die formale Umsetzung der Begriffsbeschreibung und/ oder -definition: Erhoben wurde dabei, ob die beiden Begriffe überhaupt erläutert wurden, in welchem Umfang dies geschah und in welcher Form. 3. Die umfangreichste Gruppe von Kategorien erfaßte das inhaltliche Verständnis der beiden Begriffe im Aufsatz: Es wurde erfaßt, ob die beiden Begriffe bei einer gemeinsamen Verwendung als auf einer Dimension (etwas ist entweder Information oder Unterhaltung) oder als auf

---

8   Nicht aufgenommen wurden also Artikel, welche die Begriffe in einem Kontext der Alltagssprache (z. B.: »Die Informationen über die Stichprobe sind in Tabelle 2 zusammengefaßt«) oder in einem weitem Sinne in einem kommunikationswissenschaftlichen Kontext, aber ohne Bezug zu Mediennutzung, zu Medieninhalten oder zu Medienwirkungen (z. B.: eine medienrechtliche Diskussion des Informationsbegriffs) verwenden.

9   Der Erhebung lag diese Beschränkung nicht zugrunde.

10 Zur Auswahl der Arbeiten entsprechend der eben dargestellten Kriterien wurden alle Aufsätze der Untersuchungsgesamtheit anhand des Titels, der Kapitelüberschriften und des ersten Absatzes (und wenn vorhanden anhand einer Artikelzusammenfassung) nach obigen Kriterien durchsucht. Wenn ein Aufsatz nach diesem »Scannen« nicht mit Sicherheit in die Auswahl aufgenommen oder aus dieser ausgeschlossen werden konnte, wurde der gesamte Aufsatz nach den genannten Zugriffskriterien durchsucht. Die Codierung erfolgte im Sommer 2000 durch sechs Codierer.

zwei unabhängigen Dimensionen (etwas kann sowohl Unterhaltung als auch Information sein) liegend verstanden wurden. Zum generellen Begriffsverständnis interessierte zum einen das Subjekt der Begriffe: Werden die Begriffe benutzt zur Beschreibung von Mediennutzungsmotiven (»...etwas, das Rezipienten suchen, wollen, anstreben ... «), von Medieninhalten (»...etwas, das Kommunikatoren anbieten bzw. anbieten wollen.«) oder von Medienwirkungen (»...etwas, das sich bei der Rezeption ergibt, das mit der Nutzung einhergeht.«). Des weiteren wurde erfaßt, welchen Medien die Begriffe zugeschrieben werden (die Nutzungsmotive für welche Medien, die Medienwirkung welcher Medien und die Medieninhalte welcher Medien sind mit dem Begriff gemeint?) und ob (und welche) Genres als (prototypische) Beispiele für die beiden Begriffe genannt werden. Als Indikatoren für das inhaltliche Verständnis, welches der Begriffsverwendung zu Grunde liegt, wurden die den Begriffen zugeschriebenen bzw. erwarteten (Motive) Funktionen (z.B.: Stimmungsregulation als Funktion von Unterhaltung) und der, den Begriffen zugeordneten Eigenschaften (z.B. Irrelevanz als Eigenschaft von unterhaltenden Medieninhalten) erhoben.

Die Erstellung dieser Kategorien und insbesondere die Auswahl der zu erfassenden Eigenschaften und Funktionen erfolgte dabei anhand einer Analyse von 25 Arbeiten aus der Erhebungsgesamtheit, entsprechend dem Vorgehen einer empiriegeleiteten Kategorienbildung (vgl. FRÜH 1998). Insgesamt wurden so für den Begriff ›Unterhaltung‹ sieben Funktionen und acht Eigenschaften, für den Begriff ›Information‹ sieben Funktionen und zehn Eigenschaften herausgefunden und ihre Nennung in der Untersuchung erhoben.

Bei einer genaueren Betrachtung der ermittelten Eigenschaften der Begriffe ließen sich diese in drei Kategorien einordnen:

1. PLOT: Eigenschaften, welche sich auf den Inhalt eines Medienprodukts, auf das behandelte Ereignis, auf die dargestellte Geschichte beziehen.
2. FORM: Eigenschaften, welche sich auf die Darstellungsform, die Art der Darbietung eines Ereignisses, den Präsentationsstil des PLOTS beziehen.
3. REZEPTIONSBEZUG: Eigenschaften, welche sich erst während bzw. durch die Rezeption ergeben (z.B. »anspruchslose Rezeption« als eine Eigenschaft von Unterhaltung).

Definition oder Intuition?

ABBILDUNG 1
Dimensionalität der Begriffsbeschreibung
von Unterhaltung und Information

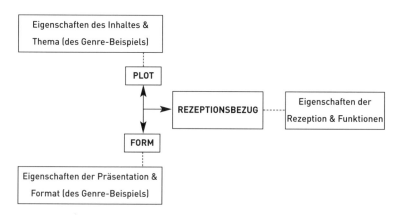

Dieser Aufteilung entsprechend erfolgte auch die Erfassung der als prototypisch genannten Genres (z. B. Krimi) in zwei Schritten: Es wurde das Format des Genre-Beispiels (z. B. Spielfilm) getrennt von dem Thema des Genre-Beispiels (z. B. Verbrechen) erhoben.[11] Das Thema läßt sich der ersten oben beschriebenen Eigenschaftskategorie - dem PLOT - zuordnen, das Format dementsprechend der zweiten Eigenschaftskategorie FORM. Sämtliche erfaßte Funktionen bzw. Motive ergeben sich erst als ein Produkt aus der Rezeption - sowohl die gesellschaftliche Funktion von Information zur politischen Meinungs- und Willensbildung als auch die anderen mehr individuellen Funktionen (z. b. Orientierung) - und sind damit der dritten Dimension REZEPTIONSBEZUG zuzuordnen.

4.3. Reliabilitätstest

Vor Beginn der eigentlichen Erhebung wurde anhand von 40 verschiedenen Aufsätzen aus der Erhebungsgesamtheit ein Reliabilitätstest durchgeführt. Daran nahmen alle sechs an der Inhaltsanalyse beteiligten Co-

---

[11] Zur Klassifizierung von Medieninhalten anhand von inhaltlichen und formalen Merkmalen vergleiche auch Gehrau (2001: 14ff.).

ABBILDUNG 2
Verwendung der Begriffe ›Unterhaltung‹ und ›Information‹ insgesamt und in rundfunkpolitisch relevanten Untersuchungen

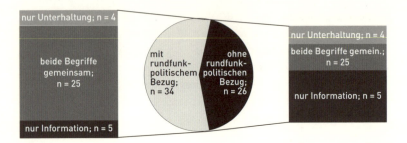

dierer teil. Da nicht jeder Codierer alle Aufsätze bearbeitet hat, standen insgesamt 90 paarweise Codierungen zur Verfügung. Der durchschnittliche Reliabilitätskoeffizient[12] für alle Kategorien lag bei 0.85, für die Kategorien zum Begriff Unterhaltung bei 0.88 und für Information bei 0.83. Trotz dieses insgesamt zufriedenstellenden Ergebnisses kam es in den zwei Kategorien »Einbindung in kommunikationswissenschaftliche Theorien« (0.54 bei 13 Ausprägungen) und »Zentralität der Begriffsverwendung - Information« (0.61 bei vier Ausprägungen) nur zu schlechten Übereinstimmungen. Daher wurden diese beiden Kategorien überarbeitet und eine Nachschulung der Codierer durchgeführt.

5. Ergebnisse

Von den 60 Arbeiten, auf welche die oben beschriebenen Zugriffskriterien zutrafen, enthielten neun Arbeiten nur den Begriff ›Unterhaltung‹, 19 nur den Begriff ›Information‹ und 32 Untersuchungen arbeiteten mit beiden Konstrukten.

Die meisten der erfaßten Aufsätze (18) befassen sich mit der Konvergenzthese. Dieser theoretischen Bezugnahme zugeordnet wurden jene Untersuchungen, die sich mit einer (möglichen) Annäherung öffentlich-

---

12 Zu dem Verfahren der Berechnung des Reliabilitätskoeffizienten vgl. FRÜH (1998).

rechtlicher und privater Fernsehsender in Deutschland hinsichtlich ihrer Inhalte und Formate beschäftigten. Sechs Aufsätze präsentieren Untersuchungen im Rahmen der Infotainment-Forschung, und bei zehn weiteren Aufsätzen handelt es sich um eher deskriptive Programmanalysen. Aus diesen Zahlen wird deutlich, daß die bereits in den theoretischen Vorüberlegungen angesprochene rundfunkpolitische Bedeutung der Begriffe in der Zahl der Forschungen ihre Entsprechung findet. Die erfaßten Aufsätze können bei Theoriebezug »Konvergenzthese«, »Infotainment« und »Programmanalysen von Rundfunk« insgesamt als Arbeiten verstanden werden, auf welche die weiter oben (vgl. 1.2) beschriebenen Anforderungen an die Verwendung der Begriffe ›Unterhaltung‹ und ›Information‹ besonders zutreffen - sie sind rundfunkpolitisch relevant (vgl. Abbildung 2).

›Unterhaltung‹ wurde insgesamt sehr oft als Inhalt von Rundfunk (TV 78%, HF 12% , andere 16%) behandelt, bei ›Information‹ streuen die Medien, auf die sich der Begriff bezog, etwas mehr. Trotzdem dominiert der Rundfunk (TV 78%, HF 18% , TZ 17 %, andere 20%).[13]

Neben der Häufigkeit und dem Zusammenhang der Verwendung ist vor allem die Wichtigkeit der Begriffe für die in der Untersuchung bearbeitete Fragestellung von Bedeutung. Hohe Zentralität lag vor, wenn in einer Arbeit die Begriffe in der Forschungsfrage auftauchten und ›Information‹ oder ›Unterhaltung‹ an sich untersucht wurde oder wenn die Begriffe die abhängige oder die unabhängige Variable bezeichneten. Eine niedrige Zentralität lag vor, wenn es sich bei den Begriffen um intervenierende bzw. zu kontrollierende Variablen handelte oder wenn die Begriffe lediglich als ein Label von z. B. bestimmten Nutzungsmotiven verwendet wurden (vgl. Tab. 1). Es zeigte sich, daß vor allem Unterhaltung, aber auch Information häufiger als Kontrollvariable oder als Label verwendet wurde.

Für beide Konstrukte gilt ebenfalls: Wurden sie zentral verwendet, stieg die Wahrscheinlichkeit, daß es sich um Arbeiten handelte, die mehr oder weniger von rundfunkpolitischer Bedeutung waren.

Wenn die Autoren dem Leser explizit mitteilen, was sie mit einem Begriff meinen, kann dies als Hinweis darauf gelten, daß sie diesen im Sinne wissenschaftlicher Konstrukte verwenden (wobei die Argumentation nur in dieser Richtung gültig ist). Der Anteil der Aufsätze, welche -

---

13 Codiert wurden pro Artikel alle genannten Medien.

unabhängig von Art und Umfang - den Versuch gemacht haben, die verwendeten Begriffe genauer zu erläutern, lag für den Begriff ›Information‹ bei 63 Prozent und für ›Unterhaltung‹ bei 56 Prozent. Ebenfalls wurde erhoben, wie diese Erläuterung der Begriffe erfolgte. Dabei wurden zwei Arten von Definitionen (intensional und extensional) in jeweils zwei Stufen (systematisch/vollständig und unsystematisch/unvollständig) erfaßt. Nur wenn auf keine dieser beiden Arten von Definitionen zurückgegriffen wurde, wurden Angaben im Sinne von z. B. »Unterhaltung ist das, was folgendermaßen gemessen wurde« als sog. operationale Definitionen erfaßt. Generell kann man sagen, daß Unterhaltung in etwas mehr als der Hälfte, Information in zwei Drittel aller analysierten Aufsätze definiert wurde. Dieses Verhältnis findet sich auch im Teilbereich der rundfunkpolitisch relevanten Begriffsverwendung (s.o.). Die stärkste Gruppe hinsichtlich der Art der Definition ist bei beiden Begriffen die operationale Definition (Unterhaltung 42%, Information 50%). Der Umfang der Definitionen lag bei fast der Hälfte der Arbeiten bei einem kurzen Satz oder Teilsatz (bis zu 20 Wörter; vgl. Tab. 1).

Um die Frage zu klären, wie einheitlich die Begriffe verwendet wurden, soll nun in einem ersten Schritt geklärt werden, was mit den Begriffen bezeichnet wurde: Wie nicht anders zu erwarten, wurden die Begriffe im Auswertungskontext »Inhaltsanalyse« bei so gut wie allen Arbeiten zur Bezeichnung eines Medieninhalts verwendet. In jeweils 20 Prozent der Texte wurden daneben aber auch Motive zur Mediennutzung damit bezeichnet (vgl. Tab. 1). Eine Voraussetzung für eine einheitliche Begriffsverwendung ist also insofern gegeben, als mit den Begriffen (fast) immer die gleichen Objekte - Medieninhalte - beschrieben werden sollen.

34 Aufsätze benutzten beide Begriffe gemeinsam. Bei diesen interessierte uns, in welchem Verhältnis zueinander sie von den Autoren gesehen werden. Es zeigte sich, daß immerhin 35 Prozent diese als zwei Extrempunkte einer Dimension auffaßten, während bei 47 Prozent der Arbeiten sowohl eine Unterhaltungs- als auch eine Informationsdimension zu erkennen war. Als letztes soll nun die Frage beantwortet werden, mit welchem Begriffsverständnis die beiden Begriffe Information und Unterhaltung verwendet wurden. Um dies zu klären, wird auf die folgenden, bereits vorgestellten Dimensionen zurückgegriffen (vgl. 4.2), die aus den Kategorien Eigenschaften, Funktionen, Thema der Beispiel-Genres, Format der Beispiel-Genres zusammengefaßt wurden: der PLOT,[14] die FORM[15] und den REZEPTIONSBEZUG.[16] Die Auswertung zeigte, daß jede

TABELLE 1
Verwendung der Begriffe ›Information‹ und ›Unterhaltung‹

		Unterhaltung		Information	
		n	%	n	%
		41	= 100%	51	= 100%
Subjekt der Begriffe (Mehrfachnennungen)	Motiv	8	20%	10	20%
	Inhalt	39	95%	49	96%
	Wirkung	3	7%	5	10%
Zentralität der Begriffe					
	Hoch	15	37%	22	43%
	Niedrig	26	63%	29	56%
Verwendete Dimensionen der Begriffsbeschreibung					
(Mehrfachnennungen)	Form	30	73%	39	77%
	Plot	26	63%	36	70%
	Rezeptionsbezug	25	61%	42	82%
Anzahl der verwendeten Begriffsdimensionen					
	Keine	5	12%	1	2%
	Eine	8	20%	9	18%
	Zwei	11	27%	15	29%
	Drei	17	41%	26	51%
Beide Begriffe werden kontrastiert		34	= 100%	34	= 100%
davon: Art der Kontrastierung					
	I & U als Extrempunkte einer Dimension	12	35%	11	31%
	I & U bilden zwei Dimensionen	16	47%	17	49%
	Nicht erkennbar	6	18%	6	18%
Begriffe werden erläutert		23	= 100%	32	= 100%
davon: Art der Definition					
	Intentionale Nominaldefinition	1	4%	2	6%
	Extentionale Nominaldefinition	4	17%	4	13%
	Umschreibung	2	7%	2	6%
	Beispiele	6	26%	8	26%
	nur Operationale Definition	10	43%	15	47%
davon: Umfang der Definition					
	Bis zu einem Satz / Teilsatz	13	57%	19	59%
	Bis zu 5 Sätze	6	26%	7	22%
	Ein Absatz ab 5 Sätze	2	7%	6	19%
	Ganzer Abschnitt / Kapitel	2	7%	0	0%

der drei Beschreibungsdimensionen der Begriffe Information und Unterhaltung in 60 bis 80 Prozent der untersuchten Aufsätze verwendet wurden und daß in den meisten Fällen (Unterhaltung 41% bzw. Information 51%) das kommunizierte Begriffsverständnis alle drei Dimensionen gleichzeitig berührte (vgl. Tab. 1). Am unwahrscheinlichsten ist es, daß nur eine der Dimensionen angesprochen wurde.

Innerhalb dieser Dimensionen zeigt sich dagegen ein eher heterogenes Bild: In kaum einer dieser Begriffsbereiche - sowohl für den Begriff Unterhaltung als auch für den Begriff ›Information‹ - ließen sich dominante Ausprägungen finden (s. Abb. 3 und Abb. 4). In den untersuchten Arbeiten wurden die verschiedenen Themen, Formate, Eigenschaften und Funktionen in ganz unterschiedlicher Häufigkeit genannt.

14 PLOT: Information: Genrethemen: Wirtschaft, Sport, Politik, Regionales, Wissenschaft, Buntes, Kultur, Schicksale; Themeneigenschaften: 1) relevant, bedeutsam, folgenreich, wichtig,...2) aktuell, neu, jüngste Meldung, schnell,...

Unterhaltung: Genrethemen: Quiz, Sport, Heimat, Familie, Liebe, Buntes, Erotik, Verbrechen, Schicksale, Witz/ Komik; Themeneigenschaften: 1) irrelevant, bedeutungslos, irreal...2) Heile Welt, in Ordnung, nicht chaotisch...

15 FORM: Information: Genreformen: Nachrichten, Magazin, Reportage, Dokumentation, Talk/ Diskussion; Formateigenschaften: 1) neutral, objektiv, unparteiisch, berichtend,...2) wahr, richtig, unverfälscht, deutlich, klar,... 3) seriös, nüchtern, sachlich, nicht emotional,...

16 REZEPTIONSBEZUG: Information: Rezeptionsfunktionen: 1) Wissen über Tagesereignisse, Weltgeschehen, Wissen was los ist,... 2) Überblick, Verständnis, Zusammenhang, Hintergrundwissen,... 3) Spezialwissen, Fachwissen, persönliches Interesse befriedigen, Bildung, Fortbildung,... 4) Gesprächsthemen finden, Mitreden,... 5) Service, praktische Alltagshilfe,... 6) Orientierung, Selbstfindung, Problemlösung; rezeptionsbezogene Eigenschaften: 1) universal, gesellschaftlich wichtig, von allgemeinem Interesse,.. 2) ausführlich, Detailmenge, umfassend, viel,... 3) ortsbezogen (lokal, regional, national, international,...) 4) spezialisiert, ein bestimmtes Fachwissen,...

Unterhaltung: Rezeptionsfunktionen: 1) Gefühlsreaktionen, Entspannung, Stimmungsregulation,... 2) Parasoziale Interaktion, gegen Einsamkeit, Starkult / Prominente,... 3) Spaß, Selbstzweck, Freude daran,... 4) Vergessen, Abschalten, Eskapismus,... 5) Zeitvertreib, gegen Langeweile,... 6) unbestimmt, gewohnheitsmäßig, einfach so,... 7) Selbstbestätigung, soziale Orientierung, Informationsaspekt,»Bildung light«; rezeptionsbezogene Eigenschaften: 1) anspruchslose Rezeption, einfach, leicht,... 2) Identifikation anbietend, Miterleben möglich, abenteuerlich, Potential zur Einfühlung,... 3) Gefühl, spannend, lustig, traurig, heiter, gruslig, erotisch... 4) spielerisch, Spielcharakter...

Definition oder Intuition?

ABBILDUNG 3
Häufigkeit der Verwendung einzelner Aspekte der Dimensionen PLOT, FORM und REZEPTIONSBEZUG zur Beschreibung von UNTERHALTUNG (Anzahl der Artikel, in denen diese Aspekte verwendet wurden)

PLOT

Witz/Komik	irrelevant	Quiz	Buntes	Schicksale	anderes'		
n=14	n=10	n=8	n=6	n=5	n=22		
RE-ZEPTIONS-BEZUG		anspruchslos	soziale Orientierung	Gefühlsreaktion	Parasoziale Interaktion	Gefühl	anderes''
		n=10	n=10	n=8	n=4	n=4	n=9
Film	Show	Serie	Talk	redaktion.	anderes'''		
n=15	n=14	n=13	n=11	n=9	n=23		

FORM

Legende: ' = Sport, Heimat, Verbrechen, Familie, Liebe, Erotik, Heile Welt; '' = Eskapismus, Spaß, Zeitvertreib, Identifikation, spielerisch, unbestimmt; ''' = Theater, Kindersendung, Musik, schön/ästthetisch

ABBILDUNG 4
Häufigkeit der Verwendung einzelner Aspekte der Dimensionen PLOT, FORM und REZEPTIONSBEZUG zur Beschreibung von INFORMATION (Anzahl der Artikel, in denen diese Aspekte verwendet wurden)

PLOT

Politik	aktuell	Wirtschaft	Kultur	Regionales	anderes'		
n=19	n=19	n=14	n=13	n=12	n=28		
RE-ZEPTIONS-BEZUG		Überblickswissen	ausführlich	ortsbezogen	spezialisiert	Service	anderes''
		n=17	n=17	n=14	n=14	n=13	n=39
Nachrichten	Magazin	Doku	wahr	seriös	anderes'''		
n=22	n=14	n=7	n=7	n=7	n=12		

FORM

Legende: ' = relevant, Wissenschaft, Buntes, Schicksale, Sport; '' = Orientierung, Spezialwissen, Wissen über Tagesereignisse, universal, Gesprächsthemenfindung; ''' = Talk, Reportage, neutral

45

Im Durchschnitt wurde jedes erfaßte Thema, jedes Format, jede Eigenschaft und jede Funktion in 17 Prozent der Aufsätze zur Beschreibung der Begriffe ›Unterhaltung‹ und ›Information‹ genannt.

Die Auswertung des inhaltlichen Begriffsverständnisses wurde nochmals für alle Aufsätze, welche in einen rundfunkpolitischen Zusammenhang gebracht werden können (s.o.), wiederholt. Es zeigt sich dabei ein sehr ähnliches Bild, allerdings prägen die sich bei Betrachtung aller Artikel vage abzeichnenden Konturen etwas schärfer aus. Von dem erhofften gemeinsamen Kern ist aber auch in dieser perspektivisch eingeengten Gruppe nicht mehr als eine Spur vorhanden.

6. Zusammenfassung und Ausblick

Die Ergebnisse der Untersuchung bestätigten die Vermutung, daß es sich bei den beiden Begriffen um relativ häufig verwendete Konstrukte des Faches handelt. Die empirische Forschung ist - zumindest für Arbeiten, welche sich des Instrumentes der Inhaltsanalyse bedienen - von einem einheitlichen Begriffsverständnis weit entfernt. Auf Grund des - auch in unserer Untersuchung festgestellten - rundfunkpolitischen Bezugs vieler Arbeiten sind Bemühungen um eine Standardisierung und - dem vorausgehend - Bemühungen um eine Definition der Begriffe wünschenswert. Unsere Befunde lassen keine Aussagen zu, auf welchen Dimensionen eine Begriffsklärung und Definition erfolgen sollte - alle drei untersuchten Dimensionen wurden sehr oft verwendet.

Es besteht also ein dringender Bedarf an theoretischer und empirischer Auseinandersetzung mit diesen beiden Begriffen. Es mangelt an begrifflichen Präzisierungen und es kann bisher keineswegs von einer einheitlichen Verwendung oder einer annähernd standardisierten Erhebung dieser Konstrukte gesprochen werden.

Unabhängig davon, wie eine begriffliche Präzisierung oder eine Definition der beiden Begriffe aussehen könnte, legt das vorgestellte Modell nahe, eine Inferenzregel zu entwickeln, die angibt, welche »objektiven« Eigenschaften eines Inhalts in Wechselwirkung mit welchen »objektiven« Eigenschaften seiner Darbietung auf die Rezeptionseigenschaften schließen lassen, die von Rezipienten als Information bzw. Unterhaltung angesehen werden.

Literatur

BERENS, H.; M.-L. KIEFER; A. MEDER: Spezialisierung der Mediennutzung im dualen Rundfunksystem. In: Media Perspektiven, 1997, S. 80-91

BONFADELLI, H.; W. MEIER: Meta-Forschung in der Publizistikwissenschaft. Zur Problematik der Synthese von empirischer Forschung. In: *Rundfunk und Fernsehen*, 32, 1984, S. 537-550

BONFADELLI, H.: *Wissenskluft-Perspektive. Massenmedien und gesellschaftliche Information*. Köln 1994

FRÜH, W.: *Inhaltsanalyse. Theorie und Praxis*. 4., überarbeitete Auflage, Konstanz 1998

FRÜH, W.; C. KUHLMANN; W. WIRTH: Unterhaltsame Information oder informative Unterhaltung? Zur Rezeption von Reality-TV. In: *Publizistik*, 41, 1996, S. 428-451

GEHRAU, V.: *Fernsehgenres und Fernsehgattungen. Ansätze und Daten zur Rezeption, Klassifikation und Bezeichnung von Fernsehprogrammen*. München 2001

GREENBERG, B.S.: Viewing and Listening Parameters Among British Youngsters. In: *Journal of Broadcasting*, 18, 1973, S. 173-188

KATZ, E.; H. HAAS; M. GUREVITCH: On the Use of Mass Media for Important Things. In: *American Sociological Review*, 38, 1973, S. 164-181

KRÜGER, U. M.: Unterschiedliches Informationsverständnis im öffentlich-rechtlichen und privaten Fernsehen. In: *Media Perspektiven*, 2000, S. 278-296

PEISER, W.: Die Fernsehgeneration: eine empirische Untersuchung ihrer Mediennutzung und Medienbewertung. Opladen 1996

PERSE, E. M.; D. GREENBERG DUNN: The Utility of Home Computers and Media Use: Implications of Multimedia and Connectivity. In: *Journal of Broadcasting and Electronic Media*, 14, 1998, S. 435-456

ROBINSON, M. J.: American Political Legitimicy in an Era of Electronic media: Reflections on the Evening News. In: CATER, D.; R. ADLER (Hrsg.): *Television as a Social Force: New Approaches to TV Critizism*. New York, 1995, S. 97-139

Staatsvertrag über den Rundfunk im vereinten Deutschland. Fassung des vierten Rundfunkänderungsstaatsvertrags, in Kraft seit 1. April 2000. In: *Media Perspektiven. Dokumentationen*, I/2000, S. 1-22

SCHULTHEISS, B. M.; S. A. JENZOWSKY: Infotainment: Der Einfluss emotionalisierend-affekt-orientierter Darstellung auf die Glaubwürdigkeit. In: *Medien & Kommunikationswissenschaft*, 48, 2000, S. 63-84

SCHULZ, W.: Vielseher im dualen Rundfunksystem. In: *Media Perspektiven*, 1997, S. 92-102

WEGENER, C.: Wenn die Information zur Unterhaltung wird oder die Annäherung des »factual television« an das »fictional television«. In: PAUS-HAASE, I. ; D. SCHNATMEYER, D.; C. WEGENER (Hrsg.): Informationen - Emotionen - Sensationen. Wenn im Fernsehen Grenzen zerfließen. Bielefeld, 2000, S. 46-61

WEISS, H.-J.: *Auf dem Weg zu einer kontinuierlichen Fernsehprogrammforschung der Landesmedienanstalten: eine Evaluations- und Machbarkeitsstudie.* Berlin 1998

WIRTH, W.: *Von der Information zum Wissen. Die Rolle der Rezeption für die Entstehung von Wissensunterschieden.* Opladen 1997

ZILLMANN, D.; J. BRYANT: Affect, Mood, and Emotion as Determinants of Selective Exposure. In: ZILLMANN, D.; J. BRYANT (Hrsg.): *Selective Exposure to Communication*. Hillsdale, New Jersey, 1985, S. 157-190

HANS-JÜRGEN WEISS / JOACHIM TREBBE

Fernsehinformation.
Zur Methode kontinuierlicher Programmanalysen in einem medienpolitisch aufgeladenen Forschungsfeld

Wenn man sich daranmacht, Informationsangebote von Fernsehprogrammen mit dem Instrumentarium der empirischen Sozialforschung zu analysieren, stößt man auf ein vordergründig klar abgestecktes, bei genauerer Besichtigung verschwommenes und - vor allem in Deutschland (HOHLFELD 1998: 218f.) - stark wertgeladenes Forschungsfeld. Alltagsgespräche und öffentliche Diskussionen über das Fernsehen, medienpolitische Positionspapiere und Beiträge der Fernsehkritik tendieren dazu, das gesamte Angebotsspektrum des Fernsehens in dem polarisierenden Begriffspaar der Fernsehinformation und Fernsehunterhaltung zusammenzufassen. Dabei wird unterstellt, daß es im Grundsatz keiner weiteren Erläuterung bedarf, welche Programmangebote mit diesen Begriffen bezeichnet werden. Tatsächlich wird man in Deutschland kaum eine Programmankündigung, Programmstatistik oder ein Rundfunkgesetz finden, in denen auf die Begriffe Information und Unterhaltung verzichtet wird. Liest man diese Quellen ›quer‹, löst sich die Eindeutigkeit dieser Kategorien allerdings Schritt für Schritt auf:
- Im Rundfunkstaatsvertrag werden Information und Unterhaltung neben Bildung und Beratung als diejenigen Angebotskategorien genannt, die bei sog. Vollprogrammen einen »wesentlichen Teil des Gesamtprogramms« bilden (§2, Abs.2, Abschn.1 RStV 2000). Sie konstituieren damit den Programmtyp, der den freien Fernsehmarkt in Deutschland dominiert. Erläutert wird diese Vorgabe allerdings weder in qualitativer noch in quantitativer Hinsicht.
- Die Programmstatistiken von ARD und ZDF, die vor allem die organisatorische Verantwortung für den Programm-Output widerspiegeln,

führen die Kategorien Unterhaltung und Information zwar peripher auf, gleichberechtigt daneben stehen jedoch andere Kategorien wie Politik und Gesellschaft, Fernsehspiele, Spielfilme etc. (*Media Perspektiven Basisdaten* 2000: 14f.).

- In den Programmstatistiken der privaten Veranstalter werden die Begriffe Information und Unterhaltung relativ oft verwendet, um konkreter bezeichnete Programmgattungen zusammenzufassen. Jedoch werden sie von Sender zu Sender nicht nur unterschiedlich breit definiert, vielmehr muß man auch feststellen, daß bestimmte Programmgattungen teils der Information, teils der Unterhaltung zugeordnet werden.[1]

Eines der größten Unschärfeprobleme im privaten, öffentlichen und auch wissenschaftlichen Gebrauch der Begriffe Fernsehinformation und Fernsehunterhaltung besteht darin, daß selten explizit zwischen der Angebots- und der funktionalen Perspektive unterschieden wird, obwohl die Notwendigkeit dieser Unterscheidung spätestens seit der Etablierung des *Uses and Gratifications Approach* in der Kommunikations- und Medienforschung zwingend ist (WEISS 1978). Dazu kommt die Abstraktheit des Informationsbegriffs, die es im Prinzip erlaubt, den gesamten Output eines Fernsehprogramms ohne weitere inhaltliche Konkretisierung als Information zu bezeichnen, wenn man sich nur weit genug von der differenzierteren, wenn auch alles andere als eindeutigen Begrifflichkeit der Medienpraxis entfernt.[2]

1. Die Kategorie der Information in der praxisbezogenen Fernsehprogrammforschung

Diese Ausgangssituation spitzt sich zu, wenn die Analyse der Informationsleistung von Fernsehprogrammen selbst Teil der Fernsehpraxis ist. Die Konkurrenz der Programme auf dem Zuschauer- und Werbemarkt

---

[1] In den Statistiken für 1999 werden zum Beispiel Talkshows bei RTL und SAT.1 der Fernsehunterhaltung, bei ProSieben, VOX und RTL II der Fernsehinformation zugerechnet (*Media Perspektiven Basisdaten* 2000: 20-22).

[2] Die medienökonomische Argumentation von Heinrich (»Zentraler Rohstoff des Mediensystems ist die Information«) basiert zum Beispiel auf einem derart verallgemeinerten Informationsbegriff (HEINRICH 1999: 28).

und die Positionierung der Programmveranstalter gegenüber der Medienpolitik bringen es mit sich, daß nicht nur die Programmleistungen als solche, sondern auch ihre Analyse stets durch konkrete Interessenkonstellationen aufgeladen sind. Insofern darf es nicht verwundern, wenn die Konzeption und Methode von Informationsanalysen, die in irgendeiner Weise in diesen praktischen Kontext eingebunden sind, leicht zum Gegenstand von Interessenkonflikten werden.

In Deutschland ist die Systemkonkurrenz zwischen öffentlich-rechtlichen und privaten Fernsehveranstaltern eine dieser Konfliktlinien. In diesem Konflikt ist es für die öffentlich-rechtliche Seite von zentraler Bedeutung, ihre Informationskompetenz öffentlich herauszustellen, da sie ihren besonderen, gebührenfinanzierten Status in der dualen Rundfunkordnung am sinnfälligsten legitimiert (HOLZNAGEL 1999). Eine Programmstudie, die seit 1985 im Auftrag der ARD/ZDF-Medienkommission durchgeführt wird, spielt hierbei eine wichtige Rolle (zuletzt KRÜGER 2000). Ihre Funktion ist ablesbar an den Kommentaren, mit denen die von der Arbeitsgemeinschaft der ARD-Werbegesellschaften herausgegebene Zeitschrift *Media Perspektiven* die Untersuchungsergebnisse Jahr für Jahr vorstellt.»Die kommerziellen Anbieter haben sich mit Unterhaltung positioniert, die Öffentlich-Rechtlichen mit stark informationsorientierten Programmen« - lautet das jüngste Fazit (Media Perspektiven *editorial* 2000: 277). In derselben Zeitschrift wird die Studie als »die einzige inhaltsanalytische Datenquelle« bezeichnet, »aus der kontinuierlich Erkenntnisse zur Programmqualität im deutschen Fernsehen gezogen werden können«. Sie leiste »einen wesentlichen Beitrag ... für medienpolitische Entscheider vor allem durch den stetigen Vergleich zwischen öffentlich-rechtlichen und privaten Programmen (BREUNIG 1999: 97)«.

Eine sachliche Diskussion über die Konzeption und Methode von Informationsanalysen, die derart in die Medienpraxis eingebunden sind, ist nicht einfach. Das Problem verschärft sich, wenn sie - wie im vorliegenden Fall - aus dem Blickwinkel einer Studie geführt wird, die selbst einen medienpolitischen Hintergrund hat. Die kontinuierliche Fernsehprogrammforschung, die wir seit 1997 für die Arbeitsgemeinschaft der deutschen Landesmedienanstalten (ALM) durchführen, ist in den Aufsichtsaufgaben der Landesmedienanstalten in der dualen Rundfunkordnung begründet und räumt der Beobachtung der Informationsleistung privater und öffentlich-rechtlicher Fernsehvollprogramme einen besonderen Stellenwert ein (WEISS 1997, 1998 und 1999; WEISS & TREBBE 2000).

Der Reiz dieser Diskussion besteht jedoch gerade darin, daß beide Studien Ähnliches leisten müssen: die Definition, Operationalisierung und Messung von Fernsehinformation in einem medienpolitisch sensiblen Forschungsfeld.

Der Beitrag konzentriert sich auf zwei Argumente. (1) Zum einen wird die Zielsetzung problematisiert, pauschale Informationsquoten als Leistungskennwerte von Fernsehprogrammen ermitteln zu wollen. Für aussagekräftiger halten wir die Identifikation und Analyse thematisch spezifizierter Informationssegmente. (2) Zum anderen wird der Erkenntnisgewinn einer Forschungsstrategie in Frage gestellt, die daraufhin angelegt ist, Fernsehinformation trennscharf gegenüber Fernsehunterhaltung abzugrenzen. Statt dessen plädieren wir für die Bestimmung eines Grenzbereichs, dessen Entwicklung unter Informations- wie Unterhaltungsgesichtspunkten verfolgt werden kann. Nach einer kurzen Diskussion des Informationskonzepts der ARD/ZDF-Studie werden wir diese Argumentation im Rückgriff auf die Konzeption der kontinuierlichen ALM-Programmforschung entwickeln.

2. *Das implizite Informationskonzept der ARD/ZDF-Studie*

Aufgrund ihrer Öffentlichkeitsfunktion ist die Ermittlung von Kennwerten zur Kennzeichnung der besonderen Informationsleistungen von öffentlich-rechtlichen Fernsehprogrammen eine zentrale Zielsetzung der kontinuierlichen ARD/ZDF-Programmforschung. Konstitutiv für die Ermittlung der Informationsquoten der untersuchten öffentlich-rechtlichen und privaten Programme ist in diesem Zusammenhang die Verschränkung einer impliziten Theorie der Fernsehinformation mit einer methodischen Prämisse der Programmanalyse. Implizit wird unterstellt, daß sich das Informationsangebot eines Fernsehprogramms im Rückgriff auf die Programmsparten-, Programmgattungs- bzw. Programmgenrebezeichnungen, die in der Fernsehpraxis zur generalisierenden Typisierung und Unterscheidung von Fernsehsendungen verwendet werden,[3]

---

[3] Daß diese drei Begriffe ihrerseits wiederum nicht eindeutig definiert sind und in unterschiedlichen Kontexten unterschiedlich verwendet werden, zeigt eine neuere Arbeit zur Klassifikation von Fernsehprogrammen (GEHRAU 2001).

valide ermitteln und gegenüber nicht informierenden Programmangeboten, insbesondere gegenüber der Fernsehunterhaltung, abgrenzen läßt. Verknüpft ist diese Implikation mit der Prämisse, daß die Eingrenzung von Informationsangeboten und deren Abgrenzung gegenüber Unterhaltungsangeboten auf der Ebene von Sendungen erfolgen kann. Der Zusammenhang von Theorie und Methode kommt am deutlichsten in der Variablen zum Vorschein, die generell der Programmspartenanalyse und damit auch der konkreten Identifikation von Informationsangeboten dient[4] (vgl. Tabelle 1).

TABELLE 1
Informationsgattungen der
ARD/ZDF-Fernsehprogrammanalyse

Nachrichtensendungen	Kulturelle Informationssendungen
Aktuelle Wettersendungen	Wissenschafts-/Techniksendungen
Frühmagazine	Alltags-Ratgebersendungen
Mittagsmagazine	Natur- und Tiersendungen
Politische Informationssendungen	Gesellschaftsor. Informationssendungen
Wirtschaftssendungen	Boulevardor. Informationssendungen
Regionalsendungen	Unterhaltungsor. Informationssendungen
Zeitgeschichtliche Sendungen	Reality TV

Quelle: Krüger 2000: 286

Die Ermittlung pauschaler Informationsquoten beginnt auf der Ebene der einzelnen Informationssendung, zum Beispiel bei einem Nachrichtenmagazin. Diese Sendung wird zunächst mit anderen, formal verwandten Sendungen zu einer Gruppe von Informationssendungen, das heißt zu einer bestimmten Informationsgattung, zusammengefaßt - in unserem Beispiel zu Nachrichtensendungen. Am Ende werden alle Informationsgattungen zur Programmsparte Information zusammengeführt.

4 Bedauerlich ist die sparsame Dokumentation der Codierung der ARD/ZDF-Studie. Die jüngste, nicht dokumentierte Aggregierung der Informationssendungen zu Informationsgattungen (KRÜGER 2000) unterscheidet sich erheblich von der letzten dokumentierten Version, die uns zugänglich ist (KRÜGER 1992). Dementsprechend schwer sind Veränderungen der Aggregierung nachzuvollziehen.

Die Informationsquote eines Programms ist identisch mit dem prozentualen Anteil aller als Information definierten und codierten Sendungen an der Gesamtsendezeit. Wie man an den Ausprägungen dieser Variablen unschwer erkennen kann, vermeidet diese Konzeption eine explizite und insbesondere eine exklusiv inhaltlich-thematische Definition derjenigen Informationsangebote, die ein Fernsehprogramm seinen Zuschauern anbieten *könnte*. Ausgangspunkt der Informationsanalyse ist vielmehr ein pragmatisch-operationalistischer Ansatz: eine Art operationelle Mischstrategie. Faktisch stehen inhaltlich undefinierte Sendungsformen wie Nachrichtensendungen, Frühmagazine etc. bei der Festlegung dessen, was als Fernsehinformation begriffen und empirisch erfaßt wird, gleichwertig neben zum Teil inhaltlich (z.B. politische Informationssendungen), zum Teil - vermutlich - funktional definierten Kategorien (z.B. unterhaltungsorientierte Informationssendungen).

Die fehlende analytische Konsistenz dieser Vorgehensweise kann als Theoriedefizit interpretiert werden. Mit Sicherheit ist sie jedoch der Preis der methodischen Entscheidung, stets vollständige *Sendungen* als Information oder Nicht-Information einstufen zu wollen. Bei monothematischen Sendungen kommt dabei ein implizit thematisches Informationsverständnis zum Vorschein: Politik, Wetter, Wirtschaft, Zeitgeschichte, Kultur, Wissenschaft, Technik, Natur und Tiere zählen auf jeden Fall zum Informationsangebot eines Programms - Alltag, Gesellschaft und Boulevard *eventuell* auch.[5] Zur Einordnung thematisch grundsätzlich offener bzw. gemischter Sendungen in diese Dichotomie ist es jedoch unvermeidbar, auf eine explizit inhaltlich-thematische Informationsdefinition zu verzichten und statt dessen das Sendungsformat zum Ein- oder Ausschlußkriterium zu machen.

Daß diese Konzeption trotzdem nicht ohne ein - wenn auch nur implizites - inhaltlich-thematisches Informationsverständnis auskommt, kann man an zwei Beispielen zeigen. Wenn etwa Nachrichtensendungen oder das sog. Reality TV der Fernsehinformation und Talkshows der Fernsehunterhaltung zugerechnet werden, sind damit nicht nur Erfahrungen darüber verbunden, welche Programminhalte in diesen Sendungsformaten in der Regel ausgestrahlt werden. Vielmehr werden diese Pro-

---

5 Dann nämlich, wenn diese Kategorien thematisch operationalisiert werden. Die neuesten Veröffentlichungen geben hierüber keine Auskunft.

gramminhalte in einer impliziten Theorie auch als Information oder als Unterhaltung eingestuft. Das gilt erst recht in den Fällen, in denen gleiche Formate einmal der Information, das andere Mal der Unterhaltung zugerechnet werden. Wird zum Beispiel ein Politik-Magazin als Informationsangebot und ein Lifestyle-Magazin als Unterhaltungsangebot codiert, ist das ein Indiz für ein eindeutig thematisch definiertes Informationsverständnis.

Paradoxerweise treten die konzeptionellen Probleme der ARD/ZDF-Fernsehprogrammforschung seit dem Zeitpunkt besonders deutlich zutage, seitdem sich ein Teil der Informationsanalyse auf detailliertere Untersuchungen unterhalb der Ebene von Sendungen stützen kann.[6] Diese Beitragsanalysen umfassen, allerdings mit zwei wichtigen Ausnahmen, die non-fiktionalen Programmangebote der Sender. Die Ausnahmen sind Fernsehnachrichten und die Morgenmagazine bzw. das Frühstücksfernsehen, die weiterhin nur pauschal als Informationsangebote eingestuft werden. Abgesehen davon, daß diese Analysen zur inhaltlich-thematischen Beschreibung einzelner Programmgattungen wie zum Beispiel von Fernsehmagazinen genutzt werden, kommt ihnen bei der Bestimmung der Informationsleistung der Sender nur eine Hilfsfunktion zu. Mit ihrer Hilfe wird das Themenangebot von Sendungen, die nicht nur Informations-, sondern auch Unterhaltungsangebote enthalten könnten, empirisch überprüft. Liegt ihr Schwerpunkt auf politischen Themen, werden sie - als Ganzes (!) - der Information zugerechnet, geht es vor allem um Human-Touch-Themen, werden sie als Unterhaltung eingestuft (GERHARD 1999: 341f.).

Damit bleibt im Prinzip alles beim alten. Auf der Basis eines thematisch nicht explizierten Informationsverständnisses wird die eine Gruppe von Sendungen nach thematischen Kriterien zur Fernsehinformation erklärt. Dazu kommt die andere Gruppe, Nachrichtensendungen und Morgenmagazine, die ausschließlich nach formalen Kriterien als Fernsehinformation eingestuft wird. Die Summe der für diese beiden Sendungsgruppen ermittelten Sendezeit ist - natürlich nach Abzug von Werbeunterbrechungen, Programmtrailern etc. - nach wie vor die Basis der in dieser Studie für die konkurrierenden Programme ermittelten Informationsquoten.

---

6   Als fester Bestandteil der kontinuierlichen Programmforschung ist das seit 1998 der Fall (KRÜGER 1998).

3. Das explizite Informationskonzept der ALM-Studie

Die Zielsetzung der kontinuierlichen ALM-Fernsehprogrammforschung ist in den Aufsichtsaufgaben der Landesmedienanstalten in der dualen Rundfunkordnung begründet. Ihre Konzeption ist von den Anforderungen geprägt, die das deutsche Rundfunkprogrammrecht generell und insbesondere gegenüber den privaten Fernsehveranstaltern formuliert.[7] Die daran anknüpfende Definition, Operationalisierung und Messung der Informationsleistung von acht deutschen Fernsehvollprogrammen erfolgt in zwei Schritten, das heißt in zwei aufeinander aufbauenden Teilanalysen. Grundlage jeder Teilanalyse ist ein Modell des Untersuchungsgegenstands, das sich im ersten Schritt auf das gesamte Programmangebot und im zweiten Schritt auf das Informationsangebot von Fernsehprogrammen bezieht.

In der *ersten Teilanalyse* geht es darum, ein analytisches Raster über das jeweilige Gesamtangebot der untersuchten Programme zu legen. Für diese Analyse wurden die Untersuchungskategorien ähnlich wie bei der ARD/ZDF-Studie induktiv, das heißt an den Kategorien entlang entwickelt, mit denen die Formatierung von Programmen in der Fernsehpraxis beschrieben wird. Ausgehend von den Grundbausteinen eines Fernsehvollprogramms wird zwischen drei großen Angebotssegmenten bzw. Programmgattungen unterschieden:[8]

(1) Programmgattungen für die fernsehspezifische Darstellung von Spielhandlungen: Fernsehserien, Fernsehfilme (TV-Movies), Kinofilme, Zeichentrickserien etc.;

(2) Programmgattungen der fernsehspezifischen Shows und Spiele: Unterhaltungs-, Spiel-, Quiz-, Musik-, Comedy-, Pannen-, Beziehungs-, Reality-Shows etc.;

(3) Programmgattungen zur fernsehspezifischen Realitätsvermitt-

---

[7] Vgl. dazu in allgemeiner Perspektive WEISS 1996; konkret auf die ALM-Studie bezogen WEISS 1998: 115ff. und WEISS & TREBBE 2000: 17ff.

[8] Neben und zum Teil ›quer‹ zu den hier beschriebenen drei großen Programmsegmenten werden in der ALM-Studie auf dieser Stufe außerdem Sport-, Kinder- und religiöse Sendungen erfaßt. Hierzu sowie zur Ermittlung von Werbung, Sponsorhinweisen, Programmtrailern etc. vgl. WEISS & TREBBE 2000, insbesondere Kapitel 2 und 4 sowie die Dokumentation des Codeplans im Anhang.

lung: Sendeformen zur Darstellung, Analyse und Kommentierung aller nur denkbaren öffentlichen und privaten, politischen und unpolitischen Themen, Ereignisse, Probleme etc. der vergangenen, gegenwärtigen und zukünftigen - realen und gedachten - Welt. Auf dieser Analysestufe sind *Sendungen* die Untersuchungseinheiten der Programmcodierung. Sie werden einem der drei Angebotssegmente zugewiesen und in diesem Kontext unter formalen und inhaltlichen Gesichtspunkten codiert (WEISS & TREBBE 2000: 29ff. und 133ff.). Aus der Perspektive der Informationsanalyse kommt der Programmcodierung auf dieser Ebene lediglich eine Strukturierungsfunktion zu. Im Zuge dieser Programmstrukturierung wird der Sektor derjenigen Sendungen ›herauspräpariert‹, deren Informationsgehalt auf der zweiten Analysestufe im Detail untersucht wird. Die beiden erstgenannten Programmsegmente, die in der Regel als fiktionale (= Serien und Filme) und non-fiktionale (= Shows und Spiele) Fernsehunterhaltung bezeichnet werden, scheiden bei der Suche nach den Informationsleistungen eines Programms aus. Die Sendungen in dem verbleibenden dritten Programmsegment sind dagegen das Suchfeld, in dem das - wie immer zu definierende - Informationsangebot eines Fernsehprogramms zu identifizieren sein muß.

Schon der provisorische Blick auf die konkreten Fernsehsendungen, die in diesem Feld zusammengeführt werden (WEISS & TREBBE 2000: D87ff.), zeigt, wie heterogen dieses Programmsegment ist. Typisch ist ein breites Spektrum von Sendungsformaten und eine große Varianz der in den Sendungen behandelten Themen. Insofern kann man durchaus von einer Residualkategorie derjenigen Sendungen sprechen, die übrigbleiben, wenn man die beiden Programmgattungen der fiktionalen und non-fiktionalen Fernsehunterhaltung eng definiert. Da die inhaltliche Informationsanalyse jedoch erst *nach* der Programmsegmentierung erfolgt, spricht alles für eine breit angelegte Sammlung potentieller Informationsangebote zur Vorbereitung dieser Analyse.

In den ersten Berichten über die Konzeption und Ergebnisse der ALM-Studie haben wir dieses Programmsegment als *Fernsehinformation* bezeichnet (WEISS 1997). Die ausschließlich auf diesen Begriff und die Konzeption der ersten Analysestufe bezogene Kritik von öffentlich-rechtlicher Seite (GERHARD 1999) brachte drastisch zum Ausdruck, wie belastet in Deutschland die Kategorie der Fernsehinformation vor dem Hintergrund der Programmkonkurrenz in der dualen Rundfunkordnung offensichtlich ist. Um unfruchtbaren, weil ausschließlich auf die Vorerhe-

ABBILDUNG 1
Themenbereiche der Fernsehpublizistik

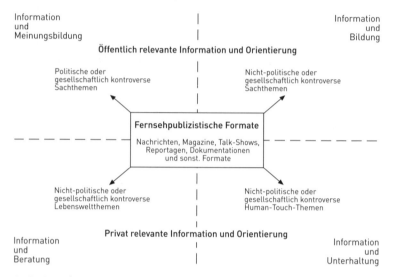

Quelle: Weiss/Trebbe 2000: 30

bung bezogenen Diskussionen über diese Kategorie auszuweichen, benutzen wir für dieses Programmsegment inzwischen den neutralen Begriff der *Fernsehpublizistik* (WEISS & TREBBE 2000: 24ff.).

Auf der *zweiten Analysestufe* gehen wir von der Prämisse aus, daß man die Oberflächenstruktur der Informationsleistung von Fernsehprogrammen zufriedenstellend anhand der Themen beschreiben kann, die *in* fernsehpublizistischen Sendungen behandelt werden. Daher werden alle Sendungen dieses Programmsegments detailliert daraufhin untersucht, mit welchen Themen sich die in diesen Sendungen ausgestrahlten Beiträge befassen. Bei *allen* Mehrthemensendungen wie Fernsehmagazinen oder Fernsehnachrichten wird diese Analyse *Beitrag für Beitrag* durchgeführt.

Das Kategorienschema der Informationsanalyse wurde deduktiv aus einem Öffentlichkeitskonzept entwickelt, in dem die Informationsleistung von Fernsehprogrammen im Spannungsverhältnis zwischen gesellschaftlichem Bedarf an und privaten Bedürfnissen nach Information verortet ist (vgl. Abb. 1).[9] Zusätzlich gehen Annahmen über intendierte bzw. potentielle Funktionen der Fernsehinformation in das Themenmodell der Informationsanalyse ein, die sich - wie (politische) Meinungsbildung, Wissensvermittlung/Bildung, Beratung und Unterhaltung (Spannung/Entspannung) - auf normative Kategorien des deutschen Rundfunkprogrammrechts beziehen. Dazu kommen dann noch empirisch beobachtbare - sachliche, emotionale und pragmatische - Aspekte der Informationsaufbereitung. Das Analysemodell konzentriert sich im wesentlichen auf *vier Themenfelder*, die im Rahmen der Programmcodierung noch weiter ausdifferenziert werden:[10]

(1) Politische Publizistik: Politische oder gesellschaftlich kontroverse Sachthemen;
(2) Sachpublizistik: Nicht-politische oder gesellschaftlich kontroverse Sachthemen;
(3) Lebensweltpublizistik: Nicht-politische oder gesellschaftlich kontroverse Lebensweltthemen;
(4) Unterhaltungspublizistik: Nicht-politische oder gesellschaftlich kontroverse Human-Touch-Themen.

Auf dieser analytischen Grundlage werden die Informationsleistungen der untersuchten Fernsehprogramme inhaltlich-thematisch spezifiziert und im Kontext einzelner Sendungsformate (Nachrichten- und Magazinsendungen, Talkshows etc.) im Rahmen der als Fernsehpublizistik bezeichneten Sendungen und insbesondere im Bezugsrahmen der gesamten - informierenden und unterhaltenden - Sendeleistungen dargestellt und miteinander verglichen.

4. Zwischenbilanz

Nach unserer Auffassung ist damit in die praxisbezogene Fernsehprogrammforschung ein Instrument zur kontinuierlichen Analyse der Informationsangebote von Fernsehprogrammen eingeführt worden, mit dem

---

9 Ausgangspunkt dieses Informationskonzepts waren theoretische und empirische Analysen zur Berichterstattung von Fernsehvollprogrammen über »kontroverse Themen von allgemeiner Bedeutung (§12, Abs.3, Satz 3 LRG NW)«, auf die sich ein Programmgrundsatz des nordrhein-westfälischen Landesmediengesetzes bezieht (WEISS & TREBBE 1994).

10 Zusätzlich werden auf dieser Analysestufe Service- und Sportbeiträge erfaßt, die insbesondere in Nachrichtensendungen (und auch in einigen Magazinsendungen wie z.B. dem Frühstücksfernsehen) feste Angebotsbestandteile sind. Vgl. 2000, insbesondere Kapitel 2 und 4 sowie die Dokumentation des Codeplans im Anhang.

dieses Programmsegment inhaltlich gut nachvollziehbar eingegrenzt und beschrieben wird. Unter dem Gesichtspunkt der Erforschung von Programmqualität handelt es sich dabei um eine Vorstufe - um die Erforschung zentraler *Bedingungen* für die Qualität der Informationsleistungen von Fernsehprogrammen.

Über welche Themenfelder in welchen Programmen und Sendungsformaten zu welchen Tageszeiten viel oder wenig, lang oder kurz informiert wird, läßt sich auf dieser methodischen Grundlage zuverlässig verfolgen. Die Art und Weise, *wie* über diese Themenfelder berichtet wird bzw. wie sie in den untersuchten Programmen dargestellt, analysiert und kommentiert werden, muß allerdings der diskontinuierlichen Forschung überlassen werden.

Es sind vor allem drei methodische Gesichtspunkte, die die kontinuierliche Informationsanalyse der ALM-Studie kennzeichnen:

Erstens: Ihr *Informationsbegriff* ist explizit thematisch definiert. Er wird nicht a priori auf die Themensektoren einer als gesellschaftlich relevant eingestuften ›Qualitätspublizistik‹ - auf Politik, Wirtschaft, Kultur etc. - begrenzt. Auch individuell nachgefragte Informationsangebote von Fernsehprogrammen werden in die Analyse einbezogen. Beiträge zu Human-Touch-Themen - Prominenz, Erotik und Lifestyle, Privates, Intimes und Beziehungsprobleme, Verbrechen, Unfälle und Katastrophen - werden in diesem Zusammenhang ohne jede Wertung als Teil der fernsehpublizistischen Realitätsvermittlung begriffen und empirisch erfaßt.[11]

Zweitens: Alle Sendungen, die der fernsehpublizistischen Realitätsvermittlung dienen, sind aus der Perspektive der ALM-Studie das Suchfeld für eine inhaltlich ausgerichtete und thematisch definierte Informationsanalyse. Im Gegensatz zur ARD/ZDF-Studie wird darauf verzichtet, die dabei ermittelten Sendungen zu einer pauschalen, thematisch unspezifischen Informationsquote zusammenzurechnen und diese als ›benchmark‹ für Programmqualität in den medienpolitischen Diskurs einzubringen. Statt dessen wird versucht, ein differenziertes Bild der *thematischen Struktur* der Fernsehinformation in den untersuchten Programmen zu ermitteln und in den Kontext der Programmaufsicht sowie in die öf-

[11] »Es ist ... für die meisten Menschen eben nicht rational, allgemeine staatsbürgerlich-politische Informationen nachzufragen, obwohl alle Menschen an einer guten Funktionsweise des politisch-ökonomischen Systems interessiert sind, sie fragen vielmehr Information ... als privates Gut nach (HEINRICH 1994: 99)«.

fentliche Diskussion über das Fernsehen zu vermitteln. Drittens: Alle fernsehpublizistischen Sendungen werden analytisch in thematisch definierte *Beiträge* überführt. Diese Beiträge sind die Untersuchungs- und Zähleinheiten der Informationsanalyse. Da ihr Zeitumfang sowie Daten zum Sendungskontext miterfaßt werden, kann die Analyse und der Vergleich der Informationsleistungen der untersuchten Programme - je nach Bedarf und Fragestellung - sendungsunabhängig oder sendungsbezogen durchgeführt werden.

5. Grenzbereiche oder Grenzen der Fernsehinformation?

5.1 Der Holzweg: Sendungsformate und Sendungen als Grenzlinie

Die von öffentlich-rechtlicher Seite formulierte Kritik an der Konzeption der ALM-Studie konzentrierte sich darauf, daß Talkshows auf der ersten Analysestufe in den Kreis derjenigen Sendungen einbezogen werden, deren Informationsleistungen dann auf der zweiten Analysestufe im Detail untersucht wird[12] (HAJOK & SCHORB 1998: 331, GERHARD 1999: 341ff.). Wie die Begründung dieser Kritik deutlich macht, geht es im Kern um die in diesem Format behandelten Themen und um die im Zusammenhang mit diesen Themen vermutete Unterhaltungsfunktion von Talkshows. Während bei Nachrichtensendungen unterstellt wird, sie wären in Inhalt, Form und Funktion eindeutig und könnten daher ohne weitere empirische Analyse (!) als Informationsangebote eingestuft werden, werden Talkshows als Formate angesehen, die in bevorzugter Weise Human-Touch-Themen, »beispielsweise Kuriositäten oder Affekte in zwischenmenschlichen Beziehungen (GERHARD 1999: 342)« zum Inhalt hätten. Soweit nicht durch empirische Analyse das Gegenteil, nämlich die Behandlung politischer Themen festgestellt, würde, müßten Talkshows pauschal der Fernsehunterhaltung zugeordnet werden.[13]

---

12 Die Differenzierung der Analyse auf der zweiten Stufe wurde dabei allerdings in keinem Fall angesprochen.

13 Begründet werden solche Klassifikationen sowohl thematisch als auch im Rückgriff auf Präsentationsformen und Rezeptionsmuster: »Talksendungen werden nicht als

Richtig an dieser Sichtweise ist, daß es in Talkshows primär um Human-Touch-Themen geht. Trotzdem ist auch dieses Format, wie leicht gezeigt werden kann,[14] für alle nur denkbaren Themen der Fernsehpublizistik offen. Umgekehrt belegt nicht nur die aktuelle Entwicklung der RTL-II-Nachrichten, daß es grob fahrlässig wäre, Nachrichtensendungen als Ganzes unbesehen der nicht-unterhaltenden oder sogar pauschal der politischen Publizistik zuzurechnen (WEISS & TREBBE 2000: 136ff.). Man könnte unter diesem Gesichtspunkt ein fernsehpublizistisches Format nach dem anderen durchdiskutieren - das Resultat wäre immer dasselbe: Fernsehpublizistische Sendungsformate sind im Grundsatz offen gegenüber allen nur erdenklichen Inhalten, die in ihnen transportiert werden können. Zumindest für die Eingrenzung inhaltlich definierter Informationsleistungen von Fernsehprogrammen sind sie daher keine validen Indikatoren.

Wenn man schließlich berücksichtigt, daß sich die Informationsangebote eines großen Teils der Fernsehpublizistik, insbesondere der Nachrichten- und Magazinsendungen, auf thematisch unterscheidbare Beiträge verteilen, muß sich jede inhaltlich ausgerichtete Informationsanalyse nicht nur von Sendungsformaten als pauschalen ›Informationsindikatoren‹, sondern auch von Sendungen als konkreten ›Zähleinheiten‹ für die Bestimmung des Informationsangebots eines Fernsehprogramms lösen: Eine valide Bestimmung von Informationsleistungen kommt nicht zustande, wenn man - mit oder ohne Einbezug empirischer Beitragsanalysen[15] - bei der Klassifikation vollständiger Sendungen als Information oder Nicht-Information stehenbleibt. Ein methodisch gangbarer Weg be-

---

Information, sondern primär als Unterhaltung rezipiert, und auch Inhalt und Dramaturgie entsprechender Sendungen gleichen sich dem an (HAJOK & SCHORB 1998: 331)«. Wie spekulativ solche Begründungen sind, macht eine gerade veröffentlichte Studie zur Fernsehrezeption von Jugendlichen deutlich: »Das Spektrum der Fernsehsendungen, denen sich Jugendliche zur Information zuwenden, ist breit. Es reicht von klassischen Nachrichtensendungen über Boulevardmagazine bis zu Daily Talks (EGGERT 2001: 76).«

14 Das zeigen letztlich auch die Analysen der ARD/ZDF-Studie. Sog. ›Polit-Talks‹ wie *Sabine Christiansen* werden daher aus der Gruppe der restlichen, als non-fiktionale Unterhaltung eingestuften Talkshows extrahiert und - allerdings nicht mehr als Talkshow erkennbar - dem Informationsangebot zugewiesen (KRÜGER 2000).

15 Der unterschiedliche methodische Stellenwert der Beitragsanalysen in den von ihm »in Methode, Aufgabenstellung und Ergebnissen« verglichenen Programmstudien, der genau an

steht statt dessen darin, die Identifikation von Informationsleistungen auf die Ebene thematisch definierter Beiträge *in* den Sendungen zu verlagern.[16]

5.2 Das Problem: Themeninklusion und Themenexklusion

Vor dem Hintergrund einer derart thematisch zugespitzten Definition und Messung der Informationsleistung von Fernsehprogrammen ist die Frage nach den Grenzen der Fernsehinformation weitgehend identisch mit der Postulierung eines Themenkanons, auf den sich Beiträge in fernsehpublizistischen Sendungsformaten beziehen können. Kontroversen um unterschiedliche Informationskonzepte lassen sich in dieser Perspektive präzisieren. Zu fragen ist, welche Themenbereiche ein Informationskonzept mit welcher Begründung einschließt bzw. - umgekehrt - welche es mit welcher Begründung ausschließt.

Die Themensystematik der ALM-Studie hat den Status eines solchen Themenkanons. Jedes Themenfeld bezeichnet eine *Informationsschicht*, deren Einstufung als Fernsehinformation kritisch diskutiert werden kann. Daß Themen der politischen und der Sachpublizistik Teil des Informationsangebots von Fernsehvollprogrammen sind, sein können und vielleicht auch sein sollten,[17] dürfte kaum jemand in Abrede stellen. Diese beiden Themenfelder sind daher Informationsschichten, die im Zentrum eines auf breiter Basis geteilten Verständnisses von Fernsehinformation stehen dürften. Sobald man sich jedoch den Themenbereichen zuwendet,

---

dieser Stelle zum Tragen kommt, ist Gerhard (1999) allerdings - wie einiges mehr - entgangen.

16 Es ist das Verdienst von Gehrke und Hohlfeld, das schon im Jahr 1995 deutlich gemacht und in einer Fallstudie demonstriert zu haben (HOHLFELD & GEHRKE 1995).

17 Die normative Perspektive wird in Deutschland aus der in der Verfassung verankerten ›öffentlichen Aufgabe‹ der Medien abgeleitet. Für empirische Informationsanalysen ist sie folgenreich, weil die Quantität und Qualität der Informationsleistung von Fernsehprogrammen auf dieser Basis als gesellschaftlich erforderliche, jedoch im Grundsatz gefährdete ›meritorische Güter‹ angesehen werden können. Wie Positionspapiere zur Rundfunkordnung in Deutschland zeigen, spielt daher die Beurteilung der Informationsversorgung der Gesellschaft in der deutschen Medienpolitik eine zentrale Rolle (SPALLEK 2000).

TABELLE 2
Themenschwerpunkte der Fernsehpublizistik
in der Prime Time 2000 (18 bis 23 Uhr, in Prozent)

Themenschwerpunkte	ARD	ZDF	RTL	SAT.1	Pro7	VOX	RTL II	Kabel 1
Politische Publizistik	18,6	21,0	3,1	1,6	2,2	1,6	0,5	0,7
+Sachpublizistik	+6,6	+6,5	+3,8	+2,3	+6,8	+8,6	+1,5	+2,8
= kumulierte Prozent	=25,2	=27,5	=6,9	=3,9	=9,0	=10,2	=2,0	=3,5
+Lebensweltpublizistik	+4,1	+4,2	+2,6	+2,6	+1,7	+2,5	+0,2	+0,4
= kumulierte Prozent	=29,3	=31,7	=9,5	=6,5	=10,7	=12,7	=2,2	=3,9
+Unterhaltungspublizistik	+4,4	+4,7	+17,6	+14,3	+5,7	+3,0	+8,2	+2,0
= kumulierte Prozent	=33,7	=36,4	=27,1	=20,8	=16,4	=15,7	=10,4	=5,9
+ Sonstiges	+2,4	+2,5	+3,0	+3,2	+2,5	+0,8	+0,9	+0,5
= kumulierte Prozent	=36,1	=38,9	=30,1	=24,0	=18,9	=16,5	=11,3	=6,4
Fernsehpublizistik	36	39	30	24	19	17	11	6

Legende: Eigene Berechnungen. Auf die Hauptsendezeit zwischen 18 und 23 Uhr an einem durchschnittlichen Sendetag (= 5 Stunden) bezogene Prozentwerte aus zwei Stichprobenwochen im Jahr 2000.

die weniger im gesellschaftlichen Bedarf nach öffentlicher Diskussion und stärker in privaten Kommunikationsbedürfnissen verankert sind, wird der Konsens brüchiger. Insbesondere diejenigen fernsehpublizistischen Themenangebote, die - wie die Informationsschicht der Unterhaltungspublizistik - die Fernsehzuschauer auch emotional ansprechen, muß man daher aus einer Konsensperspektive wohl eher der Peripherie der Fernsehinformation zuordnen.

Im Rückgriff auf die ALM-Studie kann man zeigen, wie sich die Inklusion bzw. Exklusion einzelner Informationsschichten auf die Ergebnisse von Programmanalysen auswirkt, die die Informationsleistung deutscher Fernsehvollprogramme identifizieren und in ihren inhaltlich-thematischen Schwerpunkten ›modellieren‹ wollen. Wir beziehen uns hierzu exemplarisch auf die Sendezeit dieser Programme in der Prime Time, das heißt auf die Hauptsendezeit zwischen 18 und 23 Uhr, im Jahr 2000.[18]

[18] Zur Methode der Studie vgl. allgemein WEISS & TREBBE 2000, insbesondere das zweite Kapitel. Die in Tabelle 2 ausgewiesenen Daten beziehen sich auf zwei Kalenderwochen im Frühjahr und Herbst des Jahres 2000 (13. und 42. Kalenderwoche).

Schon beim ersten Blick auf die in Tabelle 2 ausgewiesenen Werte wird offenkundig, daß das empirische Bild, das solche Analysen von der Informationsleistung der untersuchten Programme vermitteln, entscheidend davon beeinflußt wird, welche Themenbereiche bzw. Informationsschichten Teil des theoretischen Informationskonzepts sind. Würde man den Begriff der Fernsehinformation in extremer Weise auf politische Information verkürzen, könnten die öffentlich-rechtlichen Programme viel, die privaten fast keine Information vorweisen. Nimmt man dann Schicht für Schicht hinzu, weitet man also den Informationsbegriff schrittweise aus, verändert sich das so ermittelte Bild von der jeweiligen Informationsleistung der untersuchten Programme unter qualitativen und - wie die jeweils kumulierten Summenwerte zeigen - natürlich auch unter quantitativen Gesichtspunkten. Die beiden Marktführer im Bereich der privaten Fernsehvollprogramme, RTL und SAT.1, bringen eine entscheidende Ausweitung ihres Informationsangebots erst an der äußersten Peripherie zustande - das heißt nur dann, wenn man die Unterhaltungspublizistik den restlichen Informationsschichten hinzuaddiert.

Man braucht nicht viel Phantasie, um darauf zu kommen, daß solche Zuordnungen vor den praktischen Hintergründen der Programmkonkurrenz und der Medienpolitik keine rein akademischen Fragen sind. Methodisch gesehen verweisen sie auf die ›Gretchenfrage‹ aller Informationsanalysen von Fernsehprogrammen: Soll man die Unterhaltungspublizistik, Fernsehbeiträge über Prominenz, Erotik und Lifestyle, Privates, Intimes und Beziehungsprobleme, Verbrechen, Unfälle und Katastrophen etc., die den Zuschauern in den verschiedensten Sendungsformaten, von der Nachricht bis zur Talkshow angeboten werden, als Teil des Informationsangebots behandeln oder nicht?

Da wir uns für eine thematisch differenzierte Analyse der Informationsleistung von Fernsehvollprogrammen auf dem freien Fernsehmarkt in Deutschland interessieren und nicht für die Ermittlung pauschaler ›information-benchmarks‹ zwischen konkurrierenden Programmen bzw. Programmgruppen, sehen wir keinen vernünftigen wissenschaftlichen Grund, dieses Themenfeld aus Informationsanalysen auszuklammern.[19] Unabhängig davon, daß wir es in den Kontext der gesamten Informa-

---

19 Man könnte auch unabhängig von den Zielsetzungen der ALM-Studie, ausschließlich unter Bezugnahme auf die historische Entwicklung der Massenmedien, für die Einbeziehung dieses Themensektors in die Kategorie der Medieninformation argumentieren (WILKE 1999).

tionsleistung von Fernsehprogrammen stellen und in diesem Kontext analysieren, sehen wir jedoch auch nicht das geringste Problem darin, dieses Programmsegment zugleich als integralen Bestandteil der Unterhaltungskonzeption von Fernsehprogrammen zu begreifen und gleichfalls in diesem Kontext zu analysieren. Mit anderen Worten: Auf eine *exklusive* Zuordnung der Unterhaltungspublizistik zur Fernsehinformation *oder* Fernsehunterhaltung kann u.E. ohne Verlust an analytischer Stringenz verzichtet werden. [20]

5.3 Ein Lösungsweg: Der Grenzbereich der Unterhaltungspublizistik

Daß die Grenzen zwischen traditionellen Informations- und Unterhaltungsangeboten im Fernsehen zerfließen, ist unstrittig (PAUS-HAASE, SCHNATMEYER & WEGENER 2000). Die Boulevardisierung, Emotionalisierung, Trivialisierung und Inszenierung der Realitätsvermittlung durch das Fernsehen stehen ebenso für diesen Trend wie Tendenzen zur Grenzüberschreitung zwischen Privatheit und Öffentlichkeit, Lebenswelt und System, realer Handlung, Spielhandlung und Spiel. Wie unzählige Statements der Verantwortlichen für private *und* öffentlich-rechtliche Fernsehprogramme belegen könnten, ist dieser Trend ›Programm‹ moderner Fernsehprogrammgestaltung.

Die mit der Kategorie der Unterhaltungspublizistik erfaßten Programmangebote liegen exakt in diesem Grenzbereich. Wir sehen jedoch keinen Erkenntnisgewinn in Ansätzen, die versuchen, eine künstliche Grenzlinie durch diesen Grenzbereich zu ziehen, um ihn - aus welchen

---

20 Solche Zuordnungsentscheidungen haben nichts zu tun mit der Forderung nach der Trennschärfe der inhaltsanalytischen Kategorienbildung. Diese gilt für die Zuordnung von Themenbeiträgen zur Kategorie der ›Unterhaltungspublizistik‹ im Rahmen der Beitragscodierung, jene betreffen die Einordnung der Unterhaltungspublizistik in das Gesamtprogramm. Solche Zuordnungsentscheidungen grundsätzlich überschneidungsfrei vornehmen zu wollen entspräche einer naiven Programmtheorie (das Kinderprogramm ist voller fiktionaler Unterhaltungsangebote, kommerzielle Game-Shows sind Dauerwerbesendungen und non-fiktionale Unterhaltung etc.). Der Programmrealität besser angemessen sind Untersuchungskonzeptionen und Untersuchungsinstrumente, die solche Doppelstrukturen identifizieren und im Rahmen der Datenauswertung variabel modellieren können.

Gründen und nach welchen Kriterien auch immer - in einen Informations- und einen Unterhaltungssektor zu zerteilen.[21] Die ALM-Studie geht den umgekehrten Weg. Sie versucht, dem doppelten, informierenden *und* unterhaltenden Angebotscharakter der Genres der Unterhaltungspublizistik dadurch gerecht zu werden, daß diese sowohl im Kontext der Informationsentwicklung als auch der Unterhaltungsentwicklung der untersuchten Programme lokalisiert und analysiert werden.

Wenn man im Rahmen langfristiger Programmbeobachtungen darauf vorbereitet sein will, thematische Umbrüche und Wandlungen innerhalb der Fernsehpublizistik - zum Beispiel weg von der politischen und hin zur unterhaltenden Information - zu verfolgen, muß man zwangsläufig die Unterhaltungspublizistik als *eine der Informationsschichten der Fernsehpublizistik* betrachten. Unabhängig davon gibt es gute Gründe, die Unterhaltungspublizistik zugleich als *dritte Säule der Fernsehunterhaltung* - neben den fiktionalen und non-fiktionalen Unterhaltungsangeboten - zu begreifen. Wie wir zeigen konnten, wird der Rückgang der Filme und Serien bei den privaten Fernsehvollprogrammen derzeit nicht nur durch Shows und Spiele, sondern von einigen Programmveranstaltern auch mit einer gezielten Steigerung des Angebots an Unterhaltungspublizistik kompensiert (WEISS & TREBBE 2000: 102f.). Es ist daher analytisch angemessen, die Unterhaltungspublizistik als eine von drei ›kommunizierenden Säulen‹ der Fernsehunterhaltung in Deutschland anzusehen und ihre Entwicklung im Kontext der gesamten Fernsehunterhaltung zu verfolgen.

6. Schlußbemerkung

Ohne Kenntnis der medienpolitischen Hintergründe, die in die öffentliche und wissenschaftliche Debatte über den Begriff der Fernsehinformation und die Messung der Informationsleistung von Fernsehprogrammen in Deutschland eingehen, müßte die Art und Weise, wie diese

---

21 Das ist die Intention von Krüger, der zwar von einem *Grenzbereich* spricht, jedoch die säuberliche *Grenzziehung* um einen inhaltlich zwar vagen, dafür jedoch von Unrat befreiten Informationsbegriff meint: »Je vielfältiger und diffuser die Formen, Inhalte und Funktionen solcher Sendungen werden, desto wichtiger erscheint es, den Grenzbereich zwischen Informations- und Unterhaltungsangeboten genauer zu bestimmen, um einer Inflationierung des Informationsbegriffs entgegenzuwirken.« (KRÜGER 2000: 286, Hervorh. d. d. Verf.)

geführt wird, verwundern. Dabei geht es weniger um die, in der empirischen Kommunikationsforschung gar nicht so seltenen[22] Unschärfen auf begrifflicher und operationeller Ebene, die diese Debatte prägen. Die Formulierung, man müsse in der Programmforschung einer *Inflationierung des Informationsbegriffs* entgegenwirken (KRÜGER 2000: 286), dokumentiert vielmehr einen auf das ›Wesen‹ von Fernsehprogrammangeboten bezogenen Begriffsrealismus (ALBERT 1967), der weit hinter die methodologische Entwicklung der modernen empirisch-analytischen Sozialforschung zurückfällt.[23]

Aus der Perspektive eines nominalistischen Begriffs- und Definitionsverständnisses (ZETTERBERG 1967) ist die direkte Übertragung von Kontroversen um den Informationsbegriff aus dem medienpolitischen Diskurs auf die Programmforschung - vorsichtig formuliert - nicht besonders hilfreich. Denn auf die Frage zum Beispiel, ob Beiträge der Unterhaltungspublizistik Information *sind* oder nicht, gibt es aus nominalistischer Perspektive keine Antwort. Die Begriffsdiskussion und -definition kann sich in diesem methodologischen Verständnis lediglich auf die Frage beziehen, ob es heuristisch - gemessen an den jeweils konkreten Zielsetzungen und Problemstellungen einer Studie - sinnvoll ist, dieses Programmangebot als Information zu *bezeichnen* oder nicht.

Dieses Prinzip gilt auch dann, wenn man Programmanalysen als normativ-analytische Projekte konzipiert, die aus der Perspektive von Programmnormen Programmangebote analysieren (WEISS 1996). Die Unbestimmtheit der in diesem Zusammenhang relevanten Rechtsbegriffe hat zur Folge, daß sich der normative Rahmen dieser Forschung primär auf die Vorgabe einer bestimmten Untersuchungsperspektive bezieht. Zwar sind Transferleistungen zwischen Rechtsbegriffen und der sozialwissenschaftlichen Kategorienbildung erforderlich (STARCK & HAIN 1994). Die damit verbundenen Definitionsprobleme müssen jedoch ebenfalls in der Tradition des Nominalismus bewältigt werden (WEISS & TREBBE 1994: 21-50).

---

22 Ein Paradebeispiel dafür ist die Agenda-Setting-Forschung, deren mangelnde konzeptionelle und methodische Stringenz ein Dauerthema der Medienwirkungsforschung ist (RÖSSLER 1997).

23 Hohlfeld nennt diese von ihm als typisch deutsch eingestufte Tendenz kritisch-ontologisch und weist auf den Kontrast zu der weniger wertgeladenen empirisch-funktionalen Programmforschung in den USA hin (HOHLFELD 1998: 218f).

Literatur

ALBERT, H.: Probleme der Wissenschaftslehre in der Sozialforschung. In: KÖNIG, R. (Hrsg.): *Handbuch der empirischen Sozialforschung*, Bd. 1, Stuttgart, 1967, S. 38-63

BREUNIG, CH.: Programmqualität im Fernsehen. Entwicklung und Umsetzung von TV-Qualitätskriterien. In: *Media Perspektiven*, 1999, S. 94-110

EGGERT, S.: Fernsehen als Informationsmedium Jugendlicher: Präferenzen und Barrieren. In: *Media Perspektiven*, 2001, S. 75-83

GEHRAU, V.: *Fernsehgenres und Fernsehgattungen. Ansätze und Daten zur Rezeption, Klassifikation und Bezeichnung von Fernsehprogrammen.* München 2001

GERHARD, H.: Programmanalysen im Vergleich. Anmerkungen zu Unterschieden in Methode, Aufgabenstellung und Ergebnissen. In: *Media Perspektiven*, 1999, S. 340-344

HAJOK, D.; B. SCHORB: Informationssendungen europäischer Fernsehanbieter in der Prime Time. Ausgewählte Ergebnisse zur Präsenz von Informationsangeboten 1997. In: *Media Perspektiven*, 1998, S. 331-336.

HEINRICH, J.: *Medienökonomie, Bd. 1: Mediensystem, Zeitung, Zeitschrift, Anzeigenblatt.* Opladen 1994

HEINRICH, J.: *Medienökonomie, Bd. 2: Hörfunk und Fernsehen.* Opladen/Wiesbaden 1999

HOHLFELD, R.: Fernsehprogrammanalyse: Formen, Einsatzmöglichkeiten und Reichweite. In: KLINGLER, W.; G. ROTERS; O. ZÖLLNER (Hrsg.): Fernsehforschung in Deutschland. Themen - Akteure - Methoden, Teilband 1. Baden-Baden 1998, S. 197-224

HOHLFELD, R.; G. GEHRKE: *Wege zur Analyse des Rundfunkwandels. Leistungsindikatoren und Funktionslogiken im ›dualen Fernsehsystem‹.* Opladen 1995

HOLZNAGEL, B.: *Der spezifische Funktionsauftrag des Zweiten Deutschen Fernsehens.* ZDF-Schriftenreihe, Bd. 55. Mainz 1999

KRÜGER, U. M.: *Programmprofile im dualen Fernsehsystem 1985-1990. Eine Studie der ARD/ZDF-Medienkommission.* Schriftenreihe Media Perspektiven, Bd. 10. Baden-Baden 1992

KRÜGER, U. M.: Modernisierung bei stabilen Programmstrukturen. Programmanalyse 1997: ARD, ZDF, RTL, SAT.1 und Pro Sieben im Vergleich. In: *Media Perspektiven*, 1998, S. 314-330

KRÜGER, U. M.: Unterschiedliches Informationsverständnis im öffentlichrechtlichen und privaten Fernsehen. Programmanalyse 1999: ARD, ZDF,

RTL, SAT.1 und ProSieben im Vergleich. In: *Media Perspektiven*, 2000, S. 278-296.

Media Perspektiven: *Basisdaten. Daten zur Mediensituation in Deutschland 2000.* Frankfurt am Main 2000

Media Perspektiven: editorial zu Heft 7. In: *Media Perspektiven*, 2000, S. 277

PAUS-HAASE, I.; D. SCHNATMEYER; C. WEGENER (Hrsg.): *Information, Emotion, Sensation. Wenn im Fernsehen die Grenzen zerfließen.* Schriften zur Medienpädagogik, Bd. 30. Bielefeld 2000

RÖSSLER, P.: *Agenda-Setting. Theoretische Annahmen und empirische Evidenzen einer Medienwirkungshypothese.* Studien zur Kommunikationswissenschaft, Bd. 27. Opladen 1997

SPALLEK, C.: *Perspektiven des öffentlich-rechtlichen Rundfunks in der Informationsgesellschaft. Einer Analyse ausgewählter Strategiepapiere.* Köln: Institut für Rundfunkökonomie 2001 (Magisterarbeit an der Freien Universität Berlin; im Druck)

STARCK, CH.; K. E. HAIN: Ergänzende Anmerkungen zum Begriff der Angemessenheit gemäß § 12 Abs. 3 S. 3 LRG NW. In: WEISS & TREBBE 1994, S. 187-189

WEISS, H.-J.: Kommunikationsbedürfnisse und Medienfunktionen. Ein Forschungsbericht über die Ermittlung subjektiver Bedingungsfaktoren der Mediennutzung. In: BERG, K.; M. L. KIEFER (Hrsg.): *Massenkommunikation. Eine Langzeitstudie zur Mediennutzung und Medienbewertung.* Mainz 1978, S. 345-390

WEISS, H.-J.: Programmnormen, Programmrealität und Programmforschung. In: HÖMBERG, W.; H. PÜRER (Hrsg.): *Medien-Transformation. Zehn Jahre dualer Rundfunk in Deutschland.* Konstanz 1996, S. 227-243

WEISS, H.-J.: Programmalltag in Deutschland. Eine Analyse von sieben Fernsehvollprogrammen im April 1997. In: Arbeitsgemeinschaft der Landesmedienanstalten (Hrsg.): *Programmbericht zu Lage und Entwicklung des Fernsehens in Deutschland 1996/97.* Berlin 1997, S. 158-204

WEISS, H.-J.: *Auf dem Weg zu einer kontinuierlichen Fernsehprogrammforschung der Landesmedienanstalten. Eine Evaluations- und Machbarkeitsstudie.* Schriftenreihe der Landesmedienanstalten, Bd. 12. Berlin 1998

WEISS, H.-J.: Programmalltag in Deutschland. Ein Werkstattbericht aus der kontinuierlichen Fernsehprogrammforschung der Landesmedienanstalten. In: Arbeitsgemeinschaft der Landesmedienanstalten (Hrsg.): *Programmbericht zu Lage und Entwicklung des Fernsehens in Deutschland 1998/99.* Berlin 1999, S. 69-126

WEISS, H.-J.; J. TREBBE: *Öffentliche Streitfragen in privaten Fernsehprogrammen. Zur Informationsleistung von RTL, SAT 1 und Pro 7*. Schriftenreihe Medienforschung der Landesanstalt für Rundfunk Nordrhein-Westfalen, Bd. 15. Opladen 1994

WEISS, H.-J.; J. TREBBE: *Fernsehen in Deutschland 1998-1999. Programmstrukturen - Programminhalte - Programmentwicklungen*. Schriftenreihe der Landesmedienanstalten, Bd. 18. Berlin 2000

WILKE, J.: Informationsverbreitung und Informationsnutzung im Wandel der Zeit. In: ROTERS, G.; W. KLINGLER; M. GERHARDS (Hrsg.): Information und Informationsrezeption. Baden-Baden 1999, S. 49-61

ZETTERBERG, H. L.: Theorie, Forschung und Praxis in der Soziologie. In: KÖNIG, RENÉ (Hrsg.): *Handbuch der empirischen Sozialforschung*, Bd. 1. Stuttgart 1967, S. 65-104

UDO MICHAEL KRÜGER

Das Problem bleibt das Problem.
Eine Replik zum Beitrag von
Weiß und Trebbe[1]

1. Zur Ausgangssituation

Von der Kommunikationswissenschaft und der empirischen Medienforschung wird eine *objektive Messung* der Informationsleistungen der Fernsehsender erwartet. Damit geraten die Forscher und ihre Wissenschaft unversehens in eine schwierige Situation. Sie stellen nämlich fest, daß es keine unumstrittene Definition für den Begriff Information in Abgrenzung zur Unterhaltung gibt, die gegenüber zeitweiligen Moden und Interessen in der Forschungspraxis Bestand hat. Dieser Mangel birgt zugleich die Chance in sich, den Begriff Information beliebig auszuweiten (z.B. auf alle Talkshows) oder ihn prinzipiell in Frage zu stellen, um ihn interessengemäß neu zu definieren. Steht der Begriff im Zentrum konkurrierender Interessen, droht nicht nur dem Begriff, sondern auch denen, die mit ihm arbeiten, eine medienpolitische Instrumentalisierung.

1.1 Das medienpolitische Minenfeld

Wenn der Streit um den Nachweis von Informationsleistungen im medienpolitischen Handlungsfeld als Methodenstreit ausgetragen und damit die professionelle Medienforschung involviert wird, sollte der erste Schritt zur Versachlichung das Handlungsfeld mit den Rollen und In-

---

[1] Die Herausgeber dieses Bandes haben mich um eine kurze Replik auf den Beitrag von Weiß und Trebbe gebeten. Dafür möchte ich Ihnen herzlich danken.

teressen aller Akteure sichtbar und die Konfliktlinien deutlich machen. Kontinuierliche Fernsehprogrammanalysen werden zur Zeit durchgeführt seit 1985 von IFEM *Institut für empirische Medienforschung GmbH* (Köln) im Auftrag der ARD/ZDF-Medienkommission und *Media Perspektiven*, seit 1992 im Rahmen der GfK-Fernsehforschung als AGF-Sendungscodierung (*Arbeitsgemeinschaft Fernsehforschung*) und seit 1997 von GöfaK *Göttinger Institut für angewandte Kommunikationsforschung GmbH* bzw. *GöfaK Medienforschung GmbH* (Potsdam) im Auftrag der Landesmedienanstalten (ALM).

Möglichkeiten zu einer medienpolitischen Einflußnahme auf Forschungsergebnisse bieten sich schon bei der Anlage des Analyseinstruments. Das Instrument der ARD/ZDF-Programmanalyse wurde ursprünglich von IFEM entwickelt und in mehreren Stufen im Konsens mit der ARD/ZDF-Medienkommission erweitert. Das Instrument der AGF-Sendungscodierung unterliegt dem Einfluß beider Lager der führenden Fernsehsender, hier könnten sich polare Interessen weitgehend neutralisieren. Auch das Instrument von GöfaK unterliegt dem Einfluß verschiedener Interessen. Abgesehen von GöfaK selbst und dem *Institut für Kommunikationswissenschaft der FU Berlin* sind die LfR (*Landesanstalt für Rundfunk Nordrhein-Westfalen*) als Auftraggeber, die ALM als Ergebnisverwerter, die Privatsender als Betroffene und der VPRT als Interessenvertreter der Privatsender involviert.

Die ARD/ZDF-Programmanalyse erarbeitet Programmdaten, mit denen die langfristige Angebotsentwicklung der öffentlich-rechtlichen und privat-rechtlichen Hauptprogramme, der Dritten Programme der ARD sowie der öffentlich-rechtlichen Kulturprogramme beschrieben wird. Diese Daten werden von ARD und ZDF zur Selbstdarstellung nach *außen* (z.B. in *Media Perspektiven*) und zur eigenen Selbstkontrolle nach *innen* verwendet. Die ALM-Programmanalyse erarbeitet Daten zur Angebotsentwicklung der als Vollprogramme lizensierten Privatsender und vergleicht deren Programmleistungen mit denen von ARD und ZDF. Diese Daten werden ebenfalls zur Selbstdarstellung nach *außen* (z.B. ALM-*Jahrbuch*) und zur Selbstkontrolle nach *innen* verwendet. Die Selbstkontrolle nach *innen* dient aber hier anderen Zwecken, wenn die Landesmedienanstalten mit den Programmdaten zum Beispiel Entscheidungen über die Vergabe von Kabelplätzen an die Privatsender legitimieren wollen.

Die Hauptkonfliktlinie medienpolitischer Interessen im dualen Rundfunksystem verläuft zwar immer noch zwischen öffentlich-rechtlichen und privat-rechtlichen Akteuren, doch dabei sollte man nicht übersehen, daß auch innerhalb des Lagers der Privaten ein Konfliktpotential besteht. Programmanalysen, deren Ergebnisse zur Legitimation von Sanktionen verwendet werden können, operieren auf einem höchst explosiven Terrain. Wie explosiv dieses Minenfeld ist, hat sich zum Beispiel an der Reaktion des Vorsitzenden des VPRT, Jürgen Doetz, auf die Studie *Fernsehen in Deutschland 1998-1999* von Weiß und Trebbe (WEISS & TREBBE 2000) und die von der ALM angedeuteten Konsequenzen für die Sender gezeigt: (*Eine Keule heißer Luft*. In: WELT am SONNTAG vom 17. Dezember 2000).

Sieht man die Sache nüchtern, so müßten sich bei drei voneinander unabhängig arbeitenden kontinuierlichen Programmanalysen in Deutschland realistische Chancen bieten, den Verdacht einseitig geleiteter Interessenpolitik auszuräumen, sofern sich ein Mindestmaß an Kompatibilität der Instrumente herstellen läßt, um Daten vergleichen zu können. Daß solche Vergleiche am ehesten in Programmstrukturdaten auf Sendungsebene möglich sind und zu hoher Übereinstimmung führen können, hat eine leicht verständliche Voraussetzung. Alle mit Programm- und Inhaltsanalysen langfristig arbeitenden Forscher wissen, daß abstrakte Programmkategorien wie Information und Unterhaltung an den Grenzen unscharf sind. Will man nicht auf sie verzichten, sind bereits auf Sendungsebene Konventionen darüber erforderlich, welche Sendungen wie behandelt werden, damit eine gemeinsame begriffliche *Währung* funktionieren kann.

1.2 Zur Methode der ARD/ZDF-*Programmanalyse*

Die ARD/ZDF-Programmanalyse hat rückblickend gesehen drei Entwicklungsstufen durchlaufen: 1. Programmcodierung auf Sendungsebene anhand eines mehrdimensionalen Kategorienschemas (ab 1985), 2. Erweiterung dieser Vorgehensweise durch zusätzliche eindimensionale Codierung der Programmstrukturvariablen (Form, Inhalt, Zielgruppe, Funktion) auf Sendungsebene (ab 1991) und 3. Erweiterung durch zusätzliche Codierung nonfiktionaler Sendungen (derzeit noch außer Nachrichten und Morgenmagazine) auf Beitragsebene (ab 1997).

Die Kritik von Weiß und Trebbe an der ARD/ZDF-Programmanalyse setzt im wesentlichen am Stand der ersten Entwicklungsstufe an. Sie stellt zudem die Neuerungen, die mit der Beitragsanalyse verbunden sind und im Rahmen der Standardberichterstattung seit 1997 erkennbar sind, lückenhaft und teilweise mißverständlich dar.

1. Das in der ersten Phase der ARD/ZDF-Programmanalyse von IFEM eingeführte mehrdimensionale Kategorienschema unterscheidet acht Programmsparten: 1. Information, 2. Fiction (ohne Kinderprogramm), 3. Nonfiktionale Unterhaltung, 4. Musik, 5. Sport, 6. Kinder- und Jugendsendungen, 7. Sonstiges (außer Werbung) und 8. Werbung. Wie Weiß und Trebbe am Beispiel des zitierten Ausschnitts der Programmsparte Information zutreffend beschreiben, werden unterhalb jeder Sparte in den teils nach formalen, teils inhaltlichen und funktionalen Aspekten ausdifferenzierten Programmkategorien ganze Sendungen bzw. bei Unterbrechungen Sendungsteile klassifiziert. Sie werden stufenweise aggregiert, so daß man für jede Programmkategorie wie für jede Programmsparte eine Gesamtquote erhält. Die Sparte Werbung weist die pauschale Werbequote aus, die Sparte Fiction die pauschale Fictionquote und die Sparte Information die pauschale Informationsquote. Jährlich werden diese pauschalen Quoten in *Media Perspektiven* publiziert und zeigen an, was sich pauschal verändert hat oder nicht verändert hat. Dieses Verfahren hat sich zu Zwecken grober Orientierung in der Praxis bewährt: Einsehbare Materialbände dokumentieren, welche Sendungen als natürliche Einheiten des Programmangebots welcher Programmsparte und Programmkategorie zugerechnet worden sind, archivierte Programmaufzeichnungen mit Time-Code (Datum und Ausstrahlungszeit) dokumentieren das Originalprogramm. Dies bietet zusammen die Basis für alle weiteren ins Detail gehenden Analysen.

2. Seit 1991 werden zusätzlich alle Sendungen als ganze Sendungen systematisch in eindimensionaler Darstellung nach Standardvariablen der Programmforschung (Form, Inhalt, Funktion/Intention, Zielgruppe) codiert. Schon am Beispiel der Programmanalyse 1991 wurde empirisch dargestellt, welche Varianz der Formen und der Inhalte in den Programmkategorien des mehrdimensionalen Kategorienschemas steckt (KRÜGER & ZAPF-SCHRAMM 1992). In den Tabellen dieser Studie findet man die bei IFEM in nachfolgenden Studien verwendeten Ausprägungen der Variablen Form und Inhalt. Journalisten wie Forscher wissen, daß die meisten thematisch heterogenen Sendungen nach Inhalt nicht restlos aufgelöst werden können. So enthält ein politisches Magazin nicht ausschließlich Politikbeiträge und ein Boulevardmagazin nicht ausschließlich Kriminalität, Katastrophen und Sex. Zur Auflösung solcher Misch-

formen bieten sich zwei Möglichkeiten: 1. Konventionen, die Mindestanteile und Höchstanteile bestimmter Inhaltskategorien vorgeben, nach denen auf Sendungsebene eine Zuordnung zu einer Programmkategorie im mehrdimensionalen Kategorienschema erfolgt, oder 2. Codierung der Beitragsthemen von Sendungen.

3. Ab 1997 ist die Codierung auf Beitragsebene in der ARD/ZDF-Programmanalyse fester Bestandteil der methodischen Vorgehensweise. Sie schließt an eine Untersuchung der Boulevardisierungstendenzen in Informationssendungen an (KRÜGER 1996) und verwendet 12 Inhaltskategorien (1. Politik/Wirtschaft, 2. Gesellschaft/Justiz, 3. Kultur/Wissenschaft, 4. Soziales/Gesundheit, 5. Tier/Natur, 6. Freizeit/Sport, 7. Alltag/Beziehungskonflikte, 8. Human Interest/Prominenz, 9. Partnerschaft/ Erotik, 10. Katastrophen/Unglücke, 11. Kriminalität, 12. Sonstiges). Das Auswertungspotential dieser methodischen Erweiterung wäre nur zur Hälfte genutzt, wenn man nicht über eine Beschreibung der Inhaltsstruktur aller Beiträge der einbezogenen Programmsegmente hinausgehen und zu einer Verknüpfung zwischen Beitragsebene und Sendungsebene hinführen würde. Der erste Schritt in diese Richtung wurde am Beispiel der inhaltlichen Boulevardisierungsanteile einzelner Sendungen in der Programmanalyse 1997 dargestellt (KRÜGER 1998a: 329). In der gleichen Weise kann man zeigen, wie hoch der Politikanteil dieser Sendungen ist. Im Rahmen der Programmanalyse 1999 wurde auf dieser Basis der Themencodierung anhand einer Korrespondenzanalyse eine grafische Lösung dargestellt, in welcher die inhaltlichen Dimensionen der Informationsangebote und die Positionierungen von Sendereihen in Bezug zu diesen Dimensionen empirisch ermittelt worden sind (KRÜGER 2000: 293). Bei dieser grafischen Lösung handelt es sich um ein *empirisches* Modell, das - im Unterschied zu einem heuristischen Modell - aus den Daten der Informationsangebote gewonnen worden ist. Nach dieser Analyse lassen sich die untersuchten Informationssendungen aufgrund ihrer Themenbeiträge am deutlichsten auf einer Dimension unterscheiden, die zwischen politisch-gesellschaftlicher und nichtpolitisch-unterhaltsamer Themenorientierung polarisiert.

2. Zur Kritik von Weiß und Trebbe

Die Kritik von Weiß und Trebbe richtet sich zum einen auf die Ermittlung pauschaler Informationsquoten auf Sendungsebene und die Hilfsfunktion der Beitragsanalyse bei einer Einstufung ganzer Sendungen in das Kategorienschema. Sie läßt aber die Tatsache unerwähnt, daß diese Beitragsanalyse unabhängig von der Sendungsebene in erster Linie Themen und Inhaltsstrukturen ermittelt.

Um so mehr kann man darüber erstaunt sein, wenn Weiß und Trebbe im Anschluß an ihre Kritik an der Methode der ARD/ZDF-Programmanalyse *ihre* Methode der ALM-Programmanalyse wie folgt empfehlen: »Ihr Informationsbegriff ist explizit thematisch definiert. Er wird nicht a priori auf die Themensektoren einer gesellschaftlich relevant eingestuften ›Qualitätspublizistik‹ - auf Politik, Wirtschaft, Kultur etc. - begrenzt. Auch individuell nachgefragte Informationsangebote von Fernsehprogrammen werden in die Analyse einbezogen. Beiträge zu Human-Touch-Themen - Prominenz, Erotik und Lifestyle, Privates, Intimes und Beziehungsprobleme, Verbrechen, Unfälle, Katastrophen - werden in diesem Zusammenhang ohne Wertung als Teil der fernsehpublizistischen Realitätsvermittlung begriffen und empirisch erfaßt«, und wenn es weiter heißt: »Im Gegensatz zur ARD/ZDF-Studie wird darauf verzichtet, die dabei ermittelten Sendungen zu einer pauschalen, thematisch unspezifischen Informationsquote zusammenzurechnen und diese als ›benchmark‹ für Programmqualität in den medienpolitischen Diskurs einzubringen. Statt dessen wird versucht, ein differenziertes Bild der thematischen Struktur der Fernsehinformation in den untersuchten Programmen zu ermitteln ...« (WEISS & TREBBE 2001: S. 9 im Manuskript).

Genau das, was Weiß und Trebbe hier empfehlen, ist im Rahmen der ARD/ZDF-Programmanalyse neben der Darstellung von Programmsparten und -kategorien auf Sendungsebene seit 1997 gängige Praxis, entspricht den o.g. Themenanalysen der Informationsangebote und kann den Tabellen zur Inhaltsstruktur nichttagesaktueller Informationsangebote und Talkshows entnommen werden (KRÜGER 1998a, 2000). Eine Verknüpfung von Programmstruktur- und Inhaltsanalyse bzw. Makro- und Mikroanalyse, die weit über den Informationssektor hinausgeht, wurde erstmals von Hohlfeld und Gehrke am Beispiel einer Programmwoche aus dem Jahr 1992 praktisch durchgeführt und unter methodischen Aspekten ausführlich diskutiert (HOHLFELD & GEHRKE 1995).

2.1 Gemeinsamkeiten und Unterschiede zwischen ARD/ZDF- und ALM-Programmanalyse

Als jüngste der drei kontinuierlichen Programmanalysen in Deutschland hat die ALM-Programmanalyse auf den Vorgaben und Erfahrungen der bereits langfristig arbeitenden ARD/ZDF-Programmanalyse und der AGF-Sendungscodierung sowie anderer Programmanalysen aufbauen können. Wie sich aus den Tabellen und Codelisten ersehen läßt (WEISS & TREBBE 2000: D5ff.), stimmen relevante Variablen und deren Ausprägungen weitgehend mit den vorhandenen Instrumenten überein. Dies ist auch nicht anders zu erwarten und von Vorteil für den Datenvergleich und eine wechselseitige externe Validierung. Im Vergleich zur ARD/ZDF-Programmanalyse lassen sich folgende partielle Gemeinsamkeiten und Unterschiede festhalten:

- Die Programmstrukturierung der ALM-Programmanalyse auf Sendungsebene unterscheidet sich vom Spartenprofil der ARD/ZDF-Programmanalyse eher nominell als substantiell. Hier bieten sich somit Möglichkeiten zum Datenvergleich.
- Die Beitragsanalyse der ALM-Programmanalyse hat durch Auflösung der Nachrichtensendungen und Morgenmagazine zwar gegenwärtig noch eine größere Reichweite als die Beitragsanalyse der ARD/ZDF-Programmanalyse. Der Schritt zur Parallelisierung ist aber keine konzeptionelle, sondern eine forschungsökonomische Frage.
- Die ARD/ZDF-Programmanalyse auf Beitragsebene verfährt in der Abgrenzung zwischen Information und nonfiktionaler Unterhaltung restriktiver als die ALM-Programmanalyse, indem sie Talkshows mit Ausnahme der Polit-Talks von dem Programmangebot, das sie als Sparte *Information* ausweist, ausschließt und die Inhaltsstruktur der Talkshows gesondert ausweist. Für diese Vorgehensweise sprechen u.a. die Befunde aus Talkshowanalysen (BENTE & FROMM 1997; VAN EIMEREN & GERHARD 1998; KRÜGER 1998b).

2.2 Neue Namen für das alte Problem

Alle kontinuierlichen Programmanalysen haben ein ähnliches Problem und einen Praxisbezug, der sie auf Dauer zwingt, konsensfähige, kommunikationsfähige und leicht nachprüfbare Daten vorzulegen. Dabei müssen sich am Ende nicht nur Begrifflichkeiten, sondern die dahinter stehenden Meßgrößen bewähren. Je klarer Begriffe, Meßgrößen und Einheiten der Codierung sind, desto leichter läßt sich die erwünschte Kompatibilität für Datenvergleiche herstellen.

Im ersten Ergebnisbericht der ALM-Programmanalyse über das Programmjahr 1997 wurden noch alle Talkshows explizit als Informationsangebote ausgewiesen. Dies entsprach zu diesem Zeitpunkt offenbar der von den privaten Sendern in der AGF praktizierten Sendungscodierung (WEISS 1998: 47). RTL und SAT.1 haben jedoch ihre Talkshows später wieder als nonfiktionale Unterhaltung eingestuft. Nur ProSieben ist in der AGF-Sendungscodierung bei der Auffassung geblieben, Talkshows (z.B. *Arabella Kiesbauer*) auch weiterhin als Informationssendungen zu klassifizieren. Auf die Effekte dieser Informationscodierung ist Gerhard (1999: 342ff.) exemplarisch eingegangen: Modifiziert man die formal unterschiedlich festgelegten Abgrenzungen zwischen den Programmkategorien, wird aus unterschiedlichen Ergebnissen ein nahezu übereinstimmendes Ergebnis. Im zweiten Ergebnisbericht der ALM-Programmanalyse über die Jahre 1998-1999 ist in den Spartengruppen (Fernsehpublizistik, Fernsehunterhaltung, Sportsendungen, Kindersendungen, Religiöse Sendungen; WEISS & TREBBE 2000: 31) die Bezeichnung ›Information‹ gegen ›Fernsehpublizistik‹ ausgetauscht worden. (In der Codeliste der Programmspartenanalyse findet man allerdings weiterhin die Bezeichnung ›sonstige Informationssendungen‹ statt ›sonstige Fernsehpublizistik‹; WEISS & TREBBE 2000: D88).

Statt über eine pauschale Informationsquote macht die ALM-Programmanalyse quantitative Aussagen über qualitativ verschiedene Informationsleistungen der Fernsehpublizistik anhand der vier zentralen Inhaltskategorien: ›Politische Publizistik‹, ›Sachpublizistik‹, ›Lebensweltpublizistik‹ und ›Unterhaltungspublizistik‹. Aber was ist unter dem Strich daran neu, außer neuen Namen und der bekannten Tatsache, daß hierin auch Nachrichten und Morgenmagazine sowie Talkshows einbezogen sind, wenn sich als kumulierter Wert am Ende doch wieder die alte Dichotomie aus *Information* (=kumulierter Wert aus ›Politische Publizistik‹, ›Sachpublizistik‹, ›Lebensweltpublizistik‹) und *Unterhaltung* herausstellt?

Angesichts der Methodenkritik an der ARD/ZDF-Programmanalyse seien zum Abschluß einige Fragen an die Kritiker gerichtet: Mit welcher

Theorie werden Katastrophen der ›Unterhaltungspublizistik‹ zugeordnet? Mit welcher Theorie wird der Sportanteil, der bei ARD und ZDF im Gesamtprogramm bis zu 10 Prozent ausmacht, nicht als ›Sportweltpublizistik‹ in die ›Fernsehpublizistik‹ einbezogen? Und schließlich: Mit welcher Methodologie wird die dimensionale Inkonsistenz begründet, die sich in den vier auf gleicher Ebene präsentierten zentralen Inhaltskategorien zeigt, von denen die ersten drei Publizistikfelder inhaltlich-thematisch auf der gleichen Dimension liegen, aber die ›Unterhaltungspublizistik‹ eher eine Ausprägung der Dimension ›Funktion‹ zu sein scheint, also Teil der Dichotomie, um deren Problem es geht. So könnte sich - bei allem Respekt vor dem Problem - der Argumentationsaufwand, den Weiß und Trebbe betreiben, am Ende als Scheinlösung erweisen, weil das Problem nur verschoben wird. Denn wenn in der Logik einer Dichotomie von Information und Unterhaltung die eine Hälfte für nicht bestimmbar gehalten wird, gilt dies bei einer gemeinsamen Grenze auch für die andere Hälfte.

Literatur

BENTE; G.; B. FROMM: *Affektfernsehen*. LfR Schriftenreihe. Opladen 1997

EIMEREN, B. VAN; H. GERHARD: Talkshows - Formate und Zuschauerstrukturen. In: *Media Perspektiven*, 1998, S. 600-607

GERHARD, H.: Programmanalysen im Vergleich. Anmerkungen zu Unterschieden in Methode, Aufgabenstellung und Ergebnissen. In: *Media Perspektiven*, 1999, S. 340-344

HOHLFELD, R.; G. GEHRKE: *Wege zur Analyse des Rundfunkwandels*. Opladen 1995

KRÜGER; U. M.: Boulevardisierung der Information im Privatfernsehen. In: *Media Perspektiven*, 1996, S. 362-374

KRÜGER; U. M.: Modernisierung bei stabilen Programmstrukturen. Programmanalyse 1997: ARD, ZDF, RTL, SAT.1 und ProSieben im Vergleich. In: *Media Perspektiven*, 1998a, S. 314-330

KRÜGER, U. M.: Thementrends in Talkshows der 90er Jahre. Talkshows bei ARD, ZDF, RTL, SAT.1 und ProSieben. In: *Media Perspektiven*, 1998b, S. 608-624

KRÜGER, U. M.: Unterschiedliches Informationsverständnis im öffentlich-rechtlichen und privaten Fernsehen. Programmanalyse 1999:

ARD, ZDF, RTL, SAT.1 und ProSieben im Vergleich. In: *Media Perspektiven*, 2000, S. 278-296

KRÜGER, U. M.; T. ZAPF-SCHRAMM: Formen, Inhalte und Funktionen des Fernsehens. Öffentlich-rechtliche und private Hauptprogramme im Vergleich. In: *Media Perspektiven*, 1992, S. 713-732

WEISS, H.-J.: Programmalltag in Deutschland. Eine Analyse von sieben Vollprogrammen im April 1997. In: Arbeitsgemeinschaft der Landesmedienanstalten (Hrsg.): *Programmbericht zur Lage und Entwicklung des Fernsehens in Deutschland 1996/97*. Berlin 1997, S. 158-204

WEISS, H-J.: *Auf dem Weg zu einer kontinuierlichen Fernsehprogrammforschung der Landesmedienanstalten. Eine Evaluations- und Machbarkeitsstudie.* Schriftenreihe der Landesmedienanstalten. Band 12. Berlin 1998

WEISS, H-J.; J. TREBBE: Fernsehen in Deutschland 1998 - 1999. Programmstrukturen - Programminhalte - Programmentwicklungen. Schriftenreihe der Landesmedienanstalten. Band 18. Berlin 2000

BERTRAM SCHEUFELE

Notwendigkeit, Nutzen und Aufwand von Mehrfach- und Sondercodierungen

Jede Inhaltsanalyse steht und fällt nicht nur mit ihrem Kategoriensystem (BERELSON 1952), sondern auch mit der Reliabilität (und Validität) der Codierung (vgl. v.a. KRIPPENDORF 1980: 129ff.; auch MERTEN 1995: 302ff.). Um den Grad der Reliabilität einzuschätzen, lassen sich verschiedene Koeffizienten heranziehen (vgl. u.a. CARMINES & ZELLER 1979: 37ff.; KRIPPENDORFF 1980: 138ff.). Deren Berechnung beruht auf der Annahme, daß die Codierung hinreichend zuverlässig wird, d.h. ein hoher Koeffizientenwert erreicht wird, wenn Kategorien trennscharf und umfassend definiert sind, Codieranweisungen verständlich sind, Codierer ausführlich geschult werden usw. Allerdings können trotz vorbeugender Maßnahmen der Gütesicherung (»Ex-ante-Reliabilität«) Codierereinflüsse die Datenerhebung beeinträchtigen (vgl. MERTEN 1995: 309ff.).

Der Beitrag behandelt Mehrfach- und Sondercodierungen als Verfahren der zusätzlichen Gütesicherung (»Ex-post-Reliabilität«). Im ersten Schritt wird diskutiert, bei welchen inhaltsanalytischen Verfahren und Entscheidungen sich Codierereinflüsse niederschlagen können. Im zweiten Schritt wird ein konkretes Beispiel vorgestellt, das spezifische Aspekte des Problems und die Notwendigkeit von Mehrfachcodierungen illustriert. Im dritten Schritt wird der damit verbundene Mehraufwand diskutiert. Leitend ist erstens die Überzeugung, daß methodische Aspekte stets zwischen theoretischem Anspruch und pragmatischen Erwägungen zu verorten sind. Zweitens gibt es für Codierprobleme keine »Universallösung«; jede Inhaltsanalyse wirft eigene Probleme auf, die spezifische Lösungen verlangen.

1. Generelle Fälle von Codierereinflüssen als Störfaktoren für Reliabilität

Durch Codierereinflüsse verursachte, *unvermeidbare* Reliabilitätseinbußen (dazu später mehr) lassen sich mit verschiedenen Formen der *Sondercodierung* bewältigen: Bei *Mehrfachcodierungen* erfassen Codierer dieselbe Passage eines Beitrags unter allen denkbaren Kategorien. Bei *Zusatzcodierungen* werden Zweifelsfälle gesondert - z. B. auf zusätzlichen Codebogen - erfaßt. Bei *offenen Codierungen* wird z. B. eine Textpassage - ähnlich offener Fragen bei der Befragung - zitiert oder paraphrasiert, anstatt Codeziffern zu vergeben. In allen drei Fällen ist eine spätere »Bereinigung« notwendig. Der Einsatz von Sondercodierungen ist von Inhaltsanalyse zu Inhaltsanalyse aufs neue zu entscheiden und begründen. Es lassen sich aber generelle Fälle benennen, bei denen Codierereinflüsse wahrscheinlich und Sondercodierungen zu erwägen sind. Die folgenden Überlegungen sind allerdings empirisch noch wenig belegt und zudem insofern idealtypisch zu verstehen, als bei jeder Überlegung zu einem bestimmten Faktor jeweils alle anderen Faktoren konstant gehalten sind.

Praxistauglichkeit des Codebuchs: Bei einfachen Inhaltsanalysen steigt Reliabilität i. d. R. mit der Qualität der Kategoriendefinition und Codieranweisungen. Dieser Zusammenhang gilt nicht unbedingt für komplexe Techniken und schwierige Kategorien. Denn diese verlangen ausführliche Anweisungen, womit die Praxistauglichkeit des Codebuchs sinkt.[1] Dies wiederum erhöht die Gefahr, daß sich Codierer ihre eigene Kurzversion des Codebuchs zurechtlegen (vgl. FRÜH 1998: 175, 79) und somit die Reliabilität sinkt. Erhöht man die Praxistauglichkeit, können Codierereinflüsse aber ebenfalls auftreten: Sicher ist keine Kategoriendefinition vollkommen, Codierern wird stets Eigenleistung abverlangt (FRÜH 1998: 76ff.). Allerdings setzen Kategorien für komplexe Konstrukte oder »weiche« Sachverhalte ausführliche Definitionen mit zahlreichen Beispielen voraus.[2] Dies ist bei anspruchsvollen Inhaltsanalysen dann nicht mehr gewährleistet, wenn man Praxistauglichkeit den Vorrang gibt. Wie man

---

1 Ein aus methodischer Perspektive ideales Codebuch ist also keineswegs ein »ideales« Codebuch aus Sicht der Praxistauglichkeit - und umgekehrt.

2 Ausführliche Definitionen sind notwendig, weil man bei Kategorien zu Konstrukten die intellektuellen Fähigkeiten der Codierer und bei Kategorien, die »weiche« Sachverhalte betreffen, deren Einstellungen und Schemata in Rechnung zu stellen hat.

sich also entscheidet, Codierereinflüsse sind bei komplexen Techniken und schwierigen Kategorien bis zu gewissem Grade vermutlich unvermeidbar.

Ausprägungen von Kategorien: Reliabilität bzw. Codiereinflüsse können auch mit der Anzahl der Ausprägungen einer Kategorie zusammenhängen; denn neben operationaler Definition und Beispielen stecken Ausprägungen den semantischen Rahmen einer Kategorie mit ab: Werden z.B. nur wenige, abstrakte Ausprägungen für die Kategorie »Thema« aufgelistet, wird die Codierentscheidung für eines der Themen - abgesehen von Kategoriendefinition und Beispielen - weit stärker durch Vorstellungen der Codierer bestimmt, als wenn der Schlüsselplan viele konkrete Themen umfaßt. Schwerwiegender ist das Problem beim offenen Codieren ohne Schlüsselpläne. Detaillierte Schlüsselpläne können v.a. an ökonomische oder praktische Grenzen stoßen. (1) Ein Beispiel wäre die Codiereinheit »Aussage«, die u.a. durch den thematischen Aspekt definiert wird; mit jedem Wechsel des Themas liegt eine neue Aussage vor. Hier bestimmt die Anzahl der Ausprägungen die Identifizierung der Codiereinheit: Je detaillierter der Themenplan, desto mehr Aussagen können identifiziert werden. Je mehr Aussagen codiert werden können, desto länger und damit kostenintensiver wird aber die Codierung. (2) Ein weiteres Beispiel: Sieht die Fragestellung einen langen Untersuchungszeitraum vor, muß die Analyse grobmaschiger werden (SCHEUFELE & BROSIUS 1999: 409f.), d.h. die Anzahl der Kategorien und insbesondere ihrer Ausprägungen muß beschränkt werden.

Codiereinheit: Einmal unabhängig davon, welches Phänomen die Codiereinheit erfaßt, kann man als »Faustregel« festhalten: Reliabilität ist um so höher, je »enger« bzw. kleiner, je konkreter und je formaler die Codiereinheit definiert wird (vgl. u.a. MATHES 1988: 66; FRÜH 1998: 88). Umgekehrt sind Codiereinflüsse um so wahrscheinlicher und die Anwendbarkeit der Codiereinheit um so schlechter, je *abstrakter* die Codiereinheit ist (z.B. »Gewalt« statt »Gewalthandlung«), je *»breiter«* das mit der Codiereinheit bezeichnete Objekt (z.B. Sinneinheit gegenüber Wort) und je eher die Codiereinheit an *semantischen* (statt formalen) Kriterien festmacht.[3] Bei abstrakten, breiten und rein semantischen Codiereinheiten wird Codierern mehr Eigenleistung abverlangt. Dies erhöht die

---

3 So sind Bewertungen für Aussagen weit einfacher zu codieren als für Beiträge (MATHES 1988: 66).

Wahrscheinlichkeit, daß Codierer ihre eigenen Vorstellungen in die Codierung einfließen lassen. Schwerwiegender wird das Problem, wenn die Codiereinheit »variabel« ist - wie bei dem von mir eingesetzten Verfahren der Objekt-Codierung: Hier wurde das »soziale Objekt« codiert; diese Codiereinheit ist insofern variabel, als Objekte (z.B. Ereignis, Akteur, Handlung, Interaktion usw.) auf unterschiedlichen, also variierenden Ebenen sozialer Aggregation liegen können.

Komplexitätsgrad der Analyse: Reliabilität ist bei einfachen Codier-Techniken i.d.R. höher als bei komplexen und abstrakten Varianten wie Modultechnik, Netzwerkanalyse (MATHES 1989) oder Semantischer Struktur- und Inhaltsanalyse SSI (u.a. FRÜH 1989). Diese komplexen Techniken begünstigen Codiereinflüsse ebenso wie mein Verfahren der Codierung sozialer Objekte. Dies können zwei Beispiele illustrieren: (1) *Relationen zwischen Elementen* des Materials versuchen alle eben genannten Verfahren zu erfassen. So wählt z.B. die SSI die Codiereinheit »Proposition«, die sich als Bündel aus zwei Objekten, die über eine Relation verbunden sind, umschreiben läßt. Mein Verfahren der Objekt-Codierung erfaßt ähnliche Relationen, indem z.B. auch Ursachen und Folgen von Ereignissen interessieren. Die Entscheidung, was als Ereignis gilt, ist hier keine *singuläre* Entscheidung, sondern bestimmt zugleich, was als Ursache bzw. Folge des Ereignisses codiert wird. (2) Vergleichbares betrifft die Codierung von Aussagen. Früh (1998: 62ff.) unterscheidet zwischen kommunikativer Funktion und kommunikativem Fokus einer Aussage. Ähnlich differenziert mein Verfahren der Objekt-Codierung beim Objekt »Äußerung« zwischen Funktion und Inhalt. In beiden Fällen sind Codierungen nicht unabhängig voneinander: Was als Funktion der Aussage erfaßt wird, entscheidet darüber, was als deren Inhalt bzw. Thema erkannt wird - und umgekehrt.

2. *Unvermeidbare Reliabilitätseinbußen: Beispiele*

Bislang wurden generelle Fälle von Codierereinflüssen diskutiert. Für diese wird meist folgende Lösung vorgeschlagen (vgl. z.B. FRÜH 1998: 88): Codierereinflüsse dürften nur nicht zu *systematischen* Fehlern führen. Sie ließen sich »neutralisieren«, indem man sicherstelle, daß die durch sie verursachten Fehler *zufällig* über das zu codierende Material streuten.

Dazu seien die Codierer nach dem Zufallsprinzip über das Material zu »rotieren«. Meist wird dabei nach Publikationsdatum rotiert, z.B. tages- oder wochenweise. Allerdings werden Codierereinflüsse nur dann durch Zufallsrotation »neutralisiert«, wenn das Material auch umfangreich genug ist. Hat man z.B. einen kurzen Untersuchungszeitraum, muß man mindestens beitragsweise oder sogar feiner rotieren, damit sich Codierereinflüsse zufällig über das Material streuen. Problematischer sind Fälle, bei denen sich Reliabilitätseinbußen aus theoretischen, praktischen o.a. Gründen nicht auf diese Weise bewältigen lassen. In solchen Fällen können u.a. Mehrfachcodierungen weiterhelfen.

Ein solcher Fall wird nun vorgestellt. Dabei handelt es sich um ein Verfahren der offenen Codierung sozialer Objekte, deren Ziel die Identifizierung journalistischer Schemata war. Das Verfahren läßt sich als systematische, ausführliche, gut begründete Form empiriegeleiteter »Kategorienbildung« (Schema-Identifizierung) verstehen und wurde zum ersten Mal für diesen Fall angewandt (der Beitrag von BILANDZIC, KOSCHEL & SCHEUFELE in diesem Band diskutiert meine Überlegungen verallgemeinert für andere Zusammenhänge). Man mag einwenden, daß sich Fragen der Reliabilität hier kaum stellen, da es um Kategorienfindung, nicht um Codierung im konventionellen Sinn geht. Dieser Einwand ist nur z.T. berechtigt. Zwar wurden Kategorien (Schemata) in der Tat nicht theoretisch deduziert, sondern durch ein offenes Verfahren gewonnen. Allerdings erhebt dieses den Anspruch, Kategorien *systematisch* und *gut begründet* zu identifizieren. Und bei einem solchen Anspruch ist zu explizieren, wie das Verfahren im einzelnen vorgeht, d.h., es muß intersubjektiv nachvollziehbar und replizierbar sein. Dies wiederum verlangt, Reliabilitätsmaße oder andere Gütekriterien anzulegen. Vorrangig soll das Beispiel aber illustrieren, wie Mehrfachcodierungen eingesetzt werden können und wie sie anschließend zu »bereinigen« sind.

Ausgangspunkt war folgendes - hier verkürzt dargestelltes - theoretisches Modell: Wie andere Menschen haben auch Journalisten bestimmte Vorstellungen von Objekten sozialer Realität, die man entsprechend der Objekte, auf die sie sich beziehen, als Ereignis-, Akteurs-, Problem-Schema usw. bezeichnen kann (zur Erörterung verschiedener Konzepte wie Schema, Frame usw. vgl. SCHEUFELE 1999; 2000). Diese Schemata schlagen sich dem Modell zufolge in der Nachrichtenauswahl und -strukturierung nieder. Beispielhaft herausgegriffen seien *Ereignis-Schemata*, d.h. journalistische Vorstellungen davon, welche Chronologie und Attribute

Ereignisse kennzeichnen, welche Ursachen und Folgen sie haben usw. Als Indikator für Ereignis-Schemata wurden Beiträge (meinungsbetonte Beiträge, Dokumentationen u.ä.) in ausgewählten Tageszeitungen herangezogen.[4] Dabei wurde angenommen, daß sich journalistische Ereignis-Schemata deutlich zwischen den Zeitungen unterscheiden (Varianz der Ereignis-Schemata).

Bei der Identifizierung journalistischer Ereignis-Schemata bestanden aber vier Probleme: Erstens ist der theoretisch-abstrakte Schema-Begriff (dazu u.a. BROSIUS 1991; WICKS 1992) *empirisch vage*. Zweitens war unklar, wie Ereignis-Schemata als spezielle Schemata aussehen; hier gibt es zwar verschiedene Modelle (z.B. SCHANK & ABELSON 1977), die aber zu abstrakt bleiben. Drittens war offen, welche spezifische Ausprägung Ereignis-Schemata bei *Journalisten* haben; viertens, wie diese beim *exemplarisch untersuchten Gegenstandsbereich* (fremdenfeindliche Anschläge) beschaffen sind und wie sie sich zwischen verschiedenen Medien unterscheiden. »(Ereignis-)Schema« war also in mehrfacher Hinsicht als »sensitizing concept« (BLUMER 1954) bzw. heuristisches Konzept (KELLE & KLUGE 1999) zu verstehen, das empirisch erst zu »füllen« war.

Hier war nur eine *offene Codierung* angemessen. Man kann sie im Sinne einer systematischen empiriegeleiteten Kategorienbildung verstehen. Denn die durch sie gefundenen und empirisch-inhaltlich »gefüllten« Ereignis-Schemata gingen später als Kategorien in eine quantitative Inhaltsanalyse ein, mit der die eigentliche Datenerhebung erfolgte. Die quantitative Inhaltsanalyse diente dazu, die Anwendung der Schemata bei Nachrichtenauswahl und -strukturierung zu prüfen.[5]

---

4   Eine Befragung von Journalisten hätte angesichts des Untersuchungszeitraums (Anfang der 1990er Jahre) retrospektiv sein müssen und war daher unmöglich.

5   Der sich möglicherweise aufdrängende Eindruck eines Zirkelschlusses, wenn man die Berichterstattung sowohl als Indikator für Schemata als auch für deren Anwendung heranzieht, läßt sich mit zwei Hinweisen entkräften: Erstens wurden zur Identifizierung von Schemata u.a. jeweils nur Beiträge der *ersten beiden Wochen* des betreffenden Analysezeitraums berücksichtigt, während wir die Anwendung der Schemata anhand der *nachfolgenden* Berichterstattung untersuchten. Zweitens berücksichtigen wir zur Identifizierung von Schemata v.a. *meinungsbetonte* Stilformen, Reportagen und Dokumentationen, während die Schema-Anwendung nur an *tatsachenbetonten* Stilformen (Berichten, Meldungen) geprüft wurde.

ABBILDUNG 1
Allgemeine Definition (Auszügel im Codierleitfaden für ›Ereignis‹, ›Ursache‹ und ›Folge‹

Ereignis (Auszug)	»Ein Ereignis kann man als Abfolge bzw. Geflecht einzelner Vorgänge definieren. [...] Hilfreich ist die Unterscheidung in Auslöser-, Folgeereignisse und Begleitumstände: Auslöserereignisse sind Ereignisse, die andere Ereignisse hervorrufen; sie stellen also Ursachen für andere Ereignisse dar. Folgeereignisse werden durch Auslöserereignisse hervorgerufen; sie sind also Vorgänge, die sich ursächlich aus einem anderen Ereignis ergeben. Begleitumstände sind Vorgänge, die im Kontext eines Ereignisses stattfinden, sich aber nicht eindeutig als dessen Auslöser- oder Folgeereignis einstufen lassen. [...]« »Im Zweifelsfall fragen Sie sich, welche Vorgänge der Beitrag erkennbar zu einem Ereignis bündelt, welche Vorgänge als diesem Ereignis vorausgehend und nachfolgend beschrieben werden! In der Regel formen sich Vorgänge mit denselben Akteuren und demselben räumlichen und zeitlichen Bezug zu einem Ereignis. Entscheidend ist aber grundsätzlich die Darstellung im Beitrag!«
Ursache, Folge (Auszug)	»Kausalität betrifft alle Fragen nach Ursachen, Anlässen bzw. Erklärungen; v.a. bei Handlungen geht es damit auch oft um Fragen der Verantwortung. Finalität betrifft alle Fragen nach Folgen (auch verbale Reaktionen), Wirkungen oder Konsequenzen, meist in Form von Prognosen, Befürchtungen, Hoffnungen, Warnungen, Ankündigungen (z.B. einer Initiative) usw. Bei Folgen ist die Unterscheidung in unmittelbare, direkte und mittelbare, indirekte Folgen hilfreich. Werden Ursachen oder Folgen angesprochen, so werden oftmals nicht nur eine Ursache oder Folge thematisiert, sondern Ursachen- bzw. Folgenkomplexe. [...]«

Die Identifizierung der Schemata (offene Codierung) erfolgte mit Hilfe eines halb-standardisierten »Codierleitfadens«, der verschiedene »Codierfragen« stellte, und anhand eines Codierhandbuchs, das - wie »konventionelle« Codebücher - allgemeine Definitionen dazu enthielt, was als Ereignis zu sehen ist, wie Kausal- und Finalrelationen in Medienbeiträgen vermittelt werden usw. Auszugsweise finden sich diese *allgemeinen* Definitionen in Abbildung 1.

Die Analyse zur Identifizierung von Ereignis-Schemata erfolgte in zwei zentralen Schritten. Zunächst segmentierten Codierer relevante

Beiträge: Bei jeder Codierfrage zitierten oder paraphrasierten sie jene Passagen des Artikels, die zu deren »Beantwortung« beisteuerten. So wurde z.B. bei der Frage »Welche Ereignisse spricht der Beitrag an?« alle Textpassagen erfaßt, die Ereignisse ansprachen. Anschließend wurde das so segmentierte Material in mehreren Schritten zunächst reduziert und generalisiert (ähnlich Mayring 1990), zuletzt im Hinblick auf unser theoretisches Modell strukturiert (Typenbildung), dazu gleich mehr. Das Ergebnis war ein bestimmtes Ereignis-Schema für jede Zeitung.

Der Codierleitfaden fragte u.a., welche Chronologie des jeweiligen Ereignisses aus der Darstellung des Beitrags erkennbar war, welche Ursachen und welche Folgen der Beitrag für das Ereignis erwähnte (vgl. Abbildung 2). Bei der Codierfrage zur »Chronologie« waren alle Vorgänge des Ereignisses in jener Reihenfolge auf einer Zeitachse zu erfassen, in der sie nach der Darstellung im Beitrag geschehen waren.

Um ermitteln zu können, daß Journalisten von Zeitung A z.B. ein breites Ereignis-Schema haben, das allgemeine Ereignismerkmale erfaßt, Journalisten von Zeitung B dagegen ein enges Schema, das konkrete Attribute repräsentiert, mußte die Definition von »Ereignis« in Codierleitfaden und Codierhandbuch abstrakt genug gehalten werden (vgl. Abbildung 1). Würde man Codierern eine ausführliche, konkrete Definition vorgeben, würde man erstens von vornherein das eigene Ereignis-Schema anlegen und wäre für Schemata von *Journalisten* gewissermaßen »blind«. Zweitens ließe sich durch eine »fixierte« Definition die *Unterschiedlichkeit* journalistischer Schemata *zwischen Zeitungen* gar nicht erfassen. Ein deduktiv-konventionelles Verfahren ist hier kaum möglich.[6] Man könnte zwar versuchen, Schemata und Varianzen im Zuge der Daten*auswertung* einer quantitativen Inhaltsanalyse synthetisch zu rekonstruieren. Dafür müßte man aber wissen, welche Elemente journalistische Schemata kennzeichnen. Da dies - wie erläutert - nicht bekannt war, hätte ein synthetisches Verfahren *sämtliche* Informationen in den Beiträgen berücksichtigen müssen. Dies wäre aber teilweise ein Fehlschluß, da

---

6 Deduktiv könnte man nur so vorgehen: Man würde verschiedene Schema-Definitionen aus der Literatur inhaltsanalytisch umsetzen, um Varianzen einigermaßen erfassen zu können. Hier würden Codierer für jedes Ereignis eines Beitrags alle Schema-Varianten codieren; allerdings hätten sie dann beim selben Ereignis bzw. Beitrag stets zwischen Schema-Arten zu wechseln, was ebenfalls deutliche Reliabilitätseinbußen begünstigt. Hinzu käme, daß dieses Verfahren noch zeit- und kostenintensiver wäre als das der Mehrfachcodierung.

damit auch Informationen berücksichtigt werden, die gar nicht Ereignis-Schemata von Journalisten, sondern deren politische Einstellungen, Zeitdruck usw. reflektieren. Zudem hat man - so Mathes (1988: 66) - immer zu prüfen, ob die synthetische Rekonstruktion auch »den tatsächlichen Sinngehalt widerspiegelt«.

ABBILDUNG 2
Offene Codierung - Codierfragen für Ereignisse (Auswahl)

Objekt / Aspekt	Codierfrage
Ereignis	»Welche Ereignisse spricht der Beitrag an?«
Chronologie	»Welche Chronologie des Ereignisses wird aus der Darstellung des Beitrags erkennbar«?
Ursache	»Welche Ursachen, Anlässe, Auslöser des Ereignisses spricht der Beitrag an?«
Folge	»Welche Folgen, Wirkungen, Konsequenzen des Ereignisses spricht der Beitrag an?«

Beschränkt man sich nun aber auf eine *allgemeine* Ereignis-Definition, stellt sich das erwähnte Problem der Codierereinflüsse. Denn auch Codierer haben bestimmte, vermutlich unterschiedliche Ereignis-Vorstellungen. Bei Vorgabe einer nur allgemeinen Ereignis-Definition (Abbildung 1) können daher zwei Codierer zur Chronologie desselben Ereignisses (z. B. fremdenfeindlicher Anschlag) verschiedene Vorgänge rechnen - je nachdem welche Ereignis-Vorstellung sie haben: Codierer A mit breit-abstraktem Ereignis-Schema wird z.B. Löscharbeiten zum Anschlag rechnen und erfaßt sie noch bei »Chronologie des Ereignisses«. Codierer B mit eng-konkreter Ereignis-Vorstellung sieht Löscharbeiten dagegen bereits als Folge des Anschlags und erfaßt sie bei der entsprechenden Codierfrage (vgl. Abbildungen 2 und 3).

Nochmals: Das Problem hängt nicht mit methodischen Schwächen zusammen, sondern mit der *theoretisch* begründeten Notwendigkeit einer offenen Codierung und abstrakten Definition von »Ereignis«. Wie kann man mit dem *unvermeidbaren* Reliabilitätsproblem umgehen, daß derselbe Vorgang vom einen Codierer unter der Codierfrage »Chronologie«, vom anderen unter »Folgen« erfaßt wird? Hier bieten sich Mehrfachcodierungen an. Dazu wurde den Codierern folgendes vorgegeben: Bestanden nur geringste Zweifel, ob ein Vorgang noch zum Ereignis gehör-

ABBILDUNG 3
Bereinigung der Mehrfachcodierung am Beispiel der Ereignis-Codierung ›fremdenfeindlicher Anschlag‹ (Auszug für ›Chronologie‹, ›Folgen‹)

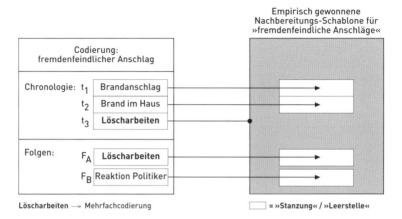

te, also unter dessen Chronologie zu fassen war, oder als dessen Folge zu gelten hatte, mußte die betreffende Textpassage sowohl unter der Codierfrage »Chronologie« als auch unter der Codierfrage »Folgen« erfaßt werden. Das Reliabilitätsproblem wurde also erst einmal dadurch ausgeschaltet, daß Codierer in Zweifelsfällen bei allen denkbaren Codierfragen segmentierten. So verschob es sich aus dem eigentlichen Problembereich in eine Nachbearbeitungsphase, in der es bewältigbar war. Damit wird auch der Einwand entkräftet, Unklarheiten der Datenerhebung ließen sich in Codierschulungen beheben: Denn unser Vorgehen ist *kein Datenerhebungsverfahren*, sondern ein Verfahren zur *Identifizierung von Schemata* (Muster-Erkennung), die als Kategorien für eine spätere quantitative Inhaltsanalyse (eigentliche Datenerhebung) dienen.

Die Bereinigung der Codierungen kann hier nur skizziert werden (Abbildung 3): Für jede Zeitung wurde ein »Nachbereitungs-Raster« aus den Codierungen, also auf empirischem Wege gewonnen. Dazu wurden verschiedene Verfahren, die synoptische Betrachtungen und Fallkontrastierungen vorsehen (vgl. KELLE & KLUGE 1999; GLASER & STRAUSS 1967), herangezogen. Dabei kamen auch die »Merkmalsräume« von Lazarsfeld & Barton (1951) zum Einsatz, die eine systematische Typenbildung erlauben. Graphisch sind sie Mehr-Felder-Tabellen, die Variablen und Ausprä-

ABBILDUNG 4

Vereinfachter Merkmalsraum für Ereignis-Chronologien (Abfolge von Vorgängen) zur Identifizierung der Ereignis-Skripts bei zwei Zeitungen

		Art des Vorgangs in der Chronologie	
		»kleinteilig« (Einzelhandlungen)	»ganzheitlich« (Interaktionen)
Dauer des Vorgangs in der Chronologie	»relativ kurz« (Stunden)	Zeitung A »Kleinteiliges Kurz-Skript«	
	»relativ lang« (Tage)		Zeitung B »Grobmaschiges Lang-Skript«

gungen abtragen. An ihnen wird das Vorgehen der »Mustererkennung« für andere nachvollziehbar und nachprüfbar.

Synoptisch wurden alle Codierungen von Chronologie, Ursache und Folge des Ereignisses betrachtet - sowohl *separat für jede Zeitung* als auch *kontrastierend zwischen Zeitungen*. Relevant ist zunächst der »Between«-Fall, bei dem u.a. die Chronologie-Codierungen aller Zeitungen kontrastiert wurden; analog die Folgen-Codierungen. Aus den Codierungen, also auf empirischem Wege, wurden zunächst zentrale Merkmale der bei Chronologien codierten Vorgänge zusammengetragen. Dies war z.B. das Merkmal »Dauer des Vorgangs« mit Ausprägungen wie »Stunde(n)« und »Tage« oder »Art des Vorgangs« mit Ausprägungen wie »Einzelhandlung eines Akteurs« und »Interaktion mehrerer Akteure«. Kombiniert man diese beiden Merkmale ergibt sich ein »Merkmalsraum« (LAZARSFELD & BARTON 1951; vgl. Abbildung 4). Daraus ließ sich erkennen, daß Zeitung A meist sehr kleinteilige Vorgänge kürzester Dauer anspricht - z.B. beim Brandanschlag das Werfen des Brandsatzes, daß er die Scheibe des Hauses durchschlägt, auf den Teppich fällt, diesen entzündet, Bewohner flüchten, dabei stolpern, sich verletzen usw. Zeitung B dagegen beschreibt vorrangig den groben Ablauf - z.B. daß das Haus in Brand gesetzt, Bewohner verletzt werden und das Feuer erst in den Morgenstunden gelöscht ist. Entsprechend läßt sich für Zeitung A ein »kleinteiliges Kurz-Skript« festhalten, für Zeitung B ein »grobmaschiges Lang-Skript«. Nun folgte die Kontrastierung aller zum Ereignis gehörenden Codierungen (Chronologie, Ursache, Folge) für jeweils eine Zeitung

(»within«). Für Zeitung A war mit dem »kleinteiligen Kurz-Skript« klar, daß *unmittelbare, direkte* Konsequenzen des Ereignisses (z. B. Löscharbeiten) bereits als dessen Folge zu begreifen waren; bei Zeitung B mit »grobmaschigem Lang-Skript« waren diese noch zur Chronologie des Ereignisses zu rechnen.

Welche Merkmale journalistische Ereignis-Skripts kennzeichnen, wurde aus dem Material erschlossen, und über Merkmalsräume wurde ersichtlich, daß für das Skript von Zeitung A kleinteilige, kurz dauernde Vorgänge »typisch« waren, bei Zeitung B dagegen gröbere Maßstäbe angelegt wurden, die längere Vorgänge repräsentierten. Für jede Zeitung lag damit ein empirisch gewonnenes Nachbereitungsraster bereit, das sich über die Codierungen legen ließ (Abbildungen 3 und 4). War ein Vorgang bei »Chronologie« *und* »Folge« erfaßt worden (Mehrfachcodierung), wurde er nur dann weiter berücksichtigt, wenn er in die empirisch gewonnene Schablone paßte (z. B. »Löscharbeiten« bei »Folgen«; vgl. Abbildung 3); die andere Codierung (z. B. bei »Chronologie«) wurde gestrichen. So wurden Mehrfachcodierungen in *Einfach*codierungen überführt.

Als weiteres Beispiel kann eine »konventionelle« quantitative Studie dienen. Hier war die theoretische Perspektive eine andere: Ausgehend von der Nachrichtenwert-Theorie (vgl. STAAB 1990; EILDERS 1997) waren Nachrichtenfaktoren für Ereignisse zu codieren, wobei ein Beitrag mehrere Ereignisse ansprechen konnte. Allerdings bestand erneut das Problem des Einflusses der Ereignis-Schemata von Codierern: Codierer mit unterschiedlichen Ereignis-Schemata werden unterschiedliche (viele) Ereignisse identifizieren und für diese den jeweiligen Nachrichtenfaktor codieren. Um dem zu begegnen, wurde eine ausführliche, konkrete Ereignis-Definition vorgeben; dagegen sprachen hier ja keine theoretischen Überlegungen. Um den dennoch wahrscheinlichen Einfluß der Ereignis-Schemata der Codierer besser aufzufangen, wurden Mehrfachcodierungen zugelassen: Pro Beitrag konnten für bis zu fünf Ereignisse Nachrichtenfaktoren erfasst werden. Codierer A mit breit-abstraktem Ereignis-Schema wird dabei z. B. nur ein Ereignis identifizieren und codiert jeden Nachrichtenfaktor einmal. Codierer B mit eng-konkretem Schema erkennt z. B. fünf Ereignisse und codiert jeden Nachrichtenfaktor fünfmal. Die Mehrfachcodierungen mußten erneut »bereinigt« werden: Zum einen ließ sich pro Beitrag ein Mittelwert aller Mehrfachcodierungen berechnen; zum anderen konnte man nur die höchste Ausprägung berücksichtigen.

3. Mehraufwand von Mehrfachcodierungen

Mehrfach- und andere Sondercodierungen lassen sich bei unvermeidbaren Reliabilitätseinbußen heranziehen. Sie begründen sich nicht aus methodologischen Überzeugungen, sondern immer nur aus *konkreten* Notwendigkeiten. Dahin gehend ist auch der Mehraufwand ihrer späteren Bereinigung zu sehen. Denn durch Sondercodierungen wird Reliabilität nicht ex ante gesichert, sondern das Reliabilitätsproblem nur aufgefangen und dann dem Forscher »zur Bereinigung zugeschoben«; so müssen z.B. Mehrfach- in Einfachcodierungen überführt werden. Dabei werden allerdings neue Probleme aufgeworfen: So muß z.b. das Verfahren der Identifizierung von Schemata und dabei insbesondere die Typenbildung nachvollziehbar und nachprüfbar bleiben. Dies läßt sich u.a. über die oben vorgestellten »Merkmalsräume« (vgl. Abbildung 4) gewährleisten. Hinsichtlich des Aufwands sind vier Aspekte zu berücksichtigen:

Notwendigkeit des Aufwands: Bemühungen um »Ex-ante-Reliabilität« können an Grenzen der Praktikabilität und Forschungsökonomie stoßen oder theoretischen Beschränkungen unterliegen. In solchen Fällen sind *zusätzliche* Formen der Reliabilitätssicherung notwendig. Vor diesem Hintergrund ist der Mehraufwand von Sondercodierungen zu sehen. Sicher kann man Unschärfen durch Praktikabilität, Forschungsökonomie oder andere Faktoren als »vernachlässigbar« belassen; denn der Reliabilitätswert 1.00 ist eher ein Ideal. Allerdings können sich Codiererreinflüsse multiplikativ oder additiv in der Codierung niederschlagen und sind dann nicht mehr »vernachlässigbar«. Für ähnliche Fälle schlägt Früh (1998: 179) eine »Nachcodierung« vor. Alternativ bieten sich Sondercodierungen an.

Grad des Aufwands: Der Mehraufwand von Mehrfach- bzw. Sondercodierungen hängt von mehreren Faktoren ab. Er steigt mit dem Komplexitätsgrad der Analyse: In unserem ersten Beispiel war der Aufwand weit größer als im zweiten Beispiel. Wenn Codierungen - wie z.B. bei relationalen Strukturen - nicht unabhängig voneinander sind, ist nicht nur der »kritische« Teil der Struktur, sondern die gesamte Struktur zu prüfen. Allerdings betrifft der Mehraufwand eben auch immer nur einen Teil der Gesamtcodierung, z.B. nur wenige Kategorien. Er läßt sich also i.d.R. durchaus in Grenzen halten (ähnlich FRÜH 1998: 179).

Nutzen des Aufwands: Sondercodierungen und ihre »Bereinigung« bedeuten nicht nur zusätzlichen Aufwand, sondern auch einen Vorteil:

Bei problematischen Kategorien kann der Ertrag im Vergleich zum *vorab* betriebenen Aufwand (z. B. ausführliche, kostenintensive Schulung) recht unbefriedigend sein; dann nämlich, wenn Bemühungen um »Ex-ante-Reliabilität« durch mangelnde Praktikabilität des Codebuchs (und daher wieder sinkende Reliabilität) konterkariert werden. Sondercodierungen verschieben zwar den Aufwand in die Nachbereitungsphase, zugleich können sie aber Reliabilität fördern. Denn die Nachbereitung wird - wie im ersten Beispiel - vom Forscher selbst vorgenommen oder »neuen« Codierern anvertraut. Im ersten Fall sollten Reliabilitätseinbußen kaum auftreten, weil der Forscher mit Instrument und Gegenstand der Untersuchung bestens vertraut ist. Im zweiten Fall sollten sie kaum auftreten, weil die »neuen« Codierer *ausschließlich* auf die sondercodierten Problemfälle und damit *fokussiert* geschult werden können. Reliabilitätswerte, die den Nutzen von Sondercodierungen einschätzen ließen, sind jedoch Mangelware. Beim momentanen Stand der Dinge können auch für das Verfahren in Abschnitt 2 noch keine Werte präsentiert werden.

Anwendungsfälle: Der Einsatz von Sondercodierungen betrifft immer nur einen Teil der Gesamtcodierung. Bevor man sich für eine Sondercodierung entscheidet, ist immer zu prüfen, ob sich das betreffende Reliabilitätsproblem nicht mit konventionellen Mitteln der Gütesicherung (»Ex-ante-Reliabilität«) bewältigen läßt. Gerade bei dem Beispiel in Abschnitt 2 sprachen aber gleich mehrere Argumente für Mehrfachcodierungen. Hierbei waren Mehrfachcodierungen aber nur ein Mittel der *zusätzlichen, nachträglichen* Gütesicherung (»Ex-post-Reliabilität«). Sondercodierungen stellen also weder bewährte Regeln der Gütesicherung bei der Inhaltsanalyse in Frage, noch können sie diese ersetzen. Sinnvoll ist ihr Einsatz u.a. in den unter Abschnitt 1 genannten Fällen oder z.B. bei der Codierung von Ereignissen, Interaktionsgefügen, Entwicklungen oder Problemen. Der Aufwand läßt sich noch schwer quantifizieren, da bislang ausreichende Vergleichsmaßstäbe anderer Studien fehlen. Er ist aber vermutlich wenig größer als der Aufwand, der durch Codierungsschulung (»Ex-ante-Reliabilität«) bei Studien entsteht, die auf Sondercodierungen verzichten (können).

Literatur

BERELSON, B.: *Content Analysis in Communication Research.* Facsimile of the 1st edition. Glencoe 1952

BLUMER, H.: What is Wrong with Social Theory? In: *American Sociological Review,* 19, 1954, S. 3-10

BROSIUS, H.-B.: Schema-Theorie - ein brauchbarer Ansatz in der Wirkungsforschung? In: *Publizistik,* 36, 1991, S. 285-297

CARMINES, E. G.; R. A. ZELLER: *Reliability and Validity Assessment. Quantitative Applications in the Social Sciences 17.* Thousand Oaks, London, New Delhi 1979

EILDERS, C.: *Nachrichtenfaktoren und Rezeption. Eine empirische Analyse zur Auswahl und Verarbeitung politischer Information.* Opladen 1997

FRÜH, W.: Semantische Struktur- und Inhaltsanalyse (SSI). Eine Methode zur Analyse von Textinhalten und Textstrukturen und ihre Anwendung in der Rezeptionsanalyse. In: KAASE, M.; W. SCHULZ (Hrsg.): *Massenkommunikation. Theorien, Methoden, Befunde.* Kölner Zeitschrift für Soziologie und Sozialpsychologie Sonderheft 30. Opladen 1989, S. 490-507

FRÜH, W.: *Inhaltsanalyse. Theorie und Praxis.* 4. überarbeitete Auflage. Konstanz 1998

GLASER, B.; A. STRAUSS: *The Discovery of Grounded Theory: Strategies for Qualitative Research.* New York 1967

KELLE, U.; S. KLUGE: *Vom Einzelfall zum Typus. Qualitative Sozialforschung 4.* Opladen 1999

KRIPPENDORF, K.: *Content Analysis. An Introduction to Its Methodology.* The Sage CommText Series 5. Beverly Hills, London 1980

LAZARSFELD, P. F.; A. H. BARTON: Qualitative Measurement in Social Research. In: LERNER, D.; LASSWELL, H. D. (Hrsg.): *The Policy Sciences. Recent Developments in Scope and Method.* Stanford 1951, S. 155-192

MATHES, R.: »Quantitative« Analyse »qualitativ« erhobener Daten? Die hermeneutisch-klassifikatorische Inhaltsanalyse von Leitfadengesprächen. In: *ZUMA-Nachrichten,* 23, 1988, S. 60-78

MATHES, R.: Modulsystem und Netzwerktechnik - neuere inhaltsanalytische Verfahren zur Analyse von Kommunikationsinhalten. ZUMA-Arbeitsbericht Nr. 89/13 (MS-vervielfältigt). Mannheim 1989

MAYRING, P.: *Qualitative Inhaltsanalyse. Grundlagen und Techniken.* 2. durchgesehene Auflage. Weinheim 1990

MERTEN, K.: *Inhaltsanalyse. Einführung in Theorie, Methode und Praxis*. 2. verbesserte Auflage. Opladen 1995

SCHANK, R. C.; R. P. ABELSON: *Scripts, Plans, Goals, and Understanding: An Inquiry into Human Knowledge Structures*. Hillsdale 1977

SCHEUFELE, B.: (Visual) Media Framing und Politik. Zur Brauchbarkeit des Framing-Ansatzes im Kontext (visuell) vermittelter politischer Kommunikation und Meinungsbildung. In: HOFMANN, W. (Hrsg.): *Die Sichtbarkeit der Macht. Theoretische und empirische Untersuchungen zur visuellen Politik*. Baden-Baden 1999, S. 91-107

SCHEUFELE, B.: »Scattered« or Related - Clarifying the Framing Concept by Integration Related Approaches? In: BROSIUS, H.-B. (Hrsg.): *Kommunikation über Grenzen und Kulturen*. Schriftenreihe der Gesellschaft für Publizistik- und Kommunikationswissenschaft 27. Konstanz 2000, S. 381-396

SCHEUFELE, B.; H.-B. BROSIUS: The Frame Remains the Same? Stabilität und Kontinuität journalistischer Selektionskriterien am Beispiel der Berichterstattung über Anschläge auf Ausländer und Asylbewerber. In: *Rundfunk und Fernsehen*, 47, 1999, S. 409-432

STAAB, J. F.: *Nachrichtenwert-Theorie. Formale Struktur und empirischer Gehalt*. Freiburg, München 1990

WICKS, R. H.: Schema Theory and Measurement in Mass Communication Research: Theoretical and Methodological Issues in News Information Processing. In: DEETZ, S. A. (Hrsg.): *Communication Yearbook 15*. Newbury Park, London, New Delhi 1992, S. 115-145

HELENA BILANDZIC / FRIEDERIKE KOSCHEL /
BERTRAM SCHEUFELE

Theoretisch-heuristische Segmentierung im Prozeß der empiriegeleiteten Kategorienbildung[1]

1. Probleme der Kategorienbildung

Inhaltsanalysen werden eingesetzt, um kommunikative Inhalte im Hinblick auf eine bestimmte Problemstellung in ihren relevanten Merkmalen zu beschreiben. Diese relevanten Merkmale werden durch die Kategorien repräsentiert; die Menge an Kategorien, die geeignet ist, einen kommunikativen Inhalt zu beschreiben, stellt das Kategoriensystem dar. Wie dieses beschaffen ist, hängt von Fragestellung und Theorie ab. Existiert keine schlüssige Theorie vom Gegenstandsbereich oder wird ein neuartiges Problem angegangen, sind die relevanten Merkmale a priori meist nicht bekannt. In diesem Fall müssen die Kategorien anhand des vorliegenden Textmaterials systematisch entwickelt werden: Es wird eine empiriegeleitete Kategorienbildung durchgeführt (FRÜH 1998: 91, 135ff.). Dabei ergeben sich einige grundsätzliche Probleme. Zunächst einmal ist die Menge an Merkmalen, nach denen ein Text beschrieben werden kann, potentiell unendlich. Ein und derselbe Gegenstand kann aus verschiedenen Perspektiven betrachtet werden, so daß die logische Frage aufkommt, *wonach* man eigentlich sucht, wenn man das Datenmaterial nach möglichen Kategorien durchsieht, und warum schließlich genau diese und keine anderen Kategorien gefunden wurden.

---

[1] Dieser Beitrag beruht auf dem Vortrag »Gütesicherung in der qualitativen Inhaltsanalyse« auf der Tagung der Fachgruppe »Methoden der Publizistik- und Kommunikationswissenschaft« der DGPuK in Loccum/Hannover, 28./29.9.2000.

In erkenntnistheoretischer Hinsicht entspricht dies dem *Induktionsproblem*: Der Schluß von empirisch Gegebenem auf theoretische Aussagen bleibt logisch unvollständig, weil nie alle Einzelfälle bekannt sein können. Bereits das »objektive« Registrieren von empirisch Gegebenem wird in Frage gestellt: Eine reine, unvoreingenommene Wahrheitserfassung gibt es nicht (KELLE 1997: 19). Theoretische Aussagen allein aufgrund von Beobachtungsaussagen zu entwickeln, also rein induktiv vorzugehen, ist aus zwei Gründen problematisch. (1) Das *Basissatzproblem* erläutert, daß selbst sehr beobachtungsnahe sprachliche Aussagen über die Realität keine absolute Gültigkeit besitzen; die Übersetzung einer Beobachtung in Sprache kann Transkriptionsfehler sowie sozial präformierte Interpretationen enthalten (POPPER 1982: 60ff.; PRIM & TILMANN 1994: 82ff.; KELLE 1997: 121f.). (2) Mit der *Theoriebeladenheit der Beobachtung* wird problematisiert, daß die Wahrnehmung eines Beobachters von seinem Vorwissen abhängt und somit bereits die *Beobachtungen* (und nicht erst die Aussagen darüber) kein sicheres Wissen darstellen, sondern eher *Anschauungen und Interpretationen* auf Basis der Wissensbestände des Beobachters sind (KELLE 1997: 123f.).

In der kritisch-rationalen Sichtweise des Wissenschaftsprozesses werden diese Probleme dadurch gelöst, daß Theorien in einer deduktiven Nachprüfung nur vorläufig bestätigt, nicht aber bewiesen werden können. Das Zustandekommen von Basissätzen erfolgt nach den Konventionen der *scientific community* und wird durch die Anwendung und Offenlegung standardisierter Instrumente intersubjektiv nachvollziehbar dokumentiert (POPPER 1982: 69ff.). Dies betrifft allerdings nur die Theorieprüfung. Im Gegensatz dazu verweilt die Theoriegenerierung in einer methodologischen Grauzone. In der Theorieentwicklung ist alles erlaubt: Intuition, Eingebung, Nachdenken - dieser Vorgang hat im Verständnis des Kritischen Rationalismus »mit Logik wenig zu tun« (POPPER 1982: 7). Der systematische und damit wissenschaftliche Prozeß beginnt erst mit der Theorieprüfung. Beruht der Theoriebildungsprozeß nur auf Intuition und anderen unsystematisierbaren Verfahren, können zwar im anschließenden Prüfungsprozeß die Hypothesen nach einem strengen methodologischen Kanon falsifiziert oder vorläufig bestätigt werden. Gerade wegen des intuitiven Vorgehens bei der Theoriegenerierung kann man jedoch nicht sicher sein, ob der Gegenstandsbereich im ersten Schritt der Hypothesenbildung adäquat und vollständig erfaßt wurde (vgl. dazu u.a. KELLE & ERZBERGER 1999: 512f.).

Die Probleme der Theorieentwicklung können mit denen der empiriegeleiteten Kategorienbildung in der Inhaltsanalyse verglichen werden: Das Induktionsproblem läßt sich auch hier weder durch die standardisierte Bildung von Basissätzen lösen (man will ja gerade erst das Instrument entwickeln, das Basissätze nachvollziehbar produzieren kann) noch durch das Ableiten von Dimensionen aus einer Theorie, die zu dem Gegenstandsbereich einfach nicht vorliegt. Der Regreß auf Konzepte wie Intuition oder Erfahrung hat dann zur Folge, daß ein wichtiger Schritt bei der Kategorienbildung nicht vermittelbar und letztlich dem Talent des einzelnen Forschers überlassen ist - inhaltsanalytische Anfänger sind damit überfordert, die Transparenz für andere Forscher ist eingeschränkt. Darüber hinaus stellt sich die Frage nach der materialgerechten und im Hinblick auf die Fragestellung vollständigen Erfassung des Gegenstandsbereiches durch die Kategorien. Um dieses Ziel zu erreichen, wird der Forscher in der Regel offen an das Material herangehen. Dabei muß er nach mehr oder weniger impliziten Kriterien entscheiden, aufgrund welcher Aspekte das Material in Kategorien inhaltlich verdichtet werden soll. Dies kann nicht »von allein« aus dem Datenmaterial hervorgehen, sondern stellt das Resultat einer normativen Setzung des Forschers dar, die in der Praxis implizit aus dem Kategoriensystem zu erschließen ist, jedoch auf methodologischer Ebene bei der empiriegeleiteten Kategorienbildung *nicht gefordert* wird.

Die Entwicklung von Kategoriensystemen wird allgemein als iterativer Prozess beschrieben, bei dem auf der Grundlage von Forschungsfragen und Hypothesen zunächst *theoriegeleitet* Kategorien *gebildet* und im nächsten, *empiriegeleiteten* Schritt an Teilen des vorliegenden Materials *ergänzt* werden (FRÜH 1998: 91). In der Regel ist die Entwicklung der (Haupt-)Kategorien mit dem theoriegeleiteten Teilprozeß beendet; im empiriegeleiteten Teil dürfen sie nur noch ausdifferenziert und nicht mehr substantiell verändert werden (FRÜH 1998: 134). Allerdings kann eine reine Anpassung der theoretisch abgeleiteten Kategorien oft nicht ausreichen, und zwar sowohl bei hypothesenprüfenden als auch -generierenden Untersuchungen: Beim hypothesenprüfenden Forschungsanliegen, wie es oben als Standardvorgehen beschrieben wurde, werden die Dimensionen und Kategorien aus einer Theorie abgeleitet. In der Forschungspraxis zeigt sich, daß im empiriegeleiteten Teil Kategorien nicht nur angepaßt, sondern auch völlig neu »entdeckt« werden. Während der Vorgang der *Anpassung* des Kategoriensystems an das Material, also die

ABBILDUNG 1
Defizite bei der empiriegeleiteten Kategorienbildung

Anforderungen an das Kategoriensystem: Vollständigkeit, Trennschärfe, Exklusivität

Theoriegeleitete Kategorienbildung		Empiriegeleitete Kategorienbildung
Aufgrund einer Forschungsfrage, von Hypothesen oder einer Theorie - Dimensionalisierung - Festlegung der Haupt- und Teilkategorien	**+**	**?**

operationale Definition, die Festlegung von Kodierregeln und Analyseeinheiten, methodologisch *und* forschungspraktisch im allgemeinen ausgereift ist, verharrt die Neuentdeckung von Kategorien in einer methodologischen »Black Box« und verdankt sich eher der Intuition und dem Zufall (vgl. Abb. 1).[2]

Im hypothesengenerierenden Forschungsvorhaben können bei der Kategorienbildung allenfalls die allgemeine theoretische Perspektive sowie die Fragestellung einfließen. Eine regelrechte Deduktion der Dimensionen aus einer Theorie ist hier nicht möglich. Daher müssen die Kategorien am gegebenen Textmaterial entwickelt werden. Die methodologische Unschärfe bei der empiriegeleiteten Kategorienbildung macht sich hier in größerem Maße negativ bemerkbar: Je weniger elaboriert der theoretische Hintergrund einer Inhaltsanalyse, desto größer die Beliebigkeit bei der Kategorienbildung. Die nicht vorhandene methodologische Explizierung von Regeln betrifft demnach beide Fälle, wenn auch in unterschiedlichem Ausmaß.

Auf die Problematik der Beliebigkeit stößt man auch bei der Frage nach der Vollständigkeit des Kategoriensystems. Die Kategorienbildung gilt dann als abgeschlossen, wenn das Kategoriensystem »...die in der Problemstellung formulierten theoretischen Konstrukte angemessen auf

---

2   »...beim Codieren stößt man plötzlich auf interessante Aspekte der Forschungsfrage, die neue Hypothesen nahelegen, die das Kategoriensystem bisher nicht erfaßt. Dann muß man wieder zurückgehen, die Mängel beseitigen und von dieser Stufe aus erneut alle Arbeitsschritte vollziehen« (FRÜH 1998: 92).

der Objektebene erfaßt« (FRÜH 1998: 79). Das Kategorienschema muß hinsichtlich des Erkenntnisinteresses also vollständig, exklusiv und trennscharf sein. Wann diese Anforderungen erreicht sind, betrifft die Validität des entwickelten Meßinstrumentes und muß vom Forscher aufgrund der eigenen Erfahrung, der Hinzuziehung von Expertenwissen und/oder aufgrund einer wissenschaftlichen Theorie kontrolliert werden (FRÜH 1998: 79, Fußnote 77). Allgemeine forschungspraktische *Regeln der Kunst* zur Erreichung dieser Anforderungen gibt es nicht; sie nehmen insofern einen idealtypischen Status ein. Aus diesem Grunde muß die Phase der empiriegeleiteten Kategorienbildung methodologisch kontrolliert werden, intersubjektiv nachvollziehbar ablaufen und nicht zuletzt in der inhaltsanalytischen Grundausbildung vermittelbar werden.

2. Der Prozeß der Kategorienbildung

2.1 Ziele der Kategorienbildung

Kategorien stellen Abstraktionen vom Material dar. Für die Kategorienbildung muß also eine Verdichtung der Information vorgenommen werden. Einige Anleitungen, wie aus Texten relevante Bestandteile zu extrahieren sind, können der Methodologie der qualitativen Inhaltsanalyse von Mayring entliehen werden. Er nennt drei Grundtechniken der Analyse: Zusammenfassung, Explikation und Strukturierung (MAYRING 1997: 58ff.). Während die *Explikation* eine Erläuterung einzelner Textstellen durch zusätzliches Material darstellt, die *Strukturierung* das Vorhandensein eines Kategoriensystems bereits voraussetzt und nur die Anwendung auf das Datenmaterial beschreibt, eignet sich die Technik der *Zusammenfassung* gut als Basis für die Bildung eines Kategoriensystems. Ziel der zusammenfassenden Analyse ist es, die Inhalte auf das Wesentliche zu reduzieren und überschaubar zu machen, aber das Material immer noch »verkleinert« abzubilden (MAYRING 1997: 58). Die Zusammenfassung besteht aus drei Schritten: *Paraphrase* (informationserhaltende Umformulierung des Textes), *Generalisierung* (Reformulierung der Paraphrasen auf einer festgelegten Abstraktionsebene) sowie *Reduktion* (Selektion wesentlicher Inhalte, Beseitigung von Redundanzen). Der gesamte Prozeß erfolgt unter Einbezug theoretischen Vorwissens (MAYRING 1997: 62).

Dabei stellt sich allerdings die Frage, wie die Stufe der Paraphrase konkret zu bewerkstelligen ist. Was soll paraphrasiert werden? Wann soll eine neue Paraphrase beginnen? Kurz: Es wird bereits bei der Paraphrasierung deutlich, daß vor der Kategorienbildung eine erste *Segmentierung* stattfinden muß, die eine intersubjektiv nachvollziehbare Basis für die Kategorienbildung schaffen kann. Mayring selbst sieht dieses Problem und schlägt die Bildung von Analyseeinheiten vor: »Die Kodiereinheit legt fest, welches der kleinste Materialbestandteil ist, der ausgewertet werden darf, was der minimale Textteil ist, der unter eine Kategorie fallen kann« (MAYRING 1997: 53), und die »Kontexteinheit legt den größten Textbestandteil fest, der unter eine Kategorie fallen kann« (ebd.).[3] Die Begrifflichkeit entstammt zwar der quantitativen Inhaltsanalyse, die Definitionen weichen jedoch deutlich davon ab. Konventionell ist die Kodiereinheit als diejenige Einheit definiert, die die Merkmale des Kategoriensystems tragen kann; die Kontexteinheit stellt die Einheit dar, die als Interpretationshilfe für die einzelne Codierentscheidung herangezogen werden kann (HOLSTI 1969: 647f.; FRÜH 1998: 86ff.; HERKNER 1974: 173; SCHULZ 1994: 58; ähnlich mit etwas anderer Terminologie: MERTEN 1995: 281ff.). In Mayrings (1997: 55) eigenem Beispiel wird als Kodiereinheit die Proposition und als Kontexteinheit »alles Material des jeweiligen Falles« genannt - es ist aber praktisch ausgeschlossen, diese beiden extrem unterschiedlichen Einheiten mit ein und demselben Kategoriensystem zu codieren.

Alternativ wäre zu überlegen, Analyseeinheiten bei der Kategorienbildung nach den klassischen Definitionen zu verwenden. Dagegen sprechen jedoch mehrere Gründe: Oftmals kann die Kodiereinheit nicht *vor* dem fertigen Kategoriensystem im Material identifiziert werden. Dies gilt insbesondere bei semantischen Definitionen, die sich aus einer Kombination verschiedener Kategorien ergeben (z.B. Frühs Definition des Gewaltaktes: »Ein Gewaltakt ist durch drei Merkmale gekennzeichnet: Täter, Opfer und aggressives [...] Verhalten. Wechselt eines dieser drei Elemente, liegt ein neuer Gewaltakt vor« [FRÜH 1995: 175] - bevor nicht alle Ausprägungen der Kategorien feststehen, kann die Kodiereinheit nicht identifiziert werden). Ein weiterer Grund, verschiedene Termini für die Einheiten der Kategorien*bildung* und der Kategorien*an-*

---

3 MAYRING (1997: 53ff.) nennt auch eine »Auswertungseinheit«, deren Zweck aber nicht ersichtlich wird; daher gehen wir nicht näher darauf ein.

wendung zu finden, ist die unterschiedliche Funktion: Bei der Kategorien*bildung* geht es um eine (vorläufige) Aufteilung eines Textes in zusammenfaßbare Segmente; bei der Kategorien*anwendung* um quantifizierbare Einheiten, die in der Auswertung aussagekräftig sein müssen. Die Kodiereinheit kann ein Selektionskriterium enthalten, so daß nicht alle Informationen in die Codierung mit einfließen. Schließlich muß sie auch mit mehrfachen Kategoriebezügen umgehen können, d.h., daß pro Kodiereinheit nur eine Ausprägung ein und derselben Kategorie kodiert werden darf. Bei der Kategorienbildung ist eine strenge Formalisierung der Einheit nicht nötig.

Mayring liefert jedoch noch weitere Hinweise, wie ein Material aufgeteilt werden kann. Das *Selektionskriterium* bestimmt, welches Material als Ausgangspunkt der Kategoriendefinition dienen soll; es soll wesentliche Textteile von solchen trennen, die nicht zum Thema gehören (MAYRING 1997: 76). Das erscheint sinnvoll, wenn Kategorien nur zu einem bestimmten Aspekt des Textes gebildet werden sollen. Wenn allerdings der komplette Text berücksichtigt werden soll, weil etwa eine hypothesengenerierende Exploration Ziel der Analyse ist, leistet das Selektionskriterium keine Segmentierung. Auch gerät der Forscher in die Bredouille, wenn das angestrebte Selektionskriterium sehr abstrakt und definitionsbedürftig ist oder seine verschiedenen Ausprägungen vor der Kategorienbildung nicht bekannt sind (sucht man beispielsweise in Thinkaloud-Protokollen zur selektiven Fernsehnutzung nach psychischen Prozessen, die Programmauswahl erklären können, kann man als Selektionskriterium nicht Aussagen nehmen, die sich auf psychische Prozesse beziehen, weil diese ja erst exploriert werden sollen).

Unser Vorschlag, dieses Problem bei der Kategorienbildung zu bewältigen, ist eine *theoretisch-heuristische Segmentierung*: Sie zerteilt einen zu analysierenden Text vollständig in logisch gleichwertige Einheiten, die einzig dem Zweck dienen, das *gesamte* Material einer systematischen, sequentiellen Inhaltsverdichtung zuzuführen.[4]

---

[4] Es geht wohlgemerkt um das Material, welches zur *Kategorienbildung* herangezogen werden soll, und *nicht* um die Stichprobe, die später mit dem entwickelten Kategoriensystem inhaltsanalytisch (quantitativ) bearbeitet werden soll.

2.2 Die theoretisch-heuristische Segmentierung

Das Segmentierungs*kriterium* (heuristische Kategorie) ist *theoretisch* aus dem Forschungsanliegen abgeleitet und insofern *heuristisch*, als es die *offene* Entwicklung des Kategoriensystems ermöglicht. Diese heuristischen Kategorien sind empirisch gehaltlos, entsprechen also nicht den Zielkategorien, sondern dienen ihrer Entdeckung. Unerläßliche Basis ist eine eindeutige Segmentierungsregel. Die Explizierung heuristischer Kategorien hilft dem Forscher, (1) die innere Konsistenz des Kategoriensystems zu sichern sowie (2) die intersubjektive Nachvollziehbarkeit zu erhöhen. Was die segmentierten Stücke enthalten, bleibt bei dieser Setzung offen: Lediglich die *Ebene* der wissenschaftlichen Aussage wird festgelegt, nicht die Aussage selbst.

Solche groben Leitannahmen als Heuristiken der Theoriekonstruktion wurden bereits in diversen Formen konzeptualisiert, z.B. in den *Sensitizing Concepts* von Blumer, den aus der Grounded Theory stammenden *Kodierfamilien* von Glaser oder dem *Kodierparadigma* von Strauss und Corbin. Blumer (1954: 7ff.) schlägt vor, an das Datenmaterial nicht mit voll ausformulierten, sondern offenen Konzepten heranzugehen, die den Forscher sensibilisieren. Diese schreiben nicht vor, was der Forscher sehen, sondern in welche Richtung er schauen soll. Sie werden erst in der Auseinandersetzung mit dem empirischen Gegenstand inhaltlich gefüllt. Bei den *Kodierfamilien* von Glaser (1978) werden in Form »theoretischer Codes« Begriffe aus der Erkenntnistheorie und Soziologie übernommen, z.B. Ursachen, Kontexte, Konsequenzen. Diese Begriffe sind in Kodierfamilien organisiert und dienen der »theoretischen Sensibilisierung« des Forschers. Eine elaboriertere Variante bieten Strauss & Corbin (1996: 78ff.) mit dem *Kodierparadigma*. Die Grounded Theory unterscheidet drei Varianten der Codierung (STRAUSS 1994: 57ff., 94ff.; STRAUSS & CORBIN 1996: 139ff.): Beim *offenen Codieren* wird das Material mikroskopisch analysiert und einzelnen Textstellen werden »Codes«, also konzeptuelle Begriffe, zugewiesen. *Axiales Codieren* ist die intensivere und konzentriertere Codierung auf einzelne Konzepte hin, also »um die ›Achse‹ der im Fokus stehenden Kategorie[n]« (STRAUSS 1994: 101): Bislang entdeckte Konzepte werden um diese »Achse« herum angeordnet, z.B. in einem Handlungsmodell als Phänomene, Ursachen, Kontexte usw. des Handelns. Daraus ergeben sich meist eine oder zwei »Schlüsselkategorien«, auf die hin das weitere Material ausgewertet wird (*selektives Codieren*). Bei allen

Kodierphasen wird permanent neues Material herangezogen (*Theoretical Sampling*). Die Auswahl richtet sich nach dem Stand der sich entwickelnden Theorie: beim offenen Codieren nach den konzeptuellen Begriffen, beim axialen Codieren nach den Kategorien und beim selektiven Codieren nur noch nach der Schlüsselkategorie (STRAUSS & CORBIN 1996: 148ff.).

Hier werden bereits wichtige Unterschiede zu unserem Konzept der theoretisch-heuristischen Segmentierung deutlich: Unser Sample steht von vornherein fest und ist nicht variabel konzipiert wie das *Theoretical Sampling*. Entscheidender ist jedoch, daß die heuristischen Kategorien in unserem Konzept nicht der *Codierung*, sondern der *Segmentierung* dienen.

Segmentierung darf also weder mit *axialem Codieren* noch mit *Codieren* verwechselt werden: Axiales *Codieren* ist die Suche nach neuem Material um die anvisierte »Achse« (Schlüsselkategorie) herum. Bei der Segmentierung wird dagegen Material nach einem - im übrigen feststehenden und nicht variablen - Segmentierungskriterium geordnet, wobei das Segmentierungskriterium noch nicht diejenige Kategorie darstellt, die am Ende der Kategorienbildung stehen soll. Die Segmentierungseinheit darf - anders als beim Codieren der Grounded Theory - das Material nicht bereits (mit)auswerten, also Texte unter Kategorien subsumieren, sondern nur zu dessen Einteilung und Verdichtung dienen. Damit wird auch klar, daß unser Verfahren *kein* Verfahren der *Codierung*, sondern der *Kategorienfindung* bzw. *-identifizierung* darstellt und daß die Segmentierungseinheit keine für die Fragestellung relevante Kategorie, sondern ein *Hilfsmittel* ist, um zu eben diesen zu kommen.

Kern unseres Ansatzes ist die Idee, die reine Induktion durch eine theoretische Setzung in Form des Segmentierungskriteriums abzumildern. Das Segmentierungskriterium stellt eine explizite theoretische Setzung und Offenlegung dessen dar, was sonst unbewußt die Wahrnehmung des Forschers leitet. Als theoretische Setzung ist das Segmentierungskriterium an eine bestimmte Fragestellung und ihren theoretischen Hintergrund gebunden. Die Formulierung eines einheitlichen Segmentierungskriteriums für alle möglichen Fragestellungen ist daher nicht sinnvoll (etwa in Form rein grammatikalisch-formaler Aspekte, z.B. einzelner Sätze). Der Theoriebezug des Segmentierungskriteriums *muß von Fall zu Fall sichergestellt* werden. In diesem Sinne ist auch der Begriff »heuristisch« zu verstehen: Segmentierung ist kein »Rezept«, das alle spezifischen Sachverhalte bearbeiten kann; es ist eine *Arbeitsweise*, die zu neuen Erkenntnissen verhilft, ohne selbst inhaltlich gebunden zu sein.

2.3 Vom Segment zur Kategorie

Mayring nennt das *Abstraktionsniveau* als einheitliches Konstruktionskriterium von Kategorien: Die Kategorien und ihre Ausprägungen sollen ähnlich abstrakt oder konkret sein; wie abstrakt oder konkret, muß der Forscher vorab, also vor der Kategorienbildung, festlegen (MAYRING 1997: 76). Da das Abstraktionsniveau u.a. von der Detailfülle des Materials abhängt, ist eine derartige Entscheidung schwerlich zu treffen. Auch ist eine solche Entscheidung nicht pauschal für alle Kategorien festzulegen, weil die Kategorien ja vorab nicht bekannt sind und das Abstraktionsniveau nur über die tatsächlichen Ausprägungen festgelegt werden kann. Was allerdings sinnvoll erscheint, ist die Festlegung der *Bezugsebene* des gesamten Kategoriensystems: Worüber will der Forscher überhaupt eine Aussage machen? Steht dies fest, kann bei jeder neuen Kategorie geprüft werden, ob die Bezugsebene stimmt. So müßte man bei einer Analyse von Think-aloud-Protokollen zur selektiven Fernsehnutzung (s. Beispiel 1) festlegen, ob man nach psychischen Mikroprozessen sucht (Informationsverarbeitung: Erkennen, Elaboration, Inferenz, Exploration, Bewertung...) oder nach Strategien der gesamten Fernsehhandlung (gezielte Suche nach Sendungen, Zapping etc.).

In unserem Konzept *definiert die Forschungsfrage explizit die Bezugsebene*, worüber also letzten Endes Aussagen gemacht werden sollen. Das Setzen von Segmenten sichert in diesem Sinne ein einheitliches Abstraktionsniveau, weil die Segmente, in denen man Kategorien sucht, stets gleich bleiben. Die eigentliche Konkretheit oder Detailliertheit des Kategoriensystems entsteht dann im Prozeß der Kategoriebildung selbst.

Wie entstehen nun aus den heuristischen Segmenten unter Berücksichtigung der relevanten Bezugsebene Kategorien? Grob gesagt, muß in einem ersten Schritt eine Verdichtung der Information *innerhalb der Segmente*, in einem zweiten Schritt eine Verdichtung von Information *über Segmente hinweg* stattfinden. Bei dieser Verdichtung kann man auf Techniken der zusammenfassenden qualitativen Inhaltsanalyse von Mayring zurückgreifen. Dabei ist zum Zweck der Kategorienbildung ein eigener paraphrasierender Schritt nicht nötig, bei größeren Textmengen sogar unpraktikabel. Die restlichen zusammenfassenden Schritte bei Mayring haben wir auf die speziellen Erfordernisse der empiriegeleiteten Kategorienbildung zugeschnitten. Die Verdichtungstechniken sind in vier Schritten zu beschreiben (vgl. Abb. 2):

ABBILDUNG 2

Theoretisch-heuristische Segmentierung (THS) im Prozeß der empiriegeleiteten Kategorienbildung

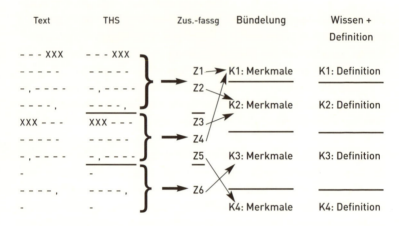

1. *Zusammenfassung innerhalb der Segmente*: Zunächst wird eine informationserhaltende Zusammenfassung für jedes Segment einzeln erstellt. Sie besteht aus drei Schritten: (a) der *sprachlichen Reduktion*, d.h. inhaltsleere sprachliche Wendungen werden gestrichen; (b) der *inhaltlichen Reduktion*, d.h. mehrfach in einem Segment vorhandene Information wird gestrichen; erhalten bleiben soll jede Kernaussage, wie sie am ehesten mit einer Proposition (grundlegende »kleinste« Wissensstruktur) vergleichbar ist,[5] sowie (c) der *Verallgemeinerung*, bei der die nach den ersten beiden Schritten verbleibenden Kernaussagen einheitlich stichpunktartig reformuliert werden.

2. *Bündelung über die Segmente hinweg*: Klassen ähnlicher Kernaussagen werden über die Segmente hinweg gebildet. Erst diese Bündelung verdichtet die Information auf ihren wesentlichen Gehalt, indem sie Oberbegriffe für das Zusammengefaßte findet und die Zusammenfassungen in ihrer Beziehung hierarchisch sortiert (Bildung von Haupt- und Unterkategorien oder zusätzliche Typenbildung; s. Beispiel 2 in Abb. 2).

---

5 Eine Proposition besteht aus einem Prädikat (Zustands- oder Handlungskonzept) und Argumenten zu dessen Charakterisierung.

3. *Verknüpfung mit theoretischem Wissen*: Die so entstandenen Klassen werden mit dem theoretischen Wissen abgeglichen. Konkret werden theoretische Konzepte gesucht, die die Klassen explizieren können.

4. *Definition der Kategorien*: Eine abstrakte Definition wird aus den Merkmalen der Kategorien und dem theoretischen Wissen entwickelt.

In der Regel reicht es aus, nur einen Teil des Materials mit dieser ausführlichen Prozedur zu bearbeiten und eine vorläufige Kategorienbildung vorzunehmen. Auf Basis dieser vorläufigen Kategorien wird das Material daraufhin weiter bearbeitet, indem Zusammenfassungen nur dann vorgenommen werden, wenn sie im Vergleich zu den bestehenden vorläufigen Kategorien neue Informationen darstellen. So kann der aufwendige Prozeß ohne qualitative Verluste deutlich beschleunigt werden.

Gerade weil bei der empiriegeleiteten Kategorienbildung keine standardisierten Meß- und Analyseinstrumente angewandt werden, dient die *Dokumentation* des Verfahrens dazu, die intersubjektive Nachvollziehbarkeit zu verbessern (MAYRING 1990: 104). Nimmt man die dokumentationsfähigen Aspekte der THS hinzu, sind für die Kategorienbildung insgesamt folgende Schritte in jedem Forschungsbericht zu dokumentieren: (1) das theoretische Vorwissen, das in die Definition des Segmentierungskriteriums eingeflossen ist, (2) die argumentative Ableitung des Segmentierungskriteriums aus diesem Vorwissen, sowie (3) die eindeutige Definition der Kategorien. Der Prozeß soll in groben Zügen an zwei Beispielen dargestellt werden.

1. Beispiel: Psychische Prozesse bei der Fernsehrezeption

Das Forschungsinteresse galt hier der Untersuchung psychischer Prozesse bei der selektiven Fernsehnutzung: Was geht im Zuschauer vor, wenn er Fernsehprogramme auswählt? (BILANDZIC 1999) Mit der Fragestellung ist bereits die Bezugsebene festgelegt: Es sollen psychische Mikroprozesse untersucht werden, nicht etwa Handlungsstrategien. Die Fernsehnutzung von zwölf Probanden wurde dafür in einer explorativen Studie auf Video aufgezeichnet. Nach der Rezeption hatten die Probanden die Aufgabe, anhand der Videoaufzeichnung mit dem nachträglichen ›Lauten Denken‹ ihre Gedanken, die sie während der Rezeption hatten, zu äußern.

Obwohl wegen des explorativen Untersuchungsziels keine Hypothesen formuliert wurden, existiert doch eine theoretische Perspektive, vor deren Hintergrund die Untersuchung konzipiert wurde. Ihr lag eine Informationsverarbeitungsperspektive zugrunde, die die Rezeption als

ABBILDUNG 3
Beispiel 1 für theoretisch-heuristische Segmentierung im Prozeß der empiriegeleiteten Kategorienbildung

Sender, Titel Dauer	Lautes Denken + Segmentieren	Zusammenfassung	Bündelung	Theoretisches Wissen + Definition
ZDF Heute: Wetter 01:52	... Dann hab ich mir eben auch gedacht, als er da so die ganze Zeit beschrieben hat mit dem Wetter, naja es wird so sein wie letztes Jahr, ab August wirds dann schön, können wir wieder schön Golfspielen gehen, und dann hab ich mir gedacht,	Thema Wetter; Erinnerung; Hobby	Medienreferenz: - Thema - aktuelles Bild - Fernsehpersonen - Sendungsbestandteile - Sendungen - Sender	Informationsverarbeitung: Schematheorie
	in **Athen** müßte es jetzt auch ganz toll sein, 35 Grad ist nicht mehr ganz so heiß - vor Jahren war ich auch mal in Athen, da wars eigentlich super im Sommer, total heiß, aber trocken. Da haben wir letzte Woche alle gesagt, die da mit dem Winter zu schaffen haben.	Stadt; Kommentar; eigenes Erlebnis; eigenes Erlebnis	psychische Prozesse: - Bezug auf die eigene Erfahrungswelt - Kommentare	Assoziationen in der Schematheorie; Elaboration / Inferenz als Informationsverarbeitungsprozesse
	Da, ja, ich hab immer so diese Sache mit den Leuten, die ich auf dem Fernseher sehe, daß ich mir denke, dieser **Dieter Weil**, ne, wo ist Jörg Kachelmann?	Fernsehperson; implizite Bewertung; Assoziation mit anderen Fernsehfiguren	- Bewertung	Erwartungs-/ Bewertungsansatz
ZDF Hallo Deutschland 00:17	Dann kam »**Hallo Deutschland**« da hab ich mir die **Headlines** angehört, und,	Sendung Sendungsteil Headlines	- Exploration	Neugiertheorien
	dann hab ich mir gedacht, ne, das geb ich mir jetzt nicht, **Patrick Lindner** auf'm Königsplatz, muß nicht sein, und dann hab ich umgeschaltet, eigentlich.	Fernsehperson; negative Bewertung; Handlungsbeschreibung		
BFS Die Habsburger 00:02	ah, und da dacht ich mir, um Gottes willen, solche **Bilder**	Bilder; Bewertung		
TM3 Leben & Wohnen 00:03	Dann war ich auf **TM3**, auch nicht,	Sender, Bewertung		
RTL Jeopardy 00:08	Dann hab ich mir gedacht, vielleicht »**Jeopardy**«, »Jeopardy«? Aber ich hatte heute schon "Jeder gegen Jeden". Ich wollte trotzdem	Sendung; andere Medienerfahrung		
	noch kurz schauen, welche **Themen** da noch drankommen, deshalb bin ich bißchen dabeigeblieben.	Themen; Exploration		

dynamischen Prozeß modelliert, bei dem Wissensstrukturen des Rezipienten und der aktuelle Fernsehstimulus interagieren. Wenn der Rezipient seine Gedanken darstellt, muß er unweigerlich auf das Bezug nehmen, was er sieht und hört. Dies soll als *Medienobjekt* bezeichnet werden und kann sich in der Nennung eines Sendernamens, Schauspielers, eines konkreten Gegenstandes oder Themas etc. manifestieren. Die Nennung eines Medienobjekts im ›Lauten Denken‹ ist folglich ein Indikator für einen psychischen Prozeß, der um das genannte Medienobjekt herum abläuft. Aus diesem Grund kann die Nennung eines Medienobjektes als Segmentierungskriterium festgelegt werden. Medienobjekte werden definiert als Referenzen auf Aspekte der Fernsehwelt auf der akustischen, bildlichen oder inhaltlich-thematischen Ebene; wenn die Ebene wechselt, also ein Aspekt auf einer anderen Ebene oder ein anderes Objekt auf der gleichen Ebene genannt wird, beginnt ein neues Segment. Kein Wechsel findet statt bei einem grammatikalischem Bezug auf das gleiche Objekt. Auf Basis dieser Segmente wird eine offene Kategorienbildung durchgeführt: Konkret wird geprüft, welche Aspekte einem Medienobjekt zugeschrieben werden. Die resultierenden Kategorien sind die anvisierten psychischen Prozesse, die anzeigen, wie ein Rezipient die Medienobjekte verarbeitet (vgl. Abb. 3).

2. Beispiel: Journalistische Akteurs-Schemata

Im zweiten Beispiel sollten journalistische Akteurs-Schemata aus der Berichterstattung herausgearbeitet werden. Dahinter stand v.a. die Frage, ob Journalisten bei verschiedenen Politikfeldern dieselben oder divergierende Schemata an Politiker anlegen (SCHEUFELE 1999). Die Nennung eines Akteurs ließ sich als Hinweis auf Akteurs-Schemata verstehen, indem Beitragselemente (Handlung, Attribut usw.) im »Umfeld« des Akteurs als Indikatoren für Elemente des Schemas gewertet wurden. *Segmentierungskriterium* war der einzelne Akteur - definiert als aktiv handelnde, äußernde, passiv reagierende oder nur betroffene Person, Gruppe oder Institution. Im Zweifelsfall wurde der übergeordnete Akteur (z.B. »Oppositionsparteien« statt »SPD« und »Grüne«) herangezogen. Mit jedem Akteurswechsel lag ein neues Segment vor (vgl. Abb. 4). Auf Basis der Segmente wurde eine empiriegeleitete Bildung von Kategorien und Ausprägungen durchgeführt. Diese wurden anschließend mit Hilfe von Merkmalsräumen (LAZARSFELD & BARTON 1951) und Typenbildungsverfahren (KELLE & KLUGE 1999) verdichtet. Die so gewonnenen Politiker-

ABBILDUNG 4

Beispiel 2 für theoretisch-heuristische Segmentierung im Prozeß der empiriegeleiteten Kategorienbildung

Zeitungsbeitrag und Segmentierung	Zusammenfassung	Bündelungen (Auswahl)	theoretisches Wissen + Definition
Die seit Tagen tobenden Krawalle, von rechtsradikalen **Jugendlichen** angezettelt und von **Anwohnern** mit unverhohlener Sympathie begleitet, bringen die Schweriner **CDU/FDP-Regierung** unter Druck.	fremdenfeindlliche Ausschreitungen; Täter-Rolle: Alter, Ideologie	Politiker	- Schematheorien
	Anwohn. d. Heims; Täter-Rolle: Legitimierung Primärtäter	Psych. Attribut	- Theorien zum Rechtsextremismus
	Politische Funktion; Kritik an Regierung	Rollen	
		Handlungen	- Soziologische Handlungs- / Rollen-Theorien
		Äußerungen	
		Funktion	
		Bewertung	
		Forderung	
Die **Oppositionsfraktionen** beantragten einen Untersuchungsausschuß	Politische Funktion; Forderung (Untersuchungsausschuß)	(...) Inhalt	- Sprechakttheorie
wegen ›krasser **Fehlentscheidungen**‹ des **Innenministers Kupfer**.	Politische Funktion; Rolle (»Angeklagter«?); Handlung	Politiker-Typen -»Der Gutmensch« -»Der Ankläger« -»Der Angeklagte« (...)	- Interaktionsmodelle

typen (»Der Gutmensch«, »Der Ankläger«, »Der Angeklagte«) wurden als brauchbare Annäherung an journalistische Akteurs-Schemata interpretiert.

3. Zusammenfassung

Die empiriegeleitete Kategorienbildung, wie sie oben beschrieben wurde, kommt unter zwei Voraussetzungen zum Einsatz: (1) Existiert zu einem Gegenstandsbereich sozialer Realität (noch) keine adäquate Theorie, muß auf das vorliegende Datenmaterial als zentrale Quelle der Kategorienbildung zurückgegriffen werden. (2) Auch bei einer vorwiegend theoriegeleiteten Kategorienbildung wird in der Regel ein Teil des Kategoriensystems anhand des empirischen Materials gebildet. Unter diesen Voraussetzungen kommt in der Forschungspraxis üblicherweise ein induktives Vorgehen zum Einsatz, bei dem Kategorien aus dem Rohdatenmaterial entwickelt werden; dieses Verfahren wirft aber - wie oben dargestellt - einige logische und forschungspraktische Probleme auf.

Mit der theoretisch-heuristischen Segmentierung wird das Induktionsproblem nicht komplett gelöst, aber doch bedeutend gelindert. Die Linderung erreichen wir durch die Einführung *abduktiver Elemente* in den Prozess der empiriegeleiteten Kategorienbildung: Abduktion stellt neben Induktion und Deduktion ein weiteres logisches Schlußverfahren dar. Beim abduktiven Schluß regt ein empirisches Phänomen den Forscher an, eine neue theoretische Regel zu konstruieren, die das Phänomen erklärt. Dabei werden bereits bestehende theoretische Konzepte neu kombiniert und modifiziert, so daß das neue Phänomen erklärt werden kann. Theoretisches Vorwissen fließt in die Theoriekonstruktion mit ein (KELLE 1997: 148ff.). Übertragen auf die empiriegeleitete Kategorienbildung im Rahmen einer Inhaltsanalyse wird theoretisches Vorwissen durch das Segmentierungskriterium, das direkt aus der Forschungsfrage abgeleitet wird, eingeführt. Im nächsten Schritt, der offenen Kategorienbildung, werden Informationen aus dem Rohdatenmaterial systematisch aufgearbeitet, die den Forscher zu einem Rückgriff auf bestehende theoretische Konzepte anregen (»Verknüpfung mit theoretischem Wissen«, vgl. Abb. 2).

Integriert man nun die theoretisch-heuristische Segmentierung in den Prozeß der Kategorienbildung, so kann der Ablauf einer Inhaltsanalyse in Analogie zu Abb. 1 wie in Abb. 5 dargestellt werden:

Abbildung 5 unterstreicht, daß jede Inhaltsanalyse zwei Standbeine hat, einen theorie- und einen empiriegeleiteten Teil. Je nach Elaboriertheit des theoretischen Hintergrundes zu einem Forschungsgegenstand wird das Verhältnis zwischen den beiden Verfahren variieren. Der gesamte Prozeß der Kategorienbildung ist die notwendige Voraussetzung für eine Quantifizierung, d.h. für eine Messung im eigentlichen Sinne (Zuordnung von Codes zu Textteilen). Hierbei ist wesentlich, daß die Kategorien von verschiedenen Codierern eindeutig und übereinstimmend im Material identifiziert werden können. Im einzelnen erreicht man dies durch die Angabe von operationalen Definitionen (Festlegung von Indikatoren mit Ausprägungen), von Codierregeln für nicht eindeutig nach abstrakten Definitionen codierbare Fälle sowie von Ankerbeispielen als Nennungen besonders typischer Textteile. Schließlich müssen die Analyseeinheiten festgelegt werden: Die Codiereinheit als diejenige Einheit,

ABBILDUNG 5
Prozeß der Inhaltsanalyse

die die Merkmale der Kategorien tragen kann, und Kontexteinheit als diejenige Einheit, die zur Interpretation der Codiereinheit herangezogen werden kann.

Im Gesamtprozeß der Kategorienbildung nimmt die theoretisch-heuristische Segmentierung einen wichtigen Stellenwert ein, indem sie ein kontrollierbares und insofern intersubjektiv nachvollziehbares Verfahren bereitstellt, insbesondere dann, wenn der Schwerpunkt auf einer empiriegeleiteten Kategorienbildung liegt. Indem zunächst ein Segmentierungskriterium angelegt wird, das empirisch gehaltlos ist und lediglich zu dem Ziel eingesetzt wird, ein gegebenes Material zu verdichten und zu strukturieren, kann im nächsten Schritt auf dieser Grundlage eine offene Kategorienbildung nahe am Material erfolgen.

Auf diese Weise trägt die theoretisch-heuristische Segmentierung dazu bei, Intuition und individuelle Erfahrung als alleinige Leitkriterien bei der empiriegeleiteten Entwicklung von Kategorien zu vermeiden und somit die Validität eines Kategorienschemas hinsichtlich des untersuchten Objektbereichs zu verbessern.

Literatur

BILANDZIC, H.: Psychische Prozesse bei der selektiven Fernsehnutzung. In: HASEBRINK, U.; P. RÖSSLER (Hrsg.): *Publikumsbindungen. Medienrezeption zwischen Individualisierung und Integration.* München 1999, S. 89-110

BLUMER, H.: What is Wrong With Social Theory? In: *American Sociological Review*, 19, 1954, S. 3-10

FRÜH, W.: *Inhaltsanalyse. Theorie und Praxis.* 4. Auflage. München 1998

FRÜH, W.: Die Rezeption von Fernsehgewalt. In: *Media Perspektiven*, 1995, S. 172-185

GLASER, B.: *Theoretical Sensitivity. Advances in the Methodology of Grounded Theory.* Mill Valley 1978

HERKNER, W.: Inhaltsanalyse. In: KOOLWIJK, J. VAN ; M. WIEKEN-MAYSER (Hrsg.): *Techniken der empirischen Sozialforschung.* Bd. 3: Erhebungsmethoden: Beobachtung und Analyse von Kommunikation. München, Wien 1974, S. 158 - 191

HOLSTI, O.R.: *Content Analysis for the Social Sciences and Humanities.* Reading 1969

KELLE, U.: *Empirisch begründete Theoriebildung. Zur Logik und Methodologie interpretativer Sozialforschung.* 2. Auflage. Weinheim 1997

KELLE, U.; CHR. ERZBERGER: Integration qualitativer und quantitativer Methoden. Methodologische Modelle und ihre Bedeutung für die Forschungspraxis. In: *Kölner Zeitschrift für Soziologie und Sozialpsychologie*, 51, 1999, S. 509 - 531

KELLE, U.; S. KLUGE: *Vom Einzelfall zum Typus. Qualitative Sozialforschung.* Opladen 1999

KRIPPENDORFF, K.: *Content Analysis. An Introduction to its Methodology.* Beverly Hills 1980

LAZARSFELD, P. F.; B. A. BARTON: Qualitative Measurement in the Social Sciences. Classification, Typologies, and Indices. In: LERNER, D. (Hrsg.): *The Policy Sciences.* Stanford 1951, S. 155-192

MAYRING, P.: *Einführung in die qualitative Sozialforschung. Eine Anleitung zu qualitativem Denken.* München 1990

MAYRING, P.: *Qualitative Inhaltsanalyse. Grundlagen und Techniken.* 6. Auflage. Weinheim 1997

MERTEN, K.: *Inhaltsanalyse. Einführung in Theorie, Methode und Praxis.* 2. Auflage. Opladen 1995

POPPER, K. R.: *Logik der Forschung.* 7. Auflage [1935]. Tübingen 1982

PRIM, R.; H. TILMANN: *Grundlagen einer kritisch-rationalen Sozialwissenschaft. Studienbuch zur Wissenschaftstheorie.* 6. Auflage. Wiesbaden 1994

SCHEUFELE, B.: *Symbolisches Handeln statt Entscheidung. Anregungen für inhaltsanalytische Analysen zur Politik(er)darstellung.* Unveröffentliches Manuskript (MS-vervielfältigt) München 1999

SCHULZ, W.: Inhaltsanalyse. In: NOELLE-NEUMANN, E.; W. SCHULZ; J. WILKE (Hrsg.): *Das Fischer Lexikon Publizistik, Massenkommunikation.* Frankfurt am Main 1994, S. 41-63

STRAUSS, A.; J. CORBIN: *Grounded Theory. Grundlagen qualitativer Sozialforschung.* Weinheim 1996

STRAUSS, A.: *Grundlagen qualitativer Sozialforschung.* Stuttgart 1994

WERNER FRÜH

Kategorienexploration bei der Inhaltsanalyse. Basiswissengeleitete offene Kategorienfindung (BoK)

Der größte Teil der inhaltsanalytischen Kategorien wird in der Regel aus Forschungsfrage und Hypothesen abgeleitet. Die Kategorienbildung für offene Fragestellungen, die nicht in Hypothesen formulierbar sind, ist bisher weniger systematisiert und formalisiert. Dafür wurden zwar bereits einige Verfahrensweisen vorgeschlagen, die jedoch nicht voll befriedigen, weil sie entweder nur für bestimmte Fragestellungen taugen oder aber weil sie nicht in allen Teilen so formalisiert sind, um beliebig reproduzierbar zu sein. Ich schlage hier mit der basiswissengeleiteten offenen Kategorienbildung (BoK) ein Verfahren vor, das diese Einschränkungen nicht besitzt. Die BoK substituiert spezifische theoretische Vorgaben temporär durch allgemeines Basiswissen, das anhand flexibel handhabbarer Orientierungskategorien die Entwicklung der endgültigen Kategorien leitet. Als Nebeneffekt kann das Verfahren auch genutzt werden, um Anregungen für die Formulierung von Hypothesen zu gewinnen.

1. Theorie

1.1 Forschungslogische Grundlagen

In der wissenschaftstheoretischen Literatur wird zwischen einer induktiven und einer deduktiven Vorgehensweise im Forschungsprozeß unterschieden. Bei der Induktion wird von empirischen Beobachtungen auf theoretische Konzepte geschlossen, während bei der Deduktion umgekehrt von theoretischen Konzepten auf Beobachtungsaussagen geschlossen wird. Dazu wurde in der Literatur eine umfangreiche und kontroverse Diskussion geführt, die wir hier nicht vollständig nachvollziehen müssen. Lediglich die These von der Theoriebeladenheit jeder Beobachtung (POPPER 1974: 85ff.) ist relevant. Wenn mit Hilfe von Beobachtungen Aussagen über allgemeine theoretische Sätze schlüssig sein sollen, müssen sie unabhängig sein. Da aber jede Beobachtung nur als interpretiertes, also »theoriegetränktes« (ebd.) Sinnesdatum bewußt wird, ist die Argumentation teilweise zirkulär (vgl. dazu auch FRÜH 2001: 16ff.). Wenn demzufolge interpretierte Beobachtungen (empirische Theorien) an der Realität überprüft werden, um daraus besser gesicherte Interpretationen der Realität (empirische Theorien) zu gewinnen, dann gibt es keine reine Induktion, die einer maximalen Offenheit und Ungewißheit entspricht. »Theorie« in irgendeiner Form ist bei jeder menschlichen Wahrnehmung immer vorhanden. Insofern kann es außerhalb dieses Zirkels auch keine Theoriegenerierung geben.

Der Begriff »Theorie« ist hierbei genauer zu erläutern. Theorien sind Annahmen oder Kenntnisse über die Realität. Ein Schwellenkriterium hinsichtlich ihrer Komplexität gibt es dabei nicht. Nach Popper ist beispielsweise die simple Annahme, daß der Fußboden, über den man gehen will, eben ist, eine theoretische Annahme (POPPER 1974: 285). Insofern stellt auch jede Forschungsfrage, und sei sie noch so einfach, eine Theorie in diesem weiten Sinne dar.¹ Popper setzt bei der Hypothesengenerierung auf die Lösungsbedürftigkeit von Problemen, auf Vorwissen und Kreativität. Dieser Hinweis ist jedoch sehr allgemein. Da sich Ausgangstheorien hinsichtlich verschiedener Merkmale, einschließlich ihrer Offenheit, unterscheiden können, hilft der Hinweis nicht bei jedem Ausgangsproblem in gleichem Maße. Wir haben immer ein unterschiedlich ausgeprägtes Mischungsverhältnis von Gewißheit und Ungewißheit vorliegen. Bei den weitaus meisten aller empirischen Forschungsvorhaben liegt einer der beiden Fälle vor:

---

1   Dies steht zwar im Gegensatz zu manchen Definitionen, die »Theorie« als System widerspruchsfreier Hypothesen auffassen. Eine Hypothese ist dann also lediglich ein Theorieelement, aber keine Theorie. Es fehlt dann jedoch ein Oberbegriff, denn man kann nicht unterstellen, eine Hypothese sei als Theoriebestandteil nicht theoretisch. Deshalb ist es sinnvoll, auch einfache Hypothesen als rudimentäre Theorien zu verstehen, »Theorie« also als Oberbegriff ohne ein Komplexitäts-Schwellenkriterium zu verwenden.

1. Gibt es x (und ggf. in welcher Häufigkeit kommt x vor)?
2. Welche Merkmale hat x?

x kann dabei ein Objekt oder eine Relation zwischen Objekten sein. Der theoretisch mögliche »offenste« Fall: »Was kann existieren?« ist forschungspraktisch weitgehend irrelevant. Bei 1. setzen wir theoretisch erstens die Vorstellung von x und zweitens die Möglichkeit seiner empirisch wahrnehmbaren Existenz voraus. Offen ist, ob diese Vermutung zutrifft, was durch eine gezielte Suche nach x geprüft werden kann. Fall 2. setzt theoretisch das Wissen um die Existenz von x voraus; offen sind hier dagegen seine Beschaffenheit sowie die Art und Anzahl seiner Ausprägungsformen. Man weiß zwar auch, daß nach x gesucht wird, muß die Suche aber als offene Explorationsstrategie konzipieren, weil man die Erscheinungsformen von x nicht kennt. Problemlösungsdruck und Kreativität helfen hier nicht viel weiter. Vielmehr wird eine methodische Vorgehensweise nahegelegt, die neben der obligatorischen Deduktion auch eine offene explorative Strategie enthält.

1.2 Bisherige Verfahren zur offenen Kategorienbildung

Im Zusammenhang mit der Inhaltsanalyse wurde deshalb von mir 1981 vorgeschlagen (FRÜH 1981), beide Elemente zu kombinieren, indem eine theoriegeleitete (Deduktion) und eine empiriegeleitete (Induktion) Kategorienbildung gemeinsam angewandt werden. Die Endungen »-geleitet« sind Relativierungen, die andeuten, daß es sich infolge der transaktionalen Verknüpfung jeweils nur um eine schwerpunktmäßige, nicht jedoch um eine »reine« Vorgehensweise handeln kann. Allgemein trifft das auch auf die Forschungsprozesse zu, im Rahmen derer Inhaltsanalysen eingesetzt werden: Manche gehen von einer sehr dezidierten, in Hypothesen formulierten theoretischen Position aus, die am Textmaterial überprüft werden soll (»quantitative Inhaltsanalyse«), andere haben zunächst nur Textmaterial und interessieren sich dafür, welche interpretierbaren Merkmale es besitzen könnte (»qualitative Inhaltsanalyse«). Ich halte eine solche Kontrastierung für wenig sinnvoll, denn in nahezu jeder Inhaltsanalyse muß man beides tun. Je nachdem welche Position überwiegt, ist lediglich die theoriegeleitete oder aber die empiriegeleitete Kategorienbildung stärker zu gewichten. Die theoriegeleitete Vorgehensweise ist hinlänglich formalisiert und ausführlich beschrieben, weshalb im folgenden die empiriegeleitete Kategorienbildung genauer betrachtet wird.

Ich habe vorgeschlagen (FRÜH 1998), nach der Ableitung der Hauptkategorien aus der Forschungsfrage die weitere Ausdifferenzierung in Unterkategorien und eine ergänzende Formulierung zusätzlicher Hypothesen durch folgende empiriegeleitete Vorgehensweise zu erreichen: 1. *Selektion/Reduktion*[2]: Aus einer Stichprobe des Textmaterials werden Textpassagen extrahiert, die in einem Zusammenhang mit der Forschungsfrage stehen. Redundante und inhaltsleere Stellen werden ausgeblendet (FRÜH 1998: 135f.). 2. *Bündelung*: Gruppierung der extrahierten Textstellen nach inhaltlichen Gemeinsamkeiten auf einer einheitlichen Abstraktionsebene. Zeigen sich in den gruppierten Textstellen Untergruppen, die im Hinblick auf die Fragestellung relevant erscheinen, werden sie separiert (FRÜH 1998: 137ff.). 3. *Generalisierung/Abstraktion*: Den gebündelten Textpassagen werden Labels zugewiesen, die den abstrahierten gemeinsamen Bedeutungsgehalt bezeichnen (FRÜH 1998: 138). 4. *Rückbezug auf Theorie*: Überprüfung, ob die als relevant betrachteten Textpassagen den in den Hypothesen enthaltenen theoretischen Konstrukten (die bereits als Hauptkategorien feststehen) zugeordnet werden können. Wenn ja, sind die gefundenen relevanten Ausdifferenzierungen als Unterkategorien zu übernehmen. Bei überschüssigem Textmaterial muß geprüft werden, ob daraus eine weitere Hypothese generiert werden kann, die dann wieder denselben Prozeß durchläuft (FRÜH 1998: 139; daß in diesem Arbeitsschritt auch die operationalen Definitionen entwickelt werden, ist hier zweitrangig).

---

[2] Die Labels werden vor allem in der qualitativen Forschung (z.B. MAYRING 1997) verwendet und wurden von mir in der angegebenen Quelle noch nicht benutzt. Die damit bezeichnete Vorgehensweise ist dort jedoch exakt in dieser Art dargestellt, weshalb wir hier die Labels einfügen, um Querverbindungen und Gemeinsamkeiten zu Bilandzic, Koschel & Scheufele (in diesem Band) besser kenntlich zu machen. Die inhaltliche Übereinstimmung ist auch kaum verwunderlich, weil ich 1981 die »empiriegeleitete Kategorienbildung« mit der Absicht in die Methode der Inhaltsanalyse einbrachte, »quantitative« und »qualitative« Elemente produktiv miteinander zu verbinden. Die Arbeitsschritte stammten damals ihrem Inhalt nach aus der Sprach- und Literaturwissenschaft, wo sie z.B. ein »qualitativer« Inhaltsanalytiker wie Mayring auch hergenommen hat.

Gegen diese Vorgehensweise wurde von Bilandzic, Koschel & Scheufele (in diesem Band) eingewandt, sie sei nicht offen und formalisiert genug. Nicht offen meint zu theorielastig und deshalb auf weniger dezidiert ausformulierte Fragestellungen, die sich nicht bereits als Hypothesen formulieren lassen, nicht anwendbar. Die geringe Formalisierung lasse die empiriegeleitete Kategorienbildung zu einer ›Kunstlehre‹ mit einer an Zufall und Beliebigkeit grenzenden Unverbindlichkeit werden. Als Alternative wird eine strenger formalisierte explorative Vorgehensweise vorgeschlagen, die sich an »qualitativen« methodischen Strategien orientiert. Sie sind in der Sache weitgehend mit den oben unter 1 bis 4 aufgezählten Arbeitsschritten identisch, lediglich ein zusätzlicher Zwischenschritt zur »Inhaltsverdichtung« des gesamten Textmaterials kommt im Vorschlag Bilandzics et al. hinzu, während auf den Schritt »Rückbezug zur Theorie« in der von mir gemeinten Form verzichtet wird. Neu ist ein vorgeschalteter Segmentierungsschritt, der »theoretisch-heuristische Segmentierung« genannt wird. »Sie zerteilt einen zu analysierenden Text vollständig in logisch gleichwertige Einheiten, die einzig dem Zweck dienen, das *gesamte* Material einer systematischen, sequentiellen Inhaltsverdichtung zuzuführen« (BILANDZIC et al.: in diesem Band). Das Segmentierungskriterium ist theoretisch aus der Forschungsfrage abgeleitet und soll eine offene Kategorienentwicklung aus dem Textmaterial ermöglichen. Die verwendeten heuristischen Kategorien seien »empirisch gehaltlos«, d.h., sie entsprechen nicht den Zielkategorien. Damit soll erstens die innere Konsistenz des Kategoriensystems und zweitens die intersubjektive Nachvollziehbarkeit gewährleistet werden. Vorgegeben ist nur die Segmentierungsregel, was aber die segmentierten Stücke enthalten, bleibt offen. Ein allgemeines, so weit formalisiertes Segmentierungskriterium, daß es auf beliebige Fragestellungen anwendbar wäre, wird jedoch nicht genannt. Es gibt also erstens dauernd wechselnde Segmentierungskriterien, und es bleibt zweitens letztlich der Intuition des Forschers überlassen, was für sein Forschungsinteresse das passende Kriterium darstellt. Damit haben wir auch hier weder ein objektiv generierbares noch formales Segmentierungskriterium, sondern ein gegenstandsbezogenes und theoriegeleitetes. Es beschreibt nichts anderes als die Operationalisierung des semantisch umschriebenen Untersuchungsobjekts, die dann als Analyseeinheit fungiert (FRÜH 1998: 132). Analyseeinheiten sind diejenigen Texteinheiten, über die bei der späteren Analyse und Interpretation eine Aussage getroffen wird

(»Fälle«). Jedoch sollen auch andere formale Segmentierungen möglich sein, wobei für das Auffinden von »logisch gleichwertigen« (ebd.) Segmentierungskriterien aber keine so präzisen Angaben gemacht werden, daß man den Unterschied zur Beliebigkeit klar erkennen könnte. Zusätzlich gilt, daß von den Autoren der Anwendungsbereich der Inhaltsanalyse durch den Anspruch eingeschränkt wird, das *gesamte* Textmaterial einer systematischen Inhaltsverdichtung zuzuführen. Dieser Anspruch einer kompletten, relativ aufwendigen Voranalyse zur Hypothesengenerierung und Kategorienfindung ist allein aus pragmatischen Gründen nur bei einer begrenzten Fallzahl möglich (im ersten bei Bilandzic et al. genannten Beispiel handelt es sich z.B. nur um 12 Fälle). Die Inhaltsanalyse muß aber auch in der Lage sein, z.B. einige tausend Texte systematisch zu bearbeiten.

Unser Fazit: Die Autoren haben zu Recht auf eine relative Schwachstelle bei der Entwicklung eines inhaltsanalytischen Kategoriensystems hingewiesen und mit der theoretisch-heuristischen Segmentierung im Prinzip einen tauglichen Schritt in die richtige Richtung vorgeschlagen. Dessen konkrete Umsetzung bringt jedoch gegenüber dem bisherigen Stand der Methodenentwicklung nur einen graduellen und keinen grundsätzlichen Fortschritt, weil darin einige Restriktionen eingebunden sind. Die »theoretisch-heuristische Segmentierung« liefert zwar eine sehr hilfreiche neutrale Systematik, nicht jedoch ein formales Kriterium zum Auffinden dieser Systematik. Deshalb nahm ich die sorgfältige Problemanalyse von Bilandzic et al. zum Anlaß, eine Vorgehensweise zu entwickeln, die im Grundsatz ähnliche Ziele verfolgt, aber an einem noch etwas elementareren Punkt ansetzt. Die Hauptunterschiede zur »theoretisch-heuristischen Segmentierung« bestehen wohl insbesondere darin, daß erstens mein Segmentierungskriterium zwar flexibel handhabbar, aber nicht beliebig ist. Es läßt sich aus allgemeinem Basiswissen ableiten, so daß eine Kategorienentwicklung sogar in dem unwahrscheinlichen Fall möglich wäre, bei dem zu *Beginn* nicht einmal eine ganz klare Forschungsfrage vorliegt. Zweitens muß die Segmentierung nicht (kann aber) auf das gesamte Textmaterial angewandt werden; es ist lediglich als systematische Ableitungsoption aus relevantem Basiswissen vorgegeben. Dies wird durch die Verwendung eines dynamischen Selektionskriteriums erreicht, das je nach Umfang des theoretischen Vorwissens flexibel eingebracht werden kann.

2. Grundlagen und Verfahren der »basiswissengeleiteten offenen Kategorienbildung« (BoK)

2.1 Grundlagen und Ziele

Da sich unsere gesamte realitätsbezogene Wahrnehmung im oben skizzierten Zirkel von Ausgangstheorie / Empirie / Theorie abspielt, muß auch die Lösung des Problems der Kategorienexploration und ggf. Hypothesengenerierung innerhalb dieses Zirkels gesucht werden. Ausgangspunkt ist die bereits erwähnte Grundüberlegung, daß wegen der transaktionalen Kopplung von Theorie und Beobachtung die jeweiligen Extrempositionen empirisch nicht vorkommen. Die Beobachtungen sind immer schon durch Theorien mitbestimmt und die Theorien durch Beobachtungen geprägt (Transaktionen). Wir besitzen also immer bereits Wissen, das aufgrund seiner fehlenden endgültigen Verifizierbarkeit den Status von Hypothesen über die Realität besitzt. Ob es sich aus erkenntnistheoretischer Sicht um sicheres und eindeutiges oder unsicheres und mehrdeutiges, um objektives oder perspektivisch-subjektives Wissen handelt, ist zwar wichtig, hier aber nicht entscheidend. Wichtiger ist die Tatsache, daß es sich bei Theorien immer um eine erstens informationsreduzierende (Selektion, Zusammenfassung, Abstraktion, Strukturierung), zweitens eine informationsgenerierende (Schlußfolgerungen, Attributionen, Komplexionen, Sinnzuschreibungen etc.) handelt und daß drittens, wie erwähnt, kein Schwellenkriterium für die Theoriekomplexität existiert. Es gibt also theoretisches Wissen unterschiedlicher Spezifität und Komplexität. Wenn wir etwa nach völlig unbekannten Ausprägungen eines Themas/Gegenstandes suchen, dann ist eine stringente Deduktion auf der Grundlage komplexer Theorien (System widerspruchsfreier Hypothesen) nicht möglich. Dennoch müssen wir wegen der »theoriegetränkten« Beobachtung notwendigerweise deduktiv vorgehen, nur eben nicht auf der Grundlage von spezifischem und komplexem theoretischem Wissen, sondern auf der Grundlage von allgemeinerem Basiswissen über den Gegenstand. Selbst als Kolumbus über den Atlantik ins völlig Ungewisse fuhr, hatte er allgemeines theoretisches Vorwissen, obwohl er keinerlei spezifisch, also auch nur rudimentär strukturierte Vorstellungen darüber gehabt haben kann, was ihn am Ende seiner Reise tatsächlich erwarten würde. Vermutlich zog er aber allgemein die Möglichkeiten in Erwägung, entweder über den Rand der Erde in den »Schlund der Hölle« zu fallen, nichts als Wasser vorzufinden oder auf Land zu stoßen. Welche Möglichkeit eintreffen würde und ob das erhoffte Land der Heimat ähnlich sein oder ganz anders aussehen würde, war ungewiß.

Wir wissen in allgemeiner Form meist schon etwas mehr über unseren Gegenstand als Kolumbus. Und dieses allgemeine Hintergrundwissen wollen wir uns bei der offenen Kategorienbildung als vorläufige Substitution präziserer gegenstandsbezogener Theorien zunutze machen. Sind spezifischere Theorien vorhanden, machen sie den Rückgriff auf das allgemeine theoretische Wissen in mehr oder weniger großem Umfang überflüssig. Dies ermöglicht Flexibilität derart, daß nicht eine Strategie verfolgt werden muß, die entweder völlig auf Induktion oder völlig auf Deduktion ausgerichtet ist, sondern es ist eine dynamische systematische Verzahnung bzw. gleitende Überlappung möglich. Außerdem muß die Vorgehensweise so weit formalisiert sein, daß sie nach denselben allgemeinen, intersubjektiv nachvollziehbaren Regeln auf beliebige Forschungsfragen anwendbar ist. Schließlich darf sie hinsichtlich des erforderlichen Arbeitsaufwandes nicht von der Menge des zu analysierenden Materials, sondern einzig vom selbstbestimmten Anspruch an die Differenziertheit und die Güte des Kategoriensystems abhängen.

Da die BoK geeignet sein soll, Forschungsfragen mit einem beliebigen Mischungsverhältnis von theoretischem Vorwissen und Offenheit zu bearbeiten, gehen wir von der Forschungssituation mit der größten Ungewißheit aus. Angenommen wir wissen nichts über unseren »eigentlichen« Forschungsgegenstand im oben beschriebenen spezifischen Sinne, d.h. nichts über seine Existenz oder seine Beschaffenheit, dann wissen wir dennoch in allgemeiner Form eine ganze Menge über ihn.

Segmentierungseinheit Proposition

Die Tatsache, daß wir eine Inhaltsanalyse durchführen wollen, belegt bereits, daß wir kommunikativ verwendetes symbolisches Material (allgemein als »Texte« bezeichnet) zum Gegenstand haben. Kommunikation hat bestimmte allgemeine Merkmale. Ich schlage die »kommunikative Proposition« (FRÜH 1994:99) als formale Kernstruktur vor, die jedoch für unsere Zwecke modifiziert wird. Sprachtheoretisch wird dabei Bezug genommen auf Charles J. Fillmores »Kasusgrammatik« (FILLMORE 1968). Dies geschieht in der Absicht, zur Beschreibung von Kommunikationsvorgängen psychologisch relevante Analyseeinheiten zu benutzen. Fillmore geht davon aus, daß die kleinsten Kommunikationseinheiten Aussagen sind, die sich um ein Handlungs- bzw. Zustandskonzept gruppieren und deren Umfang durch die »Valenzen« dieses Konzepts begrenzt wird. Valenzen sind obligatorische oder mögliche Ergänzungen des Handlungskonzepts, wie z. B. Antworten auf die Fragen: Wer tat etwas? Wann geschah etwas? Wer oder was war betroffen? usw. Fillmore betrachtet diese Aspekte als quasi elementare Universalien des menschlichen Geistes, Grundmuster der Orientierung und der sinnvollen Ordnung subjektiver Wahrnehmung. Damit handelt es sich bei diesen molaren Sinnkomplexen auch um die Grundeinheiten menschlicher Kommunikation. Kommuniziert wird in handlungs- oder zustandszentrierten Aussagen, nicht in einzelnen Begriffen. Den so flexibel definierten Rahmen einer Kommunikationseinheit nennen wir »kommunikative Proposition«.[3] Sie bildet das Analysesegment des Explorationsmodells. Abgrenzungskriterium ist das Handlungs- bzw. Zustandskonzept als Kern sowie die darauf bezogenen »Argumente«. Die Methode soll in erster Linie die in den Texten zum Ausdruck gebrachten Bedeutungen und Bedeutungsbeziehungen außersprachlicher Sachverhalte erfassen und bezieht sich deshalb strikt auf die semantische Textbasis. Nur wenn sichergestellt ist, daß sich die Bestimmung nicht an den stilistischen und grammatikalischen Besonderheiten der jeweiligen Formulierung orientiert, sondern die zugrundeliegende Bedeutung erfaßt, lassen sich Texte verschiedener Modalität (z. B. gesprochene und geschriebene Sprache, Zeitungsmeldungen und Zeitungskommentare, Antworten in Inter-

[3] W. Kintsch (1974) etwa zählt zu einer Proposition nur das Handlungskonzept und seine obligatorischen Ergänzungen. Die Bezeichnung »kommunikative Proposition« wurde einerseits in Anlehnung, andererseits als Abgrenzung zu propositionalen Textmodellen in der Psycholinguistik gewählt, die gleiche sprachtheoretische Referenzen benutzen, den Propositionsbegriff jedoch wesentlich enger fassen. Die teilweise Abkehr vom derzeit wohl bekanntesten Propositionsmodell erfolgt sowohl aus pragmatischen als auch aus theoretischen Überlegungen. Pragmatisch sind die Argumente, daß das Kintsch-Modell Daten vermehrt, statt sie zu reduzieren; d. h., die propositionale Darstellung von Texten ist wesentlich umfangreicher als die Originaltexte. So würde z. B. der Satz »Das auffällige, grün-weiße Auto bremst« in vier Propositionen codiert, während wir darin eine komplexe Proposition sehen. Wir integrieren also neben den obligatorischen auch die optionalen Ergänzungen in das Propositionskonzept.

views usw.) vergleichbar beschreiben. Diese Formalisierung sichert die universelle invariante Anwendbarkeit.

Orientierungskategorien

Für unsere lediglich explorativen Zwecke sollte das Propositionskonzept vereinfacht werden, und deshalb schlage ich aus arbeitsökonomischen Gründen vor, erstens nur die unten aufgelistete Auswahl von Propositionselementen zu beachten (Liste 1) und zweitens alle Relationen zwischen Propositionen nur isoliert als eigenständige Information zu betrachten, d.h. die semantischen Vernetzungen selbst nicht abzubilden. Diese bereits reduzierte Liste ist als Menü zu verstehen. Je nach Fragestellung werden unterschiedliche Kriterien ausgewählt und als Orientierungskategorien benutzt. Die vorgeschlagenen Propositionsmerkmale nennen wir »Orientierungskategorien«, weil sie nur als reversibles Orientierungsangebot bzw. unverbindliche Vorstrukturierung des Gegenstandsbereichs zu verstehen sind, die genutzt werden kann oder auch nicht.

Obwohl die Proposition dafür gedacht ist, Mikrostrukturen von Kommunikationsprozessen abzubilden, kann sie in dieser elementaristisch aufgelösten Form auch größere Textbestandteile darstellen. Angenommen mich interessierte das Themenspektrum überregionaler Tageszeitungen. Nach dem vorgeschlagenen Verfahren müßte ich dann alle Orientierungskategorien auswählen, weil innerhalb einzelner Propositionen alles zum Gegenstand der Aussage, also zum Thema gemacht werden kann. Da man also im Rahmen von Propositionen sowohl über Handlungen als auch über Affekte, Orte, Zeitepochen, Charaktermerkmale von Personen, Gründe für irgendwelche Zustände etc. sprechen oder schreiben kann, würde man bei einem sehr kleinteiligen, weiten Themenspektrum ankommen. Dieses könnte man in dieser differenzierten Form belassen oder aber durch Aggregation und/oder Abstraktion zu Text-Kernthemen verdichten.

Diese Informationsverdichtung, also die Bestimmung von Haupt- bzw. Kernthemen der Texte, kann man aber auch in einen separaten Arbeitsschritt vorverlagern. Dann kann ich mich auf das Propositionselement »Thema« als einzige Orientierungskategorie beschränken. Vermutlich wird man dann bei abstrakten Themenbereichen wie Politik, Wirtschaft, Kultur etc. ankommen oder aber bei konkreten, meist ereignisbezogenen Themen wie BSE-Krise, Arbeitslosigkeit, Hochwasser in Norditalien etc. Die Schwierigkeit besteht dabei darin, für die vorausgehende Bestimmung des Hauptthemas, also eine Art Inhaltsverdichtung, ein systematisches und plausibles Verfahren zu finden. Dieses hat mit der Inhaltsanalyse unmittelbar nichts zu tun, sondern stellt ein elementares theoretisches Definitionsproblem dar. Eine Möglichkeit, die sich jedoch wegen ihres enorm großen Aufwandes nur bei wenigen Texten anwenden läßt, ist die Ermittlung von Text-Makrostrukturen durch die systematische Anwendung von Makroregeln auf die Propositionen (VAN DIJK 1980). Auf diese Weise entstehen Makropropositionen, die sich formal nicht von Mikropropositionen auf Aussagenebene unterscheiden, aber in einer Art Überschrift oder Zusammenfassung das Kernthema des Textes formulieren. Diese Makropropositionen lassen sich dann in unserem Verfahren wie einfache Propositionen behandeln: Der Text ist dann in einem Satz komprimiert. In der Regel wird man jedoch auf weniger aufwendige interpretative Verfahren zurückgreifen müssen, die den Begriff »Thema« oder »Hauptthema« intuitiv bestimmen. Die operationale Unbestimmtheit eines zentralen Begriffs ist, wie gesagt, ein elementares Problem mehrerer wissenschaftlicher Disziplinen, und man darf nicht erwarten, daß solche zentralen Fragen im Rahmen einer Methodenanwendung beantwortet werden müßten. Jedenfalls können wir festhalten, daß nach einer wie immer auch erfolgten Informationsverdichtung auf ein Kern- bzw. Hauptthema die Vorgehensweise mit der Segmentierungseinheit Proposition wieder im beschriebenen Sinne und zudem mit einer einzigen Orientierungskategorie auf sehr ökonomische Weise weitergeführt werden kann.

Methodenexterne Entscheidungsfreiräume

Die Tatsache, daß ein systematisches und hoch formalisiertes Verfahren dennoch zu Kategorien auf unterschiedlichen Abstraktionsebenen führen kann zeigt, daß es keinen lückenlosen deterministischen Formalismus geben kann, der eine Reihe von Handlungen vorschreibt, die zwangsläufig zu einem ganz bestimmten Kategoriensystem führen. Es gibt mindestens zwei Kriterien, die der Forscher immer selbst frei entscheiden können muß. Das erste, inhaltsbezogene Kriterium ist die Entscheidung über die gewünschte Art der Information, die vom persönlichen Forschungsinteresse abhängt. Niemand kann genötigt werden, die Themenvielfalt zu untersuchen, wenn ihn lediglich Personenbewertungen interessieren, nur weil ein bestimmter methodischer Formalismus aufzeigt, daß in Texten unterschiedlich viele Themen behandelt werden. Dasselbe gilt für das Abstraktionsniveau. Wenn mich die Berichterstattung über die BSE-Krise interessiert, kann mir keine Methode nahelegen, mit allgemeinen Themenbereichen wie Politik, Wirtschaft etc. zu arbeiten, und umgekehrt. Das zweite frei entscheidbare Kriterium ist nicht inhalts-, sondern aufwandsbezogen. Jedem Forscher muß freigestellt bleiben, mit wenigen, relativ groben Indikatoren eine große Zahl von Texten zu bearbeiten oder sich mit wenigen, sehr anspruchsvollen Indikatoren auf eine geringe Zahl von Fällen zu beschränken. Meist muß interne gegen externe Validität abgewogen werden. Mit anderen Worten: Die beiden Kriterien a) allgemeines Forschungsinteresse und b) Aufwand und Präzision sind methodenunabhängige Entscheidungen, von denen nicht erwartet werden darf, daß sie dem Forscher durch einen bestimmten Formalismus abgenommen werden könnten. Im Gegenteil, man muß eher darauf achten, daß kein Formalismus entwickelt wird, der diese Entscheidungen unbemerkt bereits ganz oder teilweise präjudiziert.

Orientierungskategorien strukturieren das Beobachtungsfeld lediglich in einer unverbindlichen Weise, um sicherzustellen, daß ein breites Spektrum möglicherweise relevanter Aspekte überhaupt beachtet wird. Um ein Bild zu verwenden: Wenn ich als Forscher zwei unerfahrene Mitarbeiter unabhängig voneinander in eine fremde Stadt schicke, jeweils mit dem Auftrag, diese zu beschreiben, dann wird der eine vielleicht zurückkommen und sagen, die Stadt war sehr lebendig und laut, er habe Menschen aus 12 verschiedenen Nationen getroffen, und die Preise seien sehr hoch. Der zweite Mitarbeiter wird mit Informationen über die Verkehrssituation, die Dichte der Bebauung und den Zustand des Straßennetzes zurückkommen. Die ermittelte Information wäre also sehr subjektiv und unsystematisch. Würde den beiden Gehilfen jedoch mittels Orientierungskategorien bzw. Leitfragen nur in allgemeiner Form vorgegeben, worauf sie achten sollen (Art, Umfang und Dichte der Bebauung, Verkehrsverhältnisse und Verkehrsinfrastruktur, Umfang und Zusammensetzung der Bevölkerung, Beschäftigung etc.; vgl. z.B. auch BLUMER 1954; GLASER 1978), dann wäre die Information vollständiger. Was dabei gefunden wird, bleibt völlig offen und dient der Ausdifferenzierung in eine Vielzahl abgeleiteter, gegenstandsbezogener Unterkategorien.

Offenheit / Explorationspotential

Darüber hinaus müssen die Orientierungskategorien so konstruiert sein, daß nicht nur Ausdifferenzierungen, sondern auch ganz neue Dimensionen noch entdeckt werden können. Hier hinkt die Analogie etwas. Unsere Gehilfen können zwar den Auftrag erhalten, alles, was ihnen sonst noch auffällt, zu notieren, aber der Ertrag hängt ganz von deren Perspektive ab. Vielleicht sollten sie den Auftrag bekommen, viele Filmaufnahmen zu machen sowie Dokumente und Unterlagen über die Stadt zu beschaffen. Dies würde dann eher die Situation des Inhaltsanalytikers treffen, dem die Texte unmittelbar vorliegen, die er beschreiben will. Deshalb müssen hier nur Rest- und Sammelkategorien vorgesehen werden, die alle für die Forschungsfrage relevanten Textstellen aufnehmen, die außerhalb der Orientierungskategorien liegen. Damit ist es möglich, durch Nachbearbeitung auch ganz neue Dimensionen zu beschreiben. Dies ist natürlich auch durch Kombination der Orientierungskategorien nach anderen Kriterien oder durch eine Umorganisation von Unteraspekten zu neuen semantischen Einheiten möglich. Deshalb ist es auch nicht erforderlich, daß sie den üblichen Standards inhaltsanalytischer Kategorien wie Vollständigkeit oder Trennschärfe genügen müssen. In unserer Vorschlagsliste (Liste 1) ist es z.B. ohne Belang, ob eine Drohung im Zorn sowohl in die Kategorie »Affektive Handlung« als auch »Kommunikative Handlung« als auch »Modifikation/Drohung« paßt. Die Zuordnung zu mehreren Kategorien kann ja gerade eine Aufforderung an den Forscher sein zu überlegen, ob es nicht ein zusätzliches Kriterium gibt, das diese Textstellen gemeinsam haben (Abduktion; KELLE 1997: 148ff.). Insofern soll an dieser Stelle auch gleich vor dem Mißverständnis gewarnt werden, die Verwendung der Bezeichnung »Kategorie« würde belegen, daß die Offenheit der Vorgehensweise beeinträchtigt sei. Im Gegenteil: Diese Art der offenen, optionalen Vorstrukturierung verhindert sogar eine Einschränkung der Offenheit, die sonst durch das begrenzte Vorwissen der Forscher und die damit eingeengte Perspektive entstanden wäre. Jede Beobachtung, auch die wissenschaftliche, ist eine Form der Informationsreduktion nach bestimmten Kriterien, mit dem Ziel einer Informationsgenerierung auf anderer Ebene. Wenn man die Vielfalt der Beobachtungskriterien in flexibler, d.h. revidierbarer und erweiterbarer Form steuert, dann wird man auch die Vielfalt der beobachteten Aspekte positiv beeinflussen. Wer bereits mehr über seinen

LISTE 1
Segmentierungseinheit Proposition:
Ausgewählte Merkmale und Konnexionen

Handlungs-/Zustandskonzept
1. Kommunikative Handlungen (aktiv: reden etc.; passiv: zuhören etc.)
2. Kognitive Handlungen (nachdenken, überlegen, beobachten etc.)
3. Affektive Handlungen (lachen, weinen etc.)
4. Physische Handlungen (aktiv: gehen, fahren, klettern etc.; passiv: sitzen, liegen, stehen etc.)

Ergänzende Propositionselemente (»Argumente«)
1. Akteur   (Akteur + Partner/Erfahrender = Person)
2. Attribute/Akteur
3. Partner/Erfahrender
4. Attribute Partner/Akteur
5. Thema/Objekt
6. Attribute Thema/Objekt
7. Ortsbestimmung
8. Zeitbestimmung
9. Modifizierungen: a) Möglichkeit (kann), b) Notwendigkeit (muß), c) Wunsch / Absicht / Bereitschaft (will); d) Drohung; e) Frage

Konnexionen: (Verbindung zweier Propositionen)
1. Additiv (und)
2. Disjunktiv (oder)
3. Kausal (weil, da, denn)
4. Intentional (um zu, damit)
5. Konzessiv (obwohl, obgleich)
6. Kontrastiv (anders als)
7. Komparativ (wie, als)
8. Konditional (wenn...dann, außer...wenn)
9. Temporal (nachdem, bevor, gleichzeitig)
10. Lokativ (davor, dahinter)
11. Modal (indem, ohne daß, soweit, soviel)
12. Sonstige

Gegenstand weiß, braucht sie gar nicht, wer wenig weiß, wird auf diese Weise mehr entdecken.

2.2 Vorgehensweise

Erster Schritt: *Selektion/Reduktion, Segmentierung und Auswahl der Orientierungskategorien.* Segmentierungseinheit ist die kommunikative Proposition im beschriebenen Sinne. Sie hat als Kern jeweils ein Handlungs- oder Zustandskonzept, das an der Textoberfläche in der Regel durch ein Verb repräsentiert ist. Dieses Handlungs-/Zustandskonzept verfügt über eine Reihe offener Anschlußstellen obligatorischer oder optionaler Art, die als kommunikativ sinnhafte Komplettierung erwartet werden. Zum Beispiel hat das Handlungskonzept »schlagen« die obligatorischen Ergänzungen Akteur (wer schlägt?), Betroffener (wer oder was wird geschlagen?) und Mittel (womit wird geschlagen?) sowie eine Reihe optionaler Anschlußstellen wie Ort, Zeit, Dauer etc. Alle in dieser Weise direkt auf ein Handlungs-/Zustandskonzept bezogenen Bedeutungselemente bilden zusammen den Rahmen der Segmentierungseinheit »Proposition«. Außerdem nehme ich als zusätzliche Orientierungskategorien eine Reihe elementarer Verknüpfungsarten auf. Propositionen können z.B. kausal, additiv, kontrastiv etc. miteinander verbunden sein. Dies ist wichtig, um etwa Argumente oder sonstige Bedeutungszusammenhänge abbilden zu können. Diese Liste enthält nur die wichtigsten Propositionselemente, die bei Bedarf jederzeit noch ergänzt werden können (s. Liste 1).

Können keine weiteren theoretischen Vorüberlegungen herangezogen werden, sollte das gesamte Schema auf eine Stichprobe des Untersuchungsmaterials angewandt werden. Fast immer gibt es aber die bereits oben erwähnten Reduktionskriterien: Erstens ein bestimmtes *Forschungsinteresse*, zweitens ein grob umrissenes *Aufwands- und Präzisionskriterium*.

Nehmen wir als Beispiel die offene Fragestellung: »Wie werden Berufspolitiker im Vergleich zu Berufssportlern in der deutschen Tagespresse dargestellt?« Obwohl wir uns sicher sind, daß diese Fragestellung weiter präzisiert werden könnte, weil sie vor dem Hintergrund einer bestimmten Vermutung überhaupt erst gewählt wurde und so auch die Explorationsbreite weiter eingegrenzt werden könnte, belassen wir die Fragestellung im Allgemeinen. Wir unterstellen also, daß als erschwerender Umstand eine Explikation der Forschungsfrage nicht möglich sei.

Dennoch läßt sich jetzt schon das Menü der Explorationskategorien erheblich reduzieren. Nehmen wir das Aufwands- und Präzisionskriterium als zweite Reduktionsstrategie hinzu, so hätten wir als Minimallösung z. B. sagen können, Personen werden durch Attribution, also zugeschriebene Merkmale, charakterisiert. Dann müssen wir aus dem Menü nur »Personen« als Kombination von Akteur und Partner/Erfahrender und analog »Attribute/Person« wählen.

Nehmen wir bei gleicher Forschungsfrage als zweite, komplexere Variante an, wir hätten etwas mehr theoretische Vorkenntnisse und zusätzlich ein anspruchsvolleres Aufwands- und Präzisionskriterium. Wir gehen nunmehr davon aus, daß es vier wichtige Kriterien gibt, um Personen charakteristisch zu beschreiben: Erstens durch das, was sie tun, zweitens durch ihre Eigenschaften, drittens durch den thematischen Kontext, indem sie erwähnt werden, und viertens, in welcher Weise sie auftreten, also z. B. eher offensiv, indem sie fordern und drohen, oder eher defensiv fragend, hinweisend, Möglichkeiten aufzeigend etc. Bei dieser Variante 2 wären dann die Explorationskategorien »Person«, »Handlungskonzept«, »Attribut/Person«, »Thema/Objekt« und »Modifizierungen« zu wählen. Zusätzlich bewirkt die Forschungsfrage eine weitere Reduktion: In den Texten müssen nur jene Passagen bearbeitet werden, die für das Thema relevant sind, wobei man den Begriff »Relevanz« weit oder eng auslegen kann.

Diesen Prozeß könnte man durchaus noch etwas weiter treiben, indem für jede dieser Orientierungskategorien aus Liste 1 weitere, aus Basiswissen abgeleitete Module von Unterkategorien entwickelt werden, wie wir das beispielhaft für die Orientierungskategorie »Attribut/Person« anschließend noch zeigen werden. Damit würde der Anteil der theoriegeleiteten Kategorienbildung immer größer, der verbleibende Anteil einer offenen, empiriegeleiteten Kategorienbildung immer kleiner, ohne dabei auf spezifische Hypothesen Bezug nehmen zu müssen. Denn nichts weiter als eine optionale theoriegeleitete Kategorienbildung haben wir bisher vollzogen. Der Unterschied zum »klassischen« Vorgehen bestand nur darin, daß wir keine wissenschaftliche Theorie im engeren Sinne (s.o.), sondern allgemeines theoretisches Vorwissen über den Gegenstandsbereich benutzten, um unser Untersuchungsobjekt zu strukturieren. Optional ist es deshalb, weil erstens die Inanspruchnahme nicht unbedingt notwendig, sondern nur als Hilfestellung möglich ist, zweitens weil die Vorgehensweise jederzeit revidier- und modifizierbar ist und weil drittens mit der Forschungsfrage und dem selbstbestimmten Aufwands- bzw. Präzisionskriterium auch »materialfremde« Kriterien den Umfang und die Differenziertheit des Kategoriensystems mitbestimmen.

Konkret: Aus einer Stichprobe des Textmaterials werden jene Passagen extrahiert, die in einem Zusammenhang mit der Forschungsfrage stehen. In diesem Beispiel also alle auf Berufspolitiker und Berufssportler direkt bezogenen Propositionen, die getrennt für beide Personengruppen zu notieren sind. Redundante, irrelevante und inhaltsleere Stellen werden ausgeblendet. Damit sind nach diesem Arbeitsschritt die Texte (bzw. eine Stichprobe) auf die relevanten Textteile reduziert, diese sind propositional segmentiert und die relevanten Orientierungskategorien sind bestimmt.

Zweiter Schritt: Kategorienfindung. Führen wir unser Beispiel an der einfachen ersten Variante fort, bei der das meiste offene Entwicklungspotential verblieben ist. Berufspolitiker und Berufssportler sollen also lediglich mittels verschiedener Attribute beschrieben werden, wobei unklar ist mit welchen. Ich schlage hier dieselben Arbeitsschritte vor wie einleitend zusammengefaßt, nur in verkürzter und teilweise modifizierter Art. Selektion/Reduktion auf Propositionsebene wurde bereits mit der Segmentierung zusammengefaßt. Hier erfolgt nun zunächst *propositionsintern* eine weitere *Selektion* der relevanten Bestandteile, also der Attributionen.

Daran schließt sich die *Semantische Eigenschaftsanalyse mit gleichzeitiger Bündelung, Abstraktion und Labelung* an: Den Attributionen werden Codes oder andere Kennungen für unterscheidbare Bedeutungsmerkmale zugewiesen. Da die Zahl möglicher semantischer Merkmale sehr groß ist, verlangt die Offenheit der Vorgehensweise, daß nicht sofort nach einem impliziten, nicht offengelegten Kriterium (»Kunstlehre«) die Gruppierungsmöglichkeiten auf eine einzige Möglichkeit reduziert werden. Deshalb schlage ich als multiples, abstraktes Grundraster vor (vgl. Liste 2).

Dritter Schritt: Gruppierung der extrahierten Textstellen (hier: Attributionen) nach den verschiedenen inhaltlichen Gemeinsamkeiten gemäß der Eigenschaftsanalyse (hier mindestens 4 verschiedene Gruppierungen). Zeigen sich in den gruppierten Textstellen Untergruppen, die im Hinblick auf die Fragestellung relevant sein könnten, werden sie auf der nächstniedrigeren Hierarchiestufe in gleicher Weise gruppiert, z.B. für jede Unterkategorie von Bezug: a) berufs-/funktionsbezogene, b) private, c) sonstige Merkmale etc.

LISTE 2
Personenmerkmale

Eigenschaft 1: Bezug
Physis / Einstellungen, Meinungen / Integrität / Auftreten / Sozialverhalten / Zuverlässigkeit / Flexibilität / Fähigkeiten - intellektuell; - physisch / Motivation, Interesse / Kultur / Humor / Emotionalität / Kreativität / Optimismus, Pessimismus / Gesundheit / Aggression / Sonstige.

Eigenschaft 2: Bewertung
positiv / negativ, indifferent / neutral

Eigenschaft 3: Stärke
sehr stark, häufig vorhanden / etwas, manchmal vorhanden / selten, nie vorhanden. (Die Eigenschaft »Stärke« ist nur als ein zusätzliches Unterkriterium einzusetzen.)

Den gebündelten Textpassagen werden Labels zugewiesen, die den abstrahierten gemeinsamen Bedeutungsgehalt bezeichnen. Hier ist das Niveau der Abstraktion bzw. Konkretheit frei zu wählen, Vorgaben als Orientierung sind nicht sinnvoll. Neben dem individuellen Forscherinteresse spielt sicherlich auch die Fülle des Materials eine Rolle. Man kann auf der Ebene der vorläufigen Orientierungskategorien bleiben, aber auch höhere bzw. niedrigere Abstraktionsniveaus wählen. So kann man z.B. die 17 Ausprägungen der Orientierungskategorie »Bezug« auch zu den zwei allgemeineren Ausprägungen a) persönlichkeitsbezogen, b) handlungsbezogen zusammenfassen, weil man gemerkt hat, daß man sich eigentlich nur dafür interessiert, ob sich die Attributionen auf die Person selbst und auf deren Handeln beziehen. Da wir hier originale Textauszüge bündelten, sind aber auch konkretere Ausprägungen möglich, z.B. kann bei der eben genannten Orientierungskategorie »Bezug« die Unterkategorie »Physis« auch in groß/kräftig/schnell/schwer/dick etc. aufgesplittet werden. Wie konkret man durch weitere Bündelungsschritte werden will, ist, wie gesagt, frei wählbar. Sicherzustellen ist nur, daß die Ausprägungen der Kategorien jeweils auf gleicher Abstraktionsstufe definiert sind. Als Labels werden in der Regel die Bündelungskriterien verwendet.

Die Orientierungskategorien sind bewußt untereinander unabhängig konzipiert, d.h., wir haben ein Explorationsinstrument, das in der Art eines *Synthetischen Kategoriensystems* (FRÜH 1998: 189ff.) konstruiert ist. Die nach Propositionskriterien segmentierten Textstellen werden, mit Ausnahme von Stärke, alle mehrfach nach unterschiedlichen Merkmalen sortiert. Dadurch ist es möglich, sie ohne Einfluß auf die anderen Merkmale beliebig zu modifizieren; und man kann sogar auf einige davon ganz verzichten, wenn sich zeigt, daß sie nicht informativ genug sind, um daraus eine interessante und aussagekräftige Interpretation abzuleiten. Somit ist eine größtmögliche Flexibilität bei gleichzeitiger Reduzierung des Aufwands gegeben.

Wenn wir die zuletzt beschriebenen Arbeitsschritte wieder an unserem frei gewählten Beispiel demonstrieren, könnte das nach Segmentierung und Selektion auf Propositionsebene aussehen wie in Liste 3.

LISTE 3
Beispiel

1. **Propositionsinterne Selektion/Reduktion:**
ist geizig / lacht gerne / ist trinkfest / hat Geschmack / redet gerne / Selbstdarsteller / hat Kondition / ist glaubwürdig / ist verheiratet / durchsetzungsfähig / redet undeutlich / schlägt saubere Flanken / ißt gerne Nudelgerichte / hat schon mit 12 Jahren trainiert / hat eine tiefe Stimme / trägt immer Krawatte...

2. **Semantische Eigenschaftsanalyse und Bündelung/Labelung:**
Erster Sortierdurchlauf: B e z u g
Physis: ist trinkfest / hat Kondition / hat eine tiefe Stimme
Einstellungen / Meinungen (incl. Vorlieben, Abneigungen): ist geizig / lacht gerne / ißt gerne Nudelgerichte / trägt immer Krawatte
Integrität: Selbstdarsteller / ist glaubwürdig etc. (Restliche Ausprägungen von »Bezug« und jeweils differenziert nach Stärke)
Zweiter Sortierdurchlauf: B e w e r t u n g
Positiv: lacht gerne / ist trinkfest / hat Geschmack / hat Kondition / ist glaubwürdig ...
Negativ: ist geizig / redet gerne / Selbstdarsteller / redet undeutlich neutral: ist verheiratet / ißt gerne Nudelgerichte / hat eine tiefe Stimme ...etc.
(Weitere Sortierdurchläufe nach ggf. weiteren Kriterien der Eigenschaftsanalyse)

Der Einfachheit halber gehen wir davon aus, daß wir diese Bündelungsvariante bereits übernehmen, so daß kein weiterer Sortiervorgang mit revidierten oder erweiterten Bündelungskriterien erforderlich ist (obwohl ersichtlich ist, daß gerade bei den Bewertungen noch andere Gliederungen sinnvoll sein könnten). Nunmehr müssen die gruppierten Merkmale noch passende Bezeichnungen erhalten, die das letzte Bündelungskriterium darstellen. Mit der Zuordnung von Labels sind die Kategorien fertig, denn mit der Entscheidung für ein bestimmtes Abstraktionsniveau der Kategorien bzw. ihrer Ausprägungen und der Zuordnung eines passenden Labels sind die Klassifikationsinstrumente entstanden, die nach ihrer operationalen Definition zur anschließenden Analyse des gesamten Textmaterials mitbenutzt werden. Mitbenutzt meint, daß sie die Kategorien ergänzen, die ggf. bereits in direkter Ableitung aus der Theorie entstanden sind. Der weitere Forschungsablauf folgt den bekannten Forschungsschritten. (vgl. FRÜH 1998: 91, Abb.5)

2.3 Empiriegeleitete Hypothesengenerierung

Ich konzentrierte mich auf die empiriegeleitete Entwicklung von *Kategorien*, während die »empiriegeleitete Entwicklung neuer *Hypothesen*« eher am Rande mit dem Status einer »Kunstlehre« behandelt wurde. Das liegt daran, daß sich, im Gegensatz zur Kategorienentwicklung, die Hypothesengenerierung kaum in gleicher Weise formalisieren läßt. Dennoch kann das beschriebene formalisierte Verfahren (BoK) auch die Hypothesenbildung nachhaltig unterstützen. Wenn nach der semantischen Eigenschaftsanalyse die ausgewählten Textsegmente nach so vielen Kriterien sortiert und gebündelt werden können, wie die Textsegmente Eigenschaften besitzen, dann erhält man mehrere Bündelungsvarianten derselben Texteinheiten. Um Kategorien zu finden, benötigt man dann ein Entscheidungskriterium für die Auswahl der »richtigen« Bündelungsvariante. Dies kann nun nicht mehr formaler Art sein, sonst müßte man nach Zufallskriterien die Auswahl treffen. In der Regel erfolgt sie intuitiv nach subjektiven Plausibilitätskriterien. Genauer betrachtet kann die Plausibilität selbst jedoch nur auf der Grundlage einer impliziten Theorie zustande gekommen sein. Also müßte diese auch durch Explikation der Plausibilität formal als neue Hypothese formulierbar sein. Mit anderen Worten: Ab diesem Zeitpunkt arbeitet man, ob bewußt oder unbewußt, nach einer spezifischen Theorie. Das Problem besteht allein darin, die eigene latente Theorie manifest zu machen.

Neue Theorien und Hypothesen werden auch noch in anderer Weise initiiert: Die formal variierten Bündelungen der relevanten Textpassagen und der Versuch, hinter dem jeweiligen Gruppierungsprinzip einen Sinn zu erkennen, kann konkrete Assoziationen und Analogien ebenso wie vielschichtiges theoretisches Vorwissen aktivieren, das wiederum kreativ zu neuen spekulativen Konstellationen verbunden werden kann. Dies führt dann möglicherweise zu ganz neuen, bisher unbestätigten Theorien, aus denen man dann im »traditionellen Sinne« paßgenau ein inhaltsanalytisches Kategoriensystem ableiten kann, um die neuen Hypothesen bzw. Theorien zu überprüfen.

Mit Relativierungen wie »kann«, »möglicherweise« etc. möchte ich den Unterschied zur zuvor dargestellten Kategorienbildung akzentuieren. Während man dort mit einem relativ hohen Formalisierungsgrad und einem Minimum an theoretischem Hintergrund und Intuition bis zu den konkreten Kategorien gelangt, unterstützt das formalisierte Vorgehen die Hypothesenfindung nur im Sinne eines Heurismus, also eines intellektuellen Anstoßes, Ideen zu entwickeln. Ob der eine Forscher jedoch auf diesem Wege einen interessanten Aspekt im Textmaterial erkennt, ob er theoretisches Vorwissen aktivieren kann und ob ihm spontan neue originelle theoretische Zusammenhänge einfallen, liegt fast ausschließlich in seinem Vorwissen und seiner Kreativität begründet. Die BoK kann hier nur als Katalysator für einen Vorgang wirken, den man nicht als konkrete Handlungsanweisungen formalisieren kann. Der Ertrag bleibt letztlich vom Wissen und der kreativen Phantasie des Forschers abhängig. Daß man auch die Phantasie durch die Lektüre anderer Ideen und Theorien sowie durch die Auseinandersetzung mit dem Material anregen kann, ist keine Formalisierung, sondern eine Banalität. Deshalb kann man bei unserer Vorgehensweise zwar etwas leichter auf solche neuen Hypothesen kommen, aber es gibt keine Gewähr.

3. *Zusammenfassung und Schlußfolgerungen*

Mit dem Modell der gleitenden Verschränkung theoriegeleiteter und empiriegeleiteter Kategorienbildung wurde eine Vorgehensweise zur offenen Kategorienbildung vorgeschlagen, die ein hohes Maß an Formalisierung mit größtmöglicher Universalität verbindet. Trotz zunächst breit angelegter Differenziertheit wird mit Hilfe einiger Reduktionskriterien der erforderliche Arbeitsaufwand schnell eingegrenzt. Dies könnte dazu verleiten, generell möglichst offen ein Kategoriensystem zu entwickeln. Davor sei gewarnt. Die vorgeschlagene Vorgehensweise ist nur als Kombination von Induktion und Deduktion sinnvoll (was aus erkenntnistheoretischer Sicht ohnehin unvermeidbar ist). Eine sehr offene Vorgehensweise findet, was schon schwierig genug ist, immer nur das, was in den Texten vorhanden ist, kann aber niemals etwas nachweisen, was in den Texten vorhanden sein sollte bzw. sein könnte. Sehr viele wissenschaftliche (und alltägliche) Problemstellungen enthalten aber einen Vergleich zwischen einem Soll- und einem Ist-Zustand. Zum Beispiel könnte man von Fernsehsendungen ggf. erwarten, daß in ihnen bestimmte ethische Grundwerte vermittelt werden. Entwickelt man das Kategoriensystem nur empiriegeleitet, findet man möglicherweise keine entsprechenden Kategorien und sucht dann auch nicht nach den betreffenden Inhalten im Programm. Damit wird auch kein Nachweis geführt werden können, daß ethische Grundüberzeugungen im Fernsehen nicht vermittelt würden. Inhaltsanalysen sind für solche Fragestellungen nur aussagekräftig, wenn sowohl für Ist- als auch für Soll-Zustand Kategorien vorliegen, die für beide Seiten Daten erheben (ggf. auch »Merkmal kommt nicht vor«!). Die empiriegeleitete Kategorienbildung kann aber allein Kategorien für den Ist-Zustand generieren; die Soll-Kategorien stammen immer aus der Theorie. Deshalb plädiere ich seit 1981 für eine Kombination der deduktiven Vorgehensweise (die als Prototyp der »quantitativen« Inhaltsanalyse gilt) und der induktiven (die als Prototyp der »qualitativen« Vorgehensweise gilt). Mit dem hier vorgeschlagenen Verfahren wird noch über die bloße Kombination hinaus eine flexibel regulierbare Integration angestrebt. Eine noch weiterführende Offenheit auch für den Codierprozeß wurde bereits 1989 mit der SSI vorgeschlagen (FRÜH 1989). Ich bin auch noch nach 20 Jahren fest davon überzeugt, daß nur eine sinnvolle Verbindung beider Sichtweisen und Strategien zu einer validen und ertragreichen Methodenentwicklung bei der Inhaltsanalyse führen kann.

Literatur

BLUMER, H.: What is wrong with Social Theory? In: *American Social Review*, 19, 1954, S. 3-10

FILLMORE, CH. J.: The Case for Case. In: BACH, E.; R. T. HARMS (Hrsg.): *Universals in Linguistic Theory*. London/New York, 1968, S. 1-88

FRÜH, W.: *Inhaltsanalyse. Theorie und Praxis*. 1. Auflage. München 1981

FRÜH, W.: *Inhaltsanalyse. Theorie und Praxis*. 4., überarbeitete Auflage. Konstanz 1998

FRÜH, W.: Semantische Struktur- und Inhaltsanalyse (SSI). Eine Methode zur Analyse von Textinhalten und Textstrukturen und ihre Anwendung in der Rezeptionsanalyse. In: KAASE, M.; W. SCHULZ (Hrsg.): *Massenkommunikation. Theorien, Methoden, Befunde*. Kölner Zeitschrift für Soziologie und Sozialpsychologie, Sonderheft 30. Opladen 1989, S. 490-507

FRÜH, W.: *Medienwirkungen: Das dynamisch-transaktionale Modell. Theorie und empirische Forschung*. Opladen 1991

FRÜH, W.: *Realitätsvermittlung durch Massenmedien. Die permanente Transformation der Wirklichkeit*. Opladen 1994

FRÜH, W.: Der dynamisch-transaktionale Ansatz. Ein integratives Paradigma für Medienrezeption und Medienwirkungen. In: RÖSSLER, P.; U. HASEBRINK; M. JÄCKEL (Hrsg.): *Theoretische Perspektiven der Rezeptionsforschung*. München 2001, S. 11-34

GLASER, B.: *Theoretical Sensitivity. Advances in the Methodology of Grounded Theory*. Mill Valley, 1978

KELLE, U.: *Empirisch begründete Theoriebildung. Zur Logik und Methodologie interpretativer Sozialforschung*. 2. Auflage. Weinheim 1997

KINTSCH, W.: *The Representation of Meaning in Memory*. Hillsdale, N.J., 1974

MAYRING, P.: *Qualitative Inhaltsanalyse. Grundlagen und Techniken*. 6. Auflage. Weinheim 1997

POPPER, K.R.: *Objektive Erkenntnis. Ein evolutionärer Entwurf*. 2. Auflage. Hamburg 1974

VAN DIJK, T. A.: *Macrostructures. An Interdisciplinary Study of Global Structures in Discourse, Interaction and Cognition*. Hillsdale, N.J., 1980a

VAN DIJK, T.A.: *Textwissenschaft. Eine interdisziplinäre Einführung*. München, 1980b

PATRICK RÖSSLER

Visuelle Codierung und Vielfalts-Analysen auf Mikroebene. Kategorisierungs- und Auswertungsstrategien für die ikonographische Untersuchung journalistischer Berichterstattung

Die quantitative Inhaltsanalyse wird in der Kommunikationswissenschaft üblicherweise dazu eingesetzt, um die Struktur und die Aussagen journalistischer Berichterstattung systematisch zu erheben. Im Mittelpunkt steht dabei - wie die einschlägigen Meta-Analysen (vgl. RIFFE & FREITAG 1997; MERTEN & GROSSMANN 1996) zeigen - die Untersuchung von Pressemedien. Hier liegt das Ausgangsmaterial manifest vor, wird archiviert bzw. ist leicht archivierbar und damit ex post leicht zugänglich, und die Definition der Analyse- und Codiereinheiten scheint vergleichsweise einfach. Doch auch in den Fällen, in denen sich das Erkenntnisinteresse auf audiovisuelle Medien richtet, hat sich aus Gründen der Praktikabilität eine textbasierte Codierung durchgesetzt:[1] Hörfunkbeiträge werden dabei aufgrund des gesprochenen Textes »live« codiert oder transkribiert (und in der Folge wie Pressetexte behandelt); Fernsehberichterstattung (z.B. Nachrichten) wird analog aufgrund eines sprachlich fixierten Codebuch-Textes auf die relevanten Dimensionen überprüft, wobei auch hier meist den gesprochenen Ansagen, Moderationen, Kommentaren und Nachrichtentexten besondere Bedeutung geschenkt wird. Sie gelten als der zentrale Aussageträger für Themen und Bewertungen als bevorzugte Untersuchungsgegenstände (vgl. etwa SCHULZ, BERENS & ZEH 1998; TENSCHER & SCHROTT 1997).

Diese starke Textorientierung verdeutlicht auch ein Blick in die klassischen Lehrbücher zur Methode, die zwar nicht-textliche Analysestrate-

---

1 Vgl. den Beitrag von Grittmann im vorliegenden Band.

gien nicht explizit ausschließen, implizit aber freilich (und durchaus legitim) von dem Regelfall einer Analyse sprachlich codifizierter Mitteilungen ausgehen. So fokussiert Merten (1995) schon bald auf Texte und Textanalyse (S.16ff.), was sich in den späteren theoretischen Ausführungen zur »Inhaltsanalyse als semiotische Analyse« (S.60ff.) ebenso wie in den linguistischen Grundlagen fortsetzt und sich ebenfalls in seiner umfangreichen Typologie inhaltsanalytischer Verfahren niederschlägt, die nach semantischen und syntaktischen Kriterien klassifiziert werden (S. 121ff.). Ähnlich verwendet auch Früh (1998) eine textwissenschaftliche Begrifflichkeit, die zwar die Analyse nicht-sprachlicher Elemente keineswegs ausschließt, aber ihren Fokus eher auf die sprachliche Ebene abzielt, wie auch das dort angeführte Beispiel für ein Codebuch zur Analyse von Fernsehprogrammen (S.189-206) verdeutlicht. Verfahren wie die Computergestütze Textanalyse (Klein 1997) zielen gar ausschließlich auf die Textebene ab. In der Konsequenz wird damit die visuelle Komponente der Inhaltsanalyse von journalistischer Berichterstattung weitgehend auf das Gebiet qualitativer Verfahren der Film- und Fernsehanalyse (vgl. etwa HICKETHIER 1996) verlagert.

Der nachfolgende, forschungspraktisch orientierte Werkstattbericht zeigt (1) eine Möglichkeit auf, wie Aspekte der Bildberichterstattung auch im Rahmen einer quantitativ zu bearbeitenden Fragestellung adäquat, d.h. dem bildlichen Charakter der Mitteilung angemessen, erhoben und ausgewertet werden können. Zum Einsatz kommt dabei ein ikonographisch basiertes Codierverfahren, das auf einem visuellen Codebuch beruht und am Beispiel einer Analyse von Bildbeiträgen in Hauptnachrichtensendungen erläutert wird. Zunächst wird (2) allerdings ein Vorschlag für eine Analysestrategie unterbreitet, die auf einer vergleichsweise simplen Kategorisierung beruht - Analysetiefe also nicht durch immer ausgefeiltere Themenkategorien oder die immer differenziertere Erfassung semantischer Aussagen (s.o.) erzielt wird, sondern durch ein (in der Forschungsfrage begründetes) komplexeres Datenmanagement und entsprechende Auswertungsstrategien.

Da die vorgestellten Verfahren auf das betreffende Erkenntnisinteresse - die Untersuchung von Vielfalt in deutschen Fernsehnachrichten auf der Mikroebene - zugeschnitten sind, werden in einem ersten Abschnitt einige theoretische Grundüberlegungen kurz vorgestellt, bevor ausführlicher auf die methodischen Aspekte von Verschlüsselung und Auswertung des Materials eingegangen wird.

1. Forschungshintergrund: Vielfalts-Analysen auf der Mikroebene

Ausgangspunkt für die Entwicklung des vorliegenden Analysekonzepts war in inhaltlicher Hinsicht die Frage nach der Vielfalt in der Bildberichterstattung deutscher Hauprichtnachrichtensendungen (vgl. hier und im folgenden ausführlich RÖSSLER 2000). Hierbei eröffnet sich ein Spannungsfeld zwischen einerseits eben dieser Vielfalt, die aus demokratietheoretischer Sicht ein anzustrebendes Ziel darstellt, da sie die Pluralität von Themen und Meinungen gewährleistet, die eine freie Willensbildung erfordert. Im Idealfall sollen die unterschiedlichen Wertesysteme der gesellschaftlichen Gruppen angemessen repräsentiert sein, weshalb sowohl thematische als auch Meinungsvielfalt unter den einschlägigen Qualitätskriterien für die journalistische Berichterstattung genannt wird (vgl. etwa SCHATZ & SCHULZ 1992: 690ff.). Andererseits wird befürchtet, daß ein zu hohes Maß an Vielfalt die Fragmentierung der Publika und in einem nächsten Schritt auch der Öffentlichkeit nach sich ziehen könnte; Fragmentierung wird dabei als eine Zersplitterung der Publika von Massenmedien in zahlreiche Teilpublika verstanden, die unterschiedliche Inhalte nutzen, seltener zu einem großen Publikum zusammenkommen und deswegen nur noch über einen geringen gemeinsamen gesellschaftlichen Erfahrungshorizont verfügen (vgl. z.B. BRUNS & MARCINKOWSKI 1997). Diese Argumentationskette unterstellt freilich, daß aus der Vervielfachung der genutzten Medieninhalte auch eine inhaltliche Differenzierung des Angebotsspektrums resultiert - mithin die Programme, auf die sich die Zuschauer verstreuen, tatsächlich unterschiedliche Inhalte offerieren. An diesem Sachverhalt ließen bereits frühe Produktanalysen zur Diffusion des Privatfernsehens gewisse Zweifel aufkommen, wie die geflügelten Worte vom »more of the same« (DONSBACH & DUPRÉ 1994) oder der »Vervielfachung des Informationskernbestandes« (BUCHER & SCHRÖTER 1990) illustrieren.

Entsprechende empirische Studien, in denen Vielfalt anhand von breiten Genre- oder Themenkategorien ermittelt wird, sind bislang zumeist auf der Ebene von Makroanalysen angesiedelt. So unterscheiden Brosius und Zubayr (1996) zwischen interner Vielfalt (Variation von Programmangeboten innerhalb eines Senders) und externer Vielfalt (Beitrag eines Senders zur Gesamtvielfalt eines gegebenen Angebots). Innerhalb eines einzelnen Genres - den Informationsprogrammen - analysierten Bruns und Marcinkowski (1997: 99ff.) die relative Häufigkeit verschiedener Sachgebiete, Akteure und Ereignisorte im Zeitraum zwischen 1986 und 1994.[2] Daneben stellt sich die Frage nach der Vielfalt aber auch auf einer Mikroebene - Beispiel Fernsehnachrichten: Welche konkreten Einzelthemen werden in verschiedenen Nachrichtensendungen desselben Tages behandelt? An dieser Stelle lassen sich zumindest zwei weitere Teilebenen unterscheiden:

(1) die *Berichtsanlaß-Ebene* (welche Berichtsanlässe werden von verschiedenen Sendungen desselben Tages beachtet?)

Studien, die nicht allein auf Vielfalt bei der Repräsentation von Themenbereichen rekurrieren, sondern die Vielfalt bei der Rekonstruktion des Tagesgeschehens (einzelne Berichtsanlässe) ermitteln, sind bislang leider äußerst dünn gesät. Beispielsweise stellen Bruns und Marcinkowski (1997: 174ff.) in einer Spezialanalyse anhand zweier exemplarischer Sendungen deren Themen tabellarisch gegenüber, die sie im Anschluß eher qualitativ interpretieren.

(2) die *Beitragselement-Ebene* (welche Bilder werden von einem Berichtsanlaß gezeigt?).

Innerhalb ihrer Studie zur Nachrichtenberichterstattung über die Versenkung der »Brent Spar« klassifizierten Berens und Hagen (1997: 546ff.) einzelne »Bilder« vom Ereignis, definiert als zusammenhängende Bildpassage zwischen zwei Schwenks. Für dieses Fallbeispiel identifizieren sie hohe Redundanzgrade der privaten Sender, die Bilder häufiger wiederholen.

Diesen bisherigen Studien auf Mikroebene ist gemeinsam, daß es sich um eine eher fallstudienhafte Aufarbeitung der Berichterstattung zu einem bestimmten Thema oder eines einzelnen Zeitabschnitts handelt. Der *Brent-Spar-Studie* gebührt zwar der Verdienst, erstmals Vielfalt als

---

2 Die durchgeführten Analysen betreffen zwar die Mikroebene der Vielfaltsdiskussion, bewegen sich dort aber immer noch auf einer vergleichsweise hohen Aggregationsstufe: Ereignisse werden in eher groben Themenkategorien klassifiziert, die keinen Rückschluß mehr darüber erlauben, ob sich die berechneten Anteilswerte tatsächlich auf dieselben Geschehnisse beziehen. Beispielsweise könnte aus dem Befund, daß zwei Nachrichtensendungen A und B jeweils 15% ihrer Berichterstattung dem Sachgebiet »Unglücke« widmen, nicht geschlossen werden, daß sich 15% ihrer Berichterstattung decken würden: Dazu müßte gewährleistet sein, daß innerhalb der Kategorie »Unglücke« ausschließlich dieselben Vorkommnisse thematisiert wurden (vgl. auch MERTEN in diesem Band).

anerkanntes Kriterium der »traditionell textorientierten Qualitätsforschung auf Bildberichterstattung« angewendet zu haben (ebd.: 539); dennoch erfolgte die Codierung auf Basis einer klassischen hermeneutischen Analyse, der kein systematisches Bild-Kategoriensystem zugrunde lag. Das Forschungsanliegen, für das die gerade skizzierten, früheren Analyse- und Auswertungsstrategien ergänzt und verfeinert wurden, wählte dagegen einen breiteren Zugang zur Vielfaltsthematik, der alle aufscheinenden Berichtsanlässe im Untersuchungszeitraum berücksichtigt und zur Erhebung von Bildsequenzen ein spezielles visuelles Codebuch verwendet, das eine ikonographische Verschlüsselung erlaubt. Die Untersuchung sah dementsprechend zwei Analyseeinheiten vor, und zwar den einzelnen Beitrag (Codiereinheit Berichtsanlaß) und die einzelne Einstellung eines Filmberichts (Codiereinheit Bildsequenz), deren Bearbeitung nun (im Sinne eines Werkstattberichts) in dieser Reihenfolge erläutert wird. Dabei behandeln die Ausführungen zur Berichtsanlaß-Ebene bereits die Grundzüge der mit dem vorliegenden Ansatz zwingend verknüpften Auswertungsstrategie; diese kommt auch auf Bildsequenz-Ebene zum Einsatz, wird dort aber zugunsten der Vorstellung des visuellen Codebuchs als bekannt vorausgesetzt.

2. Codierung und Auswertung der Berichtsanlässe

Charakteristisch für die Codierung von Medieninhalten auf der Mikroebene scheint, daß es eine Vielzahl von Einzelbeobachtungen gibt, die für entsprechende Vielfaltsuntersuchungen - im Gegensatz zu den meisten anderen wissenschaftlichen Fragestellungen - gerade nicht in übergeordnete Kategorien eines Codebuchs zusammengefaßt werden. Diesen fundamentalen Unterschied zu anderen inhaltsanalyse-basierten Studien verdeutlicht die Verortung der Aggregationsstufe im geforderten Prozeß der Reduktion von Komplexität:

(1) In klassischen Studien erfolgt eine erste Aggregation relevanter Informationen oft schon bei der Zuordnung zu den Kategorien, etwa der Beitragsanlaß »Krankenkassen erhöhen Beiträge« unter die Themenkategorie »Gesundheitswesen«.[3] In der weiteren Analyse wird dann beispielsweise der Anteil des Gesundheitswesens am gesamten Themen-

---

[3] Da die meisten inhaltsanalytisch erhobenen Datensätze auf dieser Vorgehensweise basieren,

spektrum ausgewiesen, im Vergleich zu Außenpolitik, Unglücken, Sport usw. Ein Fall im Datensatz ist ein Beitrag, dessen Thema eine Variable.

(2) Dagegen fordert eine Vielfaltsanalyse auf Mikroebene, daß der ursprüngliche Berichtsanlaß (»Beitragserhöhung«) beibehalten und zunächst verglichen wird, welche anderen Medien ebenfalls über diesen Anlaß berichten. Die Aggregation erfolgt daraufhin nicht über Berichtsanlässe hinweg, sondern über die berichtenden Medien hinweg. Ein Fall im Datensatz ist nun nicht mehr ein Beitrag, sondern ein Anlaß, Variablen sind die Informationen, in welchem Medium dieser Anlaß behandelt wurde.

Auf diese Logik, die die Grundlage für die im vorliegenden Zusammenhang präsentierten Instrumente und Strategien darstellt, wird im folgenden noch näher eingegangen (Aspekte 4./5.). Insgesamt ergeben sich hieraus eine Reihe von Konsequenzen für die Forschungspraxis:

1. Da Vorstudien belegen konnten, daß Nachrichten im wesentlichen tagesaktuelle Berichterstattung darstellen, also auf Anlässe desselben Tages rekurrieren, erfolgt die Codierung zunächst tagesbezogen durch die Definition sogenannter »Tagesthemen« (die sich freilich an Folgetagen wiederholen können).

2. Die Kategoriensysteme für die Kriteriumsvariablen, anhand deren Vielfalt gemessen werden soll (hier: Tagesthemen), müssen dynamisch während der Codierung fortgeschrieben werden. Denn aus forschungsökonomischer Sicht läßt sich der Aufwand nicht rechtfertigen, zunächst in einem ersten Schritt alle Anlässe zu ermitteln und diese dann in einem zweiten Schritt nochmals zu codieren. Der Berichtsanlaß wird vielmehr aufgrund des aktuellen Ereignishintergrunds ermittelt und stichwortartig festgehalten. Artikel, die auf denselben Berichtsanlaß rekurrieren, erhalten denselben Schlüssel.

3. Um die Reliabilität der Codierung zu sichern, ist eine spezifische Organisation der Erhebungsarbeit erforderlich, die einen zweistufigen Abgleichprozeß einschließt. Zunächst müssen alle Medienorgane eines Tages durch denselben Codierer/dasselbe Codiererteam bearbeitet werden. Hier findet ein interner Abgleich der für den betreffenden Tag gültigen Themenliste statt. Interessant ist für die Auswertung natürlich auch die dynamische Entwicklung eines Themas im Zeitverlauf, weshalb sich

eignen sie sich gerade nicht für Vielfaltsstudien auf Mikroebene - möglicherweise ein Grund, weshalb diese in der bisherigen Forschung so spärlich anzutreffen sind.

ABBILDUNG 1
Erstellung von Tages- und Wochenthemen auf Basis der Beitragsanlässe

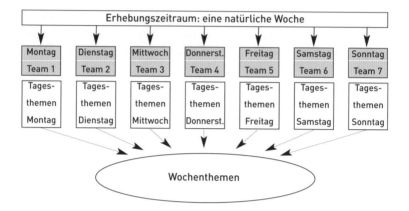

im Anschluß an diese Codierung die Codierer bzw. ein Sprecher jeder Codierergruppe zusammensetzen und diese Listen extern abgleichen.

Abbildung 1 verdeutlicht diese Vorgehensweise anhand der vorliegenden Beispielstudie: Der Erhebungszeitraum - eine natürliche Woche - wurde in die einzelnen Tage unterteilt, und sieben Codiererteams haben anschließend jeweils die Hauptnachrichtensendungen von insgesamt sieben Sendern eben genau für diesen Tag codiert. Ergebnis dieser tageweisen Codierung waren im Schnitt zwischen 40 und 50 verschiedene Tagesthemen, die in den sieben Sendungen eines Tages angesprochen wurden und von jedem Codiererteam während der Codierung abgeglichen wurden. Diese sieben Listen von Tagesthemen für jeden Untersuchungstag wurden dann in einer Sitzung in eine Liste all jener Themen überführt, die an mehr als einem Tag dieser Woche angesprochen wurden (»Wochenthemen«).

4. Ohne weitere datentechnische Modifikationen läßt sich das so erhobene Datenmaterial in traditioneller Weise auswerten, d.h., es lassen sich beispielsweise die Themenprofile unterschiedlicher Sender (interne Vielfalt) bestimmen und anschließend vergleichen. Um wichtige Aspekte externer Vielfalt analysieren zu können, ist hingegen die oben bereits erwähnte, grundlegende Veränderung der Datenstruktur erforderlich. Entscheidend ist dabei der Übergang von der Beitragsebene (aus der Co-

ABBILDUNG 2
Veränderung der Datenstruktur zur Ermittlung von Vielfalt

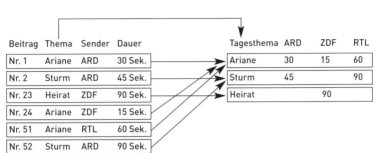

dierung) zur Tagesthemenebene (für die Analyse), wo jedes Tagesthema - im Ausgangsdatensatz eine *Variable* zu einem *Fall* in einem neuen Datensatz wird. Für jeden dieser Fälle ist festgehalten, in welchem Medium dieses Tagesthema wie behandelt wird (vgl. Abbildung 2).

Um einen solchen Datensatz zu erzeugen, muß die Datenstruktur umgekehrt werden, wofür SPSS (als in unserem Fach weit verbreitete Analysesoftware) zwei Möglichkeiten anbietet: Zum einen durch die Transpose-Funktion (Syntax-Befehl: FLIP), die in der Datenstruktur Fälle und Variablen vertauscht; und zum andern durch die Aggregierungs-Funktion (Syntax-Befehl: AGGREGATE), mit der sich Verteilungsparameter definierter Subgruppen speichern lassen, wobei in diesem Fall alle Datensätze zu demselben Berichtsanlaß eine Subgruppe darstellen.[4] Unabhängig davon, welche der beiden Strategien zum Einsatz kommt, muß in einem ersten Schritt mindestens ein Satz von Dummy-Variablen für jede vorkommende Codiereinheit erstellt werden (Transponieren: Dummy für jeden Anlaß aufgrund der Themenvariablen; Aggregieren: Dummy für jeden Sender). Unsere Erfahrung zeigt, daß zumindest bei größeren Datensätzen die Modifikation der Datenstruktur durch Aggregieren vorzuziehen ist. Für die Auswertung von Bedeutung ist die Frage, welche Information in der Dummy-Variablen abgespeichert wird; statt einer simplen dichotomen Angabe »Anlaß berichtet/nicht berichtet« sollte zumindest die Summe des Berichterstattungsumfangs über diesen Anlaß

---

4 Auf die programmtechnischen Einzelheiten dieser Konvertierung kann hier aus Platzgründen nicht näher eingegangen werden; statt dessen sei auf die einschlägigen Software-Manuals und Handbücher verwiesen.

ABBILDUNG 3
Fiktive Beispielauswertungen zu Vielfalts-Analysen

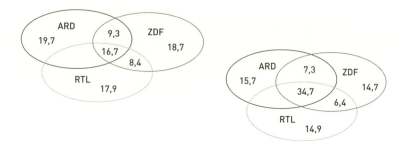

fixiert werden (z. B. Länge in Sekunden, vgl. erneut Abbildung 2), wie die nachfolgende Beispielauswertung nahelegt.

5. Tatsächlich kann in der so modifizierten Arbeitsdatei nicht nur die insgesamte Themenvielfalt des betreffenden Tages ermittelt werden, sondern auch, welche Anlässe in der Berichterstattung welcher Sendung exklusiv vorkommen, oder welche von besonders vielen (und welchen) Quellen berücksichtigt werden und damit im Überschneidungsbereich des medialen Interesses liegen. So zeigt beispielsweise das linke Diagramm in Abbildung 3, in welchem Umfang sich die Berichterstattung zwischen einzelnen Sendungen überschneidet, wobei als Basis für die Prozentwerte nur die Zahl der Berichtsanlässe eines zufälligen Tages dient. In dieser fiktiven Auswertung ergäben sich drei Sendungen mit Exklusivbereichen von ca. 18 Prozent, bilaterale Überschneidungen und schließlich eine Schnittmenge von rund 17 Prozent an Tagesthemen, die in allen drei Sendungen vorkommen.[5]

Detaillierte Aufschlüsse sind freilich zu gewinnen, wenn in der oben beschriebenen Art und Weise (4.) zusätzlich der Umfang festgehalten wurde, in dem jedes Tagesthema von der betreffenden Sendung berücksichtigt wird. Verwendet man diese Information als Gewichtungsvariable bei der Berechnung der Überschneidungswerte, verschieben sich die Relationen meist dramatisch (vgl. Abbildung 3, rechtes Diagramm). Nun gehen die einzelnen Tagesthemen nicht mehr gleichberechtigt ein, und da in der Regel dieselben, wichtigen Ereignisse sowohl besonders umfangreich als auch in verschiedenen Medien beachtet werden, steigt das

---

[5] Vgl. auch den Beitrag von Merten in diesem Band.

ABBILDUNG 4
Identifikation identischer Frames

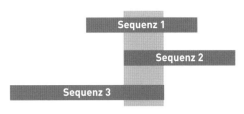

Ausmaß der Fokussierung. In unserem Beispiel beträgt der Anteil gemeinsamer Berichterstattung zwischen drei Sendungen ungefähr 40 Prozent. Daher muß immer dann, wenn der tatsächliche Anteil von Überschneidung in der Berichterstattung zwischen Programmen interessiert, auch dieser gewichtete Wert verrechnet werden.[6] Allerdings sei allgemein darauf hingewiesen, daß diese Auswertungsstrategie bei mehr als drei Vergleichsobjekten aufwendig in der Datengenerierung und visuell kaum mehr darstellbar wird.

3. *Bildberichte: ikonographische Codierung anhand eines visuellen Codebuchs*

Die soeben am Beispiel von Berichtsanlässen erläuterte Bestimmung von Vielfaltswerten läßt sich natürlich analog für andere Elemente medialer Berichterstattung (z.B. Akteure, Argumente) anwenden. Im vorliegenden Kontext interessierte dementsprechend die Frage, wie groß die Vielfalt bei den zu einem Berichtsanlaß eingespielten Nachrichtenfilmen ist, die zum Teil von eigenen Korrespondenten produziert, zum Teil von Agenturen zugekauft werden. Als Analyseeinheit wurde für diese Frage-

---

6 Durch den Einschluß zusätzlicher Charakteristika der Codiereinheiten in die modifizierte Datenstruktur lassen sich zudem inhaltlich weitergehende Aussagen treffen, die mögliche Erklärungen für die zumeist differenzierten Befunde zur Vielfalt auf Mikroebene liefern können. Mit Blick auf die dynamische Perspektive der Berichterstattung könnte es beispielsweise sinnvoll sein, als Dummy-Variable den frühesten Erscheinungstermin eines Themas in einer Sendung festzuhalten, um zu ermitteln, welche Sendung im Schnitt früher über gemeinsame Themen berichtet.

stellung (in Anlehnung an die Vorgehensweise von BERENS & HAGEN 1997: 541) die einzelne *Bildsequenz* in einem Nachrichtenfilm gewählt, die als die zusammenhängende Einheit von Einzelbildern zwischen zwei Schnitten definiert wurde; eine oder zumeist mehrere Bildsequenzen konstituieren den journalistischen Beitrag. Die präzisierte Fragestellung der Untersuchung lautet demnach: Welche Anteile der Bildberichterstattung in Nachrichtensendungen beruhen auf exklusiven Bildsequenzen eines Senders, welche auf Bildsequenzen, die sie mit anderen Sendungen gemeinsam haben?

Mit Blick auf das vorliegende Forschungsziel seien zwei Problemkreise erwähnt, die das für Vielfaltsberechnungen entscheidende Kriterium zur Ermittlung von Übereinstimmungen berühren.

1. Eine erste Schwierigkeit ergibt sich hier beim Vergleich von prinzipiell *gleichen Bildsequenzen mit unterschiedlicher Länge*, der nicht die Ausnahme, sondern den Regelfall journalistischer Berichterstattung darstellt: Je nach Sendung werden verfügbare Nachrichtenfilme (z. B. von Bildagenturen) gekürzt, geschnitten und dem gesprochenen Text angepaßt. Im Sinne einer Differenzierung von Exklusivität vs. Übereinstimmung konstituiert eine veränderte Schnittfolge oder nur ausschnittweise Berücksichtigung desselben Materials sicherlich keinen eigenständigen Inhalt. Da jedoch die Bestimmung eines Minimalumfangs identischer Bilder, ab dem von Übereinstimmung gesprochen werden kann, stets willkürlich bleiben muß, wurde für die vorliegende Studie festgelegt, daß eine Übereinstimmung vorliegt, sobald in zwei Sequenzen *mindestens ein gemeinsamer Frame* existiert - unabhängig davon, wie viele Frames sich tatsächlich entsprechen (vgl. Abbildung 4). Eine detailliertere Forderung bedingt sofort einen deutlich höheren Codieraufwand.

2. Aus inhaltlicher Sicht ist anzumerken, daß diese Definition von Übereinstimmung nur jene Fälle erfaßt, in denen tatsächlich identisches Material gesendet wird. Für die Ermittlung von Vielfalt besteht allerdings ein bestenfalls gradueller Unterschied zu einer Situation, in der derselbe Bildinhalt mit *minimalen formalen Abweichungen* gezeigt wird. Beispiele hierfür wären Ereignisse wie Pressekonferenzen, bei denen auf einer Pressetribüne mehrere Kamerateams nebeneinander stehen. In diesem Fall werden sich die einzelnen Frames zwar graduell unterscheiden, was etwa den Winkel zum Geschehen und den Bildausschnitt angeht, aber der gezeigte Sachverhalt ist derselbe, z. B. ein symbolischer Händedruck oder die beiden Totalansichten des Ariane-Starts (vgl. Abbildung 5). Für

ABBILDUNG 5
Relative Übereinstimmung zweier Screenshots

diesen Fall wurde in der vorliegenden Studie eine zusätzliche Kategorie eingeführt, nämlich die sogenannte *relative Übereinstimmung*. Hier vermerkten die Codierer, wenn eine Sequenz einer früheren Sequenz unter den eben beschriebenen Prämissen ähnelt, ohne dieser unmittelbar zu entsprechen.

Da die Auswertungsstrategie - nach den beschriebenen Klärungen, wann eine Übereinstimmung zweier Bildsequenzen vorliegt - im wesentlichen der unter 2. beschriebenen Vorgehensweise folgt, soll abschließend die Entwicklung des visuellen Codebuchs erläutert werden, das als Hilfsmittel zur Identifikation der Sequenzen während der Codierung entwickelt wurde. Vorläuferstudien zum Thema (vgl. etwa BERENS & HAGEN 1997) haben - ebenso wie Inhaltsanalysen von Fernsehprogrammen im allgemeinen - bereits bei der Codierung die Transformation der zu erhebenden Merkmale von der Bildebene auf die Textebene vorgenommen. Das heißt, die visuellen Informationen werden anhand eines mehr oder weniger detaillierten Kriterienrasters (Codebuch) in sprachliche Codes übersetzt und anschließend empirisch ausgewertet.

Dieser zunächst eher hermeneutische Umgang mit Bildinformationen ist in jedem Fall dann angemessen, wenn im Anschluß die Analyse bzw. die Auswertung sprachbasiert erfolgt, wie es in der kommunikationswissenschaftlichen Forschung üblich ist. In diesem Fall ist der Transfer von der visuellen auf die sprachliche Ebene unvermeidlich;[7] lediglich

---

[7] Eine berühmte Ausnahme verkörpert Wembers (1976) Analyse »Wie informiert das Fernsehen?«, die ursprünglich als Fensedokumentation konzipiert und ausgestrahlt wurde und auch in der verschriftlichten Fassung durch zahlreiche, in den Text eingebaute Screen-Shots versucht, die visuelle Komponente der Analyse zu erhalten.

ABBILDUNG 6
Storyboard als Abfolge einzelner Sequenz-Screen-Shots

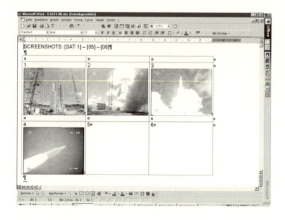

der Zeitpunkt, zu dem dieser Transfer erfolgt, ist sinnvoll zu bestimmen. Bei der vorliegenden Fragestellung nach Vielfalt der gezeigten Fernsehbilder erscheint es freilich nicht angemessen, diesen Transfer bereits bei der Codierung und damit *vor dem Vergleich der einzelnen Bildsequenzen* durchzuführen: Verglichen würden dann nämlich Verschriftlichungen der Bilder, die vermutlich niemals hinreichend detailgenau erfolgen können, um die in der Thematik angelegten bzw. oben unter 1. und 2. ausgeführten Feinheiten tatsächlich zu beschreiben. Der Versuch, Bildberichterstattung sequenzweise sprachlich so genau zu etikettieren, daß auf dieser Grundlage exakte oder relative Übereinstimmungen zweifelsfrei ermittelt werden können, scheint aussichtslos oder jedenfalls mit unangemessen hohem Aufwand verbunden - ist aber für die im vorliegenden Fall relevante Fragestellung (Ermittlung von Vielfalt) elementar.

Statt dessen wurde für die vorliegende Studie ein visuelles Codebuch entwickelt, das die angetroffenen Sequenzen nicht anhand üblicher Kategorien verschlüsselt, sondern anhand *charakteristischer Screenshots* aus den betreffenden Sequenzen. Die Identifikation einer Bildsequenz und ihre zweifelsfreie Etikettierung erfolgte deswegen auf Basis einer digitalisierten Fassung der betreffenden Filmberichte. Mit Hilfe der Bilddatei wurden von jeder Sequenz Screenshots angefertigt, die einen Bildinhalt mit hohem Wiedererkennungswert zeigen und einen eindeutigen Schlüssel erhalten. Für jeden Beitrag entsteht in der Abfolge der Screenshots eine Art Storyboard (vgl. Abbildung 6); alle Screenshots zu demselben Thema - bereinigt um die Dubletten - bilden in ihrer Gesamtheit ein visuelles Kategoriensystem, anhand dessen die Beiträge codiert werden. Auf diese Weise können die Sequenzen anschließend nach ihrem Schlüssel quantitativ ausgewertet werden, eine Zusatzcodierung kann ferner die relative Übereinstimmung mit anderen Screenshots festhalten und ermöglicht so die Berechnung eines zweiten Maßes für Vielfalt in der Bildberichterstattung.

Aus Sicht der Codierpraxis ist anzumerken, daß die Erstellung des visuellen Kategoriensystems zu jedem Thema natürlich nur dann sinnvoll durchgeführt werden kann, wenn (analog zur Codierung der Berichtsanlässe) eine dynamische Fortschreibung erfolgt; d. h., die Liste der Sequenzen (als die Kategorienausprägungen) wird im Laufe der Codierarbeiten erstellt. Um hier eine einheitliche und eindeutige Identifikation zu sichern, mußte ebenfalls wieder derselbe Codierer alle Beiträge zu einem Thema bearbeiten (vgl. gleichlautende Hinweise bei BERENS & HAGEN 1997). Im konkreten Fallbeispiel wurde deswegen das gesamte Material tageweise von sieben Codiererteams bearbeitet. Für die Codierung auf Sequenzebene wurden dann innerhalb jedes Teams alle Beiträge zum selben Tagesthema von demselben Codierer verschlüsselt.

Grundlage für die hier skizzierte Vorgehensweise war freilich, daß alle Filmberichte in einer digitalisierten Fassung vorliegen. Denn erst dann läßt sich mit Hilfe der Bilddateien relativ problemlos von jeder Sequenz eines Beitrags ein Screenshot anfertigen, der den geforderten charakteristischen Bildinhalt zeigt. Die Herstellung dieser Video-Files mittels der handelsüblichen Bildbearbeitungs-Software bereitet zwar einen erheblichen Aufwand, der sich aber später im Codierprozeß auszahlt: Digitalisierte Bildbeiträge sind deutlich besser zu handhaben als Videobänder, da der Codierer im Mediaplayer schnell und beliebig hin- und herspringen kann. Außerdem können auch zwei, drei und mehr Beiträge gleichzeitig auf dem Bildschirm betrachtet werden, was gerade für die Codierung von Vielfalt in verschiedenen Beiträgen ein unschätzbarer Vorteil ist.

Das hier entwickelte visuelle Kategoriensystem ist damit in seiner Medialität (bildlich dargestellte Ausprägungen) der Medialität des Untersuchungsmaterials angepaßt und ermöglicht so die zur angestrebten Ermittlung von Vielfalt nötige Identifikation einzelner Sequenzen. Darüber hinaus erweist es sich natürlich als sinnvoll, auf Sequenzebene (über den Bildschlüssel hinaus) noch weitere inhaltliche Merkmale zu erheben, beispielsweise die gezeigten Akteure oder die Gewalthaltigkeit des Bildinhalts. Diese Indikatoren können im folgenden u.a. dazu dienen, die mehrfache Berücksichtigung von Sequenzen in unterschiedlichen Sendungen (oder deren Exklusivität) zu erklären.

4. Ikonographie und Vielfaltsberechnungen: erste Erkenntnisse aus der Werkstatt

Die in den beiden vorigen Abschnitten skizzierte Vorgehensweise zur Vielfaltsanalyse - Vergleich des Auftretens bestimmter Berichterstattungsmerkmale unter Einschluß von Bildmaterial - wurde bisher bereits auf unterschiedliche Arten von Medienangeboten (TV-Nachrichten, TV-Magazine; bzw. ohne visuelle Komponente: Tageszeitungen, Nachrichtenmagazine, Agenturen) in verschiedenen Zeiträumen angewendet. Besonders interessante Befunde sind dabei aus einer Gegenüberstellung dieser unterschiedlichen Angebote, bezogen auf eine einzelne Region (Thüringen) zu erwarten, die derzeit im Auftrag der Thüringischen Landesmedienanstalt (TLM) durchgeführt wird. Ergebnisse aller dieser Erhebungen liegen derzeit jedoch noch nicht vor, weshalb sich der vorliegende Werkstattbericht auf eine Darstellung der eingesetzten inhaltsanalytischen Strategien konzentriert.

Aus der konkreten Feldarbeit ist zu berichten, daß die vergleichsweise simple Codierung von Berichtsanlässen bzw. Identifikation von Bildsequenzen, die beide im Grunde auf einer fortschreitenden Auflistung beruhen, eher geringe Ansprüche an die Codierer stellt. Die von ihnen zu treffenden Entscheidungen beschränken sich auf die Ermittlung von Ähnlichkeiten, was nur einen Vergleich der Materialien untereinander, nicht aber die Zuordnung zu im vorhinein definierten Kategorien erfordert. Für die zentrale Variable des Erkenntnisinteresses ist also die Abstraktionsfähigkeit der Codierer zweitrangig, was nicht nur einen reduzierten Aufwand für die Codiererschulung impliziert, sondern sich letztlich auch in guten Reliabilitätswerten niederschlägt. Auf ein Problem sei allerdings hingewiesen: Die spezifische Form der Realitätsdarstellung durch den Journalismus bedingt, daß zuweilen Berichtsanlässe, die in dem einen Medium in separaten Beiträgen (d.h. in unterschiedlichen Analyseeinheiten) abgehandelt werden, im nächsten Medium zu einem einzigen Beitrag zusammengefaßt werden. Da Mehrfachcodierungen die Vielfaltsberechnungen erheblich komplizieren würden, muß das Codebuch für diesen Fall eine Entscheidungsregel vorsehen.

Die Erleichterungen im Bereich der eigentlichen Codierung werden freilich durch erhöhte Anforderungen an die Feldorganisation, Datenaufbereitung und -analyse erkauft. Insbesondere im Falle einer ikonographischen Codierung von Bildübereinstimmungen ist nicht zu unterschätzen, daß bereits die Aufbereitung des aufgezeichneten Fernsehmaterials zu digitalen Dateneinheiten an soft- und hardwaretechnische Voraussetzungen geknüpft und äußerst zeitintensiv ist - und auch die Codierer Zugang zu entsprechend leistungsstarken Computern besitzen müssen.

Literatur

BERENS, H.; L. HAGEN: Der Fall »Brent Spar« in Hauptnachrichtensendungen. Ansätze zur Operationalisierung von Qualitätskriterien für die Bildberichterstattung. In: BENTELE, G.; M. HALLER (Hrsg.): *Aktuelle Entstehung von Öffentlichkeit*. Konstanz 1997, S.539-549

BROSIUS, H.-B.; C. ZUBAYR: *Vielfalt im deutschen Fernsehprogramm. Eine Analyse der Angebotsstruktur öffentlich-rechtlicher und privater Sender*. LPR Schriftenreihe, Band 12. Ludwigshafen 1996

BRUNS, T.; F. MARCINKOWSKI: *Politische Information im Fernsehen. Eine Längsschnittstudie*. Opladen 1997

BUCHER, H.-J.; C. SCHRÖTER: Privat-rechtliche Hörfunkprogramme zwischen Kommerzialisierung und publizistischem Anspruch. Eine Programm- und Informationsanalyse für Baden-Württemberg und Rheinland-Pfalz. In: *Media Perspektiven*, 1990, S. 517-540

DONSBACH, W.; D. DUPRÉ: Mehr Vielfalt oder »more of the same« durch mehr Kanäle? Möglichkeiten zum Unterhaltungsslalom im deutschen Fernsehen zwischen 1983 und 1991. In: BOSSHART, L.; W. HOFFMANN-RIEM (Hrsg.): *Medienlust und Mediennutz*. München 1994, S. 229-247

FRÜH, W.: *Inhaltsanalyse. Theorie und Praxis*. 4., überarbeitete Auflage, Konstanz 1998

HICKETHIER, K.: *Film- und Fernsehanalyse*. 2. Auflage, Stuttgart, Weimar 1996

KLEIN, H.: Computerunterstütze Textanalyse. In: *Medien Journal*, 21/3, 1997, S. 51-60

MERTEN, K.: *Inhaltsanalyse. Einführung in Theorie, Methode und Praxis.*
2. Auflage. Opladen 1995
MERTEN, K.; B. GROSSMANN.: Möglichkeiten und Grenzen der
Inhaltsanalyse. In: *Rundfunk und Fernsehen*, 44, 1996, S.70-85
RIFFE, D.; A. FREITAG.: A Content Analysis of Content Analyses: Twenty-
Five Years of Journalism Quarterly. In: *Journalism & Mass
Communication Quarterly*, 74, 1997, S.515-524
RÖSSLER, P.: Vielzahl = Vielfalt = Fragmentierung? Empirische Anhalts-
punkte zur Differenzierung von Medienangeboten auf der Mikro-
ebene. In: JARREN, O.; K. IMHOF; R. BLUM (Hrsg.): *Zerfall der Öffentlich-
keit?* Opladen 2000, S.168-186
SCHATZ, H.; W. SCHULZ: Qualität von Fernsehprogrammen. Kriterien und
Methoden zur Beurteilung von Programmqualität im dualen
Fernsehsystem. In: *Media Perspektiven*, 1992, S. 690-712
SCHULZ, W.; H. BERENS; R. ZEH: Das Fernsehen als Instrument und Akteur
im Wahlkampf. Analyse der Berichterstattung von ARD, ZDF, RTL und
SAT.1 über die Spitzenkandidaten bei der Bundestagswahl 1994. In:
Publizistik, 46, 1998, S. 58-79
TENSCHER, J.; P. SCHROTT: Fernsehanalyse am Beispiel von
Wahlkampfdebatten. In: *Medien Journal*, 21/3, 1997, S. 32-40
WEMBER, B.: *Wie informiert das Fernsehen? Ein Indizienbeweis.* München 1976

WERNER WIRTH

Der Codierprozeß als gelenkte Rezeption.
Bausteine für eine Theorie des Codierens[1]

1. Der Codierprozeß in der Inhaltsanalyse

1.1 Der Codierprozeß als Schwachstelle im empirischen Forschungsprozeß

Nicht nur für die Methode der Inhaltsanalyse, sondern für die gesamte empirische Forschung ist der Datenerhebungsprozeß ein gleichermaßen zentraler wie schwacher Punkt.[2] Er ist zentral, weil bei der Datenerhebung die Informationen generiert werden, die letztlich über die Annahme oder Ablehnung von Hypothesen und Theorien entscheiden. Es ist gleichzeitig ein schwacher oder zumindest hochsensibler Punkt, weil er die vielleicht am wenigsten exakte, kontrollierbare und dokumentierte Phase der empirischen Forschung betrifft. Während die Theorieentwicklung, die Erhebungsinstrumente (Fragebogen, Codebücher), die Daten sowie der Analyseprozeß wenigstens prinzipiell[3] veröffentlicht und damit einer Überprüfung zugänglich sind, ist der Prozeß der Datenerhe-

---

[1] Für ihre hilfreichen Kommentare zu einer früheren Fassung dieses Beitrags danke ich Werner Früh, Lars Harden, Edmund Lauf und Helmut Scherer.

[2] Abgesehen natürlich von automatischen Erhebungsprozessen wie etwa der computergestützten Inhaltsanalyse (CUI), die freilich mit anderen Problemen zu kämpfen haben (vgl. den Beitrag von Geis in diesem Band).

[3] Auch hier sorgen Herausgeberpolitik sowie Platzbeschränkungen dafür, daß nicht immer alles in gewünschter Offenheit publiziert wird.

bung meist weder begleitend noch nachvollziehend intersubjektiv kontrollierbar.[4] Der Erhebungsprozeß ist häufig auch für den Forscher selbst eine unkontrollierbare »Black Box«, da die damit verbundenen Arbeiten Interviewern bzw. Codierern überlassen werden (müssen).

Vor diesem Hintergrund mag es manchmal als frommes Wunschdenken erscheinen, wenn man in der Literatur zur Inhaltsanalyse liest, wie Codierer sich idealerweise verhalten sollen. Sie sollen jederzeit sorgfältig, gründlich, möglichst objektiv und systematisch alle Inhalte verarbeiten und mit dem Codebuch abgleichen, bevor sie einen Code vergeben (vgl. z. B. KRIPPENDORFF 1985: 71f.; FRÜH 1998: 104; POTTER & LEVINE-DONNERSTEIN 1999: 265). Die Problematik ist im Hinblick auf die Methode der Befragung schon seit langem bekannt und war bzw. ist Anlaß für fundamentale Kritik einerseits (vgl. z. B. STEINERT 1984) sowie entsprechende Methodenforschung andererseits (vgl. z. B. Scholl 1993). Hintergrund ist die Erkenntnis, daß es aufgrund von sozialen Interaktionsprozessen zwischen Befragtem und Interviewer zu Reaktivität und damit zu systematischen und unsystematischen Abweichungen von einer standardisierten und daher vergleichbaren Erhebungssituation kommt, was zu Einbußen in Reliabilität und Validität führt. Auch bezüglich der Inhaltsanalyse werden vergleichbare Phänomene diskutiert, jedoch unterschiedlich interpretiert und bewertet. So bezeichnet etwa Merten (1995) die Inhaltsanalyse ebenso wie die Befragung als *reaktive Methode*. Früh (2001) diskutiert den Codierprozeß aus der Sicht des *Interpretationsspielraums*, den das Codebuch den Codierern als sprachkompetenten Rezipienten überläßt. Während Merten (1995) die Reaktivität jedoch als störend und die Qualität der Inhaltsanalyse prinzipiell beeinträchtigend betrachtet, sieht Früh den Interpretationsspielraum des Codierers, in dem die Reaktivität produziert wird, als geradezu notwendig für das Codieren von Bedeutungen und die Reliabilitätseinbußen als Preis für Validitätsgewinne an (vgl. FRÜH 2001; BAUMANN in diesem Band).

Sehr häufig werden der Codierprozeß und seine Probleme vorrangig aus der Perspektive methodologischer Gütekriterien gesehen. Differenziert wird zwischen einigen Reliabilitätsvarianten sowie der (internen) Validität: Die intersubjektive Reliabilität (auch Intercoder-Reliabilität, Codierer-Reproduzierbarkeit) bezeichnet Übereinstimmungen zwischen Codierern, die temporale Reliabilität (auch Intracoder-Reliabilität, Stabi-

---

[4] Ausnahmen sind wiederum da festzustellen, wo der Erhebungsprozeß automatisiert erfolgt.

lität) die Übereinstimmungen der Codierungen zu verschiedenen Meßzeitpunkten und die instrumentelle Reliabilität die Genauigkeit des Instruments bzw. die Übereinstimmung der Codierer mit einer als korrekt anerkannten »Mastercodierung«.[5] Alle drei Reliabilitätsaspekte können nach Merten (1995: 303; vgl. auch Krippendorff 1985: 156) auch als Aspekte der internen Validität verstanden werden.[6]

Über allgemeine Reliabilitätsbetrachtungen und normative Vorgaben hinausgehende theoretische oder empirische Betrachtungen des Codierprozesses sind in der Methodenliteratur meist sehr kurz gehalten (vgl. als Ausnahme z. B. FRÜH 2001). Angesichts der Bedeutung des Codieraktes ist das erstaunlich. Solange der Codierprozeß selbst nicht systematisch analysiert wird, bleiben dem Methodenforscher die eigentlichen Ursachen für Reliabilitätseinbußen verborgen, selbst wenn mit Hilfe von konkreten Probecodierungen (»refining«) Codebücher punktuell verbessert werden (vgl. z. B. KRIPPENDORFF 1985: 72f.; FRÜH 1998: 140ff.).[7] Ziel

---

5 Vgl. z. B. KRIPPENDORFF 1985: 129f.; HOLSTI 1969: 135ff.; FRÜH 1998: 165f.; MERTEN 1995: 302f.; RIFFE, LACY & FICO 1998: 104ff.

6 Eigene Prüfverfahren für die interne Validität gibt es nur, wenn man bestimmte Prämissen akzeptiert (vgl. ausführlich FRÜH 1998: 171ff.). Wenn Validität stets vom Erkenntnisinteresse abhängt (vgl. MERTEN 1995: 302) und man als Prämisse davon ausgeht, daß es eine Person gibt, deren Codierungen valide bezüglich dieser Erkenntnisinteressen sind, so hat man einen Maßstab, an dem man (interne) Validität messen kann (vgl. FRÜH 1998: 172f.). Krippendorff nennt dies semantische Validität (vgl. KRIPPENDORFF 1985: 159f.) und zieht als valide Instanz Experten heran, die beispielsweise wertgeladene Aussagen aufgrund ihrer gründlichen Insiderkenntnisse reliabel identifizieren können. Bei FRÜH (1998: 172f.) ist es der Forscher selbst, der aufgrund seiner gründlichen wissenschaftlichen Beschäftigung mit dem Untersuchungsgegenstand am besten weiß, welche Phänomene er mit seinen Instrumenten erfassen will. Sind die Übereinstimmungen zwischen dieser Person und den Codierern hoch, so gilt die interne (semantische) Validität als gegeben, andernfalls nicht (vgl. ähnlich auch BOS 1989: 63 zur Inhaltsvalidität).

7 Codierer dienen als Prüf- und Kontrollinstanz bei der Verbesserung des Codebuchs (vgl. z. B. KRIPPENDORFF 1985: 72f.). Als Pretests konzipierte Reliabilitätsprüfungen und Probecodierungen können durchaus punktgenau auf einzelne Schwachstellen eines konkreten Codebuchs hinweisen. Insgesamt muß dieses Vorgehen jedoch als unsystematisch gelten. Auf diesem Wege lassen sich prinzipielle und theoretisch fundierte Erkenntnisse weder zu den Ursachen geringer Reliabilität noch zu der nutzerfreundlichen Konstruktion und Gestaltung von Codebüchern gewinnen.

dieses Beitrags ist es daher, den Codierprozeß eingehender zu diskutieren. Wir werden zu diesem Zweck einige wichtige Einflüsse aus rezeptionstheoretischer und psychologischer Perspektive beleuchten. Im Vordergrund sollen jene Aspekte stehen, die den Codierprozeß von der Alltagsrezeption unterscheiden.[8] Als Konsequenz begreifen wir den Codierprozeß als gelenkte Rezeption. Insgesamt werden so erste Bausteine einer Theorie des Codierens entworfen. Eine Bemerkung sei allerdings vorausgeschickt: Da eine inhaltsanalytische und auf den Codierprozeß bezogene Methodenforschung sich noch nicht etabliert hat, besitzen die meisten Überlegungen lediglich vorläufigen und damit hypothetischen Charakter.

1.2 Die Aufgaben der Codierer und ihr Interpretationsraum

Abgesehen von Probecodierungen, die vornehmlich der Verbesserung des Codebuchs dienen, beginnt die eigentliche Arbeit der Codierer erst, wenn die Kategorienbildung abgeschlossen und ein den Beginn der Datenerhebung legitimierendes Reliabilitätsergebnis erzielt worden ist. Allgemein gesprochen haben Codierer nun ein Bündel komplexer *Klassifikationsaufgaben* zu erledigen (vgl. KRIZ & LISCH 1988: 62). Das Codieren selbst läßt sich als *kontrollierte Übertragung von qualitativen, meist textuellen Daten in (alpha)numerische Symbole* verstehen (vgl. GRUNOW 1988). Konkreter werden beispielsweise Potter & Levine-Donnerstein (1999), die Identifikation, Mustererkennung und Interpretation als Codiereraufgaben nennen. Früh (1998) betont die Bedeutung der Codierer für die Monosemierung. Holsti (1969) beschreibt als Aufgabe des Codierers, die Grenzen der Codiereinheit zur erkennen (»unitizing«), Kategorien zu identifizieren sowie zwischen Unterkategorien zu diskriminieren (HOLSTI 1969: 136f.). Systematisierend und ergänzend können wir (mindestens) drei Aufgabenklassen mit einigen Unterklassen aufführen:

---

8   Vgl. zu den erkenntnis- und kommunikationstheoretischen Grundlagen des Codierens Früh (2001). Bemerkenswert ist im übrigen die Analogie zur Befragung. Dort wird das Face-to-Face-Interview als ähnlich, aber nicht identisch mit der Alltagskommunikation bezeichnet (vgl. SCHOLL 1993: 13).

1. *Selegieren*: Codierer müssen solche Inhaltsstellen ausfindig machen, die dem Selektionsinteresse der jeweiligen Inhaltsanalyse entsprechen.
2. *Klassifizieren*: Codierer müssen die Vielfalt textueller Symbole relativ wenigen inhaltsanalytischen Kategorien zuordnen. Diese Klassifikationsaufgabe läßt sich noch einmal aufsplitten:
2.1 *Identifizieren*: Codierer müssen Codiereinheiten finden, ihre Grenzen festlegen und mehrdeutige Textstellen[9] monosemieren.
2.2 *Diskriminieren*: Codierer müssen ggf. unterschiedliche Textstellen auch als unterschiedlich im Sinne des Codebuchs erkennen und zwischen Subkategorien unterscheiden.
2.3 *Integrieren*: Codierer müssen über Analogieschlüsse und Ähnlichkeitskalküle entscheiden, welche unterschiedlichen Textstellen dennoch als identisch zu codieren und damit zu integrieren sind.
2.4 *Inferieren*: Viele Kategorien berühren semantische oder pragmatische Aspekte und können nur durch (nachvollziehendes) Inferieren auf Wahrnehmungen oder Wirkungen erkannt werden (z. B. Beitragstendenzen, Emotionen etc., vgl. KRIPPENDORFF 1985; MERTEN 1995).
3. *Überwachen / Monitoring*: Codierer müssen überwachen, welche Codes im konkreten Kontext bereits vergeben wurden, und möglichst jederzeit den Überblick über die Optionen eines Kategoriensystems besitzen. Auch müssen sie ihre Aufmerksamkeit ständig und gleichmäßig auf eine Vielzahl von relevanten Details verteilen - und zwar von Codiereinheit zu Codiereinheit wieder aufs neue.

Zentraler Bezugspunkt für alle Aufgaben ist das Codebuch. Vor diesem Hintergrund läßt sich nun eine allgemeine Definition von Codieren angeben:

Definition Codieren: *Codieren kann als spezifisches Rezeptionshandeln sowie als Problemlöse- und Entscheidungsprozeß begriffen werden, bei dem wiederholt nach der Rezeption von systematisch begrenzten Textmengen (Codiereinheiten) codebuchbasierte Zuordnungsentscheidungen gefällt werden müssen. Dabei müssen jeweils Selektions-, Klassifikations- und Überwachungsaufgaben geleistet werden.*

Diese Definition beschreibt den Codierprozeß als eine gelenkte Rezeption, die sich von der Alltagsrezeption insofern unterscheidet, als sie vom Forscher indirekt gesteuert und in gewissen Grenzen determiniert wird. Als Steuerungsinstrumente stehen dem Forscher das Codebuch

---

9   Wir verstehen Text in einem textwissenschaftlichen Sinne als Überbegriff für alle Print-, Bild-, Ton- und Filmmaterialien.

und, um dieses wiederum zu vermitteln, die Codiererschulung zur Verfügung. Gleichzeitig kann der Begriff des Interpretationsrahmens oder auch -spielraums (vgl. FRÜH 1998: 44, 104) verankert werden. *Jede* der Aufgabenklassen enthält Freiräume, die durch den Forscher zwar eingegrenzt und kanalisiert, jedoch nicht völlig ausgeschaltet werden (können). Im Gegenteil ist die Rezeptionskompetenz des Codierers unverzichtbar, um *interpretierend* eine im Sinne des Forschungsinteresses sinnvolle und reliable Codierentscheidung treffen zu können.

2. Codiererhandeln zwischen Heuristik und Systematik

2.1 Heuristische und schematische Codierentscheidungen

Die Erwartung, daß Codierer bei ihrer Arbeit rational, reflektiert und systematisch vorgehen, konfligiert auffallend mit Erkenntnissen aus der Psychologie wie auch aus der kommunikationswissenschaftlichen Rezeptionsforschung, wonach Menschen Texte häufig schematisch bis stereotyp, heuristisch verkürzt und unsystematisch rezipieren, vorschnell Kategorisierungen vornehmen und Urteile aufgrund von nur wenigen Hinweisen fällen. Es spricht wenig gegen die Befürchtung, daß diese Verhaltensweisen sich nicht auch mehr oder weniger ausgeprägt beim Codieren wiederfinden lassen. Damit können die reflektiert-systematische und die heuristisch-schematische Verarbeitungsweise[10] als zwei gegen-

---

10 Mit den beiden Begriffen *heuristisch-schematisch* sowie *reflektiert-systematisch* wollen wir andeuten, daß wir uns zwar an die Theorien anlehnen, die mit den Begriffen heuristischer, schematischer oder systematischer Informationsverarbeitung operieren, sie jedoch nicht identisch übernehmen können, da sie in anderen Kontexten aufgestellt wurden. Um Mißverständnissen vorzubeugen, sei noch betont, daß das reflektiert-systematische Codieren nicht mit der distanzierten Rezeptionsweise identisch ist, wie sie verschiedene Autoren als Gegensatz zur involvierten Rezeption beschreiben (vgl. die Diskussion in VORDERER 1992: 73ff.). Hier wie dort geht es zwar um eine Reflexion des eigenen Rezeptionshandelns. Während sich die Reflexion bei der distanzierten Rezeption jedoch auf die kritische Distanz zu den rezipierten *Inhalten* bezieht, meinen wir mit reflektiert-systematischem Codieren ein kritisches Überwachen und Überprüfen der eigenen *codebuchbasierten Codierentscheidungen*.

sätzliche Pole eines Kontinuums verstanden werden und das konkrete Codiererhandeln theoretisch und empirisch auf diesem Kontinuum verortet werden. Im folgenden sollen zunächst zur heuristisch-schematischen, anschließend zur reflektiert-systematischen Verarbeitungsweise jeweils knapp einige wichtige Theorien und Befunde referiert werden.

Schematische Informationsverarbeitung: Die Rezeption verläuft gewöhnlich im Spannungsfeld zwischen zwei Verarbeitungsrichtungen: einer vom Text ausgehenden (bottom-up) und einer mental gesteuerten (topdown; vgl. z. B. BREWER & NAKAMURA 1984). Bei der bottom-up-gerichteten Verarbeitung wird ein bestimmtes Schema aufgrund von Schlüsselbegriffen im Text aktiviert. Ein Schema ist eine größere kognitive Einheit, dessen interne kognitive Struktur stärker vernetzt ist als die externe Struktur. Schemata gelten als »building blocks of cognition« (RUMELHART 1980: 33), weil sie Informationen über Prototypen und ihre obligatorischen und fakultativen Bestandteile enthalten. Sie können schon aufgrund von wenigen Hinweisreizen aktiviert werden. Im weiteren Verlauf der Rezeption bestimmen sie die Verarbeitung und Interpretation des Textes. Bei der top-down-gerichteten Verarbeitung leitet also das aktivierte Schema, bei der bottom-up-gerichteten umgekehrt der Text die Verarbeitung und die Interpretation der eingehenden Informationen. Trotz prinzipieller Simultaneität beider Verarbeitungsrichtungen fällt bei eingehender Betrachtung eine stärkere Betonung der Top-down-Prozesse während der Rezeption auf (vgl. GALAMBOS, ABELSON & BLACK 1986). Solange nämlich keine Schwierigkeiten auftauchen, wird von einer Dominanz der Top-down-Richtung bei der Rezeption ausgegangen. Nur wenn es zu Widersprüchen und Inkompatibilitäten bei der Integration von eingehenden Textinformationen und aktivem Schema kommt, wird verstärkt auf Bottom-up-Prozesse umgeschaltet. Bezogen auf das Codieren heißt das, daß aktivierte Schemata in Form von Erwartungshaltungen die Interpretation der aufgenommenen Informationen steuern und damit die Kategorienwahl beeinflussen.[11] Das kann zur Folge haben, daß Textstellen, die nicht zum aktiven Schema passen, interpretativ an die

11 Schematheorien haben einige logische Schwächen und werden deshalb in der Kognitionspsychologie kaum mehr in dieser einfachen Form vertreten. An ihre Stelle sind komplexere konnektionistische Modelle der Informationsverarbeitung getreten (vgl. zu dieser Diskussion WIRTH 1997, 122ff.). Da die Unterschiede jedoch in unserem Zusammenhang keine Rolle spielen, können wir sie vernachlässigen.

Erwartungshaltungen angepaßt werden und ein entsprechender Code gewählt wird. Im schlimmsten Fall werden sie schlicht überlesen. Für das Codieren bedeutet das, daß eine stetige, dominant bottom-up-gerichtete Rezeption gefordert werden muß, da nur sie die geforderte Sorgfalt und Genauigkeit ermöglicht. Auf die Textrezeption bezogene Top-down-Prozesse sollen möglichst kontrolliert bzw. auf ein (relatives) Minimum beschränkt werden.

Heuristische Informationsverarbeitung: Während die Schematheorien aus der Kognitionspsychologie stammen, finden sich auch in der Sozialpsychologie Hinweise dafür, daß das Codiererhandeln vermutlich weit weniger reflektiert als vielmehr heuristisch erfolgen könnte. Heuristiken sind erlernte, meist unbewußte Strategien, die Menschen anwenden, um möglichst schnell und ohne größeren Aufwand zu Entscheidungen und Urteilen zu kommen (vgl. TVERSKY & KAHNEMAN 1973; CHAIKEN 1980; BROSIUS 1995). Wichtig in unserem Zusammenhang ist vor allem die *Accessibility-Heuristik*. Diese kommt zur Anwendung, wenn auf die aktuelle Entscheidungssituation passende Muster und Konzepte im Gedächtnis vorhanden und zugänglich sind (vgl. z.B. HIGGINS 1996). Bezogen auf die Inhaltsanalyse werden solche Kategorien schneller aktiviert bzw. mit größerer Wahrscheinlichkeit gewählt, die dem Codierer besonders leicht zugänglich sind, sei es, weil sie kürzlich erst auftraten (*recency*), häufig vorkommen (*frequency, chronic accessibility*), mit eigenen Erfahrungen oder Werten des Codierers korrespondieren (*relevance*) oder besonders auffällig sind (*salience, vividness*).[12] Beispielsweise kann in einem Artikel, in dem absatz- oder aussagenweise codiert wird, eine bestimmte Kategorie deshalb häufiger gewählt werden, weil der Codierer diese bereits zu Anfang des Artikels codiert hatte und sie ihm deshalb im weiteren Verlauf kognitiv besonders präsent ist.[13] Eine heuristische Codierung kann jedoch nicht nur vom zu codierenden Textmaterial, sondern auch vom Codebuch initiiert werden. So können *Textbeispiele im Codebuch* dazu führen, daß vor allem oder ausschließlich dazu passende Textstellen codiert werden, während andere Textstellen, die gemäß der Kategoriendefinition ebenfalls zu codieren wären, übersehen werden. Das liegt zum einen daran, daß einerseits konkrete Textbeispiele den Bedeutungsraum der Kategorie, die sie erläutern sollen, zwangsläufig nur partiell abdecken

---

12 Vgl. CHAIKEN 1980, 1987; HIGGINS 1996; CHAIKEN, WOOD & EAGLY 1996; CHEN & CHAIKEN 1999.
13 Vgl. dazu auch ENGESSER & REINEMANN in diesem Band.

können, andererseits *Fallbeispiele* die Urteilsbildung erheblich determinieren (vgl. z. B. ZILLMANN & BROSIUS 2000). Die kognitive Repräsentation einer Kategorie könnte demnach vor allem von den Beispielen geprägt sein, die die Kategorie erläutern sollen, so daß Codierer im konkreten Entscheidungsfall die illustrativen Beispiele und nicht die meist eher abstrakte Definition aktivieren. Entscheidend ist, daß solche und ähnliche Prozesse in der Regel weitgehend unbewußt und unkontrolliert ablaufen, d.h., die Aufmerksamkeit des Codierers wird automatisch und unwillkürlich auf die entsprechenden Textstellen bzw. Kategorien gelenkt.[14]

Heuristische Entscheidungsmodelle: Den beiden oben dargestellten Theorien gemeinsam ist, daß sie dem Umfeld der (psychologischen) Rezeptionsforschung entstammen. Aber auch, wenn man die Entscheidungsprozesse beim Codieren zum Ausgangspunkt nimmt, kommt man zu ähnlichen Erkenntnissen. Relevante Kriterien für die Analyse von Entscheidungsprozessen sind die Menge der Entscheidungsoptionen, die Komplexität der Entscheidungen (einstufig versus mehrstufig) sowie die Häufigkeit gleichartiger Entscheidungen (einmalig versus mehrmalig). Weiter gilt es unter anderem, die Reversibilität von Entscheidungen (Rückholbarkeit, hier: Korrekturmöglichkeit) sowie die Folgen von Fehlentscheidungen zu beachten.[15] So gesehen handelt es sich beim Codieren in der Regel um vielfach wiederholte (serielle), stereotypisierte Entscheidungen hoher Reversibilität mit (für den Codierer) geringen Folgen bei Fehlentscheidungen. Rationale und reflektierte Entscheidungen sind unter solchen Bedingungen eher unwahrscheinlich. Vielmehr kommen vermutlich spezifische non-kompensatorische und kompensatorische Entscheidungsregeln zum Tragen, die den kognitiven und zeitlichen Aufwand beim Codieren stark reduzieren. Bei den *non-kompensatorischen Regeln* wenden Entscheider verschiedene heuristische Schwellenwertmodelle an (»cut-offs«, vgl. JUNGERMANN, PFISTER & FISCHER 1998: 118). Dabei werden nicht alle Informationen verarbeitet, sondern nur gerade so

---

14   Wir haben uns hier auf allgemeine Heuristiken beschränkt. Für *spezifische* Codieraufgaben lassen sich jedoch leicht auch entsprechende Heuristiken bzw. andere kognitive Prozesse auffinden, die eine systematisch-rationale Codierung erschweren (vgl. etwa zur Codierung von Darstellungstendenzen bei Politikern und Parteien den Beitrag von MAURER & JANDURA in diesem Band).

15   Vgl. einführend z. B. SLOVIC, LICHTENSTEIN, FISCHHOFF (1988) sowie JUNGERMANN, PFISTER & FISCHER (1998).

viele, wie für eine schnelle und subjektiv zufriedenstellende Codierentscheidung nötig sind (»Satisficing-Regel«). Dann wird sofort ein Code gewählt und nicht weiter überprüft, ob es nicht auch Textmerkmale gibt, die gegen diese Wahl sprechen bzw. einen anderen Code als zutreffender erscheinen lassen. Noch einen Schritt weiter gehen Eliminationsregeln, beispielsweise die lexikographische Regel. Hier wird nur *ein* Attribut geprüft, bevor eine Entscheidung getroffen wird, meist ist es das wichtigste oder auch nur das erste einer längeren Liste im Codebuch bzw. das erste oder auffälligste Textmerkmal.[16] Bei *kompensatorischen* Entscheidungsregeln können fehlende oder nur schlecht passende Kriterien einer Entscheidungsoption mit einem anderen, gut erfüllten Kriterium kompensiert werden (vgl. z. B. BORCHERDING 1983: 103). Übertragen auf die Codiersituation würde dies bedeuten, daß ein Code vergeben wird, weil ein Textmerkmal besonders gut oder explizit einer Kategorie entspricht, obwohl andere Attribute im Widerspruch zur in Frage kommenden Kategorie stehen.

2.2. Reflektiert-systematische Codierentscheidungen und Metakognitionen

Nun ist es sicher nicht so, daß Codierer generell heuristisch und unsystematisch codieren. Codiererschulungen sollen ja genau dies verhindern. Dennoch bleibt festzuhalten: Codieren widerspricht offenbar in wichtigen Teilen dem natürlichen, alltäglichen Rezipieren. Codierer müssen bis zu einem gewissen Grad den »natürlichen« Hang zur Heuristik überwinden und rational, reflektiert, begründet und systematisch rezipieren und entscheiden. Ihre Aufmerksamkeit darf nicht aufgrund von Auffälligkeiten auf bestimmte Textmerkmale fokussiert werden, sondern muß möglichst homogen auf das aktuell zu codierende Textfragment verteilt

---

16 Attribute aus entscheidungspsychologischer Sicht sind Merkmale, anhand derer eine Option (Entscheidung) zu treffen ist, also etwa Textmerkmale, die erfüllt sein müssen, damit ein Code ausgewählt werden darf. Bei der Inhaltsanalyse gibt es somit in doppelter Hinsicht *multiple* Attribute. Zum einen können alle sinntragenden Textteile einer Codiereinheit als Attribut verstanden werden, zum anderen gibt es Kategorien, die erst beim simultanen Auftreten mehrerer, genau definierter Merkmale zu codieren sind (vgl. »pattern type content« bei POTTER & LEVIN-DONNERSTEIN 1999: 259).

werden (vgl. zur Aufmerksamkeit WIRTH 2001). Systematisches Codieren erfordert demnach ein gewisses Maß an Selbstkontrolle. Dazu ist Bewußtheit erforderlich. Nur wenn Codierer sich ihres codebuchspezifischen Wissens und der damit verbundenen Entscheidungsprozesse bewußt sind, können sie diese auch kontrollieren. Gesucht sind also Erklärungsmuster, die als Basistheorien ein reflektiert-systematisches Codieren plausibel machen und gleichzeitig vielleicht Hinweise bieten, wie ein entsprechendes Codierverhalten initiiert oder verstärkt werden kann.

In der kognitions- und instruktionspsychologischen Forschung sind es vor allem zwei Bereiche, die sich mit den Bedingungen für eine reflektierte, rationale und begründete Rezeptions- und Entscheidungsweise beschäftigen: die *Dual-Process-Theorien* und die *Metakognitionen*.

Dual-Process-Theorien: Das im Kontext der Persuasionsforschung entwickelte Informationsverarbeitungsparadigma von McGuire (1972) propagierte fünf Stufen einer systematischen Verarbeitung: (gründliche) Rezeption bzw. Enkodieren, Aufmerksamkeit, Verstehen, Überzeugung, Speicherung der neuen oder veränderten Überzeugung. In den 80-er Jahren entstanden als Folge unbefriedigender empirischer Befunde etwa zeitgleich zwei sogenannte *Dual-Processing-Theorien*, bei denen die systematische, gründliche und analytische Informationsverarbeitung als nur mehr eine von zwei Möglichkeiten angesehen wird. Die jeweils andere Möglichkeiten besteht beim *Elaboration-Likelihood-Modell* (ELM) in einer peripheren Verarbeitungsroute und beim *Heuristic-Systematic-Modell* (HSM) in der heuristischen Informationsverarbeitung.[17] Die systematische Verarbeitung erfolgt nach diesen Vorstellungen nur bei besonders motivierten und fähigen Personen bzw. wenn kein Zeitdruck besteht und keine konkurrierenden Aufgaben erledigt werden müssen (vgl. CHAIKEN, WOOD & EAGLY 1996: 713). In ähnlicher Weise belegen auch kommunikationswissenschaftliche Studien die enorme Bedeutung von kognitiven Fähigkeiten, Vorwissen sowie Motivation für den Wissenserwerb bzw. für das Verstehen (vgl. etwa FRÜH 1994; WIRTH 1997: 56ff.). Es stellt sich jedoch die Frage, in welchem Ausmaß diese Prädispositionen bei Codierern erwartbar sind. Codierarbeiten werden kaum aus intrinsischem Interesse heraus erfolgen, je nach Bezahlungsmodus wird durchaus unter Zeitdruck codiert, und Nebenbeschäftigungen lassen sich ebenfalls kaum mit

---

17 Vgl. zum *Elaboration-Likelihood-Modell* Petty & Cacioppo (1986), zum *Heuristic-Systematic-Modell* Chaiken (1980), für einen neueren Überblick zu beiden Ansätzen Chaiken & Trope (1999).

Sicherheit ausschließen, zumindest wenn die Codierer ihre Arbeit zu Hause erledigen. Einzig die Codiererfähigkeiten und das entsprechende Wissen kann dank der Codiererschulungen hoch angesetzt werden. Geht man davon aus, daß eine erfolgreiche Schulung Codierer zu Experten in Sachen Codebuch machen, dann kann mit Rückgriff auf die *Expertiseforschung*[18] von folgenden Fertigkeiten ausgegangen werden: Geschulte Codiererexperten können mehr und schneller für die Codierentscheidung relevante Informationen aufnehmen, effizient »chunken« und verarbeiten als Novizen (Perzeptions-Chunking, vgl. GRUBER 1994: 175). Außerdem haben sie andere und bessere Problemlösestrategien und können diese flexibler in unterschiedlichen Situationen einsetzen (vgl. auch PUTZ-OSTERLOH 1988). Kurz: Sie können ihr Codiererspezialwissen flexibel nutzen. Allerdings hinkt die Analogie etwas: Die Expertiseforschung geht nämlich davon aus, daß Experten generell hoch motiviert sind. Expertise ohne Motivation ist - um es vorsichtig auszudrücken - zumindest sehr selten. Wie ausgeführt, kann bei Codierern jedoch nicht unbedingt von einer hohen Codiermotivation ausgegangen werden. Damit kann reflektiert-systematisches Codieren mit den Dual-Process-Theorien nicht hinreichend erklärt werden, auch unter Einbeziehung der Expertiseforschung.

Metakognitionen: Einen Ausweg bietet vielleicht das lern- und instruktionspsychologische Konzept der Metakognition, das freilich - wie die anderen referierten Theorien und Konzepte- bislang noch nicht auf Codierprozesse übertragen wurden. Allgemein wird unter Metakognition das *Nachdenken über das eigene Denken, Wissen und Problemlösen* verstanden. Metakognitionen sind somit *selbstreflexive Denkprozesse*. Die Wurzeln dieses Konzepts lassen sich in unterschiedlichen Bereichen der Psychologie finden (vgl. BROWN 1987; NELSON 1992). Flavell (1976, 1979) hat diese erstmals offengelegt und auch den Begriff geprägt. Mittlerweile hat sich eine immense Forschung entwickelt und wurden mehrere Subkonzepte identifiziert, die den zunächst sehr vagen Begriff (vgl. WELLMAN 1983) etwas konkreter werden lassen. Metakognitionen sind demnach *erstens* Wissen über den Schwierigkeitsgrad und den Anforderungscharakter von Aufgaben sowie über die eigene kognitive Leistungsfähigkeit, aber auch über verschiedene Strategien bei der Bewältigung kognitiver Aufgaben.

---

18 Vgl. zur Expertisefoschung allgemein einführend EYSENCK & KEANE (2000: 393ff.), zur Expertise in Rezeption und Informationsverarbeitung z.b. FISKE, KINDER & LARTER (1983), weiterführend GRUBER (1994).

Dazu könnte im Zusammenhang mit dem Codieren auch das Wissen um heuristisch-schematisches Rezeptions- und Entscheidungshandeln gehören. Metakognitives Wissen dieser Art gilt als Voraussetzung für selbstgesteuertes Lernen (vgl. SCHIEFELE & PEKRUN 1996). *Zweitens* beziehen sich Metakognitionen auf Prozesse der *Kontrolle kognitiver Vorgänge* (prozedurales Wisssen). Meist werden drei Komponenten unterschieden (vgl. BROWN 1987). Die *Planung* umfaßt geeignete Zielsetzungen und die Formulierung von Lern- bzw. Verständnisfragen. Wenn das Codebuch beispielsweise auf schwierige Textpassagen angewendet werden soll, könnten Checklisten oder konkrete, im Codebuch festgehaltene Codierstrategien helfen, Codieraufgaben effizient zu bearbeiten. Bei der *Überwachung* (*Monitoring*) geht es um Aufmerksamkeitssteuerung und um die Kontrolle des Lernprozesses bzw. hier: des konkreten Codiervorgangs. Codierer hinterfragen ihre Codierentscheidung, prüfen alternative Codes oder suchen nach Fehlern (Fehlerrückmeldung). Wiederum können spezifische Strategien entwickelt und eingesetzt werden (z. B: Checklisten oder »Gegenproben« durchführen). Die *Regulation* schließlich hängt eng mit der Überwachung zusammen und umfaßt ein Bündel von Maßnahmen, die bei Schwierigkeiten oder Widersprüchen ergriffen werden können.

Ursprünglich wurden und werden Metakognitionen heute noch schwerpunktmäßig im Zusammenhang mit schulischem Lesenlernen erforscht. Zunehmend wird allerdings die Bedeutung von Metakognitionen auch für andere Altersklassen und andere Problemlösevorgänge erkannt (vgl. z. B. NAJAR 1999). Metakognitionen sind keineswegs außergewöhnlich, jeder Mensch verfügt über mehr oder weniger ausgeprägte Metakognitionen (vgl. z. B. BORKOWSKI, CARR & PRESSLEY 1987). Bei guten Schülern oder Studenten bzw. bei Experten scheinen sie allerdings ausgeprägter zu sein (vgl. GRUBER 1994; WALDMANN 1996). Auch wenn sich Metakognitionen dadurch auszeichnen, daß sie von der Person selbst und nicht von außen initiiert und gesteuert werden, können sie dennoch trainiert werden, z. B. im Rahmen der Codiererschulung. Empirisch belegt ist, daß Training die Performanz bei kognitiven Aufgaben erheblich verbessern bzw. den Transfer von Lösungsstrategien auf andere Aufgaben erleichtern kann.[19] Das Konzept der Metakognition scheint also für die

---

19 Wir können an dieser Stelle nicht auf einzelne empirische Befunde eingehen (vgl. 1982; PARIS & WINOGRAD 1990; PRESSLEY, HARRIS & GUTHRIE 1992; GRUBER 1994; BERARDI-COLETTA u. a. 1995; NAJAR 1999).

Erklärung, empirische Analyse sowie die Verbesserung des Codierprozesses überaus interessant zu sein. Codierer könnten mit Hilfe von Metakognitionen in die Lage versetzt werden, die Qualität ihrer Entscheidungen ohne allzu großen kognitiven Aufwand *während* des Codierens zu überwachen und zu analysieren, was sich zweifellos günstig auf die Reliabilität auswirken würde. Freilich dürften schon bisher, zumindest vereinzelt und unsystematisch, metakognitive Strategien in Codiererschulungen bzw. Codebüchern zum Einsatz gekommen sein. Auch ist davon auszugehen, daß Codierer auch ohne spezifische Schulung Metakognitionen einsetzen. Allerdings ist weder bekannt, welche das im einzelnen sind, noch wie stark sie sich von Codierer zu Codierer unterscheiden. Erst eine theoretische, konzeptionelle und empirische Fundierung kann folglich das Potential, das in dem Konzept steckt, für die Inhaltsanalyse nutzbar machen.[20]

3. Spezifizierung der Einflüsse auf den Codierprozeß

3.1 Das Tetraedermodell des Codierprozesses

An welcher Stelle auf dem skizzierten Kontinuum zwischen einem heuristisch-schematischen und einem reflektiert-systematischen Codieren Codierer konkret operieren, hängt von verschiedenen Einflußfaktoren ab. Aus unserer Sicht sind es vor allem vier Komponenten, die in einem spezifischen Spannungsverhältnis zueinander und zum Codierprozeß stehen: das Codebuch (mit dem Kategoriensystem), die Codiererschulung, die Person des Codierers und das zu codierende Textmaterial. In Anlehnung an das Tetraedermodell des Textlernens von Brown, Campione & Day (1981) nennen wir das Einflußfeld das *Tetraedermodell des Codierprozesses* und beschreiben kurz seine Bestandteile (vgl. Abbildung 1).

---

20 Verschiedene Autoren betonen, daß auch für die Ausbildung und erfolgreiche Anwendung von Metakognitionen motivationale Faktoren nicht unwichtig sind (vgl. z. B. WEINERT & KLUWE 1987). Die Relevanz motivationaler Faktoren scheint allerdings deutlich geringer zu sein als bei den Dual-Processing-Theorien. Möglicherweise werden durch eingehende Übung die kognitiven Kosten metakognitiver Strategien derart reduziert, daß mögliche Motivationsbarrieren durchbrochen werden (vgl. GARNER & ALEXANDER 1989).

ABBILDUNG 1
Tetraedermodell des Codierprozesses

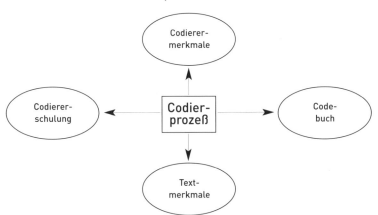

- *Das Textmaterial*: Der Codierprozeß soll gegenüber unterschiedlichen Textmaterialien invariant sein, d. h., er soll möglichst unterschiedslos auf alle Textsorten und -varianten aus der Stichprobe anwendbar sein.
- *Person des Codierers bzw. Codierermerkmale*: Der Codierprozeß sollte auch gegenüber Codierermerkmalen invariant sein bzw. von ihnen nur in einem sehr begrenzten Rahmen beeinflußt werden. Codierer müssen den »Interpretationskorridor«, den Codiererschulung und Codierbuch ihnen eröffnen, im Rahmen ihrer Rezeptionskompetenz möglichst optimal nutzen (vgl. FRÜH 1998).
- *Das Codebuch*: Das Codebuch enthält die Kategorien mit ihren Definitionen, Regeln und Abgrenzungen sowie sonstige Anweisungen und Codierbeispiele (vgl. z. B. MERTEN 1995; FRÜH 1998; RIFFE, LACY & FICO 1998). Im Sinne von Brown u. a. (1981) bildet es in seiner Gesamtheit die kriteriale Aufgabe und damit die Instruktion, die der Codierer zu befolgen hat.
- *Die Codiererschulung*: Die Codiererschulung soll sicherstellen, daß das Codebuch zur ausschließlichen Richtlinie für den Codierprozeß wird. Im Idealfall soll die Codiererschulung den Codierer hinsichtlich der theoretischen (deklarativen) und der anwendungsbezogenen (prozeduralen) Kenntnisse zu einem Codebuch-Experten machen. Damit erfüllt sie eine *vermittelnde* Rolle für den Codierprozeß und sollte möglichst nichts enthalten, was nicht auch im Codebuch steht (vgl. dazu auch KRIPPENDORFF

1985: 73). Das gilt auch für Verfahrensregeln und -strategien, die den Codierprozeß erleichtern bzw. erst ermöglichen.[21]

Zusammenfassend soll der Codierprozeß in Bezug auf das Codebuch hochsensibel und gegenüber der Person des Codierers und dem zu codierenden Textmaterial möglichst invariant sein. Allerdings dürfte das so formulierte Ideal real kaum erreichbar sein (vgl. auch FRÜH 1998: 231). Alle Abweichungen vom Ideal dokumentieren sich in der Differenz der diversen Reliabilitätstests von ihrem Maximalwert 1. Die Frage nach den konkreten und systematischen Gründen für die Abweichungen eröffnet eine Reihe von Forschungsfragen zum empirischen Einfluß der einzelnen Komponenten auf den Codierprozeß.[22] Beispielhaft wollen wir im folgenden zwei der möglichen Beziehungen etwas genauer diskutieren.[23]

---

21   Streng genommen gilt das natürlich erst, wenn die Entwicklung des Codebuchs völlig abgeschlossen ist, also nach den Probecodierungen, die ja vornehmlich dazu dienen, das Codebuch weiter zu verbessern (vgl. Früh 1998: 140ff.). In dieser Phase der Schulung entwickelte oder schlicht »entdeckte« Codierstrategien müssen in das Codebuch aufgenommen werden.

22   Genau genommen gilt dies nur unter gegebenen Validitätsbedingungen, d.h., es gibt eine »ceteris paribus«-Klausel. Unter Preisgabe der Validität wäre es nämlich leicht, die Abweichungen vom Maximalwert auf Null zu reduzieren. Dazu müßte man lediglich sämtliche Indikatoren strikt auf syntaktisches Niveau beschränken, wie es etwa bei einer computergestützten Inhaltsanalyse geschieht (vgl. FRÜH 1998: 95f. sowie die Beiträge von ZÜLL & ALEXA bzw. VON GEIS in diesem Band).

23   In diesem Beitrag können nur zwei Aspekte exemplarisch näher erläutert werden. In ähnlicher Weise lassen sich natürlich auch alle anderen Beziehungen untersuchen, ebenso die Auswirkungen von Wechselwirkungen einzelner Komponenten auf den Codierprozeß. Auch mußten wir uns auf die intersubjektive und instrumentelle Reliabilität beschränken und konnten auf die temporale Reliabilität nicht weiter eingehen, die durch dynamische Entwicklungen im Tetraedermodell beeinflußt wird. Selbstverständlich sind in dieser Hinsicht ebenfalls Effekte auf den Codierprozeß zu erwarten. Beispielsweise bilden sich manche heuristische Short-Cuts erst im Verlauf des Codierens heraus. Um noch ein Beispiel zu nennen: Wenn bestimmte Kategorien besonders häufig auftreten, könnten Codierer im Laufe der Zeit eine entsprechende Erwartungshaltung entwickeln, die wiederum die Chance für erwartungskonforme Wahrnehmungen und letztlich die Häufigkeit der Codierung dieser Kategorie erhöht.

3.2 Interindividuelle Unterschiede beim Codieren

Sieht man einmal von dem Bemühen ab, eine möglichst hohe Intercoder-Reliabilität zu erzielen, ist das *grundsätzliche* Interesse der Methodenforschung an interindividuellen Unterschieden beim Codieren bislang eher gering ausgeprägt. In der Literatur wird meist lediglich auf mögliche Einflüsse des intellektuellen, sprachlichen, kulturellen oder sozio-demographischen Hintergrunds verwiesen, ohne diese weiter auszuführen (vgl. z. B. RIFFE, LACY & FICO 1998: 122; KRIPPENDORFF 1985: 72, siehe jedoch LAUF & PETER und MAURER & JANDURA in diesem Band). In Zusammenhang mit diesem Beitrag interessieren eher grundsätzlichere und direktere personale Einflüsse auf den Codierprozeß, insbesondere solche, die eine Tendenz entweder zur heuristisch-schematischen oder aber zur reflektiert-systematischen Codierweise vermuten lassen. Da sich Codierarbeiten gewöhnlich über einen längeren Zeitraum erstrecken, sollen im folgenden nur zeitlich relativ stabile Merkmale beleuchtet werden (vgl. für einen Überblick PETZOLD 1985; AMELANG & BARTUSSEK 1997).

Solche Dispositionen sind beispielsweise:

- *Nivellierung versus Pointierung*: Menschen, die stark zur Nivellierung neigen, sind möglicherweise nur schwer in der Lage, mit einem fein ausdifferenzierten Kategoriensystem erfolgreich zu arbeiten, weil sie die Unterschiede in den Kategorien bzw. im Text nicht wahrnehmen. Umgekehrt könnten Codierer, die stark zur Pointierung und Überdifferenzierung tendieren, Schwierigkeiten haben, verschiedene Phänomene mit einer Kategorie zu codieren. Für sie ist die Distanz zwischen den Bedeutungen der verschiedenen gleichartig zu codierenden Textteile zu groß, und sie erkennen die Gemeinsamkeiten nicht mehr hinreichend (vgl. AMELANG & BARTUSSEK 1997: 528).

- *Suggestibilität*: Dieser schon früh beschriebene kognitive Stil[24] bezeichnet die Tendenz einer Person, Informationen, die aufgrund bestimmter Charakeristiken auffallen, bevorzugt auszuwählen und zu Urteilsprozessen heranzuziehen. Solche Kriterien können beispielsweise die

---

24 Suggestibilität wurde bereits in der Mitte des 19. Jahrhunderts erstmalig beschrieben. Wir beziehen uns hier auf die Variante Wahrnehmungssuggestibilität, die auf Eysenck (1947) zurückgeht (vgl. STUKAT 1958; aus kommunikationswissenschaftlicher Sicht FRÜH & WIRTH 1991).

Anordnung der Informationen oder Formen der Hervorhebung sein. Damit ähnelt dieses Konstrukt der durch Auffälligkeit (»salience«) induzierten heuristischen Informationsverarbeitung (vgl. Kap. 2). Im Unterschied zu dieser allgemein verstandenen Verarbeitungsweise wird bei der Suggestibilität eine differentielle Neigung angenommen. Übertragen auf den Codierprozeß könnten suggestible Codierer also eher zum heuristischen Codieren neigen als Geringsuggestible.

- *Impulsivität versus Reflexivität*: Auf Kagan (1965) geht dieser kognitive Stil zurück, der die Tendenz einer Person beschreibt, in Problemsituationen Entscheidungen mit hoher Antwortsicherheit entweder langsam (reflexiv) oder aber schnell (impulsiv) zu treffen. Übertragen auf den Codierprozeß könnte Impulsivität darauf verweisen, daß Codierentscheidungen noch vor der Überprüfung sämtlicher in Frage kommender Optionen und damit heuristisch erfolgen.

- *Scanning versus Nonscanning*: Bei diesem Merkmal geht es um die Frage, ob man in der Lage ist, seine Aufmerksamkeit auf alle Details des Wahrnehmungsfeldes zu legen, oder ob man die Aufmerksamkeit sehr stark auf nur wenige Gesichtspunkte fokussiert. Im zuletzt genannten Fall besteht die Gefahr, für die Codierentscheidung wesentliche Punkte zu übersehen (vgl. GARDNER u. a. 1959).

- Die neuere Persönlichkeitsforschung favorisiert die sogenannten Fünf-Komponenten-Modelle der Persönlichkeit, die die meisten der bislang bekannten Persönlichkeitsaspekte integriert (vgl. AMELANG & BARTUSSEK 1997: 360ff.). Bekannt und gut validiert ist das Modell von COSTA & MCCRAE (1985). Von wenigstens einem der fünf Faktoren, *Gewissenhaftigkeit* (»Conscientiousness«), kann ein Zusammenhang mit der Codiererleistung vermutet werden. Dieser Faktor umfaßt Pflichtbewußtsein, Selbstdisziplin und Ordentlichkeit, Eigenschaften, die für längere Codierarbeiten wohl unerläßlich sind.

- Neuere Untersuchungen gehen davon aus, daß die Fähigkeit und Bereitschaft zur Entwicklung und zum Einsatz von *Metakognitionen* nicht generell vorhanden, sondern individuell verteilt sind (vgl. KELEMEN, FROST & WEAVER III 2000). Andere Autoren bringen die Fähigkeit zu Metakognitionen mit *Intelligenz* in Verbindung (vgl. Brown 1987; Sternberg 1986).[25]

---

25 Über die genannten allgemeinen Merkmale hinaus mag es auch Merkmale geben, die nur bei bestimmten Inhaltsanalysen zum Tragen kommen. So könnte bei einer Erfassung der

Weitere Dispositionen (kognitive Stile und Persönlichkeitsfaktoren) für die Zusammenhänge mit dem Codierverhalten vermutet werden können, lassen sich ohne Schwierigkeit finden. Etwas vereinfachend und ohne die Unterschiede zwischen ihnen verwischen zu wollen, kann man zwei Typen feststellen mit je unterschiedlichen Folgen für den Codierprozeß: Beim ersten Typ sind mittlere Ausprägungen am günstigsten (z. B. Nivellierung - Pointierung) und beide Randbereiche von Nachteil für den Codierprozeß, weil sie die instrumentelle wie auch die intersubjektive Reliabilität mindern. Beim zweiten Typ, zu dem die meisten anderen Persönlichkeitsmerkmale und kognitive Stile gehören, sind eher höhere Werte für das Codieren erwünscht. Niedrige Werte lassen auf die Verwendung individueller Heuristiken schließen, was zu geringer instrumenteller und intersubjektiver Reliabilität führt. Extrem hohe Werte sind selten und kommen allenfalls bei einzelnen Codierern vor. Es mag überraschen, daß auch dieser Umstand methodologisch eher ungünstig ist, da diese Codierer - bei hoher instrumenteller Reliabilität - zu stark vom Durchschnitt der anderen Codierer abweichen und damit die Intercoder-Reliabilität reduzieren. In beiden Fällen müßten also Codierer mit Extremwerten aus dem Codiererteam ausgeschlossen werden.

3.3 Einflüsse des Codebuchs auf den Codierprozeß

Zur Frage, wie Codebücher idealerweise beschaffen sein müssen, damit möglichst hohe Reliabilitätskoeffizienten erreicht werden, liegen mehrere Empfehlungen (vgl. z. B. RIFFE, LACY & FICO 1998: 105ff.), jedoch nur wenige Studien vor (vgl. z. B. BOS 1989). Allgemein könnte man vermuten: Je ausführlicher und spezifischer die Instruktionen im Codebuch sind, desto höher ist die Reliabilität. Vor dem Hintergrund des hier skizzierten Codierprozesses sind allerdings komplexere Zusammenhänge wahrscheinlicher. So ermöglicht ein stark ausdifferenziertes, mit langen Definitionen, vielen Regeln, Ausnahmefällen, Codieranweisungen und Beispielen versehenes Codebuch zwar *theoretisch* eine hohe instrumentelle und intersubjektive Reliabilität. *Praktisch* wird zumindest die in-

---

Emotionalität von Medieninhalten etwa die Empathiebereitschaft bzw. -fähigkeit eine Rolle spielen (vgl. DAVIS 1996).

strumentelle Reliabilität jedoch niedriger liegen, da viele Codierer heuristische Entscheidungsprozesse entwickeln und versuchen werden, so die komplexe Differenziertheit des Codebuchs zu umgehen. Sie suchen sich sozusagen einen gangbaren und mit wenig Aufwand verbundenen »Pfad durch das Dickicht des Codebuchs«. Da es in diesem Fall wahrscheinlich ist, daß auch die heuristischen Pfade auf (z. B. besonders leicht verständlichen) Instruktionen im Codebuch beruhen, könnte es sein, daß die Intercoder-Reliabilität nicht im gleichen Maß leidet wie die instrumentelle Reliabilität.[26] Aber auch der Umkehrschluß, die Codebücher bewußt offen und einfach zu halten und den Interpretationsraum der Codierer damit zu erweitern, ist falsch. In diesem Fall dürften wiederum heuristische Entscheidungen den Codierprozeß determinieren. Allerdings haben sie nun ihre Basis nicht mehr im Codebuch, sondern im zu codierenden Text bzw. in den kognitiven Merkmalen der Codierer (siehe oben). Die Codierentscheidungen sind in solchen Fällen vermutlich noch weniger systematisch und noch weniger homogen. Als Folge ist sowohl die instrumentelle als auch die intersubjektive Reliabilität gering. Die optimale Ausdifferenziertheit für Codebücher liegt also vermutlich in einem mittleren Bereich.[27]

4. Zusammenfassung

Der Codierprozeß wurde in der Methodenliteratur bislang vernachlässigt, was angesichts seiner Bedeutung im Forschungsprozeß ungerechtfertigt erscheint. In diesem Beitrag wurde der Codierprozeß von mehreren Seiten näher bestimmt. Zunächst wurden drei kognitive Aufgabenklassen definiert, die der Codierer idealerweise bei seiner Arbeit zu beachten hat. In diesem Sinne kann der Codierprozeß als gelenkte Rezeption begriffen werden. Da der Codierprozeß einerseits Unterschiede, andererseits aber auch Ähnlichkeiten zur Alltagsrezeption aufweist,

---

26 Dies spricht im übrigen klar für die Berücksichtigung dieser Form der Reliabilität.

27 Man kann noch einen Schritt weiter gehen und die Neigung zu heuristischem Codieren und Entscheiden für die Verbesserung des Codierprozesses bzw. der Reliabilität nutzen. Dazu wären beispielsweise spezifische heuristische Strategien zu entwerfen und in das Codebuch aufzunehmen, die im Einklang mit den Kategoriendefinitionen stehen und deren Komplexität beim Codieren prozessual auflösen könnten.

konnten im nächsten Schritt Anleihen in der (psychologischen) Rezeptionsforschung, der Entscheidungs- sowie der Instruktionspsychologie genommen und auf den Codierprozeß übertragen werden. Diesen Theorien zufolge besteht beim Codieren stets die Gefahr einer heuristisch-schematischen Informationsverarbeitung bzw. muß eine reflektiert-systematische Informationsverarbeitung erst sichergestellt werden. Metakognitionen als internalisierte, kognitiv übergeordnete Kontroll- und Selbststeuerungsinstanzen weisen hier unter Umständen einen Weg. Da diese am besten durch praktische Übung angeeignet werden, kommt der Codiererschulung einmal mehr entscheidende Bedeutung zu. Zuvor müssen freilich für den Codierprozeß geeignete Metakognitionen konkret entwickelt und getestet werden.

Im letzten Schritt wurde der Codierprozeß und damit auch das Spannungsfeld zwischen heuristisch-schematischer und reflektiert-systematischer Informationsverarbeitung in einem Einflußfeld verortet, dem Tetraedermodell des Codierprozesses. Dieses Modell besteht aus vier Komponenten, dem Codebuch, dem Codierer, der Codiererschulung sowie dem zu codierenden Textmaterial. Der konkrete Einfluß dieser vier Komponenten auf den Codierprozeß ist methodologisch unterschiedlich zu bewerten. Beispielhaft wurden einige dieser potentiellen Einflüsse ausdifferenziert.

Abschließend soll nochmals betont werden, daß unsere Erläuterungen in diesem Beitrag eine zwar plausible, nichtsdestoweniger jedoch hypothetische Übertragung von Konzepten und Theorien aus anderen Forschungszusammenhängen darstellten. Ziel dieses Beitrags war es, einige grundlegende »Theoriebausteine«, die sich in *anderen* Rezeptionskontexten als sehr bedeutsam erwiesen haben und daher auch *prinzipielle* Relevanz für den Codierprozeß besitzen, zu erschließen und auf die Inhaltsanalyse zu übertragen. Inwieweit und unter welchen Bedingungen hinsichtlich Textmaterial, Codebuch, Codierercharakteristiken und Codiererschulung die skizzierten Prozesse tatsächlich das Codiererhandeln bestimmen, muß empirisch erst noch überprüft werden. Insofern ist dieser Beitrag auch forschungsprogrammatisch zu verstehen.

Literatur

AMELANG, M.; D. BARTUSSEK: *Differentielle Psychologie und Persönlichkeitsforschung.* 4. Auflage. Stuttgart, Berlin, Köln, Mainz 1997

BELMONT, J. M.; BUTTERFIELD, E. C.; R. P. FERRETTI: To Secure Transfer of Training Instruct Self-Management Skills. In: DETTERMAN, K. D.; R. J. STERNBERG (Hrsg.): *How and How Much Can Intelligence be Increased.* Norwood 1982, S. 46-61

BERARDI-COLETTA, B.; BUYER. L.; DOMINOWSKI, R. L.; E. R. RELLINGER: Metacognition and Problem Solving: A Process-Oriented Approach. In: *Journal of Experimental Psychology*: Learning, Memory and Cognition, 21, 1995, S. 205-223

BORCHERDING, K.: Entscheidungstheorie und Entscheidungshilfeverfahren für komplexe Entscheidungssituationen. In: IRLE, M. (Hrsg.): *Handbuch der Psychologie. Band 12: Marktpsychologie*, 2. Halbband. Göttingen 1983, 65-173

BORKOWSKI, J. G.; M. CARR; M. PRESSLEY: »Spontaneous« Strategy Use: Perspectives from Metacognitive Theory. In: *Intelligence*, 11, 1987, 61-75

BOS, W.: Reliabilität und Validität in der Inhaltsanalyse. Ein Beispiel zur Kategorienoptimierung in der Analyse chinesischer Textbücher für den muttersprachlichen Unterricht von Auslandschinesen. In: BOS, W.; C. TARNAI (Hrsg.): *Angewandte Inhaltsanalyse in Empirischer Pädagogik und Psychologie.* Münster, New York 1989

BREWER, W. F.; G. V. NAKAMURA: The Nature and Functions of Schemas. In: WYER, R. S.; T. K. SRULL (Hrsg.): *Handbook of Social Cognition.* Vol. 1. Hillsdale 1984, S. 119-160

BROSIUS, H.: *Alltagsrationalität in der Nachrichtenrezeption. Ein Modell zur Wahrnehmung und Verarbeitung von Nachrichteninhalten.* Opladen 1995

BROWN, A.L.: Metacognition, Executive Control, Self-Regulation, and Other More Mysterious Mechanisms. In: WEINERT, F.E.; R.H. KLUWE (Hrsg.): *Metacognition, Motivation, and Understanding.* Hillsdale 1987, S. 65-116

BROWN, A. L.; J. C. CAMPIONE; J. D. DAY: Learning to Learn: On Training Students to Learn from Texts. In: *Educational Researcher*, 10, 1981, 14-21

CHAIKEN, S.: Heuristic versus Systematic Information Processing and the Use of Source versus Message Cues in Persuasion. In: *Journal of Personality and Social Psychology*, 39, 1980, S. 752-766

CHAIKEN, S.: The Heuristic Model of Persuasion. In: ZANNA, M. P.; OLSON, J. M.; C. P. HERMAN (Hrsg.): *Social Influence: The Ontario Symposium*. Vol. 5. Hillsdale 1987, S. 3-39

CHAIKEN, S; W. WOOD; A. H. EAGLY: Principles of Persuasion. In: HIGGINS, E. T.; A. W. KRUGLANSKI (Hrsg.): *Social Psychology. Handboook of Basic Principles*. New York, London 1996, S. 702-742

CHAIKEN, S.; Y. TROPE (Hrsg.): *Dual-Process Theories in Social Psychology*. New York, London 1999

CHEN, S.; S. CHAIKEN: The Heuristic-Systematic Model in Its Broader Context. In: CHAIKEN, S.; Y. TROPE (Hrsg.): *Dual-Process Theories in Social Psychology*. New York, London 1999, S. 73-96

COSTA, P. T.; R. R. MCCRAE: *The NEO Personality Inventory Manual*. Odess 1985

DAVIS, M. H.: *Empathy: A Social Psychological Approach*. Boulder 1996

EYSENCK, H.: *Dimensions of Personality*. London 1947

EYSENCK, M. W.; M. T. KEANE: *Cognitive Psychology. A Student's Handbook*. East Sussex 2000

FISKE, S. T.; D. KINDER.; M. W. LARTER: The Novice and the Expert: Knowledge-Based Strategies in Political Cognition. In: *Journal of Experimental Social Psychology*, 19, 1983, S. 381-400

FLAVELL, J. H.: Metacognitive Aspects of Problem Solving. In: RESNICK, L. B. (Hrsg.): *The Nature of Intelligence*. Hillsdale 1976, 231-235

FLAVELL, J. H.: Metacognition and Cognitive Monitoring: A New Area of Cognitive-Developmental Inquiry. In: *American Psychologist*, 34, 1979, S. 906-911

FRÜH, W.: *Realitätsvermittlung durch Massenmedien. Die permanente Transformation der Wirklichkeit*. Opladen 1994

FRÜH, W.: *Inhaltsanalyse. Theorie und Praxis*. 4., überarbeitete Auflage. München 1998

FRÜH, W.: *Inhaltsanalyse. Theorie und Praxis*. 5., überarbeitete Auflage. München 2001

FRÜH, W.; W. WIRTH: Dynamik der Informationsverarbeitung suggestibler Rezipienten. Transaktionen von Suggestibilität, Aktivation und Medieninformation. In: FRÜH, W. (Hrsg.): *Medienwirkungen: Das dynamisch-transaktionale Modell. Theorie und empirische Forschung*. Opladen 1991, S. 271-303

GALAMBOS, J. A., R. P. ABELSON; J. B. BLACK (Hrsg.): *Knowledges Structures*. Hillsdale 1986

GARNER, R.; P. A. ALEXANDER: Metacognition: Answered and Unanswered Questions. In: *Educational Psychologist*, 24, 1989, S. 143-158

GARDNER, R. W.; HOLZMANN, P. S.; KLEIN, G. S.; LINTO, H.; D. S. SPENCER: Cognitive Control: A Study of Individual Consistencies in Cognitive Behavior. In: *Psychological Issues*, 1, 1959, Heft 4 komplett

GRUBER, H.: *Expertise. Modelle und empirische Untersuchungen.* Opladen 1994

GRUNOW, D.: Kodierung. In: FUCHS, W.; R. KLIMA; R. LAUTMANN; O. RAMMSTEDT; H. WIENOLD: *Lexikon zur Soziologie.* 2., verbesserte und erweiterte Auflage. Opladen 1988, 391

HIGGINS, T.: Knowledge Activation: Accessibility, Applicability, and Salience. In: *Social Psychology. Handbook of Basic Principles*. New York, London 1996, 133-168

HOLSTI, O. R.: *Content Analysis for the Social Sciences and Humanities*. Reading 1969

JUNGERMANN, H.; H. PFISTER; K. FISCHER: *Die Psychologie der Entscheidung.* Heidelberg, Berlin 1998

KAGAN, J.: Impulsive and Reflective Children: Significance of Conceptual Tempo. In: KRUMBOLTZ, J. (Hrsg.): *Learning and the Educational Process.* Chicago 1965, S. 133-161

KELEMEN, W. L.; P.J. FROST; C. A. WEAVER III: Individual Differences in Metacognition: Evidence Against a General Metacognitive Ability. In: *Memory & Cognition*, 28, 2000, S. 92-107

KRIPPENDORFF, K.: *Content Analysis. An Introduction to Its Methodology*. 2. Auflage. Beverly Hills, London 1985

KRIZ, J.; R. LISCH: *Methodenlexikon für Mediziner, Psychologen, Soziologen.* München, Weinheim 1988

MERTEN, K.: *Inhaltsanalyse. Einführung in Theorie, Methode und Praxis.* 2., verbesserte Auflage. Opladen 1995

MCGUIRE, W. J.: Attitude Change: The Information Paradigma. In: MCCLINTOCK, C. G. (Hrsg.): *Experimental Social Psychology*. New York 1972, S. 108-141

NAJAR, R. L.: *Pathways to Success: Learning Strategiy Instruction in Content Curriculum.* Paper presented at the HERDSA Annual International Conference, Melbourne, 12-15 July 1999

NELSON, T. O. (Hrsg.): *Metacognition: Core Readings*. Boston 1992

PARIS, S. G.; P. WINOGRAD: How Metacognition can Promote Academic Learning and Instruction. In: JONES, B. F.; L. IDOL (Hrsg.): *Dimensions of Thinking and cognitive Instruction.* Hillsdale 1990, S. 15-51

PETTY, R. E.; J. T. CACIOPPO: *Communication and Persuasion. Central and Peripheral Routes to Attitude Change.* New York 1986

PETZOLD, M.: Kognitive Stile. In: *Psychologie in Erziehung und Unterricht,* 32, 1985, S. 161-177

POTTER, W. J.; D. LEVINE-DONNERSTEIN: Rethinking Validity and Reliability in Content Analysis. In: *Journal of Applied Communication Research,* 27, 1999, 258-284.

PRESSLEY, M.; K. R. HARRIS; J. T. GUTHRIE (Hrsg.): *Promoting Academic Competence and Literacy in School.* San Diego 1992

PUTZ-OSTERLOH, W.: Wissen und Problemlösen. In: MANDL, H.; H. SPADA (Hrsg.): *Wissenspsychologie.* München, Weinheim 1988, S.247-263

RIFFE, D.; S. LACY; F. G. FICO: *Analyzing Media Messages. Using Quantitative Content Analysis in Research.* Mahwah, London 1998

RUMELHART, D. E.: Schemata: The Building Blocks of Cognition. In: SPIRO, R. J.; B. C. BRUCE: W. F. BREWER (Hrsg.): *Theoretical Issues in Reading Comprehension.* Hillsdale 1980, S.33-58

SCHIEFELE, U.; R. PEKRUN: Psychologische Modelle des fremdgesteuerten und selbstgesteuerten Lernens. In: WEINERT, F. E. (Hrsg.): *Psychologie des Lernens und der Instruktion. Enzyklopädie der Psychologie.* Themenbereich D. Serie I, Band 2. Göttingen, Bern, Toronto, Seattle 1996, S. 249-278

SCHOLL, ARMIN: *Die Befragung als Kommunikationssituation.* Opladen 1993

SLOVIC, P.; S. LICHTENSTEIN; B. FISCHHOFF: Decision Making. In: ATKINSON, R. C.; R. J. HERRNSTEIN; L. GARDNER; R. D. LUCE (Hrsg.): Steven's Handbook of Experimental Pyschology. Volume 2: Learning and Cognition. New York 1988, S. 673-738

steinert, h.: Das Interview als soziale Interaktion. In: Meulemann, H.; K. Reuband (Hrsg.): Soziale Realität im Interview: Empirische Analysen methodischer Probleme. Frankfurt, New York 1984, S. 17-59

STERNBERG, R. J.: *INTELLIGENCE APPLIED.* New York 1986

STUKAT, K. G.: *Suggestibility - a Factorial and Experimental Analysis.* Stockholm 1958.

TVERSKY, A.; D. KAHNEMAN: Availability: A Heuristic for Judging Frequency and Probability. In: *Cognitive Psychology,* 5, 1973, 207-232

VORDERER, P.: *Fernsehen als Handlung. Fernsehfilmrezeption aus motivationspsychologischer Perspektive.* Berlin 1992.

WALDMANN, M. R.: Kognitionspsychologische Theorien von Begabung und Expertise. In: WEINERT, F. E. (Hrsg.): *Psychologie des Lernens und der*

Instruktion. Enzyklopädie der Psychologie, Themenbereich D. Serie I, Band 2. Göttingen, Bern, Toronto, Seattle 1996, S. 445-476
WEINERT, F. E.; R. H. KLUWE (Hrsg.): *Metacognition, Motivation, and Understanding*. Hillsdale 1987
WELLMAN, H. M.: Metamemory revisited. In: CHI, M. T. H. (Hrsg.): *Trends in Memory Development Research*. Basel 1983, S. 31-51
WIRTH, W.: *Von der Information zum Wissen: Die Rolle der Rezeption für die Entstehung von Wissensunterschieden*. Opladen 1997
WIRTH, W.: Aufmerksamkeit: Ein Konzept- und Theorieüberblick aus psychologischer Perspektive mit Implikationen für die Kommunikationswissenschaft. In: BECK, K.; W. SCHWEIGER (Hrsg.): *Attention please! Online-Kommunikation und Aufmerksamkeit*. München 2001 (in Druck)
ZILLMANN, D.; H.-B. BROSIUS: *Exemplification in Communication. The Influence of Case Reports on the Perception of Issues*. Mahwah, New Jersey, London 2000

MARCUS MAURER / OLAF JANDURA

Kontrast oder Konsistenz? Ein Feldexperiment zum Einfluß der Kanzlerpräferenz auf das Codierverhalten bei Inhaltsanalysen in Wahlkämpfen

1. Einleitung

Die Messung der Tendenz der Darstellung einzelner Politiker oder Parteien gehört zum Standardrepertoire von Inhaltsanalysen, die die Berichterstattung der Massenmedien in Wahlkämpfen untersuchen. Die Codierer werden dabei angewiesen, einzustufen, wie die Politiker oder Parteien in einem Beitrag oder einer Aussage dargestellt werden. Gemessen wird dies zumeist auf fünfstufigen Skalen, die von »sehr positiv« bis »sehr negativ« reichen (vgl. zur letzten Bundestagswahl z.B. RETTICH & SCHATZ 1998; NOELLE-NEUMANN, KEPPLINGER & DONSBACH 1999; CASPARI, SCHÖNBACH & LAUF 1999). Solche Bewertungskategorien gelten jedoch als anfällig für Codierereinflüsse (FRÜH 1998: 79). Merten bezeichnet die Inhaltsanalyse darüber hinausgehend als reaktives Verfahren. Reaktivität - also die Reaktion einer Versuchsperson, die vom methodisch erforderlichen Verhalten abweicht (ESSER 1975: 258) - tritt demnach dann auf, wenn die pragmatische Dimension eines Textes codiert werden soll (MERTEN 1995: 92ff.; 1996). Das Verständnis von wertenden Textinhalten hängt nach Merten von den sozialen Strukturen der Codierer ab. Sie konstruierten sich ein subjektives Textverständnis, das durch ihre Wertvorstellungen bzw. Voreinstellungen geprägt sei. Unter diesen Bedingungen könne die Inhaltsanalyse nicht als objektives Verfahren bezeichnet werden (MERTEN 1996: 69).

Ob die Voreinstellungen der Codierer ihr Codierverhalten tatsächlich beeinflussen, ist erstens bisher nur unzureichend untersucht. Die in den meisten Inhaltsanalysen ausgewiesenen Intercoderreliabilitäten sagen hierüber nichts aus, da eine hohe Intercoderreliabilität auch dadurch zustandekommen kann, daß die Codierer durch identische Voreinstellungen gleichermaßen beeinflußt sind. Vielmehr müssen die relevanten Voreinstellungen der Codierer erhoben und mit ihrem Codierverhalten verglichen werden (vgl. dazu auch den Beitrag von WIRTH in diesem Band).

Die wenigen Untersuchungen, die den Einfluß der Voreinstellungen auf das Codierverhalten bisher untersucht haben, kommen zweitens zu unterschiedlichen Ergebnissen. Kepplinger, Dahlem und Brosius stellen im Bundestagswahlkampf 1990 keinen Einfluß der Voreinstellungen geschulter Rater auf ihr Codierverhalten fest. Die Rater, die vor Beginn der Codierung nach ihren Vorstellungen von der Persönlichkeit und der Kompetenz der beiden Kanzlerkandidaten gefragt wurden, nahmen die gleichen Persönlichkeitseigenschaften und Kompetenzen in den Fernsehbeiträgen über Kohl und Lafontaine weitgehend unabhängig von ihren Voreinstellungen wahr. Die gefundenen Zusammenhänge waren in Einzelfällen zwar hoch, aufgrund der geringen Fallzahlen jedoch zumeist nicht signifikant (KEPPLINGER, DAHLEM & BROSIUS 1993: 169ff.). Merten zeigt dagegen zum Teil hohe und überwiegend signifikante Zusammenhänge zwischen der Einschätzung der Tendenz einzelner wertender Aussagen mit politischem Inhalt und der Selbsteinschätzung der Versuchspersonen auf einer politischen Links-Rechts-Skala (MERTEN 1996: 72; ähnlich auch MERTEN 1995: 309f.). So unterschied sich beispielsweise die Wahrnehmung der Tendenz einer Aussage bei Codierern mit unterschiedlicher politischer Prädisposition je nachdem, ob das Objekt einer ansonsten identischen Aussage ein CDU- oder SPD-Politiker war. Merten führt sein Experiment allerdings mit völlig ungeschulten Probanden durch. Es ist folglich unklar, ob hier der Einfluß von politischen Einstellungen in der Inhaltsanalyse nachgewiesen wird oder lediglich die bekannte Tatsache, daß ungeschulte Rezipienten Medieninhalte subjektiv wahrnehmen (WESTER 1996).

Die bisher durchgeführten Untersuchungen arbeiten drittens mit äußerst geringen Fallzahlen. Dies ist schon deshalb problematisch, weil man Ergebnisse, die anhand weniger Aussagen oder anhand eines einzigen Artikels (MERTEN 1995: 309f.) gewonnen wurden, kaum generalisieren kann. Hinzu kommt, daß die Ergebnisse der Studien in sich inkonsistent sind. In den Untersuchungen zeigen sich teilweise hohe, teilweise geringe Zusammenhänge. Ebenso zeigen sich teilweise positive, teilweise negative Zusammenhänge. Aufgrund der geringen Fallzahlen können die Autoren die Bedingungen, unter denen Einflüsse der Voreinstellungen auftreten, jedoch jeweils nicht näher untersuchen.

Wir wollen im folgenden den Einfluß der Voreinstellungen der Codierer auf ihr Codierverhalten im Bundestagswahlkampf 1998 untersuchen. Wir konzentrieren uns auf die Codierung der Tendenz der Darstellung der beiden Kanzlerkandidaten Kohl und Schröder durch ihre Anhänger bzw. Gegner. Die Konzentration auf Personen - anstelle von z. B. Parteien - ermöglicht es, zu untersuchen, ob sich die Einflüsse bei Text- und Bildcodierungen unterscheiden. Als relevante Voreinstellung betrachten wir die Einstellung der Codierer zu den beiden Kandidaten. Selbst wenn weitere Wertvorstellungen der Codierer ihr Codierverhalten beeinflussen sollten, gehen wir davon aus, daß sie in der Einstellung zu den Kandidaten zusammengefaßt sind. So mag eine generell negative Weltsicht eines Codierers dazu führen, daß dieser die Kandidaten in einem Beitrag negativer codiert. Sie wird jedoch gleichzeitig dazu führen, daß er bereits eine negativere Voreinstellung gegenüber den Kandidaten hat.

2. Theoretische Überlegungen

Der Einfluß der Codierervoreinstellungen auf das Codierverhalten kann als Ausdruck von Reaktivität betrachtet werden (MERTEN 1995; 1996). Es gibt demnach keinen objektiv erkennbaren Medieninhalt. Ein Text wird erst beim Lesen konstruiert. Das Textverständnis ist dabei von den Voreinstellungen des Rezipienten geprägt. Hierin unterscheiden sich geschulte Codierer nicht von ungeschulten Rezipienten. Codierer mit unterschiedlichen Voreinstellungen codieren demnach unterschiedliche Texte, auch wenn ihnen identische Beiträge vorliegen. Träfe dies zu, müßten sich Anhänger und Gegner eines Politikers in ihrem Codierverhalten deutlich unterscheiden. Der Einfluß der Voreinstellungen auf das Codierverhalten wäre unvermeidbar und müßte unter allen Bedingungen gleichermaßen auftreten. Die unterschiedlichen Ergebnisse der bisher vorliegenden Untersuchungen lassen sich so allerdings nicht erklären.

Der Einfluß der Codierervoreinstellungen auf das Codierverhalten kann aber auch als Codierfehler betrachtet werden (WESTER 1996; FRÜH 1998: 104). Es gibt demnach einen objektiv erkennbaren Medieninhalt, der von geschulten Codierern besser erkannt werden kann als von ungeschulten Rezipienten. Die Wahrnehmung von Medieninhalten bewegt sich demnach auf einem Kontinuum, dessen Extrempole die völlig subjektive Wahrnehmung eines ungeschulten Rezipienten und der objektiv erkennbare Inhalt einer Mitteilung sind. Durch das Codebuch und die Codiererschulung wird der Rezipient zum geschulten Codierer. Sein Codierverhalten soll möglichst weit von seiner subjektiven Wahrnehmung und möglichst nah am objektiven Inhalt liegen, ohne daß dies allerdings vollständig erreicht werden kann. Abweichungen der Codierung vom objektiven Inhalt sind in diesem Sinne Codierfehler, die unter bestimmten Bedingungen auftreten, durch präzise Anweisungen im Codebuch und eine intensive Codiererschulung aber minimiert werden können. Sie werden bei Bewertungskategorien wie der Tendenz der Darstellung von Politikern eher auftreten als z.B. bei Kategorien, die den Grad der Personalisierung eines Beitrags messen, da solche Bewertungskategorien der alltäglichen Medienrezeption vergleichsweise ähnlich sind: Ob ein Politiker in einem Beitrag positiv oder negativ dargestellt wird, wird auch bei der alltäglichen Medienrezeption wahrgenommen. Träfe dies zu, ließen sich Theorien der Informationsverarbeitung - wenn auch stark eingeschränkt - auf das Codierverhalten übertragen. Ein gut gesichertes Ergebnis der Rezeptionsforschung ist, daß die Wahrnehmung von Medieninhalten mehr oder weniger stark von den Voreinstellungen der Rezipienten beeinflußt wird. Dabei behauptet die Schematheorie (GRABER 1984; BROSIUS 1995), daß im Rahmen des Rezeptionsprozesses vor allem jene Medieninhalte wahrgenommen werden, die den Voreinstellungen der Rezipienten entsprechen. Nicht schemakonforme Medieninhalte werden dagegen nicht zur Kenntnis genommen oder im Sinne des Schemas uminterpretiert. Träfe dies zu, würden Anhänger eines Politikers diesen positiver wahrnehmen als seine Gegner, da sie vor allem positive Informationen verarbeiten würden. Wir wollen dies im folgenden als *Konsistenzhypothese* bezeichnen. Erwartungs-Kontrast-Theorien (SHERIF & SHERIF 1967) behaupten dagegen, daß die Verzerrung von Wahrnehmungen im Kontrast zu den Voreinstellungen (Erwartungen) erfolgt. Die Erwartungen, die auf vorangegangenen Erfahrungen beruhen, bilden demnach eine Art ›Ankerpunkt‹, an dem neue Informationen gemessen werden. Die Wahrnehmung der Tendenz einer Information resultiert also aus dem Vergleich mit der erwarteten Tendenz einer Information. Träfe dies zu, würden Gegner eines Politikers diesen positiver wahrnehmen als seine Anhänger, weil sie geringere Erwartungen haben. Wir wollen dies im folgenden als *Kontrastierungshypothese* bezeichnen.

Die Frage ist folglich, ob solche voreinstellungsbedingten Verzerrungen der Wahrnehmung von Medieninhalten auch bei geschulten Codierern zu systematischen Codierfehlern führen, und ob die Codierung gegebenenfalls konsistent oder im Kontrast zur Voreinstellung verzerrt ist. Ob und unter welchen Bedingungen dies der Fall ist, soll im folgenden untersucht werden.

3. Methode

Der Zusammenhang zwischen den Voreinstellungen der Codierer und ihrem Codierverhalten kann in eigens durchgeführten kontrollierten Methodenexperimenten oder in Feldexperimenten untersucht werden. Im ersten Fall (MERTEN 1995: 309f.; 1996) werden identische Beiträge von mehreren Codierern codiert. Dabei ist sowohl die Zahl der Beiträge als auch die Zahl der Codierer aus forschungsökonomischen Gründen stark begrenzt. Die Bedingungen, unter denen Einflüsse der Voreinstellungen auftreten, können aufgrund der geringen Fallzahlen kaum untersucht werden. Die Codierbedingungen sind wenig realistisch, da die Probanden - wenn überhaupt - oft nicht ausreichend geschult sind. Sind sie geschult, sind sie sich in Experimenten der Situation, überprüft zu werden, möglicherweise so bewußt, daß sie sorgfältiger codieren als üblich. Ebenso ist denkbar, daß Einflüsse der Voreinstellungen erst durch Konzentrationsmängel nach langem Codieren auftreten. In Feldexperimenten (KEPPLINGER, DAHLEM & BROSIUS 1993) wird dagegen der Einfluß der Voreinstellungen auf das Codierverhalten in Inhaltsanalysen untersucht, die eigentlich anderen Forschungszwecken dienen. Die Untersuchungsbedingungen sind folglich realistisch. Der Nachteil von solchen Feldexperimenten liegt jedoch darin, daß jeder Beitrag nur einmal codiert wird. Es kann deshalb nicht untersucht werden, ob ein und derselbe Beitrag von Anhängern und Gegnern eines Kandidaten unterschiedlich codiert wird. Bei einer zufälligen Verteilung der Codierer auf das Untersuchungsmaterial und einer großen Zahl von zu codierenden Beiträgen ist wahrscheinlichkeitstheoretisch jedoch sichergestellt, daß die Anhänger eines Kandidaten ähnlich viele positive und negative Beiträge über diesen zugeteilt bekommen wie dessen Gegner. Wenn Anhänger und Gegner eines Kandidaten ähnlich viele positive und negative Beiträge über ihn zu codieren haben wie seine Gegner, ist es letztlich unerheblich, daß dies nicht ein und dieselben Beiträge sind. Unter diesen Bedingungen ist das Feldexperiment dem kontrollierten Methodenexperiment folglich vorzuziehen.

Grundlage unseres Feldexperiments ist eine Inhaltsanalyse der Medienberichterstattung zur Bundestagswahl 1998, die in Zusammenarbeit der Universitäten Mainz und Dresden mit dem Institut für Demoskopie in Allensbach durchgeführt wurde.[1] Im Zeitraum vom 2. März bis zum 1. November 1998 wurden alle wahlrelevanten Beiträge in 13 Tageszeitungen[2] (halbe Stichprobe), 8 Wochenzeitungen und Magazinen[3] sowie 10 Fernsehnachrichtensendungen[4] (jeweils Vollerhebung) verschlüsselt. Die Codierer, 49 Studenten der Kommunikationswissenschaft in Mainz (21) und Dresden (28), wurden über mehrere Wochen intensiv geschult[5] und schließlich nach dem Zufallsprinzip rotierend so auf das Untersuchungsmaterial verteilt, daß jeder von ihnen jedes Medium mehrmals über den gesamten Untersuchungszeitraum verteilt zu codieren hatte. Codiert wurden für jeden der insgesamt 25.947 Beiträge unter anderem die Gesamttendenz der Darstellung der beiden Spitzenkandidaten Kohl und Schröder auf einer 5stufigen Skala[6] sowie ihre visuelle Darstellung auf

---

[1] Für eine detaillierte Beschreibung der Methode vgl. NOELLE-NEUMANN, KEPPLINGER & DONSBACH (1999).

[2] Frankfurter Allgemeine Zeitung, Frankfurter Rundschau, Süddeutsche Zeitung, Welt, tageszeitung (taz), Bild, Westdeutsche Allgemeine Zeitung, Allgemeine Zeitung Mainz, Stuttgarter Zeitung, Berliner Zeitung, Sächsische Zeitung, Magdeburger Volksstimme, Dresdner Neueste Nachrichten.

[3] Spiegel, Focus, Stern, Die Zeit, Rheinischer Merkur, Die Woche, Welt am Sonntag, Bild am Sonntag.

[4] Tagesschau, Tagesthemen, heute, heute-journal, RTL aktuell, RTL-Nachtjournal, Sat.1 18:30, Pro7-Nachrichten, MDR Aktuell, Brandenburg aktuell.

[5] In den Schulungen, die in Mainz und Dresden getrennt durchgeführt wurden, wurden den Codierern zunächst die Kategorien anhand von Beiträgen, die durch die Projektleiter vorcodiert wurden, erläutert. Anschließend wurden die Codierer gebeten, Probecodierungen durchzuführen. Dies wurde so lange wiederholt, bis zufriedenstellende Übereinstimmungen zwischen den Codierern hergestellt waren. Auch nach Beginn der Codierung wurden in unregelmäßigen Abständen Codierersitzungen abgehalten.

[6] Die Codierer wurden instruiert, festzuhalten, welchen Eindruck ein Durchschnittsleser / -zuschauer nach dem Lesen / Ansehen des gesamten Beitrags erhält. Sie wurden darauf hingewiesen, daß dieser Eindruck sowohl die Folge von expliziten Werturteilen der Journa-

Pressefotos, Standbildern und in Nachrichtenfilmen. Hierzu wurde eine Liste mit neun vor allem visuell vermittelten[7] Persönlichkeitseigenschaften, wie z.B. ›unsicher‹ oder ›sympathisch‹ vorgegeben.[8] Die Codierer wurden instruiert, auf jeweils 5stufigen Ratingskalen anzugeben, inwieweit diese Eigenschaften auf den abgebildeten Kandidaten zutreffen. Vor Beginn der Codierung im Juni 1998 wurde allen Codierern ein kurzer Fragebogen vorgelegt. Sie wurden unter anderem gebeten, anzugeben, welchen der beiden Kandidaten sie als Bundeskanzler präferieren.[9] Da bei Inhaltsanalysen, in denen die Bewertung von Politikern oder Parteien codiert wird, ein politisches Gleichgewicht unter den Codierern angestrebt werden sollte (MERTEN 1996: 73; FRÜH 1998: 104f.), wurden die Ergebnisse dieser Vorbefragung auch zur Auswahl der Codierer herangezogen. Die Kanzlerpräferenzen der Codierer waren folglich in etwa gleichermaßen auf Kohl (19) und Schröder (23) verteilt. Sieben Codierer hatten keine eindeutige Kanzlerpräferenz. Sie werden von den folgenden Analysen ausgeschlossen. Die Mainzer Codierer wurden zusätzlich getrennt nach ihrem Image von beiden Kandidaten befragt. Abgefragt wur-

---

listen als auch die Konsequenz der neutralen Darstellung von negativen/positiven Sachverhalten sein kann. Die Skala reichte von »sehr positiv« über »nicht entscheidbar / ambivalent« bis »sehr negativ«. Wenn keine Tendenz erkennbar war, konnte dies gesondert festgehalten werden. Die Intercoderreliabilität, berechnet mit der einfachen Holsti-Formel, betrug bei mehrmaligen über den gesamten Untersuchungszeitraum verteilten Tests, an denen alle Codierer teilnahmen, zwischen .74 und .79.

7 Vgl. hierzu KEPPLINGER, BROSIUS & DAHLEM (1994), S.65; KEPPLINGER & MAURER (2001).

8 Die Eigenschaften lauteten »unsicher«, »vertrauenswürdig«, »sympathisch«, »unbeherrscht«, »energisch«, »seriös«, »durchsetzungsfähig«, »verärgert« und »gelassen«. Die Codierer wurden instruiert, einzuschätzen, inwieweit die bildlichen Darstellungen dem Durchschnittsrezipienten den Eindruck vermitteln, daß diese Eigenschaft auf den gezeigten Kandidaten zutrifft. Die Extrempunkte der Skala waren mit »trifft voll und ganz zu« und »trifft überhaupt nicht zu« benannt. Da es sich bei den Eigenschaften der Kandidaten im Bild - anders als bei der Gesamttendenz der Kandidatendarstellung - nicht um im engeren Sinn inhaltsanalytische Kategorien handelt, sondern subjektive Einflüsse, wie sie z.B. bei Rezeptionsanalysen auftreten, unvermeidbar sind, wurden hier keine Reliabilitätstests durchgeführt.

9 Die Frage lautete: »Wen hätten Sie lieber als Bundeskanzler: Helmut Kohl oder Gerhard Schröder?«

den auf 5-stufigen Ratingskalen unter anderem sieben der neun Eigenschaften, die in der folgenden Inhaltsanalyse zu codieren waren.[10] Der Zusammenhang zwischen den Voreinstellungen und dem Codierverhalten wird mit einfachen Produkt-Moment-Korrelationen gemessen.[11] Bei einer von den Voreinstellungen unbeeinflußten Codierung müßten Anhänger und Gegner eines Kandidaten in etwa gleiche Verteilungen der Codierungen aufweisen, die Korrelationen müßten also gegen null tendieren.[12]

4. Ergebnisse

Der Einfluß der Kanzlerpräferenz der Codierer auf die Gesamttendenz der Kandidatendarstellung

Die untersuchten Printmedien und Fernsehsendungen enthielten zwischen dem 2. März und dem 1. November 1998 5.027 Beiträge mit wertender Darstellung von Helmut Kohl und 4.949 Beiträge mit wertender Dar-

10   Die Vorgabe lautete: »Politiker haben ja ihre Stärken und Schwächen. Folgend sind einige Eigenschaften aufgezählt. Bitte beurteilen Sie, wie sehr diese Eigenschaften auf Helmut Kohl (Gerhard Schröder) zutreffen.« Nicht abgefragt wurden die Eigenschaften »seriös« und »durchsetzungsfähig«, die erst nach der Vorbefragung ins Codebuch aufgenommen wurden.

11   Für die Präsentation der Ergebnisse von Bewertungskategorien ist es üblich, die 5stufigen Skalen zu 3stufigen (positiv, ambivalent, negativ) zusammenzufassen. Da es uns um den für die letztlich präsentierten Ergebnisse relevanten Einfluß der Voreinstellungen geht, weisen wir ebenfalls Korrelationen aus, die auf Basis der zu 3stufigen zusammengefaßten Skalen berechnet sind. Die Korrelationen, die auf Basis der 5stufigen Originalskalen berechnet wurden, waren allerdings durchweg nur unwesentlich größer.

12   Die im folgenden ausgewiesenen Korrelationen sind auf der Basis von Beiträgen berechnet. Eine alternative Vorgehensweise wäre, die Daten zunächst zu aggregieren und die Korrelationen auf der Basis von Codierern auszuweisen. Wir haben auch dies getan. Die Korrelationen auf der Basis von Codierern weisen durchweg in die gleiche Richtung. Sie sind zumeist zwischen .05 und .15 größer als die entsprechenden Korrelationen auf der Basis von Beiträgen. Aufgrund der geringen Fallzahlen (49 Codierer) sind sie allerdings durchweg nicht signifikant.

TABELLE 1
Zusammenhang zwischen der Kanzlerpräferenz der Codierer und der Codierung der Gesamttendenz der Darstellung von Kohl und Schröder in den Printmedien+

	Kohl	Schröder
alle Beiträge in Printmedien	.01	-.01
Beiträge in Tageszeitungen	-.01	-.02
Wochenzeitungen und Magazinen	.03	-.02
Boulevardzeitungen	.09	.02

+Frankfurter Allgemeine Zeitung, Frankfurter Rundschau, Süddeutsche Zeitung, Welt, tageszeitung (taz), Allgemeine Zeitung Mainz, Westdeutsche Allgemeine Zeitung, Stuttgarter Zeitung, Berliner Zeitung, Sächsische Zeitung, Magdeburger Volksstimme, Dresdner Neueste Nachrichten (Tageszeitungen); Spiegel, Focus, Stern, Die Woche, Die Zeit, Rheinischer Merkur, Welt am Sonntag (Wochenzeitungen); Bild, Bild am Sonntag (Boulevardzeitungen) vom 02.03.-01.11.1998.
* p. ‹ 05; **p ‹ .01

stellung von Gerhard Schröder. Von den Beiträgen über Kohl wurden 2.199 (44 Prozent) von seinen Anhängern und 1.930 (38 Prozent) von seinen Gegnern codiert. Von den Beiträgen über Schröder wurden 1.836 (37 Prozent) von seinen Anhängern und 2.239 (45 Prozent) von seinen Gegnern codiert. Die übrigen Beiträge wurden jeweils von Codierern ohne Kanzlerpräferenz bearbeitet. Etwa zwei Drittel der Beiträge über beide Kandidaten waren Beiträge in Printmedien. Zwischen der Kanzlerpräferenz der Codierer und der Codierung der Gesamttendenz für die beiden Kandidaten in den Beiträgen in Printmedien gab es weder bei Kohl (R=.01) noch bei Schröder (R=-.01) einen signifikanten Zusammenhang. Dies gilt auch dann, wenn man Tages- und Wochenzeitungen sowie Boulevardblätter getrennt betrachtet (Tabelle 1).

Der Einfluß der Voreinstellungen der Codierer ist vermutlich umso größer, je schwieriger ein Text zu codieren ist. Viele, unter Umständen widersprüchliche Bewertungen in langen Artikeln über die Kandidaten begünstigen demnach den Einfluß der Kanzlerpräferenz der Codierer ebenso wie nur schwer erkennbare Bewertungen in nicht meinungsbetonten Beiträgen. Wir betrachten solche Beiträge deshalb im folgenden gesondert. Auch die Codierung mehrseitiger Artikel in den Nachrichtenmagazinen war von der Kanzlerpräferenz der Codierer vollkommen unbeeinflußt. Die Stilform eines Beitrags als Indikator für die Intensität der Bewertung der Kandidaten hatte ebenfalls keinen Einfluß auf die Ergebnisse: Weder bei stark wertenden Darstellungsformen wie Kommentaren noch bei weitgehend neutralen Darstellungsformen wie Nachrichten oder Interviews war die Codierung durch die Voreinstellungen der Codierer beeinflußt. Ein Einfluß der Kanzlerpräferenz der Codierer auf die Codierung von Beiträgen in Printmedien war mit anderen Worten selbst dann nicht erkennbar, wenn die Codierer vor relativ hohe Anforderungen gestellt waren.

In die Gesamttendenz der Kandidatendarstellung im Fernsehen können sowohl verbale als auch visuelle Eindrücke der Codierer einfließen. Multiple Regressionsanalysen zeigen allerdings, daß die Wahrnehmung aller neun erhobenen Eigenschaften im Bild zusammengenommen nur rund 10 Prozent der Gesamttendenz der Darstellung beider Kandidaten im Fernsehen erklärt.[13] Diese ist folglich - ebenso wie es in den Printmedien zwangsläufig der Fall ist - überwiegend eine Codierung verbaler Informationen. Die Codierung von Fernsehsendungen unterscheidet sich von der Codierung von Artikeln in Printmedien vor allem dadurch, daß die Codierer nicht den gesamten Beitrag auf einmal überblicken können. Während es in Printmedien möglich ist, relevante Textpassagen zu markieren und eventuell gegeneinander abzuwägen, können Codierer bei der Fernsehcodierung selbst nach mehrmaligem Ansehen eines Films nur schwer alle relevanten verbalen und visuellen Informationen aufnehmen und für die Codierung gleichermaßen berücksichtigen. Wenn nicht alle Informationen gleichermaßen berücksichtigt werden können, kann man vermuten, daß entweder jene Informationen bevorzugt berücksichtigt werden, die mit den eigenen Voreinstellungen übereinstimmen, oder jene, die den eigenen Erwartungen widersprechen. Es ist mit anderen Worten zu erwarten, daß der Einfluß der Kanzlerpräferenz auf das Codierverhalten bei Fernsehbeiträgen größer ist als bei Beiträgen in Printmedien. Diese Vermutung erweist sich als richtig. Zwischen der Voreinstellung der Codierer und ihrem Codierverhalten bestand ein mäßiger, aber signifikanter Zusammenhang. Anhänger eines Kandidaten co-

---

13 Der R^2-Wert betrug bei Kohl .10**, Basis sind 1.468 Standbilder und Nachrichtenfilme. Bei Schröder betrug der R2-Wert .11**, Basis sind 1.390 Standbilder und Nachrichtenfilme. In einem Beitrag nicht erkennbare Eigenschaften wurden für die multiple Regression auf den Skalenmittelpunkt gesetzt.

dierten diesen Kandidaten negativer als seine Gegner. Dies galt sowohl für Kohl (R=-.11**) als auch für Schröder (R=-.16**). Bei Kohl war dieser Zusammenhang weitgehend unbeeinflußt davon, ob er in einem Beitrag nur erwähnt wurde oder auch auf einem Standbild bzw. in einem Nachrichtenfilm zu sehen war. Die visuelle Präsenz von Schröder in einem Beitrag beeinflußte die Stärke des Zusammenhangs zwischen Voreinstellungen und Codierverhalten dagegen erheblich. Wenn Schröder in einem Beitrag nicht zu sehen war, wurde er von seinen Anhängern deutlich negativer codiert als von seinen Gegnern. Wenn er dagegen in einem Nachrichtenfilm auftrat, war kein Einfluß der Voreinstellungen auf das Codierverhalten erkennbar (Tabelle 2).

Während die Codierung von Beiträgen in Printmedien von der Kanzlerpräferenz der Codierer unbeeinflußt war, bestätigt sich für die Codierung von Fernsehbeiträgen die Kontrastierungshypothese: Die Codierer codierten die Kandidaten im Kontrast zu ihren Voreinstellungen. Die Ergebnisse sind für beide Kandidaten weitgehend identisch. Alle Befunde sind zudem weitgehend unabhängig von Codierermerkmalen. Sie gelten auch dann, wenn man Mainzer und Dresdner Codierer bzw. Codierer, die ursprünglich aus Ostdeutschland und Codierer, die ursprünglich aus Westdeutschland stammen, getrennt betrachtet. Dies ist umso bemerkenswerter, als daß keine gemeinsame Codiererschulung beider Grup-

TABELLE 2

Zusammenhang zwischen der Kanzlerpräferenz der Codierer und der Codierung der Gesamttendenz der Darstellung von Kohl und Schröder in den Fernsehnachrichtensendungen und -magazinen+

	Kohl	Schröder
alle Beiträge im Fernsehen	-.11**	-.16**
Beiträge		
in denen der Kandidat nur erwähnt wurde	-.10*	-.21**
in denen ein Standbild des Kandidaten gezeigt wurde	-.16*	-.16*
in denen der Kandidat im Film zu sehen war	-.15**	-.06

+ Tagesschau, Tagesthemen (ARD); heute, heute-journal (ZDF); RTL aktuell, RTL-Nachtjournal (RTL); 18:30 (Sat.1); PRO7-Nachrichten (PRO7); MDR aktuell (MDR); Brandenburg aktuell (ORB).
* p < .05; **p < .01

pen durchgeführt wurde. Die Ergebnisse erweisen sich somit insgesamt als äußerst stabil.

Der Einfluß des Kandidatenimages der Codierer auf die Wahrnehmung der Kandidaten im Bild

Während die Codierung der Gesamttendenz der Kandidatendarstellung durch umfangreiche Codieranweisungen und eine intensive Codiererschulung erläutert werden kann, ist dies bei der Codierung des Erscheinungsbilds der Kandidaten kaum möglich. Wann ein Politiker im Fernsehen »sympathisch« wirkt, kann kaum geschult werden und ist der Rezeptionsanalyse deutlich näher als einer Inhaltsanalyse im engeren Sinn (KEPPLINGER 1989). Man kann deshalb vermuten, daß die Wahrnehmung der Kandidaten im Bild deutlich stärker von den Voreinstellungen der Codierer beeinflußt ist als die Codierung der Gesamttendenz.

TABELLE 3
Zusammenhang zwischen dem Image der Codierer von Kohl und Schröder und der Wahrnehmung von Persönlichkeitseigenschaften der Kandidaten im Bild

	Kohl	Schröder
...ist sympathisch		
Beiträge in Printmedien: Fotos	-.06	-.02
Beiträge im Fernsehen: alle Beiträge mit visuellen Informationen	.19**	.38**
Fernsehbeiträge,		
in denen ein Standbild des Kandidaten gezeigt wurde	.17*	.43**
in denen der Kandidat im Film zu sehen war	.19**	.35**
...ist unsicher		
Beiträge in Printmedien: Fotos	-.11*	.11*
Beiträge im Fernsehen: alle Beiträge mit visuellen Informationen	.16**	.20**
Fernsehbeiträge,		
in denen ein Standbild des Kandidaten gezeigt wurde	.05	.29**
in denen der Kandidat im Film zu sehen war	.20**	.16**

* $p < .05$; ** $p < .01$

Diese Vermutung bestätigt sich für die Wahrnehmung der Eigenschaften der Kandidaten auf Pressefotos nicht. Zwischen der Voreinstellung und der Codierung der Eigenschaften auf Fotos in den Printmedien gab es bei keiner der sieben Eigenschaften einen eindeutigen Zusammenhang. Dies galt für beide Kandidaten. Dagegen waren auch hier Einflüsse der Voreinstellungen auf die Codierung von Fernsehbildern erkennbar. Sie waren erstens wie vermutet zumeist größer als bei der Gesamttendenz. Sie wiesen zweitens allerdings auch durchweg in die andere Richtung. Dies betraf alle Eigenschaften, vor allem aber den Eindruck, ob ein Kandidat »sympathisch« wirkt: Codierer, die einen Kandidaten sympathisch fanden, nahmen ihn deutlich häufiger als »sympathisch« wahr als diejenigen, die ihn nicht sympathisch fanden. Dies galt für beide Kandidaten, jedoch stärker für Schröder (R=.38**) als für Kohl (R=.19**). Der Einfluß der Voreinstellungen der Codierer war bei Schröder wiederum deutlich geringer, wenn Schröder in einem Film zu sehen war. Dies deutet darauf hin, daß sich die gegensätzlichen Effekte von Text und Bild in Nachrichtenfilmen über Schröder zum Teil aufhoben. Tabelle 3 zeigt die Ergebnisse exemplarisch für eine positive (»sympathisch«) und eine negative (»unsicher«) Eigenschaft.

5. Zusammenfassung und Diskussion

Wir haben den Einfluß der Einstellungen der Codierer gegenüber den beiden Spitzenkandidaten auf ihr Codierverhalten im Bundestagswahlkampf 1998 untersucht. Die wichtigsten Befunde lassen sich in fünf Schritten zusammenfassen:

1. Die Codierung der Darstellung der Kanzlerkandidaten in den Printmedien war von der Kanzlerpräferenz der Codierer vollkommen unabhängig. Dies galt sowohl für die Codierung der Gesamttendenz der Kandidatendarstellung im Text als auch für die Wahrnehmung von Persönlichkeitseigenschaften der Kandidaten auf Pressefotos.

2. Die Kanzlerpräferenz der Codierer hatte einen mäßigen, aber signifikanten Einfluß auf die Codierung der Darstellung der Kanzlerkandidaten im Fernsehen.

3. Die Codierung der Gesamttendenz der Kandidatendarstellung, die auch im Fernsehen überwiegend eine Codierung verbaler Informationen ist, war durch die Präferenz für einen Kandidaten negativ beeinflußt:

Anhänger eines Kandidaten codierten ihn negativer als seine Gegner.

4. Die Codierung von Eigenschaften der Kandidaten im Bild war durch die Voreinstellungen dagegen positiv beeinflußt: Die Eindrücke, die die Codierer anhand der Fernsehbilder von den Kandidaten gewannen, entsprachen häufig den Eindrücken, die die Codierer vor Beginn der Codierung von den Kandidaten hatten.

5. Der Einfluß der Voreinstellungen auf die Wahrnehmung der Kandidaten im Bild war größer als der Einfluß der Kanzlerpräferenz auf die Codierung der Gesamttendenz.

Daß die Wahrnehmung von Medieninhalten durch ungeschulte Rezipienten von deren Voreinstellungen beeinflußt ist, ist bekannt. Für geschulte Codierer gilt dies jedoch nur stark eingeschränkt. Durch präzise Anweisungen im Codebuch und eine intensive Codiererschulung ist es möglich, Codierer auszubilden, deren Textverständnis - anders als das ungeschulter Rezipienten - bereits beim Lesen eines Beitrags nicht von ihren Voreinstellungen, sondern von den Anweisungen im Codebuch geprägt ist. Einflüsse der Voreinstellungen auf das Codierverhalten sind deshalb nicht Ausdruck von Reaktivität, sondern Codierfehler, die nicht immer und unvermeidbar auftreten, sondern unter bestimmten Bedingungen zu Verzerrungen des Codierverhaltens führen. Solche Verzerrungen treten ausschließlich bei der Codierung von Fernsehbeiträgen auf, da die Codierer die vielfältigen Informationen hier nur schwer überschauen können. Im Zweifelsfall gibt deshalb vermutlich ihre Voreinstellung den Ausschlag. Dabei kommt es sowohl zu Konsistenz- als auch zu Kontrastierungseffekten. Die Codierung von Fernsehbildern ist in Richtung der Voreinstellung verzerrt. Die Codierung der Gesamttendenz, die im wesentlichen eine Codierung der Texte ist, ist dagegen im Kontrast zur Voreinstellung verzerrt. Hierfür sind zwei Erklärungen denkbar: Zum einen werden Text und Bild unterschiedlich wahrgenommen (HOLICKI 1993), was möglicherweise unterschiedliche wahrnehmungspsychologische Theorien zum Tragen kommen läßt. Zum anderen kann die Wahrnehmung im Bild in Codiererschulungen kaum geschult werden. Ein Einfluß der Voreinstellungen auf das Codierverhalten ist deshalb erwartbar. Die intensive Codiererschulung bei der Gesamttendenz dagegen kann bei den Codierern auch zu einer Überkompensation geführt haben: Sie wollten »besonders richtig« - also von ihrer Voreinstellung unbeeinflußt - codieren und sind deshalb ins andere Extrem verfallen.

Inhaltsanalysen, die die Medienberichterstattung in Wahlkämpfen untersuchen, können auch dann nicht auf Bewertungskategorien wie die Tendenz der Darstellung oder das Erscheinungsbild von Politikern verzichten, wenn Fernsehbeiträge untersucht werden sollen. Obwohl hier Einflüsse der Voreinstellungen der Codierer erkennbar sind, können diese nur in einem Fall mehr als 5 Prozent des Codierverhaltens erklären. Dies ist nicht viel, sollte jedoch auch nicht unterschätzt werden. Zukünftige Forschungsvorhaben, die mit Bewertungskategorien wie der Tendenz der Darstellung von Politikern arbeiten, sollten deshalb neben einer intensiven Codiererschulung und einer möglichst großen Zahl von zufällig auf das Untersuchungsmaterial verteilten Codierern auch auf ein politisch ausgeglichenes Verhältnis unter den Codierern achten, damit sich die aufgezeigten Verzerrungen nicht auf die Ergebnisse auswirken.

Literatur

BROSIUS, H.-B.: *Alltagsrationalität in der Nachrichtenrezeption. Ein Modell zur Wahrnehmung und Verarbeitung von Nachrichteninhalten.* Opladen 1995
CASPARI, M.; K. SCHÖNBACH; E. LAUF: Bewertung politischer Akteure in Fernsehnachrichten. Analyse der Berichterstattung in Bundestagswahlkämpfen der 90er Jahre. In: *Media Perspektiven*, 1999, S. 270-274
ESSER, H.: Zum Problem der Reaktivität bei Forschungskontakten. In: *Kölner Zeitschrift für Soziologie*, 27, 1975, S. 257-272
FRÜH, W.: *Inhaltsanalyse. Theorie und Praxis.* 4., überarbeitete Auflage. Konstanz 1998
GRABER, D.: *Processing the News. How People Tame the Information Tide.* New York, London 1984
HOLICKI, S.: *Pressefoto und Pressetext im Wirkungsvergleich. Eine experimentelle Untersuchung am Beispiel von Politikerdarstellungen.* München 1993
KEPPLINGER, H.M.: Content Analysis and Reception Analysis. In: *American Behavioral Scientist*, 33, 1989, S. 175-182
KEPPLINGER, H. M.; S. DAHLEM; H.-B. BROSIUS: Helmut Kohl und Oskar Lafontaine im Fernsehen. Quellen der Wahrnehmung ihres Charakters und ihrer Kompetenz. In: HOLTZ-BACHA, C.; L. L. KAID (Hrsg.): *Die Massenmedien im Wahlkampf. Untersuchungen aus dem Wahljahr 1990.* Opladen 1993, S. 144-184

KEPPLINGER, H.M.; H.-B. BROSIUS; S. DAHLEM: *Wie das Fernsehen Wahlen beeinflußt. Theoretische Modelle und empirische Analysen.* München 1994

KEPPLINGER, H.M.; M. MAURER: Der Einfluß verbaler und visueller Eindrücke auf die Wahrnehmung von Kohl und Schröder anhand der Fernsehberichterstattung vor der Bundestagswahl 1998. In: KNIEPER, T.; M.G. MÜLLER (Hrsg.): *Kommunikation visuell. Aktuelle Forschungsbeiträge aus Kommunikations- und Medienwissenschaft.* Köln 2001 (im Druck).

MERTEN, K.: *Inhaltsanalyse. Einführung in Theorie, Methode und Praxis.* 2., verbesserte Auflage. Opladen 1995

MERTEN, K.: Reactivity in Content Analysis. In: *Communications,* 21, 1996, S. 65-76

NOELLE-NEUMANN, E.; H. M. KEPPLINGER; W. DONSBACH: *Kampa. Meinungsklima und Medienwirkung im Bundestagswahlkampf 1998.* Freiburg, München 1999

RETTICH, M.; R. SCHATZ: *Amerikanisierung oder die Macht der Themen. Bundestagswahl 1998: Die Medien-Tenor-Analyse der Berichterstattung und ihrer Auswirkung auf das Wählervotum.* Bonn 1998

SHERIF, M.; C.W. SHERIF: Attitude as the Individual's own Categories: The Social Judgment-Involvement Approach to Attitude and Attitude Change. In: SHERIF, M.; C.W. SHERIF (Hrsg.): *Attitude, Ego-Involvement, and Change.* New York, London, Sydney 1967, S. 105-139

WESTER, F.: Comments on Klaus Merten: Reactivity in Content Analysis? In: *Communications,* 21, 1996, S. 199-202

EDMUND LAUF / JOCHEN PETER

Die Codierung verschiedensprachiger Inhalte. Erhebungskonzepte und Gütemaße

Unter welchen Bedingungen kann davon ausgegangen werden, daß *verschiedensprachige* Inhalte zuverlässig codiert werden? Diese Frage ist unseres Wissens noch nie direkt gestellt worden. Der vorliegende Beitrag will deshalb auf zwei grundsätzliche, miteinander verknüpfte Probleme der Codierung mehrsprachiger Inhalte aufmerksam machen: Das ist erstens das Problem, daß Analysen verschiedensprachiger Inhalte - eben aufgrund der verschiedenen Sprachen - nicht ohne weiteres vergleichbar sind, was sich in seiner reinsten Form bei der Ermittlung der Reliabilität herauskristallisiert. Das zweite Problem ist, daß Sprachkenntnisse eine auf Vergleichbarkeit angelegte Ermittlung der Reliabilität beeinflussen können.

Grundsätzlich gibt es nur zwei Möglichkeiten, die Codierung verschiedensprachiger Inhalte zu organisieren: Entweder die Materialien werden so verteilt, daß Codierer nur muttersprachige Inhalte codieren oder Codierer vercoden auch Inhalte in zumindest einer anderen Sprache.[1] Wenn Codierer ausschließlich muttersprachige Inhalte codieren, dann kann die Reliabilität nur *innerhalb* der verschiedenen mutterspra-

---

[1] Eine theoretische dritte Möglichkeit stellt die Übersetzung aller Inhalte in eine einheitliche Sprache dar, von der vereinzelt auch Gebrauch gemacht wird (z.B. MUELLER, 1987 und 1992; WANG 1992). Es stellt sich dann das Problem der Gültigkeit der Übersetzung, über die Rückübersetzungen Aufschluß geben können. Grundsätzlich ist dieses Vorgehen kostspielig und zeitintensiv, vor allem, wenn große Textmengen und verschiedene Sprachen zu analysieren sind. Hinzu kommt, daß kompetente Übersetzer gefunden werden müssen, so daß letztlich die Inhalte zumeist besser direkt von den Übersetzern codiert werden können. Übersetzungen sind im allgemeinen für große Projekte also eine wenig praktikable Lösung.

chigen Codierergruppen ermittelt werden und nicht dazwischen, der Nachweis einer reliablen Codierung *aller* Inhalte ist somit *nicht* möglich. Wenn *ein* Codierer verschiedensprachige Inhalte vercodet, dann ist die Sprachkompetenz in zumindest einer anderen als seiner Muttersprache eine unabdingbare Voraussetzung. Die im Vergleich zur Muttersprache zwangsläufig geringere Kompetenz in einer Fremdsprache kann Probleme der Codierung nicht-muttersprachiger Inhalte verursachen. Dies wiederum kann dazu führen, daß muttersprachige und nicht-muttersprachige Codierer aufgrund variierender Sprachkompetenz identische Inhalte unterschiedlich, also nicht reliabel, codieren.

Das Problem der Ermittlung der Reliabilität bei der Analyse verschiedensprachiger Inhalte sollte nicht unterschätzt werden: Der Nachweis einer reliablen Codierung verschiedensprachiger Inhalte ist vor allem für international vergleichende Studien eine *Conditio sine qua non*. Aber auch auf nationaler Ebene ist er dann notwendig, wenn verschiedensprachige Inhalte in einem Land (z.B. »Hürriet« und »Die Welt« oder flämische, französische und deutsche Inhalte in Belgien) oder sogar in einem Medium (z.B. französische und deutsche Inhalte im »Luxemburger Wort«) untersucht werden sollen. Auch läßt der zunehmende internationale Austausch von Forschern und Studenten erwarten, daß sich das Problem der Codierung verschiedensprachiger Inhalte zukünftig in weit größerem Maße stellt, als das bis heute der Fall ist.

Da die Codierung verschiedensprachiger Inhalte bisher weder systematisiert noch problematisiert wurde, werden zunächst Konzepte der Codierung verschiedensprachiger Inhalte vorgestellt und hinsichtlich der Sprach- und Vergleichbarkeitsprobleme diskutiert. Welche potentiellen Auswirkungen die Sprachkompetenz der Codierer auf die Reliabilität der Codierung fremdsprachiger Inhalte im Gegensatz zur Codierung rein muttersprachiger Inhalte hat, wird danach im Rahmen einer Fallstudie analysiert. Der Beitrag schließt mit der Formulierung von Standards zur Ermittlung der Reliabilität bei der Analyse verschiedensprachiger Inhalte.

1. *Die Codierung verschiedensprachiger Inhalte - Konzepte und deren Sprachanforderungen*

Wie wenig Bedeutung dem Problem der Codierung verschiedensprachiger Inhalte beigemessen wurde, zeigt sich daran, daß vielen Darstellungen lediglich zu entnehmen ist, daß Inhalte mehrerer Sprachen analysiert wurden, nicht jedoch wie (z.B. BUCKMAN 1993, LEROY & SIUME 1994, NEGRINE 1999). Betont wird immer wieder der erhebliche Aufwand der Codierung verschiedensprachiger Inhalte, nie jedoch die methodischen Probleme und möglichen Lösungen (VAN DIJK 1984, SEVAES 1991). Die ausschließliche Angabe einer hohen Reliabilität scheint vielen Autoren ein genügender Beleg für die methodische Güte ihrer international vergleichenden Analysen zu sein (z.B. CHANG, WANG & CHEN 1998; GRUBE & BÖHME-DÜRR 1988; SNYDER, WILLENBORG & WATT 1991). Wie jedoch diese Reliabilitäten für verschiedensprachige Inhalte ermittelt wurden, und welches Konzept der Erhebung zugrunde lag, ist der Mehrzahl der Beiträge nicht zu entnehmen. Dabei betrifft das Problem der Sprachanforderungen an die Codierer nicht nur die Phase der Codierung verschiedensprachiger Inhalte, sondern nahezu den gesamten Forschungsablauf: So muß entschieden werden, in welcher/n Sprache(n) das Codebuch zu verfassen ist und das anschließende Codierertraining durchgeführt werden soll. Auch für den Reliabilitätstest muß vorab festgelegt werden, ob Inhalte nur einer oder aller Sprachen Gegenstand des Samples sein sollen. Je nachdem, wie diese Entscheidungen ausfallen, ergeben sich drei Erhebungskonzepte, die jeweils unterschiedliche Sprachanforderungen an einen Codierer stellen.

Muttersprachiges Vorgehen

Dieses Vorgehen erfordert eine Übersetzung des Erhebungsinstruments (Codebuch und Codesheets) in alle zu codierenden Sprachen. Die Codierer werden in ihrer Muttersprache trainiert, die Reliabilität wird an zufällig ausgewählten muttersprachigen Inhalten getestet, danach erfolgt die Codierung der muttersprachigen Inhalte. Wenn z.B. niederländische und deutsche Codierer in ihrer Muttersprache trainiert und getestet werden und anschließend muttersprachige Inhalte codieren, dann handelt es sich um ein muttersprachiges Vorgehen. Als Beispiele für Projekte, deren Darstellung ein solches Vorgehen zu entnehmen ist, seien hier drei international vergleichende Inhaltsanalysen genannt: Die Analyse des amerikanischen *Time*-Magazins und des deutschen *Stern* (BROSIUS, MUNDORF & STAAB 1991), die Analyse der Vorwahlberichterstattung zur ersten Europawahl (BLUMLER 1983) und die UNESCO-*News-of-the-World-Studie*, die in 29 Ländern durchgeführt wurde. Das Vorgehen der UNESCO-Studie wird wie folgt beschrieben: »Each national team leader supervised a group of research assistants and/or students. (...) Reliability was checked by having different coders recode about 20 per cent of the material in each national sample. These results were then compared with the original coding« (SREBERNY-MOHAMMADI, NORDENSTRENG, STEVENSON & UGBOAJAH 1985: 15).

Im Zusammenhang mit dem Codebuch ergeben sich bei einer muttersprachigen Anlage keine spezifischen Probleme. Das Mastercodebuch wird in die jeweiligen Muttersprachen übersetzt, etwaige aus den Übersetzungen resultierende Unschärfen können - auch wenn dies in den genannten Beiträgen nicht problematisiert wird - durch Rückübersetzungen in das Mastercodebuch identifiziert und durch Korrekturen weitgehend ausgeschlossen werden. Weder für die Auswahl der Codierer noch deren Schulung ergeben sich spezifische Probleme bei derartigen Studien, da in der Muttersprache trainiert und vercodet wird, das Vorgehen damit praktisch identisch mit dem der Analyse von einsprachigen Inhalten ist.

Eine Voraussetzung der Messung der Reliabilität - wie oben bereits angesprochen - ist dann allerdings nicht erfüllt: Es ist nicht möglich, die Übereinstimmung mehrerer Codierer *am selben Textmaterial* zu prüfen (FRÜH 1991: 168). Dies ist ein ernstzunehmendes Problem muttersprachig angelegter Inhaltsanalysen: Die Reliabilität *zwischen* den verschiedensprachigen Codierergruppen kann nicht verglichen werden, wenn Codierer jeweils nur Inhalte *einer* Sprache codieren. Die in separaten muttersprachigen Reliabilitätstests ermittelten Übereinstimmungen können nur im sprachspezifischen Kontext Gültigkeit beanspruchen, nicht aber *zwischen* den Sprachen. Im strengen Sinne handelt es sich also überhaupt nicht um die Analyse verschiedensprachiger Inhalte, sondern nur um mehrere Analysen in jeweils einer Sprache mit vergleichbaren Untersuchungsanlagen. Eine Lösung dieses Problems erfordert also ein anderes Vorgehen.

Projektsprachiges Vorgehen

Bei einem projektsprachigen Vorgehen wird das Codebuch in einer von allen beteiligten Forschern und Codierern beherrschten Sprache, der Projektsprache, verfaßt; auch das Codierertraining erfolgt in dieser Sprache. Die Reliabilität wird an zufällig ausgewählten projektsprachigen Inhalten getestet. Codiert werden von jedem Codierer jedoch nur muttersprachige Inhalte. Wenn z. B. niederländische und deutsche Codierer in einer definierten Projektsprache - dabei muß es sich nicht notwendig um die deutsche oder niederländische Sprache handeln - trainiert und getestet werden und anschließend Inhalte in ihrer Muttersprache codieren, dann sprechen wir von einer projektsprachigen Anlage. Ein Beispiel für diese Anlage ist die Analyse von Ogan und Fair (1984). Sie untersuchten Zeitungen aus dem Libanon, Nigeria, Saudi-Arabien, Mexiko, Elfenbeinkünste, Simbabwe, Israel und Südafrika: »After several training sessions, reliability checks on a sample of content across several Englishlanguage development news items were conducted« (OGAN & FAIR 1984: 179f.). Zandpour, Chang und Catalano (1992) ließen zwei Franzosen, zwei Chinesen und einen Amerikaner 20 englischsprachige Anzeigen codieren, ermittelten die Reliabilität also ebenfalls projektsprachig.

Während beim projektsprachigen Vorgehen nur ein in der Projektsprache verfaßtes Codebuch nötig ist, gelten für Codierer bei diesem Vorgehen erhöhte Anforderungen: Neben der Beherrschung ihrer Muttersprache benötigen die Codierer auch sehr gute Kenntnisse der *Projektsprache* - der Sprache, in der die Codierer gemeinsam geschult und getestet werden. Da ein gemeinsames Training durchgeführt wird und ein Reliabilitätstest an denselben Inhalten stattfindet, wird die Intercoder-Reliabilität aller Codierer getestet. Da nur projektsprachige Inhalte im Test Berücksichtigung finden, die anschließende Codierung aller Inhalte jedoch jeweils in der Muttersprache der Codierer erfolgt, kann von den im Test ermittelten Reliabilitäten nicht ohne weiteres auf die Reliabilität aller codierten Inhalte geschlossen werden. Hinzu kommt, daß die Sprachkompetenz im Test die Reliabilität beeinflussen kann, während die Sprachkompetenz für die Codierung muttersprachiger Inhalte keine Rolle spielt. Außerdem können in der Codierphase die zu codierenden Inhalte nicht systematisch auf alle Codierer verteilt werden (vgl. MERTEN 1995: 330).

Mehrsprachiges Vorgehen

Dieses Vorgehen erfordert wiederum ein Codebuch, das nur in der Projektsprache abgefaßt wird. Das Codierertraining findet ebenfalls in der Projektsprache statt, die Reliabilität wird anhand einer Zufallsstichprobe von Inhalten aller Sprachen ermittelt. Danach werden alle Inhalte zufällig auf alle Codierer verteilt. Wenn z.B. deutsche und niederländische Codierer jeweils deutsche und niederländische Inhalte codieren, dann nennen wir diese Anlage mehrsprachig. In der Studie von Tak, Kaid und

Lee (1997) vercodeten drei Codierer politische Werbung in Korea und den USA: »The advertisements were coded by trained coders who were fluent in both the Korean and English languages« (1997: 422). Auch Bishop und Hansen (1981) sind bei ihrer Analyse von chinesischen und englischen Zeitungen zweisprachig vorgegangen.

Ein mehrsprachiges Vorgehen kann also zumindest bei einfachen Kategorien und/oder wenigen Sprachen eine praktikable Variante sein. Man einigt sich auf eine Projektsprache, in der das Codebuch verfaßt wird und in der das Training stattfindet. So weit ist das Vorgehen gleich dem projektsprachigen Vorgehen. Im Reliabilitätstest werden jedoch zufällig ausgewählte Inhalte aus allen zu codierenden Sprachen getestet, und auch in der Phase der Codierung werden die Inhalte rotiert. Beim mehrsprachigen Vorgehen ist die Beherrschung aller Sprachen also kennzeichnend. Dies ist theoretisch somit eine adäquate Methode, um verschiedensprachige Inhalte zu analysieren. Die Ansprüche sind aber bei mehr als zwei Sprachen praktisch kaum erfüllbar: Alle Codierer müßten in der Lage sein, jeweils Inhalte in allen zu analysierenden Sprachen zu codieren.

In Tabelle 1 sind die Sprachanforderungen an die Codierer im Überblick dargestellt. Jedes Vorgehen hat Vor- und Nachteile. Da bei einem muttersprachigen Vorgehen durch das Codierertraining in getrennten muttersprachigen Gruppen eine Gefahr der idiosynkratischen Codierung besteht (vgl. HAK & BERNTS 1996) und die Reliabilitätstests nur die Reliabilitäten innerhalb der muttersprachigen Gruppen ermitteln, ist damit

TABELLE 1

Sprachanforderungen an die Codierer bei mutter-, projekt- und mehrsprachigem Vorgehen[2]

	Muttersprachig	Projektsprachig	Mehrsprachig
Codebuch	Muttersprache	Projektsprache	Projektsprache
Codierertraining	Muttersprache	Projektsprache	Projektsprache
Reliabilitätstest	Muttersprache	Projektsprache	Alle Sprachen
Codierung	Muttersprache	Muttersprache	Alle Sprachen

[2] Diese Typologie ist idealtypisch angelegt, d.h., es sind auch Abweichungen denkbar. Beispielsweise kann es auch sein, daß bei einem mehrsprachigen Vorgehen in der Codierphase Codierer Inhalte in verschiedenen, nicht aber allen Sprachen vercoden.

allein keine Aussage über die Reliabilität aller Codierer möglich. Demgegenüber können bei projektsprachigem Vorgehen Codierer sowohl gemeinsam geschult als auch getestet werden. Streng genommen dürfen die Ergebnisse der Reliabilitätstests jedoch nur auf die in der Projektsprache codierten Inhalte übertragen werden. Aber selbst dieser Inferenzschluß ist eigentlich nicht statthaft, da zumindest ein Teil der am Reliabilitätstest beteiligten Codierer außer im Reliabilitätstest in der Praxis gar keine projektsprachigen Inhalte codiert. Nur bei einem mehrsprachigen Vorgehen kann von den Ergebnissen des Reliabilitätstests auf die Reliabilität *aller* codierten Inhalte geschlossen werden.

Hinzu kommt das Problem, daß die muttersprachig ermittelten Reliabilitäten von den nicht-muttersprachig ermittelten abweichen können und man - solange nur einer der beiden Tests durchgeführt wird - nie weiß, wie groß diese Abweichung ist und woraus sich diese ergibt. Grund für die Abweichungen können z. B. die unterschiedlichen Inhalte oder eine idiosynkratische Codierung innerhalb der Codierergruppen bei einem muttersprachigen Vorgehen sein.

Erschwert wird die Situation zudem von unterschiedlichen Anforderungen an die Sprachkompetenz der Codierer. Während bei einem muttersprachigen Vorgehen keinerlei Fremdsprachenkenntnisse des Codierers vorausgesetzt werden, sind für ein projektsprachiges Vorgehen für einen Teil der Codierer andere als muttersprachige Kenntnisse für das Codierertraining und den Reliabilitätstest notwendig. Ein mehrsprachiges Vorgehen setzt sogar Kompetenz in allen Sprachen von allen Codierern sowohl für den Reliabilitätstest als auch für die Codierung voraus. Bei einem projekt- und mehrsprachigen Vorgehen kann also die Sprachkompetenz die Reliabilität der Codierung beeinflussen: Während bei einem muttersprachigen Vorgehen ein Einfluß der Sprachkompetenz in einer zweiten Sprache per se auszuschließen ist, können sowohl bei projektsprachigem als auch mehrsprachigem Vorgehen die Reliabilitäten dadurch beeinträchtigt sein, daß sich Codierer in ihrer Sprachkompetenz unterscheiden. Diese Codierereigenschaft könnte dann ebenfalls den Unterschied zwischen muttersprachig und nicht-muttersprachig ermittelten Reliabilitäten erklären.

2. Der Einfluß von Sprachkompetenz auf die Vergleichbarkeit der Codierung muttersprachiger und nicht-muttersprachiger Inhalte

Es gibt verschiedene Typen der Reliabilität: Neben der Stabilität der Codierung (oder *Intra*coder-Reliabilität) erwähnt Krippendorff die Intercoder-Reliabilität: »*Reproducibility* [*Inter*coder-Reliabilität] is the degree to which a process can be recreated under varying circumstances, at different locations, using different coders« (1980: 130). Die Intercoder-Reliabilität ist die weitaus am häufigsten erhobene und in Artikeln ausgewiesene Reliabilität (LAUF 2001; RIFFE & FREITAG 1997). Gewöhnlich wird sie getestet, indem man Codierer unabhängig voneinander dasselbe Material codieren läßt und dann den Grad der Übereinstimmung berechnet.

Je nach Konzeption der Analyse verschiedensprachiger Inhalte ergeben sich drei Varianten der Intercoder-Reliabilität: Die mutter-, projekt- und mehrsprachig ermittelte Intercoder-Reliabilität. Die muttersprachig ermittelte Intercoder-Reliabilität ist hoch, wenn jeweils innerhalb der verschiedenen Muttersprachen hohe Übereinstimmungen in der Codierung desselben Materials durch verschiedene Codierer zu finden sind. Die projekt- und mehrsprachig ermittelte Intercoder-Reliabilität ist nur dann hoch, wenn sämtliche Codierer in der Codierung derselben Inhalte hoch übereinstimmen. Wird die Intercoder-Reliabilität für die Codierung ausschließlich muttersprachiger Inhalte und für die Codierung nicht-muttersprachiger Inhalte separat gemessen, dann ist die Differenz zwischen den pro Codierer ermittelten Übereinstimmungen durch die veränderte Anlage der Reliabilitätstests zu erklären - also auch durch die Fremdsprachenkompetenz, die nur für die Codierung nicht-muttersprachiger Inhalte notwendig ist.

Es stellt sich hier allerdings noch ein anderes Problem, vor allem hinsichtlich der Codierung nicht-muttersprachiger Inhalte: Codierer können prinzipiell untereinander in ihrer Codierung übereinstimmen, z.B. weil ihre Sprachkompetenzen ähnlich sind, trotzdem aber nicht akkurat codieren. »Accuracy« oder instrumentelle Reliabilität (vgl. MERTEN 1995: 303) »is the degree to which a process functionally conforms to a known standard, or yields what it is designed to yield« (KRIPPENDORFF 1980: 130f.). Wenn nicht-muttersprachige Codierer nicht-muttersprachige Inhalte systematisch abweichend von der Codierung eines Projektleiters codieren, dann kann die Differenz zwischen projekt- oder mehrsprachig ermittelter Intercoder- und instrumenteller Reliabilität ebenfalls Ergebnis eines Codiererbias sein, der durch unterschiedliche Sprachkompetenz zustande kommt. Dieser Zusammenhang zwischen Intercoder- und instrumenteller Reliabilität impliziert auch, daß die Abweichungen zwischen muttersprachig und projekt- oder mehrsprachig ermittelter Intercoder-Reliabilität nicht notwendig dem Einfluß unterschiedlicher Sprachkompetenz unterliegen müssen, dieser Einfluß sich aber durchaus bei Abweichungen zwischen muttersprachig ermittelter Intercoder- und projekt- oder mehrsprachig ermittelter instrumenteller Reliabilität zeigen kann.

Fragestellung

Im Folgenden führen wir eine Fallstudie durch, deren Ziel es ist, die Abweichungen zu untersuchen, die durch eine projektsprachige Untersuchungsanlage anstelle einer muttersprachigen entstehen.[3] Speziell untersuchen wir, inwieweit sich die Differenzen zwischen mutter- und projektsprachig ermittelten Reliabilitäten auf bessere oder schlechtere Projektsprachenkenntnisse zurückführen lassen. Aufgrund des Mangels an Forschung zum Thema hat unsere Studie explorativen Charakter. Zunächst ist es daher das Ziel, die durchschnittliche Intercoder-Reliabilität anhand muttersprachiger Inhalte und die Intercoder- und instrumentelle Reliabilität anhand projektsprachiger Inhalte für dieselben Codierer zu ermitteln. Dabei gehen wir folgenden Fragen nach:

F1: Wie stark weicht die muttersprachig ermittelte Intercoder-Reliabilität von der projektsprachig ermittelten Intercoder-Reliabilität ab?

F2: Wie stark weicht die muttersprachig ermittelte Intercoder-Reliabilität von der projektsprachig ermittelten instrumentellen Reliabilität ab?

Ein weiteres Ziel ist es, zu klären, inwieweit die Differenzen, die als Indikator für den Bias stehen, der durch die Anlage der Inhaltsanalyse bedingt ist, durch die Projektsprachenkompetenz der Codierer zu erklären sind:

---

3 Da bei einer projektsprachigen Anlage für einen Teil der Codierer auch muttersprachige Inhalte zu codieren sind, wird hier generell die Projektsprachenkompetenz als Ursache eines Codiererbias geprüft, die per definitionem für einen Teil der Codierer der Fremdsprachenkompetenz entspricht.

F3.1: Wie groß ist der Einfluß der Projektsprachenkompetenz der Codierer auf deren Differenz zwischen mutter- und projektsprachig ermittelter Intercoder-Reliabilität?

F3.2: Wie groß ist der Einfluß der Projektsprachenkompetenz der Codierer auf deren Differenz zwischen projektsprachig ermittelter Intercoder- und instrumenteller Reliabilität?

F3.3: Wie groß ist der Einfluß der Projektsprachenkompetenz der Codierer auf deren Differenz zwischen muttersprachig ermittelter Intercoder- und projektsprachig ermittelter instrumenteller Reliabilität?

Methode

Die vorliegende Studie ist Teil einer größeren international vergleichenden, projektsprachig angelegten Studie zur Berichterstattung über den Wahlkampf vor den Europawahlen 1999. Das englischsprachige Codebuch war mehrere Male vor der Anwendung getestet und überarbeitet worden. Es wurden nur Codierer eingestellt, die in einem Vorstellungsgespräch gute Englischkenntnisse nachweisen konnten. Diese wurden intensiv über einen Zeitraum von bis zu zwei Monaten in der Projektsprache trainiert und auch in der Codierphase betreut. Für die Fallstudie codierten 22 Codierer aus 10 verschiedenen EU-Ländern mit sieben verschiedenen Muttersprachen vier englischsprachige und jeweils 40 zufällig ausgewählte muttersprachige Beiträge in der Codierphase des Projekts.

Die projektsprachige Intercoder-Reliabilität wurde als Anteil der Übereinstimmungen jedes einzelnen Codierers mit allen anderen Codierern ermittelt. Die instrumentelle Reliabilität ist die Übereinstimmung der Codierung eines Codierers mit der mehrfach geprüften Codierung des Forscherteams (Mastercodierung). Die muttersprachige Intercoder-Reliabilität wurde durch Paarvergleiche errechnet und ist der Anteil der Übereinstimmungen eines Codierers mit einem anderen Codierer bzw. bei mehr als zwei Codierern die gemittelte Übereinstimmung aller Paarvergleiche. Die drei verschiedenen Reliabilitätsmaße wurden separat für jeden Codierer und jede Kategorie ermittelt.[4]

---

[4] Da die projektsprachige Intercoder- und instrumentelle Reliabilität nur auf der Basis von vier Beiträgen gemessen wurde, ist ein Schluß auf die Grundgesamtheit aller Codierungen hier weder angestrebt noch statthaft. Deswegen wurde keine Bereinigung um die zufällige Übereinstimmung durchgeführt. Da nur die Übereinstimmungen zwischen den Codierern

Wir haben diejenigen Kategorien von der Analyse ausgeschlossen, die in den vier Beiträgen zur Ermittlung der projektsprachig ermittelten Intercoder- und instrumentellen Reliabilität praktisch nicht auftraten, um zu vermeiden, daß die Reliabilität künstlich erhöht wird. Nicht berücksichtigt wurden Kategorien, bei denen sich für die überwiegende Mehrheit der Codierer und für die Mastercodierung die Residualkategorie »nicht zutreffend« ergab. 26 verschiedene nominale Kategorien gingen in die Berechnung der mittleren Übereinstimmungen aller Variablen ein.[5]

Die projektsprachig ermittelten Intercoder- und instrumentellen Reliabilitäten basieren insgesamt auf 104 Codierentscheidungen eines einzelnen Codierers, die muttersprachig ermittelten Intercoder-Reliabilitäten auf durchschnittlich rund 1.200 Codierentscheidungen. Da keine Aussage über die Reliabilität der einzelnen Kategorien gemacht werden soll, ist die Addition der übereinstimmenden Codierungen aller Kategorien hier angemessen.

Vor den Reliabilitätstests haben wir die Codierer gebeten, einen Fragebogen auszufüllen und ihre Sprachkompetenz der englischen Sprache anhand von vier Items einzuschätzen (zu additivem Sprachkompetenzindex summiert, $\alpha = .78$, $M = 14{,}4$, $SD = 3{,}4$).[6]

für die Bestimmung der muttersprachig ermittelten Reliabilität herangezogen wurden, die auch am projektsprachigen Test teilgenommen haben, konnten nicht immer alle 40 codierten Beiträge zur Bestimmung der paarweisen Übereinstimmungen herangezogen werden. Daher handelt es sich hier ebenfalls um keine Zufallsauswahl. Deshalb, und um die verschiedenen Reliabilitäten so vergleichbar wie möglich zu ermitteln, wurden auch hierfür keine Koeffizienten berechnet, die die zufällige Übereinstimmung berücksichtigen.

5   Das Codebuch und eine Liste der selektierten Kategorien wird aus Platzmangel hier nicht detailliert dargestellt, sind aber auf Anfrage vom Erstautor erhältlich.

6   Die Fragen lauteten: [1] »If you listen to a conversation of English native speakers, how much of what they say do you understand?« (5 ›everything‹, 4 ›most parts of it‹, 3 ›large parts of it‹, 2 ›some parts of it‹, 1 ›small parts of it‹ oder 0 ›nothing‹); [2] »If you write an essay in English, how often do you have to use an ›English - your mother tongue‹ or ›Your mother tongue - English‹ dictionary?« (0 ›always‹, 1 ›most of the time‹, 2 ›frequently‹, 3 ›sometimes‹, 4 ›rarely‹ oder 5 ›never‹); [3] »If you talk to English native speakers, how often do you translate in your mind what you want to say from your mother tongue prior to speaking?« (Vorgaben siehe Frage 2); [4] »If you are reading a long article in, for example, the British newspaper *The Guardian*, how often do you encounter words which you do not know?« (Vorgaben siehe Frage 2). Wir haben uns zu dieser Form der Messung der Sprachfähigkeit ent-

Ergebnisse

Der muttersprachig angelegte Reliabilitätstest führt zu einer zehn Prozent höheren Reliabilität als der projektsprachig angelegte Intercoder-Test (F1) und fällt sogar um elf Prozentpunkte höher aus als die projektsprachig ermittelte instrumentelle Reliabilität (F2, siehe Tabelle 2). Diese Ergebnisse lassen vermuten, daß ein projektsprachiges Vorgehen mit überwiegend nicht-muttersprachigen Codierern zu einer geringeren Reliabilität führt, die Codierer also deutlich weniger zuverlässig codieren. Die projektsprachige Intercoder-Reliabilität war zudem in keinem Fall höher als die muttersprachige. Da schon vergleichsweise geringe Abweichungen dazu führen können, daß die in Handbüchern empfohlenen Schwellenwerte unterschritten werden (vgl. LAUF 2001, RIFFE, LACY & FICO 1998: 125), kommt den Differenzen auch praktische Bedeutung zu: Während die muttersprachige Reliabilität mit .85 den Grenzwert von .80 überschreitet, liegen die projektsprachig ermittelte Intercoder- und instrumentelle Reliabilität deutlich unter diesem Schwellenwert.

Um zu prüfen, ob diese Differenzen auf die Sprachkompetenz der Codierer zurückzuführen sind (F3.1 bis F3.3), werden drei einfache OLS-Regressionen gerechnet. Auch wenn angesichts der geringen Fallzahl eine vorsichtige Interpretation geraten ist und die Signifikanzen nicht inferenzstatistisch interpretiert werden dürfen, verweisen die Ergebnisse auf einen starken Einfluß der Sprachkenntnisse.

Modell 1 in Tabelle 3 zeigt, daß die Differenzen zwischen mutter- und projektsprachigem Test der Intercoder-Reliabilität umso größer werden, je geringer die Projektsprachenkompetenz bei einem projektsprachigen Vorgehen ist. Ein Viertel der Unterschiede wird praktisch ausschließlich durch die Sprachkompetenz erklärt. Das deutet darauf hin, daß bei einem projektsprachigen Vorgehen die Reliabilität der eigentlichen Inhaltsanalyse aufgrund variierender Projektsprachenkompetenz deutlich unterschätzt werden kann, wenn nur ein projektsprachiger Reliabilitätstest erfolgt.

schieden, weil der »Test of English as a Foreign Language« (TOEFL) nur für einen geringen Teil der Codierer vorlag und zudem überwiegend nicht mehr aktuell war. Da die Trainer permanenten Kontakt zu den Codierern hatten, haben wir die Trainer die Sprachfähigkeit zusätzlich einschätzen lassen. Die Selbsteinschätzungen der Codierer stimmten mit denen der Trainer hoch überein, daher gehen wir von einer angemessenen Selbsteinschätzung aus.

Die Codierung verschiedensprachiger Inhalte

TABELLE 2
Univariate Kennwerte der Reliabilitäten
sowie deren Differenzen

N = 22	Mittel	Std. Abw.	Min	Max
Muttersprachige Intercoder-Reliabilität	85	7	75	95
Projektsprachige Intercoder-Reliabilität	74	3	65	79
Projektsprachige instrumentelle Reliabilität	74	4	67	80
Mutter- minus projektsprachige Intercoder-R.	10	6	0	19
Projektsprachige Intercoder- minus instrumentelle Reliabilität	1	4	-5	8
Muttersprachige Intercoder- minus instrumentelle Reliabilität	11	7	-5	24

Die Projektsprachenkompetenz führt nicht nur zu einer geringeren projektsprachig ermittelten Intercoder-Reliabilität, sie bewirkt zudem auch eine geringere instrumentelle Reliabilität (Modell 2 in Tabelle 3). Daß die Koeffizienten vergleichsweise gering ausfallen, beruht vor allem auf den geringeren Abweichungen in der abhängigen Variablen (Tabelle 2). Selbst wenn also befriedigende Reliabilitäten zwischen den Codierern erreicht werden, dann wird vor allem durch die Sprachkompetenz ein von der Mastercodierung abweichendes und damit nicht akkurates unerwünschtes Codierverhalten gefördert.

TABELLE 3
Der Einfluß der Sprachkenntnisse auf die
Differenz der Reliabilitäten: Betas

N = 22	Modell 1 Mutter- minus projektsprachige Intercoder-Reliabilität	Modell 2 Projektsprachige Intercoder- minus instrumentelle Reliabilität	Modell 3 Muttersprachige Intercoder- minus projektsprachige instrumentelle Reliabilität
Sprachfähigkeit	-.50*	-.29	-.54*
R Quadrat	.25	.09	.29

* p < .05

Wenn von der muttersprachig ermittelten Intercoder-Reliabilität die projektsprachige instrumentelle Reliabilität subtrahiert wird, dann ist die Differenz um gemeinsame nicht akkurate Codierungen aufgrund der Projektsprachenkompetenz bereinigt.[7] Diese Differenz repräsentiert also theoretisch am besten einen Codiererbias, der durch die Sprachkompetenz zustande kommen kann. Nach den eindeutigen Ergebnissen der Modelle 1 und 2 zeigt sich hier nun der stärkste Effekt der Projektsprachenkompetenz: Fast ein Drittel der durchschnittlich um elf Prozent geringeren Reliabilität wird durch die Sprachvarianz erklärt (Modell 3).

Diskussion

Stärke und Richtung der Abweichungen zwischen den drei Reliabilitätstypen zeigen an, daß eine projektsprachige Anlage zu geringeren Intercoder- und instrumentellen Reliabilitäten führt als ein muttersprachiger Test. Für den Nachweis der Reliabilität verschiedensprachiger Inhalte ist nur ein mutter- oder nur ein projektsprachiger Reliabilitätstest somit nicht ausreichend. Daß und in welchem Ausmaß die variierende Projektsprachenkompetenz die Abweichungen zwischen mutter- und projektsprachig ermittelter Reliabilitäten erklärt, verweist darauf, daß Sprachkompetenz in Form von muttersprachigen Fähigkeiten konstant zu halten ist, um einen Codiererbias zu vermeiden.

Dennoch ist aus zwei Gründen eine vorsichtige Interpretation dieser Befunde geraten: Zum einen wurden in dieser Studie lediglich 22 nicht zufällig ausgewählte Codierer mit nur einem Codebuch getestet; zum anderen wurden lediglich die muttersprachigen Intercoder-Reliabilitäten aufgrund eines genügend großen Samples ermittelt. Zudem kann eine idiosynkratische Codierung aufgrund von Gruppeneffekten praktisch nicht auftreten, weil für die vorliegende Studie alle Codierer gemeinsam in der Projektsprache trainiert wurden. Ein vollständig muttersprachiges Vorgehen läßt deshalb noch höhere Abweichungen vom projektsprachigen Vorgehen erwarten.

---

7 So führen gute Projektsprachenkenntnisse, selbst wenn weitere Codierermerkmale wie Wissen über die aktuelle Politik und Codiererfahrung kontrolliert werden, nicht notwendig zu höheren projektsprachig ermittelten Intercoder-Reliabilitäten, wohl aber zu höheren instrumentellen Reliabilitäten (vgl. PETER & LAUF 2001).

Das Fazit dieser Fallstudie lautet, daß Projektsprachenkompetenz zu erheblich abweichenden Reliabilitäten führen kann. Für einen Reliabilitätstest in projekt- und in mehrsprachig angelegten Forschungsprojekten sind offensichtlich nicht nur gute Fremdsprachenkenntnisse, sondern muttersprachige oder äquivalente Kenntnisse einer Sprache notwendig, um ähnliche Reliabilitäten wie bei einem muttersprachigen Vorgehen und eine hohe Übereinstimmung mit der vom Forscher beabsichtigten Codierung zu erreichen. Dieses Problem stellt sich prinzipiell auch bei der Analyse von einsprachigen Inhalten, wenn nicht-muttersprachige Codierer eingesetzt werden.

3. Der Nachweis der Reliabilität bei mutter-, projekt- und mehrsprachigem Vorgehen - Versuch der Formulierung von Standards

Die Ermittlung der Reliabilität der Codierung verschiedensprachiger Inhalte verweist auf ein Dilemma: Einerseits ist ein muttersprachiges Vorgehen nicht statthaft, da es zu höchst zweifelhaften Vergleichen führt, die den Nachweis der Intercoder-Reliabilität zwischen den Sprachen schuldig bleiben. Andererseits gilt für die mögliche Lösung eines projekt- oder mehrsprachigen Vorgehens, daß die Voraussetzung der muttersprachigen Beherrschung mehrerer Sprachen nur sehr selten bei Codierern gegeben ist.

»The ideal coder is a man who is a mass-produced machine« (ANDRÉN 1981: 47) - den aber gibt es nur in Form der elektronischen Inhaltsanalyse. Stevensons Hoffnung, der Computer »will free us from some of the tiresome chores« (STEVENSON & COLE 1982: 175), hat sich angesichts der begrenzten Einsatzmöglichkeiten für komplexere international vergleichende Inhaltsanalysen nicht bestätigt. Die unterschiedlichen Sprachkenntnisse der Codierer werden daher gerade bei projekt- und mehrsprachigem Vorgehen eine mögliche Ursache für das Reliabilitätsdilemma bleiben. Sollte Blumler also Recht behalten, wenn er schreibt: »Obviously, there is no handy rule of thumb available for the organization of comparative research teams. Each comparative problem, and each team, will call for its own solution« (BLUMLER, MCLEOD & ROSENGREN 1992: 279)?

Zunächst haben wir versucht, das methodische Problem herauszuschälen, und zumindest eine mögliche Lösung skizziert: Wenn muttersprachige Codierer ausgewählt werden können, dann kann das mehrsprachige Vorgehen durchaus adäquat sein. Wichtig ist dann allerdings zusätzlich zur Intercoder-Reliabilität auch der Nachweis der instrumentellen Reliabilität aller eingesetzten Codierer an einer jeweils genügend großen Stichprobe (siehe Tabelle 4).

Wenn Inhalte in mehr als zwei verschiedenen Sprachen zu codieren sind, dann ist kaum zu erwarten, daß Codierer alle Sprachen als Muttersprache (oder entsprechend kompetent) beherrschen. In diesen Fällen kann ein projektsprachiges Vorgehen dann eine sinnvolle Alternative sein, wenn alle Codierer muttersprachige oder äquivalente Sprachkenntnisse der Projektsprache besitzen. Im Unterschied zum muttersprachigen Vorgehen kann ein gemeinsames Codierertraining stattfinden. Ein Test auf Intercoder- und instrumentelle Reliabilität an projektsprachigen Inhalten ist hingegen wenig sinnvoll, da die Codierung in der Muttersprache stattfindet. Ein Nachweis der Reliabilität ohne Vergleichbarkeitsprobleme läßt sich dann nur indirekt erbringen: Wenn durch muttersprachige Intercoder- *und* instrumentelle Reliabilitätstests eine ausreichende Übereinstimmung der Codierer untereinander und mit den Trainern ermittelt wird, dann kann durch einen zusätzlichen Reliabilitätstest der jeweiligen Trainer untereinander an - nach Möglichkeit mehrsprachigen - identischen Inhalten zumindest indirekt auf die Intercoder-Reliabilität der Codierung *aller* Inhalte und *aller* Codierer geschlossen werden. In diesem Fall werden lediglich von den Trainern muttersprachige Kenntnisse in allen Sprachen, zumindest aber in der Projektsprache vorausgesetzt.

Der Nachweis der reliablen Codierung bei einer muttersprachigen Anlage entspricht dem projektsprachigen Vorgehen. Es sind dann aller-

TABELLE 4
Geforderte Reliabilitätstests bei mutter-, projekt- und mehrsprachigem Vorgehen

	Muttersprachig	Projektsprachig	Mehrsprachig
Intercoder-Reliabilität	Mehrf. muttersprachig	Muttersprachig	Mehrsprachig
Instrumentelle Reliabilität	Mehrf. muttersprachig	Muttersprachig	Mehrsprachig
Intertrainer-Reliabilität	Projekt-/Mehrsprachig	Projekt-/Mehrsprachig	Nicht notwendig

dings wiederholte Tests auf instrumentelle Reliabilität nötig, da durch die Aufteilung der Codierer in die jeweils muttersprachigen Gruppen eine erhöhte Wahrscheinlichkeit idiosynkratischer Codierungen der jeweiligen Teams gegeben sein kann. Wenn verschiedensprachige Inhalte vergleichend analysiert werden sollen, dann müssen also zumindest die Trainer über adäquate Projektsprachenkenntnisse verfügen.

Literatur

ANDRÉN, G.: Reliability and Content Analysis. In: ROSENGREN, K. E. (Hrsg.): *Advances in Content Analysis*. Beverly Hills 1981, S. 43-67

BISHOP, R. L.; J. HANSEN: Content of Taiwan's English and Chinese Press. In: *Journalism Quarterly*, 58, 1981, S. 456-460

BLUMLER, J. G. (Hrsg.): *Communicating to Voters: Television in the First European Parliamentary Elections*. London, Beverly Hills, New Delhi 1983

BLUMLER, J. G.; J. MCLEOD; K. E. ROSENGREN: From Exploration to Consolidation. In: BLUMLER, J. G.; J. MCLEOD; K. E. ROSENGREN (Hrsg.): *Comparatively Speaking: Communication and Culture Across Space and Time*. Newbury Park, London, New Delhi 1992, S. 271-298

BROSIUS, H.-B.; N. MUNDORF, N.; J. F. STAAB: The Depiction of Sex Roles in American and German Magazine Advertisements. In: *International Journal of Public Opinion Research*, 3, 1991, S. 366-383

BUCKMAN, R.: How Eight Weekly Newsmagazines Covered Elections in Six Countries. In: *Journalism Quarterly*, 70, 1993, S. 780-792

CHANG, T.-K.; J. WANG; C.-H. CHEN: The Social Construction of International Imagery in the Post-Cold War Era: A Comparative Analysis of U.S. and Chinese National TV News. In: *Journal of Broadcasting & Electronic Media*, 42, 1998, S. 277-296

DIJK, T. A. VAN: *Structures of International News. A Case Study of the Worlds Press*. Amsterdam 1984

FRÜH, W.: *Inhaltsanalyse. Theorie und Praxis*. 3., überarbeitete Auflage. München 1991

GRUBE, A.; K. BÖHME-DÜRR: AIDS in International News Magazines. In: *Journalism Quarterly*, 65, 1988, S. 686-689

HAK, T.; T. BERNTS: Coder Training: Theoretical Training or Practical Socialization? In: *Qualitative Sociology*, 19, 1996, 235-257

KRIPPENDORFF, K.: *Content Analysis. An Introduction to its Methodology.* Newbury Park 1980

LAUF, E.: ».96 nach Holsti«: Was erfahren wir über die Reliabilität von Inhaltsanalysen aus Beiträgen in kommunikationswissenschaftlichen Fachzeitschriften? In: *Publizistik,* 46, 2001 (im Druck)

LEROY, P.; K. SIUNE: The Role of Television in European Elections: The Case of Belgium and Denmark. In: *European Journal of Communication,* 9, 1994, S. 47-69

MERTEN, K.: *Inhaltsanalyse. Einführung in Theorie, Methode und Praxis.* 2., verbesserte Auflage, Opladen 1995

MUELLER, B.: Reflections of Culture: An Analysis of Japanese and American Advertising Appeals. In: *Journal of Advertising Research,* 27, 1987, S. 51-59

MUELLER, B.: Standardization vs. Specialization: An Examination of Westernization in Japanese Advertising. In: *Journal of Advertising Research,* 32, 1992, S. 15-24

NEGRINE, R.: Parliaments and the Media. A Changing Relationship? In: *European Journal of Communication,* 14, 1999, S. 325-352

OGAN, CH. L.; J. E. FAIR: »A Little Good News«: The Treatment of Development News in Selected Third World Newspapers. In: *Gazette,* 33, 1984, S. 173-191

PETER, J.; E. LAUF: Reliability in Cross-National Comparative Content Analyses - An Exploratory Study on the Impact of Coder Charateristics on Reproducibility and Accuracy. Paper präsentiert auf der Jahrestagung der International Communication Association, Mai 24-28, Washington 2001

RIFFE, D.; A. FREITAG: A Content Analysis of Content Analyses: Twenty-Five Years of Journalism Quarterly. In: *Journalism and Mass Communication Quarterly,* 74, 1997, S. 515-524

RIFFE, D.; S. LACY; F. G. FICO: *Analyzing Media Messages. Using Quantitative Content Analysis in Research.* Mawah, London 1998

SERVAES, J.: European Press Coverage of the Grenada Crisis. In: *Journal of Communication,* 41, 1991, S. 28-41

SNYDER, L. B.; B. WILLENBORG; J. WATT: Advertising and Cross-Cultural Convergence in Europe. In: *European Journal of Communication,* 6, 1991, S. 441-468

SREBERNY-MOHAMMADI, A.; K. NORDENSTRENG; R. L. STEVENSON; F. UGBO-AJAH: *Foreign News in the Media: International Reporting in 29 Countries.*

Reports and Papers on Mass Communication No. 93. Paris 1985
STEVENSON, R. L.; R. R. COLE: Some Thoughts on the Future of Content Analysis. In: *Gazette*, 30, 1982, S. 167-176
TAK, J.; L. L. KAID; S. LEE: A Cross-Cultural Study of Political Advertising in the United States and Korea. In: *Communication Research*, 24, 1997, S. 413-430
WANG, S.: Factors Influencing Cross-National News Treatment of a Critical National Event. A Comparative Study of Six Countries' Media Coverage of the 1989 Chinese Student Demonstrations. In: *Gazette*, 49, 1992, S. 193-214
ZANDPOUR, F.; C. CHANG; J. CATALANO: Stories, Symbols, and Straight Talk: A Comparative Analysis of French, Taiwanese, and U.S. TV Commercials. In: *Journal of Advertising Research*, 32, 1992, 25-38

EVELYN ENGESSER / CARSTEN REINEMANN

Können sich Aussagen und Beiträge widersprechen? Die Relevanz sozialpsychologischer Erkenntnisse zur Personenwahrnehmung für die inhaltsanalytische Tendenzmessung

1. Problemstellung

Nachdem fast drei Jahrzehnte lang vor allem »indirekte« Medienwirkungen auf politische Orientierungen untersucht wurden, geraten nun persuasive Einflüsse der Massenmedien wieder stärker in das Zentrum der Forschung. Von zentraler Bedeutung ist dabei der Gedanke, daß »direkte« Medienwirkungen auch deshalb selten nachgewiesen werden, weil sich in den Medien häufig widersprechende Botschaften finden, die sich in ihrer jeweiligen Wirkung neutralisieren (vgl. MCGUIRE 1992; ZALLER 1996; SCHMITT-BECK 2000). Schmitt-Beck schließt daraus: »Medieneinflüsse können [...] nicht sichtbar werden, wenn Messverfahren gewählt werden, die keine Trennung von Überzeugungsbotschaften unterschiedlicher politischer Richtungen erlauben« (SCHMITT-BECK 2000: 256). Dies verdeutlicht einmal mehr, daß die inhaltsanalytische Messung politischer Tendenzen ein zentrales Problem der politischen Kommunikationsforschung ist. Da in der Forschungspraxis unterschiedliche Verfahren der Tendenzmessung verwendet werden, stellt sich die Frage, ob diese austauschbar sind oder zu unterschiedlichen Ergebnissen führen.

2. Inhaltsanalytische Tendenzmessung

Weil ihr Erkennen eine hohe Interpretationsleistung erfordert, scheint die Tendenz eines Medienbeitrags auf dem »Kontinuum der Bedeutungsdeterminanz von Zeichen« (FRÜH 1998: 101) eher in der Nähe »latenter« Inhalte zu liegen. Dies ist jedoch kein Problem, solange die Reliabilität der Codierung gewährleistet ist. Denn dann stellen auch Tendenzen eine Form »manifesten« Inhalts dar (FRÜH 1998: 101; POTTER & LEVINE-DONNERSTEIN 1999: 266). Dennoch haben sich bereits in der Vergangenheit verschiedene Autoren mit Problemen der Tendenzmessung beschäftigt. Dabei ging es insbesondere um die Übereinstimmung zwischen der inhaltsanalytisch gemessenen und der von Rezipienten wahrgenommenen Tendenz (vgl. BROSIUS & EHMIG 1988; BROSIUS & STAAB 1989; BROSIUS, STAAB & GASSNER 1992; KEPPLINGER, TULLIUS & AUGUSTIN 1994). Kritisiert wurde, daß gerade bei der Messung politischer Tendenzen die politischen Orientierungen der Codierer die Ergebnisse verzerren könnten (vgl. MERTEN 1996; MAURER & JANDURA sowie WIRTH in diesem Band). Dennoch sind Tendenzmessungen für die politische Kommunikationsforschung unabdingbar und deshalb nach wie vor Teil vieler Inhaltsanalysen. Deren Ziel besteht zumeist darin, die politische Linie verschiedener Medien festzustellen (*diagnostischer Ansatz*) und/oder den Stimulus für mögliche Wirkungen beim Rezipienten zu beschreiben (*prognostischer Ansatz*; vgl. FRÜH 1998: 42).

Die Tendenz einer Darstellung kann für Personen und Sachthemen untersucht werden. Inhaltsanalytische Tendenzmessungen von Personendarstellungen entsprechen den Rekonstruktionen der Rezipienten eher als derartige Messungen bei Sachthemen. Eine mögliche Ursache dafür ist, daß Urteile über Sachfragen in der Regel Vorkenntnisse verlangen, die für Urteile über Personen weniger wichtig sind. Dies hängt auch damit zusammen, daß Rezipienten in der Personenwahrnehmung geübter sind und offenbar einheitlichere Vorstellungen davon besitzen, wie man Personen positiv oder negativ charakterisieren kann (vgl. BROSIUS, STAAB & GASSNER 1992; BROSIUS & EHMIG 1988; BROSIUS & STAAB 1989). Ähnliche Gedanken finden sich in der Debatte um die Personalisierung von Politik. Hier wird argumentiert, daß Informationen über Personen »kostengünstiger« zu verarbeiten seien als solche über politische Probleme (vgl. LASS 1995). Es spricht also einiges dafür, daß die Übereinstimmung zwischen inhaltsanalytisch gemessener und von Rezipienten wahrgenommener Tendenz bei Personendarstellungen recht groß sein dürfte.

Die Tendenzen von Personendarstellungen werden mit unterschiedlichen Verfahren gemessen. In deutschen Studien finden sich als Tendenzindikatoren u. a. *wertende Aussagen/Urteile* (vgl. z. B. RETTICH & SCHATZ 1998;

KEPPLINGER 1998; SCHNEIDER, SCHÖNBACH & SEMETKO 1999; SCHULZ, BERENS & ZEH 1998), *Themenbezüge* bzw. *Themenvalenzen* (vgl. z.B. SCHULZ, BERENS & ZEH 1998; KRÜGER & ZAPF-SCHRAMM 1999) oder *ganze Beiträge* (vgl. z.B. SCHULZ 1997: 215; NOELLE-NEUMANN, KEPPLINGER & DONSBACH 1999; WILKE & REINEMANN 2000). Die Wahl dieser Indikatoren wird in der Regel kaum begründet, nur selten werden mehrere Indikatoren verwendet und noch seltener verschiedene Indikatoren verglichen (vgl. z.B. SCHULZ, BERENS & ZEH 1998).

3. Tendenzmessung der Personendarstellung auf Aussagen- und Beitragsebene

Tendenzen der Personendarstellung werden häufig über *wertende Aussagen oder Urteile* erhoben. Das sind Aussagen, in denen Personen positiv oder negativ beurteilt werden. Zwei Typen wertender Aussagen können unterschieden werden: *Explizit* oder *direkt* wertende Aussagen sind solche, in denen eine Person mit eindeutig wertenden Begriffen charakterisiert wird. In *implizit* oder *indirekt* wertenden Aussagen wird ein Sachverhalt dargestellt, der eindeutig eine Bewertung einer Person impliziert. In der Praxis müssen die Codierer in einem Beitrag zunächst die im Rahmen der Analyse interessierenden wertenden Aussagen erkennen und dann beurteilen, ob die Aussage für das Berichterstattungsobjekt positiv, ambivalent oder negativ ist. Als »ambivalent« wird eine Aussage dann verschlüsselt, wenn ein wertender Gehalt klar erkennbar ist, jedoch nicht, ob die Richtung der Bewertung eher positiv oder eher negativ ist. Dabei kommen häufig mehrstufige Rating-Skalen zum Einsatz, in denen etwa zwischen Aussagen unterschieden wird, die »eindeutig positiv«, »eher positiv«, »ambivalent«, »eher negativ« oder »eindeutig negativ« sind (vgl. z.B. KEPPLINGER 1998; WILKE & REINEMANN 2000). Die Gesamttendenz der Berichterstattung kann man dann auf zwei Arten ermitteln: (1) Man verrechnet zunächst die Aussagen eines Beitrags zu einer Beitragstendenz und ermittelt aus diesen Beitragstendenzen die Gesamttendenz der Berichterstattung. (2) In den meisten Studien werden allerdings alle wertenden Aussagen zur Bestimmung der Tendenz herangezogen, ohne zunächst eine Aggregierung auf Beitragsebene durchzuführen (vgl. z.B. KEPPLINGER & RETTICH 1996; SCHULZ, BERENS & ZEH 1998; WILKE & REINEMANN 2000).

Die Tendenz der Darstellung einer Person wird auch häufig auf der Beitragsebene gemessen. Unmittelbar nach der Rezeption eines Beitrags soll der Codierer beispielsweise festhalten, ob, in welcher Richtung und in welcher Stärke eine Person wertend dargestellt wurde. Auch hier kommen mehrstufige Rating-Skalen zum Einsatz. Diese Verfahrensweise unterscheidet sich gravierend von Verfahren, bei denen durch detaillierte Definition versucht wird, auch impliziten Bewertungen auf die Spur zu kommen (vgl. z. B. FRÜH 1998: 215-224). Dennoch stellt das Rating auf Beitragsebene mittlerweile ein gängiges Verfahren dar, das zu zufriedenstellenden Reliabilitäten führt (vgl. z. B. KEPPLINGER, DAHLEM, BROSIUS 1993; SCHULZ 1997: 215; NOELLE-NEUMANN, KEPPLINGER & DONSBACH 1999; WILKE & REINEMANN 2000). Die Gesamttendenz der Berichterstattung wird hier meist aus der Gegenüberstellung positiver und negativer Beiträge errechnet, wobei diese, wie auch bei einer Messung auf Aussagenebene, unterschiedlich ausgewiesen wird (z. B. Anzahl, Anteil oder Saldo positiver und negativer Aussagen/Beiträge oder Mittelwerte der Rating-Skalen). Es stellt sich die Frage, ob die verschiedenen Indikatoren zu denselben Ergebnissen führen. Wir wollen dieses Problem anhand eines Fallbeispiels illustrieren.

4. Ein Fallbeispiel: Tendenzen der Berichterstattung über Kanzlerkandidaten

Wilke & Reinemann (2000) untersuchten die Darstellung der Kanzlerkandidaten von CDU/CSU und SPD zwischen 1949 und 1998 in der *Frankfurter Rundschau*, der *Süddeutschen Zeitung*, der *Frankfurter Allgemeinen Zeitung* (1949: *Tagesspiegel*) und der *Welt*. Dabei wurden zwei Tendenzindikatoren verwendet. Zunächst stellten die Codierer für jeden Beitrag eine Gesamttendenz der Kandidatendarstellung fest. Sie sollten sich dabei an dem Eindruck orientieren, den ein »normaler Leser« haben würde. Wurde ein Beitrag nicht als »neutral« beurteilt, sollten Stärke und Richtung der Tendenz auf einer fünfstufigen Skala festgestellt werden, die von »eindeutig positiv« über »eher positiv«, »ambivalent« und »eher negativ« bis »eindeutig negativ« reichte. Auf der Aussagenebene erfaßten die Codierer explizit und implizit wertende Aussagen über insgesamt 77 Eigenschaften und Fähigkeiten der Kandidaten. Die Tendenz der Aussagen wurde mit der oben beschriebenen fünfstufigen Skala gemessen.

Vor und nach der Codierung wurde die Reliabilität getestet, wobei die Codierung in der Grundtendenz (neutral, positiv, ambivalent, negativ) übereinstimmen mußte. Die durchschnittliche paarweise Übereinstimmung lag bei .89 (Beiträge) bzw. .96 (Aussagen). Wie stellen sich die beiden Tendenz-Indikatoren im Vergleich dar? Von den Beiträgen, in denen die Kandidaten erwähnt wurden (n=2.883), waren 40 Prozent tendenzhaltig. Dagegen enthielten nur 30 Prozent eine wertende Aussage über einen der Kandidaten. Dies bedeutet, daß die Gesamttendenz eines Beitrags offenbar auch durch andere werthaltige Aspekte als die erhobenen wertenden Aussagen geprägt wurde. Betrachtet man nur die Beiträge, in denen sowohl eine Tendenz als auch wertende Aussagen über einen Kandidaten codiert wurden (n=870), so ergeben sich auch hier Abweichungen. Nur 65 Prozent der Beiträge, in denen entweder positive oder negative Aussagen über einen Kandidaten überwogen, wiesen eine entsprechende positive oder negative Gesamttendenz auf. In den übrigen Fällen wurde die Gesamttendenz entweder als ambivalent (32%) oder sogar entgegengesetzt zur Aussagenebene verschlüsselt (3%).

Um zu überprüfen, ob beide Indikatoren trotz dieser Differenzen zumindest inhaltlich ähnliche Ergebnisse erbringen, haben wir sie getrennt für die einzelnen Wahlen verglichen. Als Indikator für die Tendenz der Kandidatendarstellung wurde jeweils der Saldo der Anteile positiver und negativer Aussagen berechnet. Als Maß für die inhaltliche Übereinstimmung dienten zwei einfache Indikatoren: Zum einen untersuchten wir, ob die Salden der Beiträge bzw. Aussagen über einen Kandidaten das gleiche Vorzeichen hatten. Ist dies der Fall, geht die Tendenz der Darstellung bei beiden Indikatoren zumindest in dieselbe Richtung. Zum anderen prüften wir auf Basis der Salden für beide Indikatoren, welcher der Kandidaten besser dargestellt wurde.

Die Richtung der Ergebnisse auf Basis von Aussagen und Beiträgen stimmt für die Kandidaten der CDU/CSU in zehn von 14 Wahlen, für die Kandidaten der SPD in neun von 14 Wahlen überein. Bei vier bzw. fünf Wahlen wäre man also bei der Frage, ob die jeweiligen Kandidaten überwiegend positiv oder negativ dargestellt wurden, auf Basis der verschiedenen Indikatoren zu unterschiedlichen Ergebnissen gekommen. Sogar nur in acht von 14 Wahlen wäre man beim Vergleich der Kandidaten auf Basis beider Indikatoren zu gleichlautenden Ergebnissen gelangt. So müßte man beispielsweise für die Wahl 1976 auf Basis der Beiträge schlußfolgern, Helmut Kohl sei schlechter dargestellt worden als Helmut Schmidt. Auf Basis der Aussagen würde das Urteil umgekehrt ausfallen. Welche Tendenz ist nun die validere, um Aussagen über die politische Linie der Medien zu machen? Im vorliegenden Fall entschieden sich die Autoren für die Beitragsebene. Einerseits wurden nur wertende Aussagen über bestimmte Eigenschaften und Fähigkeiten erfaßt. Möglicherweise gab es also weitere inhaltliche Elemente, die die Tendenz der Personendarstellung prägten. Zum anderen wurde eine Außenvalidierung vorgenommen. Dazu dienten u.a. Expertenbefragungen, die Aussagen über die politischen Linien der untersuchten Zeitungen zulassen (vgl. z.B. PETER 1998).

5. Ursachen der Unterschiede von Beitrags- und Aussagenebene

Auch wenn die Ergebnisdifferenzen zwischen Aussagen- und Beitragsebene in unserem Fallbeispiel teilweise durch das Design der Kategorien erklärbar scheinen, so stellt sich dennoch grundsätzlich die Frage nach dem Verhältnis beider Analyseebenen. Berücksichtigt man dabei die Erkenntnisse der sozialpsychologischen Forschung zur Personenwahrnehmung, so scheinen diese Unterschiede nicht überraschend, sondern im Gegenteil erwartbar.

Unter Personenwahrnehmung versteht man jene Prozesse, die zur Bildung von Meinungen und Bewertungen bezüglich einer Person führen. Aufgrund wahrgenommener oder auch nur angenommener Äußerungen und Handlungen gelangt man zu Meinungen über Stimmungen, Absichten, Einstellungen und Charaktereigenschaften. Diese Meinungen bilden dann die Grundlage für die Bewertung einer Person. Im Fall von Politikern verläuft die Personenwahrnehmung zumeist indirekt über die Darstellung in den Massenmedien.

Die neuere soziale Kognitionsforschung befaßt sich mit der Frage, wie personenbezogene Informationen verarbeitet werden und wie sich dieser Verarbeitungsprozeß auf die Urteilsbildung auswirkt (vgl. FISKE & TAYLOR 1991; DEVINE, HAMILTON & OSTROM 1994). So versuchte Anderson durch den Vergleich verschiedener Modelle zu klären, wie Einzelinformationen über eine Person - also z.B. einzelne Aussagen - zu einem Gesamteindruck »verrechnet« werden (vgl. ANDERSON 1974). Nach dem

Additionsmodell entsteht ein Gesamteindruck von einer anderen Person durch die Aufsummierung einzelner Bewertungen. Die Einstellung zu einer Person ist also um so positiver, je mehr positive Merkmale wahrgenommen werden. Das *Durchschnittsmodell* dagegen nimmt an, daß die Anzahl der Merkmale gleichgültig ist (vgl. auch BROSIUS & EHMIG 1988). Auch hinsichtlich der Kombination verschiedenartig bewerteter Merkmale gelangen die Modelle zu unterschiedlichen Aussagen. Dem *Additionsmodell* zufolge sollte die Hinzufügung einer mäßig positiven Eigenschaft zu einer extrem positiven die Gesamteinstellung verbessern. Das Durchschnittsmodell sagt in diesem Fall eine Verschlechterung voraus. Experimente haben gezeigt, daß das Durchschnittsmodell die Bildung des Gesamteindrucks angemessener beschreibt. Noch besser ist das *gewichtete Durchschnittsmodell* geeignet, bei dem die Eigenschaften stärker gewichtet werden, die der Wahrnehmende in einem bestimmten Kontext als besonders wichtig erachtet (vgl. ANDERSON 1968).

Im Gegensatz zu Anderson gehen Forscher in der Tradition des Gestalttheoretikers Asch davon aus, daß der Mensch wahrgenommene Informationen nicht einfach aufsummiert oder mittelt, sondern sie zu einer Ganzheit strukturiert, die mehr ist als die Summe ihrer Teile. Asch konnte zeigen, daß sich Menschen schon auf der Basis weniger Eigenschaften einen allgemeinen Eindruck von einer Person bilden, daß dieser Eindruck gegenüber der Vorgabe abgerundet und vervollständigt wird und Schlüsse auf neue Sachverhalte enthält (vgl. dazu auch KEPPLINGER, TULLIUS & AUGUSTIN 1994). Außerdem kann schon die Veränderung einer einzigen Eigenschaft bei ansonsten gleichen Informationen zu einer deutlichen Veränderung des Eindrucks von einer Person führen. Auch dies legt nahe, daß für ein Urteil über eine Person nicht alle Informationen die gleiche Bedeutung haben, sondern daß es Eigenschaften gibt, die eher zentral oder eher peripher für die Bildung des Gesamteindrucks sind (vgl. ASCH 1946; WARR & KNAPPER 1968). Menschen haben demnach *implizite Persönlichkeitstheorien* - also unbewußte Annahmen darüber, welche Merkmale zusammenpassen oder einander ausschließen -, die die Schlußfolgerungen bestimmen, die über andere Personen gezogen werden (vgl. SCHNEIDER 1973).

Neuere Forschungsansätze versuchen, die Konzepte von Anderson und Asch zu integrieren. Es wird angenommen, daß soziale Eindrucksbildung je nach Motivation, kognitiven Ressourcen und wahrgenommener Konsistenz der vorliegenden Informationen sowohl rein kategoriebasiert als auch ausschließlich attributgesteuert verlaufen kann (vgl. BREWER 1988; FISKE & NEUBERG 1990). Man geht davon aus, daß die Mehrzahl der Informationsverarbeitungsprozesse automatisch abläuft, indem die wahrgenommene Person anhand von Schemata, Stereotypen oder Kategorien - also kategoriebasiert - eingeordnet wird. Nur wenn Personen von anderen abhängig sind oder anderweitig motiviert sind und wenn sie genug Zeit haben, verarbeiten sie die Informationen attributgesteuert - »stückweise« und mit mehr Bedacht (vgl. FISKE & TAYLOR 1991).

Trotz unterschiedlicher Forschungstraditionen ist sich die sozialpsychologische Forschung einig, daß manchen Informationen in der Personenwahrnehmung mehr Gewicht zukommt als anderen. Die Gewichtung der Einzelinformationen hängt dabei (1) von *formalen* Faktoren wie dem *Umfang* und der *Anordnung* der Informationen, (2) von *inhaltlichen* Faktoren wie den angesprochenen Eigenschaften, der Tendenz und dem Kontext der Informationen sowie (3) von *motivationalen/intentionalen* Faktoren, also dem *Ziel* der Personenwahrnehmung ab. Während *personale* Faktoren wie Interesse, Stimmung oder Einstellung des Betrachters bei der alltäglichen Personenwahrnehmung eine erhebliche Rolle spielen, können sie in unserem Zusammenhang außer acht gelassen werden. Durch Codiererschulungen läßt sich ihr Einfluß weitestgehend ausschließen (vgl. Maurer & Jandura in diesem Band). Die übrigen Faktoren dürften jedoch zumindest eine teilweise Erklärung dafür liefern, warum sich Codierungen der Tendenz von Personendarstellungen auf Beitrags- und Aussagenebene unterscheiden.

Umfang der Informationen

Der Gesamteindruck von einer Person fällt extremer aus, wenn z.B. vier statt zwei positive Eigenschaften zur Beschreibung einer Person gegeben sind. Der Eindruck wird um so polarisierter, je mehr positive oder negative Eigenschaften die Person beschreiben, und der Polarisierungseffekt wird immer geringer, je größer die Ausgangszahl von Eigenschaften ist. So ist die Polarisierung bei drei gegenüber zwei Eigenschaften größer als bei neun gegenüber acht (vgl. ANDERSON 1967; HIMMELFARB 1973). Man kann dies als *Mengeneffekt* bezeichnen. Durch ein Mehr an Informationen kann es auch zu einem *Verwässerungseffekt* kommen. Er bewirkt, daß neutrale oder irrelevante Informationen tendenziell ein Urteil oder einen Eindruck schwächen (vgl. ZUKIER 1982; WARR & KNAPPER 1968). Ein unpopulärer Politiker kann im Wahlkampf die Wirkung seines negativen Images durch irrelevante Informationen zu verringern versuchen - indem er etwa Geschichten aus seiner Kindheit erzählt. Sowohl Mengen- als auch Verwässerungseffekt können bei einer Codierung auf Beitragsebene relevant sein. Je mehr wertende Informationen ein Beitrag enthält, um so extremer sollte das Gesamturteil ausfallen. Andererseits sollten viele neutrale Informationen eher zu gemäßigten Urteilen führen, auch wenn sich die absolute Zahl wertender Aussagen nicht verändert. Beide Effekte sollten auf der Aussagenebene nicht auftreten.

Anordnung der Informationen

Menschen neigen dazu, konsistente Bewertungen vorzunehmen: Ist der anfängliche Eindruck positiv, schreibt man dieser Person weitere gute Eigenschaften zu. Ist jemand unsympathisch, beurteilt man ihn auch als unattraktiv und kalt. Dieser *Halo- oder Hofeffekt* bewirkt, daß gegensätzliche Eigenschaften angepaßt und sogar verzerrt werden, um die Inkonsistenz mit bestehenden Vorstellungen zu beseitigen oder wenigstens zu minimieren (vgl. THORNDIKE 1920; FESTINGER 1957).

Bei der Erhebung von Tendenzen fallen Halo-Effekte vermutlich stärker bei der Codierung von Beiträgen als von Aussagen ins Gewicht, da der Codierer bei der Aussagencodierung explizit aufgefordert wird, jede einzelne Aussage für sich zu betrachten. Auf Beitragsebene dagegen geht es um einen Gesamteindruck, so daß der Codierer hier eher konsistent urteilen und dazu neigen dürfte, die Darstellung einer Person als entweder positiv oder negativ zu beurteilen, selbst dann, wenn widersprüchliche Aussagen vorliegen.

Auch die Reihenfolge, in der die Informationen über eine Person präsentiert werden, ist wichtig für die Beurteilung. Meist findet man dabei einen *Primacy-Effekt*. Demnach bestimmt die erste Eigenschaft die Richtung des Gesamteindrucks stärker als nachfolgende Eigenschaften. Seltener als Primacy-Effekte kann man *Recency-Effekte* feststellen. Hier üben die zuletzt gegebenen Informationen einen stärkeren Einfluß aus als die früheren. Recency-Effekte treten unter anderem dann auf, wenn die ersten Charakteristika vor längerer Zeit erwähnt wurden und nicht mehr voll bewußt sind oder wenn das letzte Charakteristikum deutlich negativer war als vorausgehende Informationen (vgl. JONES & GOETHALS 1971).

Die Reihenfolge der Aussagen in einem Text wird bei der Codierung zwar erfaßt, geht aber bislang nicht in die Berechnung von Gesamttendenzen ein. Reihenfolgeeffekte werden dagegen bei einer Messung auf Beitragsebene voll wirksam.

Thematisierte Eigenschaften

Asch hat auf die den Gesamteindruck prägenden zentralen Eigenschaften hingewiesen. Eine Möglichkeit zur Strukturierung von Eigenschaften ist die Einteilung in zwei Bewertungsdimensionen. Die *soziale Bewertungsdimension* vereint am positiven Pol Eigenschaften wie verläßlich, ehrlich, tolerant usw. Am entgegengesetzten, negativen Pol liegen Merkmale wie ungesellig, kalt, humorlos. Die *intellektuelle Bewertungsdimension* weist am positiven Ende die Eigenschaften intelligent, fleißig, beharrlich, bestimmt usw. auf. Der negative Pol dieser Dimension ist durch Merkmale wie unintelligent, naiv, ungeschickt u.ä. gekennzeichnet (vgl. ROSENBERG, NELSON & VIVEKANANTHAN 1968). Besonders groß ist der Einfluß einer Eigenschaft dann, wenn die übrigen der anderen Dimension angehören.

Einiges spricht dafür, daß Eigenschaften der sozialen Bewertungsdimension bei der Urteilsbildung schwerer wiegen als andere (vgl. OSGOOD, SUCI & TANNENBAUM 1957; WOJCISZKE, BAZINSKA & JAWORSKI 1998). Bei deutschen Politikern scheinen vor allem Eigenschaften wie Integrität und Kompetenz bedeutsam zu sein, wobei die Meinungen darüber auseinandergehen, welche einen größeren Einfluß auf den Gesamteindruck hat (vgl. LASS 1995). Für die Codierung auf Beitragsebene bedeutet dies, daß das Auftreten bestimmter Eigenschaften die Gesamttendenz ganz erheblich beeinflussen kann, während bei der Codierung auf Aussagenebene Informationen über alle Eigenschaften gleich behandelt werden.

Tendenz

Von grundlegender Bedeutung für die Personenwahrnehmung ist die Tendenz der dargestellten Eigenschaften. Menschen neigen dazu, negative Informationen stärker zu gewichten als positive. Viele Studien belegen, daß negative Eigenschaften den Gesamteindruck oder eine Entscheidung stärker beeinflussen als positive (vgl. SKOWRONSKI & CARLSTON 1989; PEETERS & CZAPINSKI 1990). Schon ein extrem negativer Charakterzug reicht aus, um einen entsprechenden Gesamteindruck zu produzieren, egal, welche anderen Eigenschaften noch wahrgenommen werden (vgl. COOVERT & REEDER 1990). Negative Informationen wiegen bei der Eindrucksbildung demnach schwerer als positive; dies dürfte auch bei einem Rating auf Beitragsebene eine Rolle spielen. Bei der Ermittlung der Tendenz von Aussagen ist dies dagegen irrelevant.

Auch ein *Positivitätsbias* wirkt sich auf die Personenwahrnehmung aus. Diese Tendenz, andere positiver wahrzunehmen, als sie tatsächlich sind, wurde unter anderem bei der Beurteilung von Politikern nachgewiesen (vgl. SEARS 1983). Enthält ein Bericht weder negative noch positive Informationen über eine Person, könnte man also davon ausgehen, daß diese nicht neutral, sondern eher positiv beurteilt wird.

Unabhängig von den jeweiligen Eigenschaften können Urteile ganz unterschiedlich ausfallen, je nachdem, in welchem *Kontext* eine Person präsentiert wird. Die Bewertung kann besser oder schlechter sein, je nach der Qualität derer, mit denen man eine Person vergleicht. Im Hinblick auf die Darstellung der Kanzlerkandidaten könnte dies bedeuten, daß sich deren Beurteilung auf der Beitragsebene auch danach unterscheidet, ob sie allein oder zusammen mit dem Gegenkandidaten in einem Beitrag vorkommen. Bei der Codierung auf der Aussagenebene sollte dies keine Rolle spielen.

Motivation und Intention

In Experimenten wurde gezeigt, daß die Informationsverarbeitung unterschiedlich verläuft, je nachdem, ob die Aufgabe gestellt wurde, sich einen Gesamteindruck von einer Person zu bilden, sich an die vorgelegten Informationen zu erinnern, das zukünftige Verhalten vorherzusagen oder aber einen Text nur zu rezipieren. Geht es um den Gesamteindruck oder die Erinnerung, kommt es zu Primacy-Effekten. Wird nur das schlichte Rezipieren und Verstehen einer Information verlangt, kommt es zu einem Recency-Effekt (vgl. LICHTENSTEIN & SRULL 1987; MATHESON, HOLMES & KRISTIANSEN 1991). Das Ziel, ein besonders präzises Urteil über jemanden zu fällen oder das zukünftige Verhalten vorherzusagen, führt zu einer Verringerung des Einflusses der sonst üblichen Störfaktoren (vgl. NEUBERG 1989). Auch die Wahrscheinlichkeit, daß manche Informationen gar keine Beachtung finden, ist in diesem Fall geringer. Übertragen auf die Situation beim Codieren von Beiträgen bedeutet dies, daß man zu unterschiedlichen Ratings kommen kann, je nachdem, ob man die Codierer anweist, ihren persönlichen Eindruck von der Darstellung einer Person anzugeben, oder ob die Aufgabenstellung lautet, die Gesamttendenz sorgsam aus allen im Beitrag vorliegenden Informationen zu bilden. Codiert man Tendenzen auf verschiedenen Ebenen, spielt es deshalb vermutlich auch eine Rolle für die Ergebnisse, ob zuerst die Beitrags- und dann die Aussagenebene erfaßt wird.

6. Fazit

Ausgangspunkt des vorliegenden Beitrags war die Frage, inwiefern heute übliche Verfahren der Tendenzmessung von Personendarstellungen zu den gleichen Ergebnissen führen. Anhand eines Fallbeispiels haben wir gezeigt, daß dies nicht immer der Fall sein muß. Mit Hilfe sozialpsychologischer Erkenntnisse zur Personenwahrnehmung haben wir verdeutlicht, daß Differenzen zwischen der Codierung auf Aussagen- und Beitragsebene nicht überraschend, sondern vielmehr zu erwarten sind.

Dies wäre unproblematisch, wenn geklärt wäre, wie sich aus Aussagen bzw. allen tendenzhaltigen Elementen eines Beitrags eine Gesamttendenz ableiten läßt. Auch fiele die Entscheidung für die eine oder andere Verfahrensweise dann leichter, wenn man verbindliche Angaben darüber machen könnte, welche Verfahrensweise für die Ermittlung der politischen Linie eines Mediums oder für die Prognose von Wirkungen der Berichterstattung validere Aussagen erlaubt. Allerdings steht die Methodenforschung bei der Frage, ob Aussagen oder Beiträge die relevanten Stimuli für mögliche Wirkungen sind, noch am Anfang (als Ausnahme: BROSIUS, STAAB & GASSNER 1992). Nötig ist daher eine Erforschung der Zusammenhänge verschiedener Tendenzindikatoren.

Literatur

ANDERSON, N. H.: A Simple Model for Information Integration. In: ABELSON, R. P.; E. ARONSON; W. J. MCGUIRE; T. M. NEWCOMB; M. J. ROSENBERG; P. H. TANNENBAUM (Hrsg.): *Theories of Cognitive Consistency: A Sourcebook*. Chicago 1968, S. 731-743

ANDERSON, N. H.: Averaging Model Analysis of Set-Size Effect in Impression Formation. In: *Journal of Experimental Psychology*, 75, 1967, S. 158-165

ANDERSON, N. H.: Cognitive Algebra: Integration Theory Applied to Social Attribution. In: BERKOWITZ, L. (Hrsg.): *Advances in Experimental Social Psychology*. 7. Jg. New York, London 1974, S. 2-101

ASCH, S. E.: Forming Impressions of Personality. In: *Journal of Abnormal and Social Psychology*, 41, 1946, S. 258-290

BREWER, M. B.: A Dual Process Model of Impression Formation. In: SRULL, T. K.; R. S. WYER (Hrsg.): *Advances in Social Cognition*. Bd. 1. Hillsdale 1988, S. 1-36

BROSIUS, H.-B.; J. F. STAAB: Messung und Wahrnehmung politischer Tendenzen in der Berichterstattung der Massenmedien. In: *Publizistik*, 34, 1989, S. 46-61

BROSIUS, H.-B.; S. C. EHMIG: Beiträge oder Aussagen: Durch welche Informationseinheiten werden Konfliktbeurteilungen gesteuert? In: *Publizistik*, 33, 1988, S. 58-70

BROSIUS, H.-B.; J. F. STAAB; H.-P. GASSNER: Stimulus und Stimulusmessung. Zur dynamisch-transaktionalen Rekonstruktion wertender Sach- und Personendarstellung in der Presse. In: FRÜH, W. (Hrsg.): *Medienwirkungen: Das dynamisch-transaktionale Modell. Theorie und empirische Forschung.* Opladen 1992, S. 215-235

COOVERT, M. D; G. D. REEDER: Negativity Effects in Impression Formation: The Role of Unit Formation and Schematic Expectations. In: *Journal of Experimental Social Psychology*, 26, 1990, S. 49-62

DEVINE, P. G.; D. L. HAMILTON; T. M. OSTROM (Hrsg.): *Social Cognition: Impact on Social Psychology*. San Diego, New York, Boston, London, Sydney, Tokio, Toronto 1994

FESTINGER, L.: *A Theory of Cognitive Dissonance*. Stanford 1957

FISKE, S. T.; S. E. TAYLOR: *Social Cognition*. 2. Aufl. New York 1991

FISKE, S. T.; S. L. NEUBERG: A Continuum of Impression Formation, from Category-Based to Individuating Processes: Influences of Information and Motivation on Attention and Interpretation. In: ZANNA, M. P. (Hrsg.): *Advances in Experimental Social Psychology*. 23. Jg. San Diego, New York, Boston, London, Sydney, Tokio, Toronto 1990, S. 1-74

FRÜH, W.: INHALTSANALYSE. THEORIE UND PRAXIS. 4. überarbeitete Auflage. Konstanz 1998

HIMMELFARB, S.: General Test of a Differential Weighted Averaging Model of Impression Formation. In: *Journal of Experimental Social Psychology*, 9, 1973, S. 379-390

JONES, E. E.; G. R. GOETHALS: Order Effects in Impression Formation: Attribution Context and the Nature of the Entity. In: E. E. JONES; D. E. KANOUSE; H. H. KELLEY; R. E. NISBETT; S. VALINS; B. WEINER (Hrsg.): *Attribution: Perceiving the Causes of Behavior*. Morristown 1971, S. 27-46

KEPPLINGER, H. M.: Zum Charakter des manifesten Inhalts von Kommunikation. In: *Medien Journal*, 3, 1997, S. 4-10

KEPPLINGER, H. M.: *Die Demontage der Politik in der Informationsgesellschaft*. Freiburg, München 1998

KEPPLINGER, H. M.; C. TULLIUS; S. AUGUSTIN: Objektiver Inhalt und subjektives Verständnis aktueller Zeitungstexte. In: *Medienpsychologie*, 6, 1994, S. 151-171

KEPPLINGER, H. M.; M. RETTICH: Publizistische Schlagseiten. Kohl und Scharping in Presse und Fernsehen. In: HOLTZ-BACHA, C.; L. L. KAID (Hrsg.): *Wahlen und Wahlkampf in den Medien: Untersuchungen aus dem Wahljahr 1994*. Opladen 1996, S. 80-100

KEPPLINGER, H. M.; S. DAHLEM; H.-B. BROSIUS: Helmut Kohl und Oskar Lafontaine im Fernsehen. Quellen der Wahrnehmung ihres Charakters und ihrer Kompetenz. In: HOLTZ-BACHA, C.; L. L. KAID (Hrsg.): *Die Massenmedien im Wahlkampf. Untersuchungen aus dem Wahljahr 1990*. Opladen 1993, S. 144-184

KRÜGER, U. M.; T. ZAPF-SCHRAMM: Fernsehwahlkampf 1998 in Nachrichten und politischen Informationssendungen. In: *Media Perspektiven*, 5, 1999, S. 222-236

LASS, J.: *Vorstellungsbilder über Kanzlerkandidaten. Zur Diskussion um die Personalisierung von Politik*. Wiesbaden 1995

LICHTENSTEIN, M.; T. K. SRULL: Processing Objectives as a Determinant of the Relationship between Recall and Judgment. In: *Journal of Experimental Social Psychology*, 23, 1987, S. 93-118

MATHESON, K.; J. G. HOLMES; C. M. KRISTIANSEN: Observational Goals and the Integration of Trait Perceptions and Behavior: Behavioral Prediction versus Impression Formation. In: *Journal of Experimental Social Psychology*, 27, 1991, S. 138-160

MCGUIRE, W. J.: Possible Excuses for Claiming Massive Media Effects despite the Weak Evidence. In: ROTHMAN, S. (Hrsg.): *The Mass Media in Liberal Democratic Societies*. New York 1992, S. 121-146

MERTEN, K.: Möglichkeiten und Grenzen der Inhaltsanalyse. In: RUNDFUNK UND FERNSEHEN, 46, 1996, S. 70-85

NEUBERG, S. L.: The Goal of Forming Accurate Impressions during Social Interactions: Attenuating the Impact of Negative Expectancies. In: *Journal of Personality and Social Psychology*, 56, 1989, S. 374-386

NOELLE-NEUMANN, E.; H. M. KEPPLINGER; W. DONSBACH: *Kampa: Meinungsklima und Medienwirkung im Bundestagswahlkampf 1998*. Freiburg, München 1999

OSGOOD, C. E.; G. J. SUCI; P. H. TANNENBAUM: *The Measurement of Meaning*. Urbana 1957

PEETERS, G.; J. CZAPINSKI: Positive-Negative Asymmetry in Evaluations: The Distinction between Affective and Informational Negativity Effects. In: *European Review of Social Psychology*, 1, 1990, S. 33-60

PETER, S.: *Expertenurteile über ausgewählte Print- und TV-Medien. Unveröffentlichte Magisterarbeit*. Mainz 1998

POTTER, W. J.; D. LEVINE-DONNERSTEIN: Rethinking Validity and Reliability in Content Analysis. In: *Journal of Applied Communication Research*, 27, 1999, S. 258-284

RETTICH, M.; R. SCHATZ: *Amerikanisierung oder die Macht der Themen. Bundestagswahl 1998: Die Medien Tenor-Analyse der Berichterstattung und ihrer Auswirkung auf das Wählervotum*. Bonn 1998

ROSENBERG, S.; C. NELSON; P. S. VIVEKANANTHAN: A Multidimensional Approach to the Structure of Personality Impressions. In: *Journal of Personality and Social Psychology*, 9, 1968, S. 283-294

SCHMITT-BECK, R.: Alle reden davon, doch was ist dran? Medieneinflüsse auf Wahlentscheidungen im internationalen Vergleich. In: DETH, J. V.; H. RATTINGER; E. ROLLER (Hrsg.): *Die Republik auf dem Weg zur Normalität? Wahlverhalten und politische Einstellungen nach acht Jahren Einheit*. Opladen 2000, S. 251-280

SCHNEIDER, D. J.: Implicit Personality Theory: A Review. In: *Psychological Bulletin*, 79, 1973, S. 294-309

SCHNEIDER, M.; K. SCHÖNBACH; H. A. SEMETKO: Kanzlerkandidaten in den Fernsehnachrichten und in der Wählermeinung. Befunde zum Bundestagswahlkampf 1998 und zu früheren Wahlkämpfen. In: *Media Perspektiven*, 5, 1999, S. 262-269

SCHULZ, W.: *Politische Kommunikation*. Opladen 1997

SCHULZ, W.; H. BERENS; R. ZEH: Das Fernsehen als Instrument und Akteur im Wahlkampf. Analyse der Berichterstattung von ARD, ZDF, RTL und SAT.1 über die Spitzenkandidaten bei der Bundestagswahl 1994. In: *Rundfunk und Fernsehen*, 46, 1998, S. 58-79

SEARS, D. O.: The Person-Positivity Bias. In: *Journal of Personality and Social Psychology*, 44, 1983, S. 233-250

SKOWRONSKI, J. J.; D. E. CARLSTON: Negativity and Extremity Biases in Impression Formation: A Review of Explanations. In: *Psychological Bulletin*, 105, 1989, S. 131-142

THORNDIKE, E. L.: A Constant Error in Psychological Rating. In: *Journal of Applied Psychology*, 4, 1920, S. 25-29

WARR, P. B.; C. KNAPPER: *The Perception of People and Events*. London, New York, Sidney 1968

WILKE, J.; C. REINEMANN: *Kanzlerkandidaten in der Wahlkampfberichterstattung 1949-1998*. Köln, Wien, Weimar 2000

WOJCISZKE, B.; R. BAZINSKA; M. JAWORSKI: On the Dominance of Moral Categories in Impression Formation. In: *Personality and Social Psychology Bulletin*, 24, 1998, S. 1251-1263

ZALLER, J.: The Myth of Massive Media Impact Revived: New Support for a Discredited Idea. In: MUTZ, D. C.; P. M. SNIDERMAN; R. A. BRODY (Hrsg.): *Political Persuasion and Attitude Change*. Ann Arbor 1996, S. 17-78

ZUKIER, H.: The Dilution Effect: The Role of the Correlation and the Dispersion of Predictor Variables in the Use of Nondiagnostic Information. In: *Journal of Personality and Social Psychology*, 43, 1982, S. 1163-1174

KLAUS MERTEN

Konsensanalyse.
Ein neues Instrument der Inhaltsanalyse

1. Der Bedarf an Inhaltsanalysen wächst

Noch nie haben sich in einer Gesellschaftsepoche so viele Veränderungen eingestellt wie in der Epoche der Mediengesellschaft, deren Beginn man für Deutschland auf das Jahr 1995 legen kann.[1] Eine der vielen durch sie angestoßenen oder ausgelösten Veränderungen und Innovationen betrifft die sprunghafte Zunahme des Bedarfs an Medienanalysen aller Art und, daraus folgend, die Weiterentwicklung des sozialwissenschaftlichen Instruments der Inhaltsanalyse.

Diese Veränderung hat auf mindestens dreifache Weise stattgefunden: 1. auf der kategorialen Ebene - in der Differenzierung des methodischen Zugriffs, 2. auf der Objektebene, bei der Differenzierung der Analyseobjekte und 3. in der Erweiterung auf relationale (vergleichende) Analysen: Neben die klassische Themenanalyse ist beispielsweise die tiefenscharfe Analyse von Strukturen getreten (vgl. etwa FRÜH 1989), zu denen auch die Bewertungsanalyse zählt, die nicht nur in der Werbung - etwa bei der Beurteilung von Eigenschaften von verbalen und/oder nonverbalen Werbeaussagen - oder in Public Relations bei der Image-Analyse Anwendung findet, sondern auch bei der Evaluation von Werbe- und PR-Kampagnen aller Art. Gleichzeitig hat sich die Klasse der Objekte erweitert (vgl. statt anderer etwa BERTH 2001; BERTH 1999; HIJMANS 1996), und schließlich feiert gerade die vergleichende Analyse wegen ihrer Robust-

---

[1] In diesem Jahr überstieg das von den Medien und der Medienwirtschaft erzielte Bruttosozialprodukt erstmals das der bis dahin führenden Automobilbranche.

heit gegenüber Meßproblemen - ersichtlich vor allem in Trendanalysen - neue Triumphe.

Dem letzteren Bereich der vergleichenden Analyse ist auch die im folgenden vorzustellende *Konsensanalyse* zuzurechnen.

2. Inhaltsanalytische Messung von Konsens

Die Messung von Konsens ist dem Typus relationaler (vergleichender) Analyse zuzurechnen und kann als Oberbegriff für a) die Messung von Konstanz bzw. von Veränderung einer einzigen Größe, b) für den Vergleich von zwei Größen und c) für den Vergleich von mehr als 2 Größen miteinander gelten (Tabelle 1):

TABELLE 1
Typen von Konsens und Konsensanalyse

Ziel der Messung	a) Konstanz / Veränderung	b) Absoluter Vergleich (Identität)	c) Relationaler Vergleich (Konsens %)	
Element	1 Element mit sich selbst	2 Elemente X und Y absolut	2 Elemente (%)	N Elemente (%)
Inhaltsanalytische Methode	Trendanalyse	Vergleichende Inhaltsanalyse	Bimodale Konsensanalyse	Multimodale Konsensanalyse

Die Messung von Gleichheit (Konstanz) wird in der Regel reziprok, nämlich als Messung von Veränderung definiert. Logisch wird damit das Ausmaß von Konstanz *einer* Meßgröße (Variablen) als Vergleich der Größe mit sich selbst über die Zeit gemessen. In der Kommunikationswissenschaft findet dieser Typ von reziproker Konsensanalyse als Messung von Veränderung vor allem in der Medienwirkungsforschung statt. Die inhaltsanalytische Variante hierfür ist im einfachsten Fall die Trendanalyse:»Systems of classification may be inadequate and unstandardized; nevertheless, if a system is used consistently over time, valuable facts may appear« (ALBIG 1938: 349).

Der *absolute* Vergleich von zwei Größen X und Y stellt logisch die einfachste Form von Messung auf Nominalskalenniveau (gleich versus ungleich) dar. Konsens ist hier durch den Begriff der Gleichheit (Identität) definiert: Die temporal definierte Selbstreferenz der Trendanalyse wird durch einen zweiten Bezugspunkt ersetzt. Eine Differenzierung läßt sich durch Verwendung anspruchsvollerer Skalenniveaus und/oder durch Bezug auf mehrere Variablen erreichen. Inhaltsanalytische Verfahren dieses Typs sind nichts weiter als vergleichende Inhaltsanalysen, wobei das Ziel der Analyse, die Objekte des Vergleichs und die dafür geeigneten Variablen weit streuen: Texte lassen sich in Bezug auf den mutmaßlichen Autor (Autorenanalyse), auf Eigenheiten des Textes (syntaktisch: bestimmte Begriffe, semantisch: Themen, pragmatisch: Wertungen) oder auf den Rezipienten - z. B. auf Verständlichkeit hin - vergleichen (vgl. MERTEN 1995: 124 ff. u. 146 ff.). Konsens wird hier als *Identität* sichtbar - als gleiche Thematik, als gleiche Bewertung, als gleicher Grad von Verständlichkeit etc.

Die *relationale* Konsensanalyse vergleicht zwei oder mehr Objekte x und y hinsichtlich einer Anzahl von gleichen Elementen (Wörter, Begriffe, Themen, Personen, Handlungen, Wertungen etc.). Der Vergleich kann dadurch, daß er auf Rationalskalenniveau als Anteil (%) ausgewiesen wird, sensibler und anspruchsvoller vorgenommen werden.

3. Zur Logik der Konsensanalyse

Methodisch läßt sich das entsprechende inhaltsanalytische Verfahren, das hier als Konsensanalyse vorgestellt werden soll, als Analyse von bimodalen bzw. multimodalen Schnittmengen auf identische Objekte hin bezeichnen (vgl. auch den Beitrag von RÖSSLER in diesem Band). Den einfachsten Fall zeigt Abb. 1. Die Logik der Vorgehensweise ist folgende:

Die Berichterstattung zweier Medien (1 und 2) über einen bestimmten Zeitraum enthält gemeinsame Objekte oder Elemente. Dies können Orte, Themen, Personen, Bewertungen der Themen oder Personen und anderes sein.

Beispielsweise kann man für die Berichterstattung zweier Medien (1 und 2) über das *gleiche* Ereignis die Zahl identischer Objekte (Schnittmenge 1/2) zu der Zahl der insgesamt vorhandenen Objekte in Beziehung setzen. Oder man prüft analog - dieser Logik folgt die Autorenanalyse - Eigenschaften eines Textes mit unbekanntem Autor mit anderen Texten von bekannten Autoren und unterstellt, daß der gesuchte Autor der ist, dessen Texte die größte Übereinstimmung zu dem vorgegebenen Text aufweisen.

ABBILDUNG 1
Konsensanalyse als Analyse bimodaler Schnittmengen

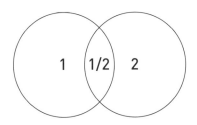

Der Grad der Gemeinsamkeit wird als *Konsens* angesehen und ist wie folgt definiert: Bezüglich der jeweils interessierenden Elemente E wird für beide Medien die Häufigkeit ermittelt, mit der die jeweils einschlägig definierten Elemente gemeinsam in beiden Medien auftreten (1/2), und in Beziehung gesetzt zu der Zahl der verschiedenen Elemente überhaupt. Dieses Maß k stellt den Konsens zwischen der Berichterstattung der beiden Medien dar:

K = Summe aller Elemente, die in der Berichterstattung der beiden Medien gleichartig auftreten (1/2), in Bezug zu der Summe aller Elemente E, die nur singulär auftreten.

Dieses Maß kann für eine Fülle sehr unterschiedlicher Anwendungen genutzt werden, die im folgenden an vier Beispielen demonstriert werden sollen: Relevanzanalyse, Provinzialitätsanalyse, regionale Affinitätsanalyse und Issue-Monitoring. Wie andere neuere Verfahren der Inhaltsanalyse ist die Konsensanalyse vergleichsweise zeitaufwendig; der benötigte Zeitaufwand wächst mit dem Quadrat der Zahl der miteinander zu vergleichenden Organe.[2]

4. Anwendungen

4.1 Konsensanalyse als Relevanzanalyse

Die Logik der Konsensanalyse läßt sich für die Entwicklung eines inhaltsanalytischen Verfahrens der *Relevanz- bzw. Provinzialitätsanalyse* der medialen Nachrichtenberichterstattung von zwei oder mehr Medien

---

[2] Sind n zu vergleichende Organe (hier: Zeitungen) vorgegeben, so ist die Zahl N der

ABBILDUNG 2
Der konsentierte Maßstab für Relevanz

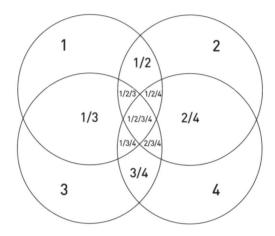

nutzen. Für die Relevanz eines Ereignisses bzw. eines Themas kann unterstellt werden, daß sie umso höher ausfällt, je mehr alle vier Prestigemedien darüber berichten.

Damit ist der notwendige Maßstab für Relevanz als Summe der gemeinsamen Schnittmenge(n) der vier o.a. Prestige-Zeitungen FAZ, FR, SZ und DIE WELT gegeben (vgl. Abbildung 2). Genauer: Bezüglich aller oder nur eines Teils der Inhalte (etwa: Politik) aller vier Zeitungen einer oder mehrerer Ausgaben werden die bi-, tri- oder quadromodalen Schnittmengen gebildet. Je höher der modale Schnittwert ausfällt, desto höher ist die Relevanz der darin erfaßten Themen. In Abbildung 2 enthält die Schnittmenge 1234 die Themen/Ereignisse mit den höchsten Relevanzen.

Führt man beispielsweise die Relevanzanalyse mit den vorgenannten Organen[3] über die Woche vom 8.-14.12.99 durch, so finden sich in dieser Schnittmenge erwartbar nur sehr wenige, aber für die deutsche Öffentlichkeit hochrelevante Themen: 1. Die Spendenaffäre von Altkanzler Kohl, 2. der SPD-Parteitag, 3. die Auslosung zur Fußball-Europameisterschaft, 4. der Helsinki-Gipfel der EU und 5. das »Bündnis für Arbeit« im Zusammenhang mit dem Rentenkompromiß.

insgesamt möglichen Mengen (inklusive aller Schnittmengen) gegeben als $N = 2^n - 1 + 1$, die Zahl S der Schnittmengen als $Z^n - (n+1)$.

3 Jeweils beschränkt auf die Seiten 1-4.

Bei insgesamt 296 verschiedenen Themen bzw. Ereignissen hat die relative gemeinsame Schnittmenge aller vier Organe, die auch als gemeinsamer Selektivitätsfaktor anzusprechen wäre, nur den Wert von 5/296 = 1,7% - bei durchschnittlich 12,3 Themen pro Organ und Tag. Dieser Wert erscheint auf den ersten Blick gering. Wenn man aber unterstellt, daß eben nur 1,7% aller täglich passierenden Ereignisse als hochrelevant gelten, dann läge die gemeinsame Abdeckung bei 100%. In der gleichen Zeit finden sich aber immerhin 80 Wiederholungen/Fortsetzungen/Ergänzungen von weiteren (weniger) wichtigen Themen, die als weitere tri- oder bimodale Schnittmenge anzutreffen sind und deren Umfang ebenfalls als Indikator für Relevanz anzusprechen ist (vgl. MERTEN & TOP 2001b). Daraus könnte man folgern, daß das tägliche Relevanzplateau der Prestige-Printmedien folgende Struktur hat: Einen sehr geringen Anteil (hier: 1,7%) top-relevanter Themen bzw. Ereignisse, einen sehr viel gößeren Anteil relevanter Themen/Ereignisse (hier: 27,0%) und einen hohen Sockel (hier: 71,3%) von Themen/Ereignissen niedriger Relevanz.

Methodisch ist anzumerken, daß die Analyse sich erheblich kompliziert, wenn man nicht nur einige, sondern alle Seiten mit redaktionellem Inhalt auswertet und auch berücksichtigt, daß Ereignisse von nachrangiger Relevanz in den untersuchten Organen von den Tageszeitungen oft nicht sämtlich am gleichen Tag, sondern mit tageweisem delay zueinander berichtet werden. Auch die Gewichtung der Artikel nach Umfang, aber auch nach Seitenpositionierung in der Ausgabe, stellt eine weitere Komplikation dar.

Gleichwohl lassen sich mit dem hier beschriebenen konsensanalytischen Verfahren sehr aussagekräftige Kennwerte über die Wahrnehmung von Relevanz durch die Medien gewinnen.

4.2 Konsensanalyse als Provinzialitäts- resp. Relevanzanalyse

Die bislang vorgestellte Relevanzanalyse mißt höchste Relevanzen bei den Themen, die in der höchstrangigen Schnittmenge auftreten. Gerade die Ereignisse/Themen, die sich in dieser Schnittmenge finden, dürften aber am ehesten auch in anderen Zeitungen zu finden sein, während die übrige Berichterstattung der vorgenannten Prestigezeitungen in anderen regionalen oder lokalen Zeitungen vergleichsweise seltener auftritt.

Nimmt man also die Berichterstattung eines beliebigen Organs und prüft auf Schnittmengen der Berichterstattung zwischen diesem Organ und den nicht geschnittenen Mengen der Berichterstattung der vorgenannten Prestigemedien,[4] so ist der Quotient k aus der Zahl der Ereignisse/Themen in der Schnittmenge und der Gesamtzahl aller Themen/ Ereignisse ein Maß für Provinzialität: Je geringer k, desto höher die Provinzialität et vice versa.

Die Messung von Provinzialität wird als Grad des Konsenses der Berichterstattung dieses Mediums p in Bezug zu der politischen Berichterstattung[5] der vier deutschen Prestigemedien (*Frankfurter Allgemeine, Frankfurter Rundschau, Süddeutsche Zeitung, Welt*) vorgenommen. Sie erfordert also wie die Relevanzanalyse a) die Bestimmung aller Schnittmengen gemeinsamer Berichterstattung und b) die Bestimmung einer weiteren Schnittmenge von Ereignissen/Themen des zu prüfenden Organs mit den noch nicht geschnittenen Mengen der Prestigemedien.

4.3 Konsensanalyse als vergleichende Affinitätsanalyse

Ein weiterer Typ von Konsensanalyse läßt sich - analog zur Autorenanalyse (vgl. MERTEN 1995: 124 ff.) als *Affinitätsanalyse* definieren (vgl. Abb. 3):
Das zu lösende Problem lautet:
Ein Medium 3, das z.B. neu am Markt agiert, soll in Bezug zu zwei Konkurrenzmedien 1 und 2 so positioniert werden, daß es - hinsichtlich von Eigenschaften der Berichterstattung - entweder affin zu Medium 1 oder affin zu Medium 2 oder genau mittig zwischen 1 und 2 positioniert wird. Beispielsweise könnte man fragen, ob die *Financial Times Deutschland* sich hinsichtlich ihrer Wirtschaftsberichterstattung mehr auf Europa (wie das *Wall Street Journal Europe*) oder eher auf Deutschland (wie das *Handelsblatt*) ausrichtet.

---

4 Das sind die Mengen 1,2, 3 und 4 aus Abbildung 2.

5 Die politische Berichterstattung eines Printmediums läßt sich in der Regel am einfachsten auf Relevanz bzw. Provinzialität untersuchen, weil die berichteten Ereignisse sich einfach nach Relevanz skalieren lassen - etwa gemessen als Zahl der betroffenen Personen, als Grad der Bedrohung von Leib und Leben, als Fristigkeit der Bedrohung etc.

ABBILDUNG 3
Konsensanalyse als vergleichende Affinitätsanalyse

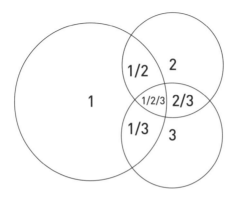

Verfahren: Es werden alle Themen/Berichte, die in Medium 1 und Medium 3 bzw. Medium 2 und Medium 3 gemeinsam auftreten (Schnittmengen 13 und 23) je für sich auf ihren regionalen Bezug hin analysiert. Ist die Affinität in Bezug auf die genannten Regionen von Medium 3 zu Medium 2 größer als die von Medium 3 zu Medium 1, so folgt die regionale Orientierung des Mediums 3 (eher) der von Medium 2 etc. Statt der Variablen »regionaler Bezug« kann man auch andere Variablen untersuchen, etwa die Nennung von Personen, die Bewertung von Objekten etc.

Selbstredend kann man solche Analysen auch ohne die Bildung von Schnittmengen durchführen, Aber der Bezug auf das *identische* Ereignis bzw. das *identische* Thema liefert ein ungleich schärferes Ergebnis. Dieser methodische Kunstgriff ist im übrigen zum ersten Mal für die Methode der Befragung durch die Entdeckung des Panels von Paul F. Lazarsfeld genutzt worden: Lazarsfeld verwendete die wiederholte Befragung identischer Personen ja gerade deshalb, um Veränderungen (Differenzen) möglichst präzise zu messen (vgl. LAZARSFELD, BERELSON & GAUDET 1948: 3ff.).

4.4 Konsensanalyse als Instrument des Issues-Managements

Eine weitere Anwendung der Konsensanalyse läßt sich als Instrument des Issues-Monitoring definieren. Issues sind Themen, die irgendwann einmal - zunächst ohne ersichtlichen Grund - in den Medien auftauchen und möglicherweise Nutzen oder Schaden für die jeweilig beobachtende Organisation stiften können (vgl. MERTEN 2001a).

Diesem Verfahren liegen folgende Überlegungen zugrunde: Wenn und sofern *relevante* Themen, aus denen sich ein Issue entwickeln kann, in den Medien genannt werden, dann müßten sie - sukzessive und ›in the long run‹ - in allen *einschlägigen* Medien simultan auftauchen. Ein Issue nimmt also an Stärke in dem Maß zu, in dem die zunächst nur in einem einzigen Medium erfolgende Thematisierung auf andere Medien übergreift, mithin also als Schnittmenge identischer Themen (Issues) geortet werden kann.

Von daher kann man - über eine genügend lange Zeitstrecke - simultan und komparativ auf eine thematische Schnittmenge hin analysieren und diese sodann trendanalytisch ausweisen: Zeigt sich ein Anstieg oder eine zusätzliche Ausweitung auf benachbarte Themen hin oder durch Einbezug relevanter Handlungsträger - wenn ein Thema z. B. von der Politik aufgegriffen wird -, dann ist dies *ein* Indikator für ein mögliches Issue. Beispielsweise könnte man auf diese Weise prüfen, wann die Issues »Umweltschutz« oder »Ökologie« erstmalig in der *Frankfurter Rundschau* (die wegen ihrer gesellschaftskritischen Haltung vermutlich die erste war, die darüber berichtet hat) auftauchen und wann diese (mit welcher Geschwindigkeit) auch in die Berichterstattung der übrigen Prestigezeitungen eindringen.

5. Resümee

Unter dem Oberbegriff »Konsensanalyse« wurde die Entwicklung eines inhaltsanalytischen Verfahrens vorgestellt. Methodischer Kunstgriff inhaltsanalytischer Konsensanalyse ist die Bildung und Analyse von Schnittmengen der Berichterstattung *verschiedener* Quellen bzw. Medien zu *gleichen* Ereignissen bzw. Themen.

Die Bildung solcher Schnittmengen kann für eine Fülle von vergleichenden Analysen genutzt werden, von denen hier exemplarisch ein Instrument zur Analyse von Relevanz und Provinzialität der Berichterstattung, eine vergleichende Affinitätsanalyse sowie ein Instrument des Issues-Monitoring skizziert wurden. Konsensanalyse ist in Bezug auf Zeit und Analyseumfang aufwendig, kann diesen Aufwand aber durch Eröffnung neuer Anwendungsfelder und durch die höhere Präzision der

Ergebnisse allemal wettmachen. Die methodische Kalibrierung dieses Instruments hat jedoch gerade erst begonnen.[6]

Literatur

ALBIG, W.: The content of Radio Programs 1925-35. In: *Social Forces*, 16, 1938: 338-349

BERTH, H.: Die Angst vor der Wiedervereinigung. Inhaltsanalytische Überlegungen. In: HESSEL, A.; M. GEYER; E. BRÄHLER (Hrsg.): *Gewinne und Verluste sozialen Wandels*. Opladen 1999: 124-139

BERTH, H.: Die Messung von Angsteffekten mittels computerunterstützter Inhaltsanalyse. In: *Psychotherapie, Psychosomatik und Medizinische Psychologie*, 51, 2001:10-16

FRÜH, W.: Semantische Struktur- und Inhaltsanalyse (SSI). Eine Methode zur Analyse von Textinhalten und Textstrukturen und ihre Anwendung in der Rezeptionsanalyse. In: KAASE, M; W. SCHULZ (Hrsg.): Massenkommunikation. Theorien, Methoden, Befunde. Opladen 1989: 490-507

HIJMANS, E.: The Logic of Qualitative Media Content Analysis: A Typology. In: *Communications*, 21, 1996: 93-108

LAZARSFELD, P. F.; B. BERELSON; H. GAUDET: *The People's Choice. How the Voter makes up his Mind in a Presidential Campaign*. New York 1948

MERTEN, K.: *Inhaltsanalyse. Einführung in Theorie, Methode und Praxis*. 2., verbesserte Auflage, Opladen 1995

MERTEN, K.: *Regionale Ausrichtung von Zeitungen*. Unveröff. Manuskript. 2000

MERTEN, K.: *Einführung in Public Relations*. Opladen 2001 (im Erscheinen)

MERTEN, K.: Determinanten des Issues Management. In: RÖTTGERS, U. (Hrsg.): *Issues Management*. Opladen 2001a (im Druck)

MERTEN, K.; J. TOP: Messung von Relevanz und Provinzialität der Berichterstattung durch Konsensanalyse. 2001b (in Vorbereitung).

---

6 Derzeit ist eine Dissertation zur Fundierung und Kalibrierung des Instruments in Vorbereitung (JASMIN TOP: Die inhaltsanalytische Messung von Konsens).

STEFFEN KOLB / RAINER MATHES /
CHRISTOPH KOCHHAN

Von der kommunikatzentrierten Auswertung
von Medieninhaltsanalysen zur Schätzung
von Rezeptionswahrscheinlichkeiten?
Wahrnehmungschancen als Ansatz für eine
Weiterentwicklung der Inhaltsanalyse

1. Einleitung

In der erfolgreichen Geschichte der Inhaltsanalyse liegen bereits verschiedentlich Integrationen qualitativer Elemente vor: Zum einen werden bereits im Rahmen jedes *Codiervorgangs* Bedeutungen verschlüsselt (FRÜH 1991: 109ff., vgl. auch MERTEN 1995: Kap. 5 und 6). Zum anderen beziehen weiterentwickelte Interpretationen von Inhaltsanalysen in zunehmendem Maße und *in verschiedenen Bereichen des Forschungsprozesses* qualitative Elemente ein, um die Validität und - vor allem im Bereich der angewandten Forschung - die Nachvollziehbarkeit der Untersuchungen zu erhöhen (vgl. z. B. MATHES 1992). Somit ist die Inhaltsanalyse sowohl in der Verschlüsselung als auch in der Interpretation der Ergebnisse mehr als das Messen von Häufigkeiten oder überspitzt »bloße Zählerei«.

Die Basis für die *Auswertung* einer jeden Inhaltsanalyse stellt jedoch der (statistische) Vergleich der Analyseeinheiten dar. Die möglicherweise unterschiedlichen Bedeutungen und Spezifika der einzelnen »*Zähl*einheiten«, die z. B. Sätze, Artikel, Seiten, Überschriften sein können (SCHNELL, HILL & ESSER 1999: 376; Hervorhebung der Verfasser), könnten aber durchaus für bestimmte Fragestellungen von Inhaltsanalysen von großem Interesse sein (vgl. auch MERTEN 1995: 74f.).

2. Problemaufriß

Für eine genauere Betrachtung der Analyse- oder Zähleinheiten sprechen - neben Plausibilitätsbegründungen - vor allem die Ziele inhaltsanalytischer Forschung: In einer Vielzahl von Anwendungen werden Inhaltsanalysen durchgeführt, um Kommunikationsprozesse mit Hilfe von Inferenzschlüssen zu untersuchen (vgl. FRÜH 1991: 41, 107 und auch MERTEN 1995: 23ff., 56).[1] Insbesondere bezüglich der Rückschlüsse auf den Rezipienten ist es oftmals nicht erheblich, wie viele Artikel zu einem Thema erschienen sind, sondern vielmehr, wie viele Menschen einen Bericht tatsächlich gelesen haben. Zielt die Forschungsfrage also auf eine rezipientenorientierte Inferenz, dürfte die kommunikatzentrierte Auswertungsbasis zu kurz greifen und sich eine Integration von externen Daten mit anschließender Gewichtung der Ergebnisse als eine Lösung anbieten. So banal es auch klingen mag - nur was wahrgenommen wird, kann auch wirken und demnach den Inhalt repräsentieren, der für eine solche Analyse von zentralem Interesse wäre.

Naturgemäß kann eine Untersuchung von (Medien-)Inhalten eine Rezeptions- oder Wirkungsstudie nicht ersetzen. Die Messung und Integration von Wahrnehmungswahrscheinlichkeiten darf auch nicht als eine Lösung der Problematik linearer Repräsentationsschlüsse von Inhalten über Kontakte auf Wirkungen mißverstanden werden. Der hier dargestellte Vorschlag zur Weiterentwicklung kann und soll lediglich eine Grundlage für plausiblere und glaubwürdigere Aussagen über die *Medienpublizität* von bestimmten Aspekten der Berichterstattung schaffen, nicht jedoch für Wirkungen der Medieninhalte.

---

[1] Nach welchem Ansatz eine Inhaltsanalyse auch immer konzipiert wird, das Problem der Nichtbeachtung von Spezifika der Analyseeinheiten bleibt bestehen: Merten (1995) trennt nicht in dem Maße zwischen der Inferenz als Ziel und der Inhaltsanalyse als Methode wie Früh (1991), so daß die Inferenz nach ihm eine noch zentralere Bedeutung besitzt - gewissermaßen sogar Definitions- und Abgrenzungskriterium für Inhaltsanalysen gegenüber rein deskriptiven Textanalysen ist. Auch ist es für die Betrachtung der Analyseeinheiten unerheblich, ob man wie Früh (1991) nur zwei Typen nach dem Bezug des Schlusses vom Inhalt auf den Kommunikationsteilnehmer unterscheidet (kommunikator- und rezipientenbezogene Inferenzen) oder wie Merten (1995) diese noch um einen dritten Typus (die situationsbezogene Inferenz) erweitert.

STEFFEN KOLB / RAINER MATHES / CHRISTOPH KOCHHAN

3. Was ist Medienpublizität?

Publizität als konstitutives Kriterium für Tageszeitungen wird von Pürer & Raabe (1996: 24) zunächst als »allgemeine Zugänglichkeit« des Mediums bezeichnet. Quantitativ wird diese Zugänglichkeit in »tatsächlich erzielte(n) Reichweiten« (PÜRER & RAABE 1996: 24) ausgedrückt. In Anlehnung an obige Begriffsbestimmung soll *Medienpublizität* nachfolgend im Sinne tatsächlich *erreichter Personen* verstanden werden.

Die Ergebnisse einer Reihe von Studien, die Medienpublizität untersuchen, verdeutlichen zum einen den Begriff und zum anderen die häufigen Defizite in seiner Operationalisierung. Ziel der hier angesprochenen Studien ist zumeist, eine Aussage über die Verbreitung bestimmter Themen, Ereignisse o.ä. in der Gesellschaft zu treffen. Oftmals werden dazu über Häufigkeiten von Themennennungen die Karrieren der Themen nachvollzogen und danach *rezipientenorientierte Rückschlüsse* auf die individuelle und gesellschaftliche Bedeutung des Themas gezogen (vgl. MERTEN 1995: 108ff.).[2] Dabei wird implizit die Anzahl der Darstellungen mit deren Verbreitung gleichgesetzt. Dieser lineare Schluß ist so wohl nicht zulässig. Zudem sind häufig die Definitionen der Codiereinheiten unterschiedlich, so daß bei einem Forschungsüberblick über ähnliche Studien möglicherweise unterschiedliche Analyseeinheiten miteinander verglichen würden. Interessantere Vergleichsbasis wären hier die *wahrgenommenen* Darstellungen, also Kontakte mit Rezipienten, die einen »echten« Medienpublizitätswert darstellen würden. Zudem böte sich die

---

2 Ein bekanntes Beispiel dafür sind Gewaltstudien, die vermehrt seit der Dualisierung des deutschen Rundfunksystems unter anderem die Anzahl von Gewalttakten pro Sendung oder pro Stunde messen. Öffentlich diskutiert werden aber oftmals nur die gezählten Leichen (ohne hier eine Aussage treffen zu wollen, ob Leichen als Gewaltindikator treffend und ausreichend sind) und nicht die Zahl der »gesehenen Leichen« (vgl. KUNCZIK 1994: 43f. und MERTEN 1995: 353f.). Auch im Hinblick auf die Gefährdung Jugendlicher durch sexuelle Darstellungen werden immer wieder Rezeptions- und Wirkungstheorien - wie z.B. die »Spiraltheorie über permanente Steigerung der Luststimulation« (KNOLL & MÜLLER 1998) - mit Programmanalysen »belegt« (vgl. aktuell z.B. von GOTTBERG 2001: 63). Dabei wäre für den Jugendschutz vorrangig, wie viele sexuelle Darstellungen Jugendliche tatsächlich sehen, und - im Zusammenhang einer Studie über die Veränderung der Sehgewohnheiten bzw. die tatsächliche Gefährdung der Rezipienten - nicht so sehr, wie viele sie sehen könnten.

Möglichkeit, diesen Wert auf Zielgruppen zu fokussieren - ein weiterer Vorteil, der insbesondere für Wahlstudien von Interesse sein dürfte (vgl. Beispielauswertung unten). Der jeweilige Wert - also die Bruttoreichweite eines Ereignisses mit oder ohne Zielgruppeneinschränkung - läge außerdem noch in einer festen Einheit vor, die als »Medienkontakt« bezeichnet werden kann. Die Daten könnten zu diesem Zweck dergestalt umgewichtet werden, daß die Beiträge mit einem zur Anzahl der jeweiligen Kontakte äquivalenten Gewicht in die Analyse eingehen.

4. Gewichtung

Bevor jedoch Aussagen über mögliche Gewichtungen inhaltsanalytischer Auswertungen als Lösung des oben skizzierten Problems getroffen werden können, sind einige grundlegende Vorüberlegungen anzustellen[3]: Generell stellt bereits jede »standardmäßige« Auswertung einer Inhaltsanalyse eine Gewichtung dar. Diese auf den ersten Blick überraschende These gewinnt an Gehalt, wenn die Unterschiede der einzelnen Untersuchungsgegenstände bzw. Analyseeinheiten näher betrachtet werden. Gibt es nicht eine Begründungsverpflichtung für die Gleichbehandlung von beispielsweise einem Einspalter im Rüsselsheimer Echo und einem Titelseitenaufmacher über fünf Spalten mit Bild in der Süddeutschen Zeitung? Mit der Analyseeinheit *Artikel* würden beide Beiträge gleichwertig miteinander verglichen, obwohl den ersten vielleicht nur rund 2.000 Menschen gelesen haben, den zweiten jedoch möglicherweise 200.000 Personen - wenngleich mit diesem Hinweis nicht in Frage gestellt werden soll, daß es Problemstellungen gibt, die genau diese Gleichbehandlung benötigen, um eine Lösung zu finden.[4]

---

3   Dies gilt insbesondere für ein Gebiet der Forschung, das in dem Maße umstritten ist, wie die Gewichtung von Erhebungsdaten. Gabler, Hoffmeyer-Zlotnik & Krebs (1994: 1) stellen sogar die Frage, ob Gewichtung »Wissenschaft oder eine niedere Form der Astrologie« sei.

4   Es geht hier lediglich um eine Verdeutlichung, daß die Forschungsfrage einer Inhaltsanalyse daraufhin untersucht werden sollte, ob eine solche Gewichtung sinnvoll sein kann oder nicht. Ist die Fragestellung beispielsweise ein Vergleich der Berichthäufigkeit in regionalen und überregionalen Tageszeitungen (also kommunikat- oder inhaltszentriert), würde sich eine nach Medienpublizität gewichtete Auswertung zwangsläufig selbst ad absurdum führen, da einige zentrale Meßgrößen und die Reichweiten in die Gewichtung

Jede Gewichtung von Ergebnissen - also auch die »*Nichtgewichtung*«, die in der Regel angewandt wird - birgt neben den erhofften Vorteilen zwei zentrale »Gefahren«[5]: Zum einen sind gewichtete Daten und Ergebnisse häufig nicht mehr transparent, d.h., die intersubjektive Nachvollziehbarkeit der Ergebnisse einer Analyse leidet. Zum anderen sind Gewichtungsverfahren in der Regel dem Forscher überlassen, so daß sie zwar nach gutem Wissen und Gewissen durchgeführt werden (sollten), aber trotzdem einen *Ermessensspielraum* behalten. Die Angemessenheit der Gewichtung kann zudem oftmals nicht überprüft werden, da eine Offenlegung ihrer Kriterien selten erfolgt.

In der angewandten Forschung wird dieses »Ermessensproblem« häufig umgangen, indem die Gewichtung nach den Wünschen des Auftraggebers durchgeführt wird. Somit beeinflußt der Empfänger der Ergebnisse diese selbst, wenngleich ihre Transparenz ebenfalls leidet, da die Gewichtung zusammen mit statistischen Auswertungen »undurchsichtig« werden kann. Im Vorfeld durchgeführte Expertenbefragungen, mit deren Hilfe eine Rangfolge nach der Bedeutung der zu gewichtenden Aspekte der Analyse erstellt werden kann, dürften dieses Problem zwar reduzieren, aber nicht vollständig lösen. Die intersubjektive Nachvollziehbarkeit würde einerseits erhöht, die Stärke der Gewichtungsfaktoren wäre andererseits jedoch nicht unmittelbar abfragbar, so daß auch hierbei *Ermessensspielräume* bestehen blieben. Letztendlich weisen also die Gewichtungsverfahren, die bis jetzt vorgestellt wurden, mehr oder weniger große Defizite auf, die zum einen als Transparenz- und zum anderen als »Angemessenheitsprobleme« bezeichnet werden können. Diese Probleme von Gewichtungen spiegeln lediglich den ungesicherten Forschungsstand der Grundlagen in diesem Bereich wider.

---

einfließen und somit die Ergebnisse verfälschen würden. An dieser Stelle sollten eher durchschnittliche Berichtslängen in den jeweiligen Medien als Gewichtungsfaktoren in Betracht gezogen werden.

5 In Ermangelung einschlägiger Basisliteratur oder gar einer Theorie zum Thema Gewichtungen von inhaltsanalytisch erhobenen Daten sei hier »behelfsmäßig« auf die Diskussion der Gefahren bei Umfragedaten verwiesen, die neben zentralen Gewichtungsproblemen und -zielen der Befragung, die hier keine Rolle spielen, auch generelle Probleme von Gewichtungen wie z. B. die sich eventuell verändernde Gesamtfallzahl streift (ROTHE 1994: S.62ff.).

Für eine rezipientenorientierte Gewichtung von Medieninhaltsanalysen ergibt sich die folgende Möglichkeit: der Rückgriff auf die bereits erforschte Wahrnehmungswahrscheinlichkeit.[6] In redaktionellen Copytests werden die Beachtungschancen von Artikeln und auch von zentralen Darstellungen wie z.B. Überschriften auf breiter Basis erforscht.[7] Wenn also eine möglichst umfangreiche Meta-Analyse von Copytestergebnissen der Inhaltsanalyse vorangestellt würde, könnten die Gewichtungen auf einer weitestgehend wissenschaftlich gesicherten und damit auch intersubjektiv nachvollziehbaren Basis vorgenommen werden. Zudem stehen in großem Umfang Mediadaten (z.B. in der jährlich durchgeführten MA) zur Verfügung, die für weitere Gewichtungsfaktoren genutzt werden können. Die gewichteten Daten dürften dann sogar den Ergebnissen »quasi ungewichteter« Inhaltsanalysen für Schlüsse auf den Rezipienten des Kommunikationsvorgangs - oder genauer für ganz bestimmte Fragestellungen - überlegen sein, da sie die Rezeptionswahrscheinlichkeit der untersuchten Inhalte in die Analyse integrieren. Diese Auswertungsstrategie wird in rudimentärer Form von einzelnen kommerziellen Medienanalyseinstituten bereits verwendet, allerdings wird in der Regel nicht ausgewiesen, was und wie gewichtet wurde.[8] Im fol-

6 Generell müssen Ergebnisse dieses Forschungszweigs (erhoben in redaktionellen Copytests) in »Beachtung« und »tatsächliches Lesen« oder Nutzung des Beitrags unterteilt werden. Diese beiden Variablen werden in der Regel getrennt voneinander in Copytests gemessen: z.B. mit den Kategorien »Überschrift gelesen/Artikel angelesen« und »Hälfte des Textes und mehr gelesen« (GASSNER & CZAPLICKI 1996: 24). Als Ergebnisse werden zumeist die Anteile der »Beachter« und der »Nutzer« an allen Befragten für bestimmte Artikeltypen oder auch für Einzelartikel ausgewiesen (vgl. auch Untersuchungsstrategien für Copytests in: GASSNER & CZAPLICKI 1998). Diese können für unsere Zwecke auch als Wahrnehmungswahrscheinlichkeit oder Beachtungschance bzw. Nutzungswahrscheinlichkeit dieser Artikel(typen) interpretiert werden. Die Implementierung der Ergebnisse von Copytests wird im Abschnitt 6 noch genauer beschrieben.

7 Bereits die im folgenden zugrundeliegenden Daten der *Zeitungs Marketing Gesellschaft* (ZMG) umfassen regelmäßig (in der Regel jährlich) durchgeführte Tests von gut 30 Tageszeitungen, die als repräsentatives Sample der deutschen Tageszeitungslandschaft gelten können (vgl. JACOB 1997: 223). Daneben gibt es noch eine Vielzahl weiterer Agenturen und Institute wie z.B. *Demoskopie Allensbach*, die regelmäßig solche Analysen durchführen.

8 Diese Gewichtungsverfahren sind nicht zitierbar, da es sich um vertrauliche Kundenberichte handelt.

genden soll eine solche Gewichtung exemplarisch auf einer (zu) kleinen Basis von Copytests durchgeführt werden.

5. Faktoren der Gewichtung

Die Spezifika der Analyseeinheiten können auf verschiedenen Ebenen erhoben werden. Vorgeschlagen wird hier eine Kombination der einzelnen Ebenen, die zu einer Gewichtung mit der Referenzgröße (auf Medienebene) *Bruttoreichweite* verbunden werden sollen. Dabei ist darauf zu achten, daß die von einem Medium erzielten Kontakte das Maximum des Gewichtungsindex für eine Analyseeinheit aus demselben Medium darstellen: Einen Artikel können höchstens so viele Menschen gelesen haben, wie mit dem Medium in Kontakt gekommen sind.

Die für die Gewichtung relevanten Faktoren lassen sich in zwei Gruppen pro Ebene unterteilen, die in der Regel auf folgenden Ebenen zu finden sind:
1. Medienebene
   (z. B. Codierung aus der Frankfurter Allgemeinen, dem Focus usw.)
2. Beitragsebene
   (z. B. Aufmacher Seite 1, Kurzmeldung auf Seite 27 usw.)
3. Aussageebene
   (z. B. Überschrift, Bildunterschrift, Text usw.)

Je nach Wahl der Analyseeinheit variieren die zu integrierenden Ebenen. Wird beispielsweise als Analyseeinheit ein Artikel oder Beitrag festgelegt, so spielen die Spezifika des Mediums, in dem der Artikel erschienen ist, und die Spezifika des Artikels oder Beitrags selbst eine Rolle für dessen Wahrnehmungschance. Die Spezifika einzelner Aussagen in diesem Artikel oder Beitrag haben keinen Einfluß mehr darauf, ob der Artikel *insgesamt* Beachtung findet oder nicht. Allerdings können auch einzelne Aussagen unterschiedliche Beachtungschancen haben, je nachdem ob sie beispielsweise in der Überschrift stehen oder lediglich im Text. Viele Inhaltsanalysen sind jedoch auf Artikel- bzw. Beitragsebene (oder hierarchisch höheren Ebenen) konzipiert. Im folgenden wird daher auf die Aussageebene (als hierarchisch tiefere Ebene) nur als Verdeutlichung, daß auch weitere zu integrierende Ebenen denkbar sind, eingegangen.

Die Faktoren, die für eine Erhebung von Wahrnehmungswahrscheinlichkeiten in erster Linie relevant sind, können als formale Faktoren bezeichnet werden. Darunter sind für das Medium Kenngrößen wie Reichweite, Medienkontakte usw. und für den Beitrag Plazierung, Bebilderung usw. zu verstehen. Unter der Voraussetzung weiterer Grundlagenstudien wäre auch eine Erweiterung des Kataloges um qualitative Faktoren der Medien wie Glaubwürdigkeit, Kompetenz, Meinungsführerschaft o.ä. - vielleicht sogar um subjektive qualitative Faktoren wie Lesekompetenz, Motivation o.ä. - denkbar. Diese könnten jedoch - wie bereits erwähnt -

TABELLE 1
Gewichtungsmatrix[9]

Ebene	Faktoren	Formale Faktoren	Mögliche Ergänzung: Qualitative Faktoren
Medienebene		Reichweite, Kontakthäufigkeit, Medienkontakte[10]	Glaubwürdigkeit, Kompetenz, Meinungsführerschaft, → Image des Mediums
Beitragsebene		Plazierung, Größe, Außergewöhnlichkeit (Farbe), Außergewöhnlichkeit (Rahmen oder Blickfänge), Bebilderung, Nennung im Inhaltsverzeichnis/ Ankündigung (Titelseite), Lead	Glaubwürdigkeit, Kompetenz, Meinungsführerschaft, → Image des Journalisten
Aussageebene (und noch feinere Ebenen)[11]		Wie Beitragsebene	Wie Beitragsebene → Image des Journalisten oder des Zitierten

9 Zu den meisten angesprochenen formalen Gewichtungsfaktoren gibt es (relativ) gesicherte Forschungsergebnisse, die in Inhaltsanalysen einbezogen werden können (s.o. und Anmerkung 14).
10 Die formalen Aspekte auf Medienebene stellen natürlich nur Auswahlmöglichkeiten dar, weil sich die Medienkontakte aus der Reichweite und der Kontakthäufigkeit ergeben.
11 Die Aussageebene und alle tieferen Ebenen werden im folgenden nicht behandelt, um das Konzept nicht unnötig zu verkomplizieren.

nur durch Grundlagenforschung abgesichert in die Analyse einfließen und würden eher auf eine Art »Persuasionsindex« zielen und wahrscheinlich weniger die Medienpublizität beeinflussen. Auf diese Erweiterungsmöglichkeit des hier verfolgten Ansatzes, die sicherlich viele Möglichkeiten bietet, aber mindestens genauso viele Fragen aufwirft, soll hier nur hingewiesen werden. (vgl. auch den Überblick in Tabelle 1.)

Generell ist zu beachten, daß die unterschiedlichen Gewichtungsfaktoren keinesfalls als additive Elemente eines Index zu betrachten sind. Innerhalb der formalen Faktoren ergibt sich höchstwahrscheinlich keine additive bzw. lineare Steigerung der Wahrnehmungswahrscheinlichkeiten bei einer Verwendung aller aufmerksamkeitssteigernden Elemente. Vielmehr ist eine asymptotische Annäherung an den Maximalwert 1 zu erwarten. Zu beachten sind beispielsweise auch Unterschiede der Bebilderungshäufigkeit oder der Plazierung von langen und kurzen Artikeln.[12] Um diese multivariaten Zusammenhänge der einzelnen Elemente, die Aufmerksamkeitssteigerungen erzielen können, näher zu untersuchen, müßten die Originaldaten von Copytests analysiert werden, was für die folgende beispielhafte Auswertung nicht geleistet werden konnte.[13]

6. Ergebnisse der Copytests[14] (als Basis für die Gewichtung)

Durch die bereits erwähnte, getrennte Erhebung von Beachtungs- und Nutzungswahrscheinlichkeiten kann je nach Forschungsinteresse »ausgewählt« werden, auf welchen Ergebnissen die Gewichtung basieren soll. Interessiert also die reine Beachtungschance des Artikels, d.h. vermutlich

---

12 Ein Titelseiten-Aufmacher einer Tageszeitung wird z. B. niemals ein Einspalter sein.
13 Auf die möglichen Abhängigkeiten von Imagefaktoren und formalen Aspekten eines Mediums kann hier auch nur kurz hingewiesen werden.
14 Wie bereits angedeutet wurde, sollten für eine bessere Basis der Gewichtungsfaktoren mehrere Copytest-Datenbanken berücksichtigt werden. Um die Auswertungslogik zu zeigen, soll die hier getroffene Auswahl jedoch genügen.
Sie basiert auf einer Datenbank von gut 30 Tageszeitungen, für die in einer ca. 50-minütigen Befragung mit etwa 250 Lesern pro Durchführungswelle und Medium Tests durchgeführt wurden. Die unabhängige Variablenbasis besteht aus verschiedenen formalen und inhaltlichen Merkmalen der Beiträge: Ressort, Thema, Größe, Plazierung usw. Diese werden

die Aufnahme des zentralen Themas anhand von Überschrift und eventuell Bildern, so können - wie dies im folgenden durchgeführt wird - die in Copytests erhobenen Wahrscheinlichkeiten für Beachtung bzw. Wahrnehmung verwendet werden. Soll die Analyse aber ins Detail gehen, kann die Gewichtung auf der Basis von Wahrscheinlichkeiten für die tatsächliche Nutzung erfolgen (vgl. GASSNER & CZAPLICKI 1998).

Zudem müssen für jeden einbezogenen Medientypus Daten vorliegen: Zeitschriften werden zum Beispiel »anders gelesen« als Tageszeitungen. Da für das folgende Beispiel lediglich Tageszeitungen analysiert wurden, beschränkt sich die exemplarisch durchgeführte Weiterentwicklung der Inhaltsanalyse im folgenden auf dieses Medium.

Aus der umfangreichen Datenbank der *Zeitungs Marketing Gesellschaft* (ZMG), die auf einem repräsentativen Mediensample für Tageszeitungen beruht (vgl. JAKOB 1997: 223), lassen sich beispielhaft folgende Ergebnisse extrahieren, die für die tatsächliche Anwendung in Inhaltsanalysen noch auf die breitere Basis einer umfangreichen Meta-Analyse gestellt werden müßte:

Für die *Größe* von Artikeln lassen sich keine ganz einheitlichen Trends analysieren. Mit Ausnahmen ergibt sich aber eine steigende Beachtungschance mit zunehmender Größe der Artikel. Sehr lange Artikel ohne Bild werden allerdings weniger oft wahrgenommen als Zwei- und Dreispalter. Zwei- und Dreispalter mit Bild werden fast gleich häufig beachtet (s. Tabelle 2).

Die *Bebilderung* von Artikeln erhöht ihre Wahrnehmungschance - insgesamt betrachtet - deutlich. Während Beiträge ohne Bilder nur rund 24 Prozent Beachtungschance besitzen, weisen diejenigen mit Bildern eine Wahrscheinlichkeit von rund 32 Prozent auf (JAKOB 1997).

Entsprechend der Bebilderung verbessert auch ein *Vorspann* für den Artikel die Wahrnehmungschance (rund 24 zu rund 34 Prozent). Tabelle 3 zeigt ebenfalls eine im wesentlichen ansteigende Beachtungschance mit zunehmender Artikelgröße (JAKOB 1997).

in der Auswertung in Relation zu den abhängigen Variablen (unter anderem die Beachtung der redaktionellen Beiträge, die Aufmerksamkeitsstärke und Nutzungsintensität (angelesen, Leseabbruch, Nutzung des gesamten Beitrags usw.), Bewertung des redaktionellen Inhalts, Themeninteresse des Befragten, Lesedauer/Lesemenge und Nutzung der einzelnen Ressorts) gesetzt (vgl. GASSNER & CZAPLICKI 1998, HIPPLER 1996, GASSNER 1995).

TABELLE 2
Beachtungschance nach Größe und Bebilderung von Artikeln

Größe	Ohne Bild	Mit Bild
Einspalter	17%	26%
Zweispalter	25%	33%
Dreispalter	28%	32%
Vier-u. Mehrspalter	24%	36%

Legende:
Prozentwerte sind Anteile der Gesamtleserschaft, die den Artikel beachtet hat
Quelle: ZMG, zitiert nach Jacob 1997: 224

TABELLE 3
Beachtungschance nach Größe und Verwendung eines Vorspanns

Größe	Ohne Vorspann[15]	Mit Vorspann
Einspalter	17%	26%
Zweispalter	23%	35%
Dreispalter	26%	35%
Vier- und Mehrspalter	28%	38%

Legende:
Prozentwerte sind Anteile der Gesamtleserschaft, die den Artikel beachtet haben
Quelle: ZMG, zitiert nach Jacob 1997: 224

Für *Hauptaufmacher* auf der Titelseite gibt die ZMG eine Beachtungschance von etwa 80 Prozent an. Weitere *Berichte auf der Titelseite* werden von rund 65 Prozent der Zeitungsnutzer wahrgenommen (vgl. GASSNER 1996: 25f.). Artikel, die *auf der Titelseite* (oder im Inhaltsverzeichnis, wenn vorhanden) eigens *angekündigt* werden, haben mit etwa 58 Prozent auch eine deutlich höhere Beachtungschance als Artikel ohne eine solche Ankündigung (vgl. GASSNER & CZAPLICKI 1996: 25ff.). Die *Plazierung* scheint also im Vergleich zu den allgemeinen Werten in den Tabellen 2 und 3 einen sehr großen Einfluß auf die Wahrnehmungschance zu haben.

15 Die Daten in der ersten Spalte von Tabelle 3 stimmen nicht mit denen von Tabelle 2 überein, da bei den Ergebnissen für Artikel mit und ohne Vorspann die Bebilderung keine Rolle spielt, also sowohl Artikel mit als auch ohne Bild einbezogen wurden.

Rahmen, Logos oder andere als *Blickfang* gedachte Layoutelemente können nur bei Einspaltern für einen Aufmerksamkeitsschub sorgen (16 zu 21 Prozent), so daß für die Gewichtung von einer Berücksichtigung abgesehen werden sollte (vgl. GASSNER & CZAPLICKI 1997a: 29ff.). Als weiteres Kriterium für die Außergewöhnlichkeit eines Beitrags wurde in der Gewichtungsmatrix die *Farbigkeit* eingeführt. Diese führt zwar zu schneller, nicht unbedingt aber zu vermehrter Aufmerksamkeit. Aus diesem Grund sollte auch Farbigkeit nicht generell in die Gewichtung einbezogen werden. Lediglich in Zeitungen, in denen Farbe eine absolute Ausnahme darstellt - wie z. B. auf der Titelseite der *Frankfurter Allgemeinen Zeitung* -, sollte die Aufmerksamkeitswirkung mit einem Plus von 20 Prozent berücksichtigt werden (vgl. GASSNER 1996: 23ff., GASSNER & CZAPLICKI 1997b). Für eine Indexbildung sollten also während des Codierprozesses folgende Variablen erhoben werden: die *Größe des Artikels* (Ein- bis Vier- und Mehrspalter wie in den Copytests), seine *Plazierung* (Titelseite Hauptaufmacher, Titelseite, Ankündigung und anderes), die *Außergewöhnlichkeit* und *Farbigkeit* (Farbe in einem ansonsten schwarzweißen Medium), die Verwendung von *Leads* (vorhanden oder nicht) und die *Bebilderung* (vorhanden oder nicht).

An dieser Stelle sei noch einmal darauf verwiesen, daß die hier vorgestellten Copytestergebnisse auf einer Datenbank beruhen, die trotz ihres Umfangs nicht ausreicht, um von wissenschaftlich gesichertem Wissen auszugehen. Dieser Artikel versucht lediglich, das Prinzip einer möglichen Gewichtung darzustellen.

7. Indexbildung

Aus den oben aufgeführten, formalen Variablen lassen sich für alle Möglichkeiten eigene Codekombinationen ablesen, die als Basis für die Gewichtungszuordnung dienen. Für jede denkbare Kombination lassen sich aus dem hier dargestellten Material exemplarisch - d.h. ohne den Anspruch auf eine wissenschaftlichen Standards genügende Basis - Wahrscheinlichkeiten für die Beachtung des jeweiligen Beitrags errechnen. Denkbar sind aus den zuvor dargestellten Copytestergebnissen Werte zwischen 0,17 für einfache Einspalter und 1 für einen farbig gestalteten Hauptaufmacher z. B. auf der Titelseite der *Frankfurter Allgemeinen Zeitung*. Aus der Gesamtwahrscheinlichkeit multipliziert mit der Reichweite des

Mediums resultiert das Gewicht, mit dem der Beitrag in die Auswertung eingehen sollte, oder - anders formuliert - der Impuls für die Wahrnehmung, der von jedem Artikel ausgeht:

Impuls = Reichweite (in Mio. oder in Tsd.) * Beachtungschance

Diese Indexbildung hat den Nachteil, daß sich die Gesamtfallzahl bei den Auswertungen verändert. Dies sollte aber in Kauf genommen werden, da die hier vorgeschlagene Impuls-Berechnung zu einem Ergebnis führt, das in der gleichen Einheit vorliegt wie die »Ausgangsgröße«, also Medienkontakte - hier verstanden als kumulierte, absolute Reichweiten.

8. Gewichtete und ungewichtete Ergebnisse

Um die Auswirkungen der hier vorgeschlagenen Gewichtungen auf die Ergebnisse von Inhaltsanalysen zu untersuchen und die Möglichkeiten einer solchen Gewichtung zu verdeutlichen, sollen hier beispielhaft aus den Daten, die das F.A.Z.-Institut PRIME research international zum Landtagswahlkampf 2001 in Rheinland-Pfalz erhoben hat, Ergebnisse vorgestellt werden.[16]

In Abbildung 1 werden die Spitzenkandidaten (für die FDP auch der sehr medienpräsente Parteivorsitzende Rainer Brüderle) hinsichtlich der

ABBILDUNG 1
Anzahl der Artikel mit Nennungen der Spitzenkandidaten der Landtagswahl Rheinland-Pfalz 2001

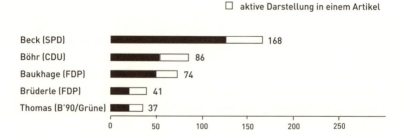

16 Basis der im folgenden dargestellten Auswertungen ist eine quantitativ-qualitative Inhaltsanalyse (QQI, vgl. MATHES 1989, 1992) der Printberichterstattung in den wichtigsten Tageszeitungen der Region Rheinland-Pfalz (Regionale Tageszeitungen: Allgemeine

Wahrnehmungschancen als Ansatz für eine Weiterentwicklung der Inhaltsanalyse?

ABBILDUNG 2
Geschätzte Anzahl der (Medien-)Kontakte der Wahlberechtigten mit den Spitzenkandidaten der Landtagswahl Rheinland-Pfalz 2001

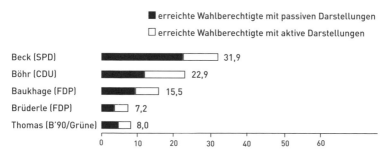

Frage verglichen, in wie vielen Artikeln sie im Januar und den ersten drei Wochen des Februar 2001 an zentraler Stelle genannt wurden (passive Darstellung) oder selbst zu Wort gekommen sind (aktive Darstellung). Diese Auswertung wird in der Regel (bei Erhebungen auf Artikelebene) zu Rate gezogen, um Aussagen über die Medienpräsenz der Kandidaten zu treffen.

Kurt Beck, der Spitzenkandidat der SPD und amtierende Ministerpräsident in Rheinland-Pfalz, erreicht mit mindestens einer Nennung in 168 Artikeln eine nahezu doppelt so hohe »Medienpräsenz«[17] wie sein unmittelbarer Konkurrent der CDU, Christoph Böhr (Nennungen in 86 Artikeln). Dahinter folgen Hans-Artur Baukhage und Rainer Brüderle von der FDP und Ise Thomas von BÜNDNIS '90/DIE GRÜNEN. Dieses Ergebnis verändert sich im Zuge einer gewichteten Auswertung deutlich (vgl. Abb. 2).

> Zeitung Mainz, Rhein-Main-Zeitung Mainz, Rheinpfalz Ludwigshafen, Rhein Zeitung Koblenz, Trierischer Volksfreund Trier. Überregionale Tageszeitungen und Kaufzeitungen mit großer Bedeutung in Rheinland-Pfalz: Frankfurter Allgemeine Zeitung Frankfurt, Bild Mainz-Wiesbaden). Der Analysezeitraum umfaßt die »heiße Phase« des Wahlkampfes zu Landtagswahl am 25. März 2001 - hier werden N = 269 Artikel von Anfang Januar 2001 bis Ende Februar 2001 (vier Wochen vor der Wahl) ausgewertet. Die Gesamtreichweite unter der wahlberechtigten Bevölkerung in Rheinland-Pfalz beträgt gut zwei Drittel.

17 »Medienpräsenz« wird hier verstanden als die gängige Publizitätsauswertung nach Nennungshäufigkeit. Die Anführungszeichen dienen dazu, die Abgrenzung zu dem hier vorgestellten Weiterentwicklungsansatz zu verdeutlichen.

ABBILDUNG 3
Tendenz der Medienberichterstattung über die Spitzenkandidaten der Landtagswahl Rheinland-Pfalz 2001

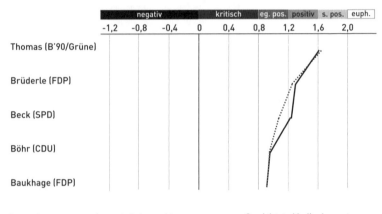

Legende: eg.pos. = ›eingeschränkt positiv‹;
s. pos. = ›sehr positiv‹; euph. = ›euphorisch‹

—— Gewichtete Medienbewertung
······ ungewichtete Medienbewertung

Der Publizitätsvorsprung von Kurt Beck »schmilzt« gegenüber Christoph Böhr auf rund 40 Prozent zusammen. Der Abstand der beiden Kandidaten der großen Parteien zu den anderen ist deutlich größer als in der ungewichteten Auswertung. Besonders interessant ist an dieser Auswertung allerdings der Wechsel am Ende des Präsenzrankings: Die Spitzenkandidatin der Grünen Ise Thomas schlägt nach der Gewichtung Rainer Brüderle, erstere erhält also mehr Medienpublizität als der FDP-Parteivorsitzende.

Ein weiterer, häufig untersuchter Aspekt der Medienanalysen vor Wahlkämpfen ist die Sympathie- oder Imageanalyse der Kandidaten. In Abbildung 3 werden die gewichtete und die ungewichtete Auswertung einander gegenübergestellt.[18]

---

[18] Die Tendenz der Berichterstattung wurde auf einer Skala von +3 bis -3 erhoben: sehr positiv (+3), positiv (+2), eingeschränkt positiv (+1), ambivalent (0), eingeschränkt negativ (-1), negativ (-2), sehr negativ (-3). Nach der Gewichtung geht jeder Beitrag und damit auch jede Bewertung dann mit dem Gewicht seines/ihres Publizitätsimpulses in die Analyse ein.

Hier wird deutlich, daß sich an der Rangfolge der in den Medien am positivsten bzw. am negativsten dargestellten Kandidaten nichts verändert - unabhängig davon, ob nach der Beachtungschance der Artikel gewichtet wird oder nicht. Das positivste Medienimage hat Ise Thomas. Hinter Rainer Brüderle werden alle anderen Spitzenkandidaten lediglich eingeschränkt positiv dargestellt. Die einzige nennenswerte Verschiebung ergab sich bei Kurt Beck, der von einer Gewichtung im Zehntelbereich »profitiert«.

9. Fazit

Für Auswertungen von Inhaltsanalysen, die zum Ziel haben, die Medienpublizität bestimmter Ereignisse oder - wie hier im Beispiel gezeigt - von Spitzenkandidaten in Wahlen zu messen, erscheint eine Umorientierung der Auswertungsstrategie hin zu einer stärkeren Rezipientenorientierung wünschenswert. Die Ergebnisse können sich - wie hier exemplarisch belegt werden konnte - sehr unterscheiden, jenachdem ob die Nennungshäufigkeit betrachtet und nicht die Kontaktwahrscheinlichkeit mit einbezogen wird. Zielt das Forschungsproblem, von dem ausgegangen wurde, auf eine Publizitätsanalyse, könnte die herkömmliche Auswertungsstrategie zu kurz gegriffen sein.

Allerdings resultierten aus der Gewichtung kaum Unterschiede für die durchgeführte *Imageanalyse*. Dieses Beispiel-Ergebnis überrascht zunächst - besonders im Hinblick auf die zum Teil deutlichen Unterschiede in den Präsenzauswertungen. Es deckt sich aber mit Ergebnissen aus anderen Projekten (auch mit breiterer Medienbasis) des F.A.Z.-*Instituts* PRIME research *international*. Dies könnte als Hinweis auf eine zumindest in den Bewertungen weitgehend konsonante Berichterstattung der deutschen Medien interpretiert werden.[19] Zielt eine Inhaltsanalyse also auf die Erforschung von Tendenzen oder Images, scheint eine Integration der wahrscheinlichen Beachtung der Artikel nicht in dem Maße bedeutsam zu sein, wie es bei Publizitätsanalysen der Fall ist. In jedem Fall

---

19 Der bedeutendste (d.h. am meisten Veränderung produzierende) Gewichtungsfaktor in diesem Modell ist die Reichweite des Mediums, in dem ein Beitrag erschienen ist. Da seine Integration offensichtlich zu wenig Unterschieden in der Tendenz der Medienberichterstattung führt liegt ein solcher Schluß nahe, bedarf jedoch weiterer empirischer Untersuchung.

sollten generell sowohl die gewichteten als auch die ungewichteten Ergebnisse ausgewiesen und diskutiert werden, um eine möglichst hohe Transparenz des Gewichtungsprozesses und seiner Auswirkungen zu gewährleisten.

Weitere Studien - möglichst auf einer breiteren, meta-analytisch erhobenen Basis an Copytests - sollten zur Fundierung dieser Ergebnisse herangezogen werden, um letztlich besser gesicherte Aussagen treffen zu können, für welche Analysen sich eine rezipientenorientierte Gewichtung anbietet. Insgesamt dürfte jedoch der hier vorgeschlagene Ansatz einer Gewichtung der Ergebnisse von Inhaltsanalysen nach der Bedeutsamkeit (und nach anderen individuellen Aspekten) der einbezogenen Analyseeinheiten eine interessante und wichtige Weiterentwicklung der Medieninhaltsanalyse im Hinblick auf eine noch genauere Untersuchung von Kommunikationsprozessen - insbesondere bezüglich des Rezipienten - darstellen. Der Aufwand einer umfassenden Meta-Analyse redaktioneller Copytests, die im Rahmen dieser ersten Vorstellung nicht geleistet werden konnte, erscheint eine lohnenswerte Mühe auf dem Weg zu exakteren Operationalisierungen von und Aussagen über Publizität, die insbesondere in der angewandten Forschung von großem Interesse ist, aber auch in der rein wissenschaftlichen Medienforschung immer wieder analysiert wird.

Literatur

FRÜH, W.: *Inhaltsanalyse. Theorie und Praxis*. München 1991
GABLER, S.; J. H. P. HOFFMEYER-ZLOTNIK; D. KREBS: Einleitung.
  In: GABLER, S. (Hrsg.:): *Gewichtung in der Umfragepraxis*.
  Opladen, 1994, S. 1-6
GASSNER, H.: Farbe in der Tageszeitung. In: *Sage&Schreibe*, 7, 1996, S. 23-26
GASSNER, H.: Im Einsatz für die Leserforschung: Redaktionelle
  Copytests. Regionalpresse hilft bei der Suche nach den Interessen der
  Leser. In: *Redaktion 1995. Almanach für Journalisten*. Bonn, 1995, S. 63-67
GASSNER, H.; A. CZAPLICKI: Kasten & Logo als Leseköder. In: *Sage&Schreibe*,
  1&2, 1997a, S. 29-31
GASSNER, H.; A. CZAPLICKI: Oasen in der Bleiwüste. In: *Sage&Schreibe*, 3,
  1997b, S. 23-24

GASSNER, H.; A. CZAPLICKI: Auf der Fährte des Lesers. In: *Werben & Verkaufen* (w&v), 42, 1998, S. 242-245

GASSNER, H.; A. CZAPLICKI: Zum Lesen verführen. In: *Sage&Schreibe*, 8, 1996, S. 23-25

VON GOTTBERG, J.: Sexualität, Jugendschutz und der Wandel von Moralvorstellungen. In: *tv diskurs*, 15, 2001, S. 60-67

HIPPLER, H.: Möglichkeiten der Markt- und Mediaforschung. Entscheidungshilfe für Redaktion und Vertrieb. In: *Redaktion 1996. Almanach für Journalisten*. Bonn 1996, S. 55-60

JACOB, E.: Anreiz zum Lesen. In: W&V PLUS, 46, 1997, S. 223-225

KNOLL J.; A. MÜLLER: *Sexualität und Pornographie jugendlicher Medienwelt: eine Expertise im Auftrag der BzgA*. Köln 1998

KUNCZIK, M.: *Gewalt und Medien*. Köln, Weimar, Wien 1994

MATHES, R.: *Modulsystem und Netzwerktechnik - Neuere inhaltsanalytische Verfahren zur Analyse von Kommunikationsinhalten*. Mannheim: ZUMA-Arbeitsbericht Nr. 89/13, 1989.

MATHES, R.: Hermeneutisch-klassifikatorische Inhaltsanalyse von Leitfadengesprächen. Über die Möglichkeit von quantitativen und qualitativen Verfahren der Textanalyse und die Möglichkeit ihrer Kombination. In: HOFFMEYER-ZLOTNIK, J. H. P. (Hrsg.:): *Analyse verbaler Daten*. Opladen 1992, S. 402-424

MERTEN, K.: *Inhaltsanalyse. Einführung in Theorie, Methode und Praxis*. Opladen 1995

PÜRER, H.; J. RAABE: *Medien in Deutschland. Band 1: Presse*. Konstanz, 1996

ROTHE, G.: Wie (un)wichtig sind Gewichtungen? Eine Untersuchung am ALLBUS 1986. In: GABLER, S. (Hrsg.:): *Gewichtung in der Umfragepraxis*. Opladen 1994, S. 62-87

SCHNELL, R.; P. HILL; E. ESSER: *Methoden der empirischen Sozialforschung*. München, Wien 1999

ELKE GRITTMANN

Fotojournalismus und Ikonographie.
Zur Inhaltsanalyse von Pressefotos

1. Problemaufriß

Im Jahr 1952 erschien in New York die erste Monographie von Henri Cartier-Bresson, einem der wichtigsten Fotografen nach dem Zweiten Weltkrieg und Mitbegründer der Agentur *Magnum*. Der Band selbst ist vorwiegend Insidern bekannt, sein Titel jedoch hat sich seither zum Schlagwort des modernen Fotojournalismus entwickelt: *The Decisive Moment*, »Der entscheidende Augenblick«, wurde zu jenem einzigartigen Moment eines Ereignisses stilisiert, den es vom Fotojournalisten »einzufangen« gilt, als existiere dieser Augenblick unabhängig vom Fotografen. Wie kaum ein anderer hat der Glaube daran das Arbeitsverständnis der Fotojournalisten geprägt.[1]

---

[1] Der fotografische Akt besteht, so Cartier-Bresson, im »blitzschnellen Erkennen der inneren Bedeutung einer Tatsache« (CARTIER-BRESSON 1983: 82). Dieses Ideal ist einer der zentralen Mythen des Fotojournalismus, der wieder und wieder erzählt wird. So schreibt beispielsweise Heinrich Jaenecke im Stern-Portfolio *Das Bild vom Menschen*: »Sein (des Fotografen, Anm. d. Verf.) zuverlässigster Verbündeter ist der Zufall - der eine Augenblick, der ihm die Szene liefert, die alles sagt (...): der Bruchteil einer Sekunde - für immer vorbei für immer unwiederholbar« (JAENECKE 1998: 15). Auch das einzige aktuelle Praxis-Handbuch zum Bildjournalismus in Deutschland beschreibt ihn als Ziel der Pressefotografie. Nach Beifuß (1994b: 116) kennzeichnet gute Pressefotografie, sich »auf das wesentliche Detail eines Ereignisses« zu konzentrieren. Zum fotojournalistischen Selbstverständnis der »eyewitnesses«, die fotografieren, »what's out there in front of the lens« und fotojournalistischen Objektivitätsentwürfen vgl. die Studie von NEWTON 1998.

Nun hat die Forschung bereits das, was der Informations- und Nachrichtenjournalismus als Ereignis definiert, als hochgradig selektiv und als Wirklichkeitskonstruktion entlarvt.[2] Daher stellt sich auch die Frage, wie »natürlich« der erfaßte »entscheidende Augenblick« dieser Ereignisse eigentlich ist und ob er sich nicht auch vielmehr als Ergebnis journalistischer Entscheidungsroutinen beschreiben läßt. Doch während über Aussagenproduktion und Nachrichtenauswahl im (Wort-)Journalismus, deren Bedingungen, Einflußfaktoren und Rezeption umfangreiche und empirisch gestützte Erkenntnisse vorliegen[3], tut sich die Forschung zum Bildjournalismus[4] weitaus schwerer, fundierte Ergebnisse über visuelle Inhalte und deren Produktions- und Selektionskriterien zu liefern.

Zwar behauptet Klaus Merten, daß sich die Verfahren der Inhaltsanalyse nicht nur auf Schrift oder Wort, sondern auf jede Art von Zeichen anwenden ließen (vgl. MERTEN 1995: 49). Und damit läge ja eine der elaboriertesten Methoden zur Erfassung von visuellen Medieninhalten vor. Einen der zentralen Gründe, weshalb gerade die systematische Erforschung von bildjournalistischen Aussagen dennoch Desiderate aufweist, hat Thomas Wilking bereits vor über zehn Jahren in seiner Untersuchung zur Wort- und Bildberichterstattung im Lokaljournalismus benannt: »Es gibt erhebliche methodische Probleme, jenseits von einfachen Flächenberechnungen zu einer inhaltlichen Gliederung von Bildern zu gelangen« (WILKING 1990: 32). Er stellte daher fest: »Analysen, die sich mit dem Bild als inhaltlichem Zeitungsbeitrag beschäftigen, existieren erst in Ansätzen« (WILKING 1990: 35).

Auffällig bei der bisherigen Erforschung bildjournalistischer Aussagen in Printmedien ist die verbreitete Adaption von Theorien und Hypothesen, die in Studien zur Wortberichterstattung entwickelt wurden. Damit wurden häufig die methodische Anlage und die Verfahren (Def.

---

2   Zur Wirklichkeitskonstruktion durch Medien vgl. MERTEN, SCHMIDT & WEISCHENBERG 1994; WEISCHENBERG 1995.

3   Zu systematischen Forschungsüberblicken s. KEPPLINGER 1989; SHOEMAKER & REESE 1996.

4   Bildjournalismus wird hier synonym zum Begriff des Fotojournalismus für das Tätigkeitsfeld verstanden, das »Informationen über Vorgänge, Ereignisse und Sachverhalte mit visuellen Mitteln« vermittelt. Bild- und Fotojournalismus bezeichnet allein die auf die Fotografie ausgerichtete Bildproduktion und -vermittlung (vgl. BEIFUSS 1994: 11). Dies grenzt die Produktion und Vermittlung grafischer Darstellungsformen wie Infografiken, Tabellen, Karten, Logos etc. aus.

ELKE GRITTMANN

nach MERTEN 1995: 48) aus der Inhaltsanalyse sprachlicher Inhalte unreflektiert übernommen, als seien Wort und Bild dasselbe. Im folgenden Teil wird an ausgewählten Studien zur Pressefotografie in Printmedien vorgestellt, welche Ansätze und Verfahren zur Analyse von Bildern bislang entwickelt wurden, auf welche Aspekte des fotografischen Bildes im Zeitungskontext sich bisherige Studien konzentrierten und welche Desiderate gerade bei der Analyse des *Bildinhalts* noch immer existieren.[5] An diesen kritischen Überblick schließt sich ein Vorschlag zu einer aus der Ikonographie entwickelten Verfahrensweise für die Bildinhaltsanalyse an, die eine quantitative Erfassung des konkreten Bildinhalts im medialen Kontext ermöglicht.[6]

2. Die Entwicklung von Bildinhaltsanalysen

In der Publizistik- und Kommunikationswissenschaft wurden bereits in den 1930er Jahren Bildinhaltsanalysen durchgeführt (vgl. MARTIN 1961: 38ff.).[7] Die Erforschung bildjournalistischer Inhalte läßt sich seitdem aber keineswegs als kontinuierlicher Entwicklungsprozeß beschreiben, und auch die Anzahl der Studien ist im Vergleich zu Inhaltsanalysen von verbalen Medieninhalten verschwindend gering. Es gibt eine Fülle an wahrnehmungspsychologischen Experimenten zur Rolle von Fotos im Rezeptionsprozeß[8], jedoch nur sehr wenige Inhaltsanalysen dazu, was den Leserinnen und Lesern denn nun tagtäglich überhaupt visuell im Zeitungskontext präsentiert wird. Auch in Bezug auf die Theorieentwicklung gilt für die fotojournalistische Aussagenproduktion, was Shoemaker und Reese generell für das Forschungsfeld der Medieninhalte for-

---

5   Angeführt werden dazu aus Platzgründen nur typische oder in der Forschung besonders bedeutende Beispiele.

6   Dieser Beitrag versteht sich nicht als Präsentation abschließender Ergebnisse, sondern als „work in progress", eine Vorarbeit im Rahmen des Dissertationsvorhabens der Autorin, das sich mit der visuellen Darstellung von Politik in Printmedien beschäftigt.

7   Diese Studien gehörten nach Mertens Definition zur quantitativ-deskriptiven Phase. Sie sind nach seiner Definition als Vorläufer der Inhaltsanalyse zu beschreiben, da sie zwar intersubjektiv überprüfbar sind, aber keine Inferenz von Merkmalen des Textes auf Merkmale des Kontextes zum Ziel hatten (vgl. Merten 1995: 36ff.).

8   Vgl. den Überblick bei KEPPLINGER 1987; HOLICKI 1993; HARTMANN 1995; MULLEN 1998.

muliert haben: »Few content studies actually define and test a specific theory; rather, the researchers typically present a brief description of what they expect to find and then test one or more hypotheses, or relationships between two or more variables that characterize some phenomenon« (SHOEMAKER & REESE 1996: 5).

2.1 Der formal-deskriptive Ansatz zum Stellenwert von Bildern in Printmedien

Während in den USA bereits Anfang der 1950er Jahre nicht nur vergleichende Kommunikator-, sondern auch Trendanalysen zur Entwicklung des Bildanteils in Zeitungen durchgeführt wurden (AROMISKIS, BARTFIELD, HOWARD, JACKSON & JOHNSON 1952), waren die ersten inhaltsanalytischen Studien zum Bild bzw. zur Illustration (als Sammelbegriff für alle Bildformen) in der deutschsprachigen Publizistik noch formal-deskriptiv[9] mit vorrangig univariater Auswertung der einzelnen Variablen. Vergleiche in Bezug auf den Kommunikator oder die zeitliche Entwicklung wurden nur marginal thematisiert.[10] Das Erkenntnisinteresse galt - mehr oder weniger explizit - dem rein quantitativen Stellenwert sämtlicher Illustrationen in Tages- und Wochenzeitungen (SCHÜTZ 1956; MARTIN 1961). Die Studien erfaßten *formale Bildaspekte*, Flächenanteil und Anzahl von Bildern, differenzierten nach einzelnen Illustrationsformen, erhoben aber auch Kriterien der redaktionellen Bildbearbeitung wie Formate, Legenden und Quellen(-angaben). Wie Bilder und vor allem die gängigste Illustrationsform, Fotos, eingesetzt wurden, stand im Vordergrund. Doch bei der Frage, was dort zu sehen sei, blieben die Kategorien uneinheitlich und unpräzise. Die bei der Inhaltsanalyse von Zeitungsinhalten gängige Klassifizierung nach Sachgebieten bzw. Ressorts wie Sport, Politik,

---

9 Früh hat diesen Ansatz als »formal-deskriptiv« bezeichnet, da er »Mitteilungen anhand rein äußerlicher, nicht-inhaltlicher Merkmale« beschreibt (FRÜH 1991: 42).

10 Schütz führte die Inhaltsanalyse von Illustrationen im Rahmen seiner ersten Pressestatistik durch, sie bildeten nur einen Untersuchungsaspekt, daher läßt sich seine Beschränkung auf die univariate Auswertung einzelner Variablen erklären. Martin ging nur ansatzweise auf Unterschiede zwischen einzelnen Medien ein und versuchte, die Ergebnisse mit denen früherer Untersuchungen zu vergleichen. Das erwies sich allerdings aufgrund der unterschiedlichen Untersuchungsanlagen als schwierig (vgl. MARTIN 1961: 38).

Feuilleton etc. wendeten die Autoren auch auf die Bildinhaltsanalyse an, d.h., sie erhoben die Themen, auf die sich die Bilder bezogen, und blieben daher sehr allgemein. Gleichwohl blieb Martins Bildinhaltsanalyse die einzige repräsentative Erhebung für den bundesdeutschen Zeitungsmarkt, das Verfahren selbst ist jedoch in umfassendere, theoriegeleitete Inhaltsanalysen integriert worden (z. B. WILKING 1990, JUNGMEISTER 1991).

2.2 Picture Bias: Darstellungselemente und Darstellungsweisen in vergleichenden Wirklichkeits- und Objektivitätsanalysen

Ebenfalls in den 1950er Jahren wurde das Verfahren der »vergleichenden Wirklichkeitsanalyse« (vgl. MERTEN 1995: 256ff.) in den USA für die Pressefotografie adaptiert, das der Überprüfung galt, inwieweit soziale Wirklichkeit adäquat in den Medien repräsentiert wird, z. B. ob Frauen oder Minderheiten entsprechend ihrer Stellung und Rolle in einer Gesellschaft in den Medien adäquat visuell dargestellt werden. Die Studien widmeten sich dem Auftreten einzelner *Bildelemente* von Pressefotos (in diesen Fällen eben Personen), dabei spielten wiederum formale Aspekte und der inhaltliche Bildkontext keine Rolle (vgl. z. B. SHUEY 1953; MILLER 1975; BLACKWOOD 1983). Indikator für eine Darstellung war allein die Häufigkeit der Präsenz, weil implizit unterstellt wurde, daß ein häufiges Auftreten eines »Merkmals« auch eine größere Aufmerksamkeit garantiert (vgl. BLACKWOOD 1983: 711). Dieses Verfahren wurde in seiner Anlage bis in die 1980er im wesentlichen so beibehalten.[11]

Neben der Frage nach der adäquaten Repräsentation von Personen beschäftigten sich vor allem im Forschungsfeld politischer Kommunikation Untersuchungen mit der Frage nach der journalistischen Ausgewogenheit in der Pressefotografie. Wie auch bei Texten wurde der Maßstab journalistischer Objektivität an die jeweilige mediale Beachtung von konkurrierenden Politikern oder Parteien gelegt, insbesonders im Wahlkampf. Beispielsweise untersuchten Moriaty und Popovich (1991), ob Nachrichtenmagazine die Kandidaten im US-Präsidentschaftswahlkampf 1988 in Pressefotos objektiv darstellten. Sie ermittelten jedoch nicht nur die Erscheinungshäufigkeit von Kandidaten im Vergleich sowie die Größe

---

11 Keine der Studien berücksichtigt z. B. die Bildfläche als Indikator für den Beachtungsgrad.

und Plazierung der Fotos als Indikator für eine ausgewogene Berichterstattung, sondern auch die »Tendenz« der Kandidatenporträts - ein Pendant zu den »Objektivitätsanalysen« (vgl. MERTEN 1995: 222ff.). Auf Basis der Ergebnisse wahrnehmungspsychologischer Experimente zur Rezeption von Personendarstellungen erweiterten sie die Studie auf weitere Aspekte von Personenfotos, nämlich auf das festgehaltene *nonverbale Verhalten* und auf die *Darstellungsweise*, insbesondere die *Kameraperspektive*.

Ihr Verfahren, bestimmte Bildaspekte zu bewerten, ist jedoch ausgesprochen fragwürdig, weil die beiden Autoren bestimmten Motiven Wertungen zuwiesen, die sich eventuell noch vor dem Hintergrund amerikanischer Kultur erklären lassen, aber willkürlich erscheinen. Moriaty und Popovich beurteilten z. B. einen Kandidaten in Freizeitkleidung als weniger vorteilhaft als einen in formeller Kleidung. Dieser Vorteil wäre heute im US-Wahlkampf anders verteilt. Gesten, Mimik und nonverbales Verhalten insgesamt, das auf Pressefotos erfaßt wird, können jedoch weder aus dem bildimmanenten Kontext, noch aus dem Bild-Text, d.h. Bildmotiv-Themenkontext, isoliert werden, denn Verhalten wird auch im Zusammenhang mit der dargestellten Situation und dem Thema bewertet.[12] Beispielsweise würde das Bild eines strahlenden Politikers zum Beitrag über das Begräbnis von Todesopfern eines Flugzeugunglücks sicherlich nicht als positive Geste bewertet werden.

Auch die Frage nach der Objektivität der Kameraperspektive, wie sie auch in der bundesdeutschen Kommunikationsforschung gestellt wurde, ist kritisch zu betrachten, wenn sie nicht weitere kontextbezogene Kategorien berücksichtigt. Ausgangshypothese ist, daß eine Perspektive in Augenhöhe eher positiv bzw. neutral, eine Perspektive aus der Untersicht und/oder Aufsicht positiv bzw. negativ wirkt. Aufnahmen aus der Aufsicht, wie sie beispielsweise bei Parlamentsdebatten in Bonn üblich waren, lassen sich danach aber kaum als positiv oder negativ interpretieren. Dazu müßten weitere Kriterien herangezogen werden, beispielsweise für welche Situationen diese Perspektive eingesetzt wird, ob es sich um ein Situationsfoto oder Porträt handelt. Die bildspezifische Untersuchungsvariable der Kameraperspektive gehört inzwischen zum Standard der Inhaltsanalyse von Informationssendungen im Fernsehen, und sie

---

12 Eine ähnliche Kritik hat auch Jisuk Woo in seiner Inhaltsanalyse zur Objektivität von Nachrichtenfotos vorgebracht (vgl. WOO 1994: 16), allerdings hat auch er den inhaltlichen Zeitungs- bzw. Zeitschriftenkontext in seiner Analyse vernachlässigt.

wurde auch auf die Pressefotografie angewendet (vgl. z. B. FECHTER & WILKE 1998). Doch auch hier fehlt es nach wie vor an einer präziseren Definition der Kategorien und einer Kontextualisierung.

2.3 Themenanalysen

Neben den ersten sehr breit angelegten formal-deskriptiven Verfahren und den aus der Wortanalyse übernommenen Wirklichkeits- und Objektivitätsanalysen wurde mit der Themenanalyse ein weiteres Verfahren auf die Bildinhaltsanalyse übertragen. Schon in den 1950er Jahren hat Wayne (1956) die Bildberichterstattung in der amerikanischen Zeitschrift *Life* und der russischen Zeitschrift *Ogonek* inhaltsanalytisch untersucht.[13] Seine Kategorien, die psychologisch abgeleitete mit Sachgebietsklassifizierungen verbanden, eignen sich jedoch kaum für die trennscharfe Bestimmung von Bildinhalten.

Jüngere Bildinhaltsanalysen erfaßten Bildinhalte dann nach dem Vorbild verbalsprachlicher Themenanalysen vorwiegend auf Ressort- oder Sachgebietsebene (z. B. SINGLETARY 1978; TSANG 1984).[14] Klassifikationen nach Sachgebieten beschreiben jedoch nur das *Thema*, auf das sich ein Bild bezieht, nicht den Bildinhalt selbst, obwohl letzteres das eigentliche Ziel der Studien ist. Bei der Auswertung werden die »mug shots«, Kopfporträts, häufig ausgenommen - also genau jene Fotos, die im Mittelpunkt von experimentellen Untersuchungen stehen (vgl. KEPPLINGER 1987; HOLICKI 1993) - weil sie zum einen nur einen geringen Anteil an den Zeitungsfotos ausmachten und zum anderen »relatively contentless and uninformative« seien (SINGLETARY 1978: 586). Bildinhalt und Thema

---

13 Diese Studie ist auch wissenschaftshistorisch interessant, weil sie ein echtes Kind des Kalten Krieges und ein klassisches Beispiel dafür ist, wie Wissenschaft ideologisch instrumentalisiert werden kann. Das Ergebnis, daß Life Werte der Freiheit und des Liberalismus vertrete, Ogonek hingegen das sozialistische Menschenbild propagiere, sei hier nur der Vollständigkeit halber erwähnt (vgl. WAYNE 1956).

14 In diesem Stadium der Bildinhaltsanalyse zeichnet sich deutlich die Ausbildung einer Kanonisierung ab. Singletary erhob zum einen formal-deskriptive Kategorien wie die Plazierung und integrierte zum andern das bereits erwähnte Verfahren der vergleichenden Wirklichkeitsanalyse und erhob dabei den Anteil von Frauen und Männern sowie Schwarzen und Weißen (vgl. SINGLETARY 1978).

sind aber nicht identisch. Bilder bieten nur einen Moment und einen Ausschnitt eines Ereignisses dar, den Zusammenhang und die Hintergründe muß der Text liefern - was wiederum für die Berücksichtigung des Kontextes bei der Analyse von Pressefotos spricht.

2.4 Routineprogrammierung und Nachrichtenwert von Pressefotos

Das Problem, wie Bildinhalte adäquat erfaßt werden können, wird auch in Studien deutlich, die komplexere Theorien auf die Bildberichterstattung übertrugen und zu überprüfen suchten. Singletary und Lamb beispielsweise untersuchten die Nachrichtenfaktoren von prämierten Pressefotos (SINGLETARY & LAMB 1984).[15] Da diese Fotos nicht mehr im Zeitungszusammenhang erschienen, mußten Singletary und Lamb feststellen, daß sie die Frage, welche Rolle der Nachrichtenfaktor »Nähe« spielt, nur ansatzweise beantworten konnten, weil sie bei fast der Hälfte der Bilder den Ort nicht identifizieren konnten (SINGLETARY & LAMB 1984: 105). Es gibt in der Tat Bilder, die darauf keinen Hinweis geben, z. B. Nahaufnahmen, weil der Ort über den Text vermittelt wird und dies nicht vom Bild geleistet werden muß oder kann.[16]

Jungmeister (1991) untersuchte anhand einer repräsentativen Auswahl Schweizer Tageszeitungen in Anlehnung an die Routine- und Nachrichtenwertforschung die Darstellungsroutinen bei der Bildberichterstattung. Der Schwerpunkt der Studie lag auf der Erhebung von formalen, nicht-inhaltlichen Kriterien, wie Plazierung, Umfang, Bild pro Seite, formales Bild-Text-Verhältnis etc. Auf die Inhalte ging Jungmeister nur oberflächlich ein, wobei er sich bei den Kategorien ebenfalls an der Klassifizierung nach Sachgebieten orientierte. Diese Variable kommt damit nicht über die Operationalisierung der 1950er Jahre hinaus, obwohl Jungmeister weitreichendere Schlüsse daraus zog. So interpretierte er seine Ergebnisse, daß die Schweizer Bildberichterstattung »einseitig in

---

15 Singletary und Lamb haben dies allerdings aus einer anderen Theorie heraus entwickelt, die auf Willbur Schramm zurückgeht (vgl. SINGLETARY & LAMB 1984: 104).

16 Fechter und Wilke haben diese Problem in ihrer Inhaltsanalyse von Agenturfotos dadurch gelöst, daß sie den Ort unter »Ereignisregionen« erfaßten, auf das sich die Fotos bezogen (vgl. FECHTER & WILKE 1998: 103ff.).

den Themen« sei (JUNGMEISTER 1991: 178). Doch wenn man auf Ressortebene erfaßt, kann man keine Vielfalt erwarten. Die Bilder, so Jungmeister, »sind eben Illustration ohne Erklärungsanspruch (...), sie kommentieren oder vermitteln nicht« (JUNGMEISTER 1991: 179).

Eine der differenziertesten Studien, die die Darstellungsroutinen der Bildberichterstattung untersuchte, stellt die 1990 erschienene Dissertation von Thomas Wilking dar, in der er die Themenstruktur und Nachrichtenfaktoren der lokalen Text- und Bildberichterstattung analysierte. Wilking hat dazu ein eigenes Verfahren zur Bildinhaltsanalyse entwickelt. Er ging davon aus, daß bestimmte Realitätsausschnitte mit bestimmten Einstellungsgrößen korrespondieren, z. B. eine Halbtotale auch immer den Raum um ein Objekt zeigt. Dementsprechend konnte er die Einstellungsgrößen von Detail/Nah bis Totale/Weit erheben und durch Korrelation mit der Variablen zur Erhebung der abgebildeten Personenzahl ermitteln, ob es sich primär um Situationen (halbnah, halbtotal), um Objektaufnahmen (groß, nah, halbnah) oder Schauplätze (weit, total, teilweise halbtotal) handelt, wobei er Porträts und Gruppenfotos extra auswies (WILKING 1990: 64ff.).

Das Verfahren scheint überzeugend, es hat allerdings eine entscheidende Schwachstelle: Wilking argumentiert über einen Umkehrschluß: Wenn Situationsfotos halbnahe Aufnahmen sind, dann sind umgekehrt alle erfaßten halbnahen Aufnahmen Situationsfotos. Diese Rechnung geht jedoch nicht auf: Es gibt beispielsweise auch Porträts, die in der Halbnahen aufgenommen wurden und daher falsch codiert würden.[17]

2.5 Bilder als Stereotypen

Mit der hier als »Bildstereotypenansatz« charakterisierten Vorgehensweise ist seit Anfang der 1990er in den USA ein Verfahren eingesetzt worden, das nicht vom »Thema«, sondern tatsächlich vom *Bildmotiv* ausgeht. Philip Glassman und Keith Kenney untersuchten beispielsweise die visuelle Darstellung des amerikanischen Präsidentschaftswahlkampfs von

---

17 Wilking ist der einzige, der auch einen Vergleich der Beiträge ohne Bild mit denen mit Bild vollzieht, um herauszufinden, ob es spezifische Unterschiede zwischen beiden Gruppen gibt, die die Visualisierung erklären könnten. Das ist nur möglich, weil er sowohl eine Bild- als auch eine Textanalyse durchführen und damit diesen Vergleich ziehen kann.

1984, 1988 und 1992 in zwei Zeitungen (vgl. GLASSMAN & KENNEY 1994). Die beiden Autoren erfaßten nicht die Themen, sondern analysierten ihr Untersuchungssample in Bezug auf immer wiederkehrende Handlungsrollen, in denen die Kandidaten festgehalten wurden. Sie konnten sieben Rollen bzw. *Bildstereotypen* identifizieren, die sie dann quantitativ auswerteten. Sie ermittelten beispielsweise die »Glad-to-See-You«-Stereotype, die Politiker beim Winken, Händeschütteln, Umarmen von Kindern etc. zeigt. Glassman und Kenney gingen damit im Vergleich zu Moriaty und Popovich (1991) noch einmal einen Schritt zurück und analysierten den Bildinhalt, anstatt ihn gleich einer Bewertung zu unterziehen. Die von ihnen als amerikanische »Mythen« bezeichneten Stereotypen decken sich dabei mit den Politikerdarstellungen, die Moriaty und Popovich ohne Begründung als »vorteilhaft« definiert hatten. Das spricht für die Theorie von Glassman und Kenney, denn auch Moriaty und Popovich bestätigen damit selbst die (vermutlich unbewußte) Verankerung dieser Werte in ihrem Denken. Ein ähnliches Verfahren wendete auch Colbert an, um die Bildberichterstattung über Hillary Clinton zu analysieren, ebenso wie Diane Hagaman für die Sportberichterstattung (COLBERT 1995; HAGAMAN 1993).

2.6 Zusammenfassung

Faßt man die bisherige Forschung zusammen, so fällt auf, daß sich die Bildinhaltsanalysen entweder auf formale Gestaltungsaspekte im Zeitungskontext, auf Darstellungsweisen (Kameraperspektive, Einstellungsgröße) und auf inhaltlicher Ebene auf einzelne Bildelemente (Personen) oder Themenbezüge der Fotos konzentrierten. Gerade die Themenanalysen erfassen aber nur, auf welchen Ereigniskontext sich ein Bild bezieht, jedoch nicht, welcher Moment eines Ereignisses im Foto festgehalten wurde. Pressefotos leben von Situationen - das belegen die hohen Anteile an Situationsfotos (vgl. SINGLETARY 1978; WILKING 1990). Aber eben diese Situation, die über Foto und Text vermittelt wird, wird von Themenanalysen nicht erfaßt. Das läßt sich mit einer Argumentationsanalyse vergleichen, die nicht die Argumente eines Beitrags, sondern dessen Thema erheben würde. Die Analyse würde lediglich als Ergebnis erbringen, zu welchen Themen Argumente genannt werden, nicht jedoch, um welche Argumente es sich handelt.

3. *Die Ikonographische Methode*

Wie also kann eine Bildinhaltsanalyse aussehen, die das Pressefoto in seinem Gesamtkontext analysiert? Voraussetzung für eine präzise Erfassung ist die klare Trennung der einzelnen Bild-Analyseebenen im Zeitungskontext, die bisher vor allem bei Themenanalysen nicht unterschieden wurden. Wenn das Thema erfaßt wird, z. B. unter der Kategorie Krieg/Konflikt, sagt dies noch nichts über das Bildmotiv aus, also darüber, welcher Aspekt des Krieges tatsächlich dargestellt wurde, ob Opfer, Kriegshandlung oder Beratung von militärischen und politischen Machtinhabern. Erst die Trennung der einzelnen Bestandteile - Gestaltung im Zeitungskontext, Motiv, Element, Inhalt, Thema und ihre Darstellungsweisen - der Text-Bild-Nachricht ermöglicht, ihr Funktionen zuzuweisen. Mit Ausnahme des konkreten Bildinhalts, dem Bildmotiv als Ganzes, sind zu den oben genannten einzelnen Aspekten von Pressefotos bereits Inhaltsanalysen durchgeführt worden. Damit sind Grundlagen vorhanden, um - zumindest teilweise - Routinen der visuellen Berichterstattung zu analysieren. Zur Frage, wie die Bildmotive sinnvoll klassifiziert und im Bild-Text-Zusammenhang analysiert werden können, soll hier ein Vorschlag vorgestellt werden, der auf der kunsthistorischen Methode der Ikonographie basiert und für die Inhaltsanalyse adaptiert und transformiert wird.

Die ursprüngliche Methode der Ikonographie wurde von dem Hamburger Kunsthistoriker Erwin Panofsky entwickelt, um den Bildgegenstand selbst genauer bestimmen und beschreiben zu können. Panofsky hat die Ikonographie als deskriptive Methode entwickelt, an die ihre Interpretationsmethode, die Ikonologie, anknüpft (vgl. PANOFSKY 1978). Panofsky hat das Ziel der Untersuchung folgendermaßen bestimmt: »Die Ikonographie ist der Zweig der Kunstgeschichte, der sich mit dem Sujet (Bildgegenstand) oder der Bedeutung von Kunstwerken im Gegensatz zu ihrer Form beschäftigt« (PANOFSKY 1978: 36).[18] Sie gilt noch heute als die wichtigste Methode in der Kunstgeschichte. Doch Panofsky hat sie bereits in der Tradition Aby Warburgs als Methode der »Bildwissenschaft« entwickelt.. Die Methode läßt sich aufgrund ihrer Trennschärfe in einer modifizierten Form auch und gerade auf den Bildjournalismus anwenden. Panofsky hat dies selbst nahegelegt: »Das Suffix ›graphie‹ (...)

---

18 Den Begriff der Bedeutung oder auch der Idee hat Panofsky an anderer Stelle auch als »zu übermittelnde Information« eines Kommunikationsmittels definiert (PANOFSKY 1978: 17).

impliziert eine rein deskriptive, häufig sogar statistische Verfahrensweise. Die Ikonographie ist daher (...) eine Beschreibung und Klassifizierung von Bildern (...) Sie ist eine begrenzte und gewissermaßen dienende Disziplin, die uns darüber informiert, wann und wo bestimmte Themen durch bestimmte Motive sichtbar gemacht wurden« (PANOFSKY 1978: 41).

Für diese Beschreibung und Klassifizierung (Ikonographie) und die daran anschließende Interpretation (Ikonologie) hat Panofsky ein dreistufiges Analyseverfahren entwickelt (vgl. auch Abb. PANOFSKY 1978: 51).[19] Die erste Betrachtungsebene nennt er die »vorikonographische Beschreibung«. Sie beruht auf unserer Alltagserfahrung, ist insofern also schon an dieser Stelle durchaus kulturell und zeitlich codiert. Angewendet auf Pressefotos hieße das, daß z. B. bestimmte Kleidung von Personen als Business- oder Freizeitkleidung identifiziert wird. Damit kann als erstes das »primäre« oder »natürliche« Sujet eines Bildes bestimmt werden, d.h. die Gegenstände, die Personen, die »gegenseitigen Beziehungen als Ereignisse« und evtl. noch der »Charakter einer Pose oder einer Geste« (PANOFSKY 1978: 38f.). Diese einzelnen Bildelemente sind Motive. Um diese Beschreibungen zu überprüfen, führt Panofsky als Korrektiv die Stilgeschichte an. Im Vergleich mit Bildern derselben Epoche oder derselben Kunstrichtung soll dadurch in Zweifelsfällen kontrolliert werden, ob die Beschreibung stimmen kann (bei historischen Gemälden betrifft dies beispielsweise die Identifikation von Personen als kirchliche oder weltliche Würdenträger oder von Posen/Gesten, die heute nicht mehr zu verstehen sind). Diese Überprüfung ist auch für die Pressefotografie möglich und notwendig, um eine dargestellte Handlung oder Mimik/Gestik, ein Motiv, überhaupt bestimmen zu können. Überträgt man diese »vorikonographische Beschreibung« auf die Erfassung von Handlungen, Gestik/Mimik oder Rollen in Pressefotos, so muß hier geprüft werden, ob es sich beispielsweise bei einem Situationsfoto einer Person in der Halbnahen, die an einem Pult steht, den Mund geöffnet hat und die Hand erhebt, tatsächlich um eine Rede handelt. Das heißt, schon bei der Kategorisierung von Motiven ist ein vergleichendes Vorgehen notwendig, weil Handlungen etc. zeitlich-kulturell bedingt sind. Sie betrifft aber auch die technisch-stilistischen Mittel. Beispiels-

---

19 Seine Interpretationsmethode, die Ikonologie, soll hier nicht weiter interessieren, sie ist nur eine mögliche Methode, wie die Ergebnisse der ikonographischen Analyse weiter ausgewertet werden können.

weise können durch die Tiefenschärfe Gegenstände oder Personen im Hintergrund unscharf aufgenommen werden, um zu verdeutlichen, daß sie zweitrangig sind. Diese Interpretation hängt aber von den fototechnischen Möglichkeiten einer Zeit ab (vgl. MULLEN 1998). Der Versuch, die Mimik und Gestik dieser Personen im Hintergrund zu identifizieren, wäre demnach völlig unsinnig, weil sie bei der Bildaussage keine primäre, sondern höchstens eine sekundäre Bedeutung haben.

In Panofskys Analysemodell kann, wenn diese vorikonographische Analyse geleistet wurde, auf der zweiten Ebene das eigentliche, von Panofsky als »sekundär oder konventional« bezeichnete Sujet untersucht werden. Panofsky hatte dieses Verfahren in den 20er Jahren entwickelt, um den Bildinhalt historischer Bilder wieder zu entschlüsseln, da häufig unklar war, welches Ereignis überhaupt dargestellt war. Heute kann fast jeder eine Tischgesellschaft mit zwölf Männern und einer zentralen Figur, die ein Brot bricht, als Szene des letzten Abendmahls identifizieren, die sich auf die Schilderung im Neuen Testament bezieht. Diese Rekonstruktion dieses Themas bezeichnet in diesem Fall die eigentliche ikonographische Analyse. Übertragen auf den Bildjournalismus bedeutet das, daß man also zwischen Bildmotiv, bei Situationsfotos als Gesamtheit der Einzelmotive, d.h. dem erfaßten Moment eines Ereignisses und dem Thema des Bildes bzw. dem Ereignis, auf das es sich bezieht, unterscheiden muß.

Der Kunsthistoriker Oskar Bätschmann hat darauf hingewiesen, daß es unmöglich sei, ohne weitere Hinweise »aus einer bildlichen Darstellung das beabsichtigte Thema zu rekonstruieren« (BÄTSCHMANN 1992: 61). Nun taucht dieses Problem in der Bildberichterstattung so nicht auf, denn der Text ist als Bildunterschrift oder Artikel dem Foto in der Regel beigestellt. Das Thema ist also aus dem Kontext des Bildes zu erschließen. In diesem Sinne sind Redakteure moderne Ikonographen, denn sie wählen aus, welches Bildmotiv den »entscheidenden Augenblick« eines Ereignisses wiedergibt. Die Wiederkehr bestimmter Bildmotive hat Panofsky unter dem Begriff der Bildtypen zusammengefaßt. Gerade die (häufig beklagte) »Redundanz« von Pressefotos, wie die beispielsweise in der politischen Berichterstattung immer wiederkehrenden Motive von Rednern oder Diskussionsrunden, deutet darauf hin, daß nicht nur die journalistische Nachrichtenselektion, die Auswahl der Beiträge über Ereignisse/Themen, konventionalisiert ist, sondern auch die dazugehörige Auswahl von Pressefotos in Form von Bildtypen.

Zwei Personen, die an Soldaten vorbeischreiten, sind leicht als hohe politische Repräsentanten zu identifizieren, und dieses Bildmotiv ist so konventionalisiert, daß mit einem Blick auf das Foto auf das Thema (des Beitrags) geschlossen werden kann: ein Ereignis aus der Politik, nämlich ein Staatsbesuch. David D. Perlmutter hat in seiner Analyse berühmter »Icons of Outrage« zwei Typen von konventionalisierten Bildmotiven in der Pressefotografie unterschieden: zum einen die »discrete icons«, berühmte Fotos, die aus ganz unterschiedlichen Gründen immer wieder gedruckt werden (das wäre z. B. das Bild, das den Kniefall Willy Brandts am Mahnmal des Warschauer Ghettos 1970 zeigt), und zum andern das »generic icon«, »in which certain elements are repeated over and over, from image to image, so that despite varying subjects, times, and locations, the basic scene becomes a familiar staple, a visual cliché« (PERLMUTTER 1998: 11). Der Begriff des »generic icon« entspricht dem des oben beschriebenen Bildtypus. Panofsky geht dabei von einer stabilen Beziehung zwischen Motiv/Bildtypus und Thema aus, die in einem begrenzten Zeitraum Gültigkeit behält[20], Perlmutter stellt dies für den Fotojournalismus in Frage, seiner Ansicht nach würden dieselben Bildtypen für variierende Themen eingesetzt.

In der Kritik an Pressefotos oder Fernsehbeiträgen sind es häufig genau diese bekannten Bildtypen, die immer wieder zitiert werden, z. B. die Shaking-Hands-Fotos in der Politikberichterstattung. Es kann in der Tat davon ausgegangen werden, daß wir nicht unendlich viele verschiedene Ausschnitte zu Gesicht bekommen, sondern - wie auch bei der Wortberichterstattung - ein begrenztes Bildrepertoire, das sich auf ein Set an Bildtypen zurückführen läßt. Das hat ja nicht zuletzt die bereits beschriebene Bildstereotypenforschung gezeigt. Eine quantitative Inhaltsanalyse, die den konkreten Bildgegenstand ins Auge fassen will, kann hier ansetzen und diese Bildtypen für die Bildinhaltsanalyse erfassen. Dem untergeordnet würde die Frage nach der Variation in den Einstellungsgrößen und graduell in der Komposition. Erst darüber können - im Zusammenhang mit der Gestaltung im Zeitungskontext, Darstellungsweisen, Einzelmotiven und Themen - Aussagen getroffen werden, welche Bildtypen tatsächlich in den Medien dominant und verbreitet sind und in welchem Verhältnis zum Thema sie stehen. Dies kann jedoch nicht allein auf Basis der adaptierten vor-ikonographischen bzw. ikono-

---

20 Zur Bestimmung eines Zeitraums bzw. der »Gleichzeitigkeit« zweier Phänomene s. PANOFSKY 1978: 12f.

graphischen Beschreibung geschehen, sondern muß auch fotojournalistische Standards berücksichtigen, wie beispielsweise die bereits erwähnten Darstellungskonventionen bei der Perspektive. Damit können die »Inhalte« der Bilder bestimmt werden.

Die ikonographische Analyse hat Marion Müller bereits erfolgreich qualitativ zur Untersuchung der »Bildstrategien« auf Wahlplakaten im amerikanischen Präsidentschaftswahlkampf eingesetzt (vgl. MÜLLER 1997). Die Untersuchung der »Bildstrategien« im Informationsjournalismus der Presse kommt allerdings ohne quantifizierendes Vorgehen nicht aus, wenn die Ergebnisse strukturelle Konstruktions- und Selektionsmechanismen offenlegen sollen.[21]

Die Analyse des Themas, also das, worauf das Bild letztendlich verweist, kann nur über den Beitrag (auch als kurze Bildunterzeile bei Versalbildern) geleistet werden. Was damit unter dem »Themenbegriff« gefaßt wird, sind letztendlich die Ereignisse, die Handlungsrahmen und Informationsanlässe, über die berichtet wird. Diesen Zusammenhang zwischen Bildmotiven, Themen und Ereignissen gilt es zu untersuchen. Am Beispiel der Visualisierung von Staatsbesuchen stellt sich die Frage, ob solche Verbindungen zwischen Motiv und Thema tatsächlich stabil sind und ob sie eventuell ausgewählten Handlungsträgern vorbehalten sind. Wäre dies der Fall, dann kann auch davon ausgegangen werden, daß über den ersten Blick auf Bilder tatsächlich auf das Thema geschlossen werden kann. Dann läge auch die These nahe, daß bestimmte Bildtypen für Leserinnen und Leser Orientierungs- und Informationsfunktion haben. Dianne Hagaman hat in ihrer Analyse von Bildstereotypen in der Sportfotografie ähnliche Funktionen benannt: »Photography is not used to investigate and find out about the issue, but rather to communicate a reductive summary of it quickly« (HAGAMAN 1993: 61).

Es steht auf einem andern Blatt, welche Hypothesen oder Theorien

---

21 Die Ergebnisse einer aus der von Peter Ludes entwickelten Schlüsselbildanalyse hervorgegangenen, ebenfalls teilweise ikonographischen Analyse zur visuellen Darstellung von Staatsoberhäuptern in der Zeitschrift *Informationen zur politischen Bildung* hat Imme Techentin-Bauer publiziert (vgl. TECHENTIN-BAUER 1998). Die Anlage der Analyse läßt sich teilweise mit dem hier vorgeschlagenen Verfahren vergleichen. Das Bildmaterial wurde teils quantitativ, teils qualitativ ausgewertet. Ein Bezug zu den Themen/Ereignissen wurde allerdings nur in Einzelfällen in der qualitativen Analyse hergestellt, auch ist die Bildinhalts-Klassifizierung nicht einheitlich, bewegt sich teilweise auf Themen-, teilweise auf Motivebene.

zur Erklärung dieses fotojournalistischen Produktions- und redaktionellen Selektionsprozesses herangezogen und geprüft werden, ob beispielsweise organisatorische Zwänge und Faktoren (HAGAMAN 1993), Determination durch externe Faktoren wie Public Relations (COLBERT 1995), gesellschaftliche Wertvorstellungen im Sinne der Ikonologie oder kulturell-ideologische, wie sie die Cultural Studies annehmen (vgl. HALL 1973).

Die Ikonographie kann durch die systematische Erfassung von Bildtypen, also verbreiteten einzelnen Bildmotiven, und der Untersuchung des Zusammenhangs mit den Themen, Bildelementen als auch formalen Kriterien und Darstellungsweisen eine Lücke in der Bildinhaltsanalyse schließen.

Literatur

AROMISKIS, V.; L. BARTFIELD, J. HOWARD; P. JACKSON; E. JOHNSON: Trends in Use of Pictures by Three Newspapers. In: *Journalism Quarterly*, 29, 1952, S. 212-213

BÄTSCHMANN, O.: *Einführung in die kunstgeschichtliche Hermeneutik. Die Auslegung von Bildern*. 4. aktualisierte Auflage, Darmstadt 1992

BEIFUSS, H: Der Bildjournalist. In: BEIFUSS, H.; K.H. EVERS; F. RAUCH (Hrsg.): *Bildjournalismus. Ein Handbuch für Ausbildung und Praxis*. 2., völlig überarb. Auflage, München 1994a, S. 11-16

BEIFUSS, H.: Was macht ein Foto zum Pressefoto? In: BEIFUSS, H.; K.H. EVERS; F, RAUCH (Hrsg.): *Bildjournalismus. Ein Handbuch für Ausbildung und Praxis*. 2., völlig überarb. Auflage, München 1994b, S. 115-118

BLACKWOOD, R.: The Content of News Photos. Roles Portrayed by Men and Women. In: *Journalism Quarterly*, 60, 1983, S. 710-714

CARTIER-BRESSON, H.: Der entscheidende Augenblick. 1952. In: KEMP, W. (Hrsg.): *Theorie der Fotografie*. Bd. 3: 1945-1980, München 1983, S. 78-81

COLBERT, J.: Ho Hum, Another Hillary Photo. In: *Visual Communication Quarterly*. (Beilage von News Photographer, 10, 50), 4, 2, 1995, S. 4-6

FECHTER, A.; J. WILKE: Produktion von Nachrichtenbildern. Eine Untersuchung der Bilderdienste der Nachrichtenagenturen. In: WILKE, J.: *Nachrichtenproduktion im Mediensystem. Von den Sport- und Bilderdiensten bis zum Internet*. Köln, Weimar, Wien 1998, S. 55-119

FRÜH, W.: *Inhaltsanalyse. Theorie und Praxis*. 3. überarb. Aufl., München 1991

GLASSMAN, C.; K. KENNEY: Myths & Presidential Campaign Photographs.

In: *Visual Communication Quarterly*. (Beilage in News Photographer, 10, 49), 4, 1, 1994, S. 4-7

HAGAMAN, D.: The Joy of Victory, The Agony of Defeat. Stereotypes in Newspaper Sports Feature Photographs. In: *Visual Sociology*, 8, 1993, S. 48-66

HALL, S.: The Determinations of News Photographs. In: COHEN, S.; J.YOUNG (Hrsg.): *The Manufacture of News. Social Problems, Deviance and the Mass Media*. London 1973, S. 176-190

HARTMANN, T.: *Transfer-Effekte. Der Einfluß von Fotos auf die Wirksamkeit nachfolgender Texte. Eine experimentelle Untersuchung zur kumulativen Wirkung von Pressefotos und Pressetexten*. Frankfurt a.M., Berlin, Bern, New York, Paris, Wien 1995

HOLICKI, S.: *Pressefoto und Pressetext im Wirkungsvergleich. Eine experimentelle Untersuchung am Beispiel von Politikerdarstellungen*. München 1993

JAENECKE, H.: Die Jagd nach dem Leben. In: STERN PORTFOLIO: Das Bild vom Menschen. 50 Jahre Stern. Die besten Fotos, Hamburg 1998, S. 14-18

JUNGMEISTER, W.-A.: *Das Bildmaterial von Schweizer Tageszeitungen. Wirklichkeitskonstruktion durch rituelle Redundanz. Eine vergleichende inhaltsanalytische Untersuchung zu Form und Funktion der Presseillustration*. Univ., Diss., Zürich 1991

KEPPLINGER, H.-M.: *Darstellungseffekte. Experimentelle Untersuchungen zur Wirkung von Pressefotos und Fernsehfilmen*. In Zusammenarbeit mit Hans Brosius u.a.. Freiburg, München 1987

KEPPLINGER, H.-M.: Theorien der Nachrichtenauswahl als Theorien der Realität. In: *Aus Politik und Zeitgeschichte*. Beilage zur Wochenzeitung Das Parlament, B 15; 7. April 1989, S. 3-16

MARTIN, L. A. C.: Die Illustration der Tageszeitungen in der Bundesrepublik. In: *Publizistik*, 6, 1961, S. 26-40

MERTEN, K.: *Inhaltsanalyse. Einführung in Theorie, Methode und Praxis*. 2. verb. Auflage, Opladen 1995

MERTEN, K.; S. J. SCHMIDT; S. WEISCHENBERG (Hrsg.): *Die Wirklichkeit der Medien. Eine Einführung in die Kommunikationswissenschaft*. Opladen 1994

MILLER, S.: The Content of News Photos. Women's and Men's Roles. In: *Journalism Quarterly*, 52, 1975, S. 70-75

MORIATY, S. E.; M. N. POPOVICH: Newsmagazine Visuals and the 1988 Presidential Election. In: *Journalism Quarterly*, 68, 1991, S. 371-380

MÜLLER, M. G.: *Politische Bildstrategien im amerikanischen Präsident-*

schaftswahlkampf 1828-1996. Berlin 1997

MULLEN, L.: Close-ups of the President. Photojournalistic Distance from 1945 to 1974. In: *Visual Communication Quarterly*, (Beilage in News Photographer, 4, 53), 2, 5, 1998, S. 4-6, 10

NEWTON, J. H: The Burden of Visual Truth. The Role of Photojournalism in Mediating Reality. In: *Visual Communication Quarterly*, (Beilage in News Photographer, 10, 53), 4, 5, 1998, S. 4-9

PANOFSKY, E.: *Sinn und Deutung in der bildenden Kunst.* Neuaufl., Köln 1978

PERLMUTTER, D. D.: *Photojournalism and Foreign Policy. Icons of Outrage in International Crises*. Westport, London 1998

SCHÜTZ, W. J.: Deutsche Tagespresse in Tatsachen und Zahlen. Ergebnisse einer Strukturuntersuchung des gesamten deutschen Zeitungswesens. In: *Publizistik*, 1, 1956, S. 31-48

SHOEMAKER, P. J.; S. D. REESE: *Mediating the Message. Theories of Influences on Mass Media Content*. 2. Auflage, White Plains, London 1996

SHUEY, A. M.: Stereotyping of Negroes and Whites: An Analysis of Magazine Pictures. In: *Public Opinion Quarterly*, 17, 1953, S. 281-287

SINGLETARY, M. W.: Newspaper Photographs. A Content Analysis, 1936-1976. In: *Journalism Quarterly*, 55, 1978, S. 585-589

SINGLETARY, M. W.; C. LAMB: News Values in Award-Winning Photos. In: *Journalism Quarterly*, 61, 1984, S.104-108

TECHENTIN-BAUER, I.: Präsidenten der USA und deutsche Bundeskanzler auf Pressefotos von 1949 bis 1995. In: LUDES, P. (Hrsg.): *Schlüsselbilder von Staatsoberhäuptern. Pressefotos, Spielfilme, Fernsehnachrichten, CD-ROMs und World Wide Web*. Arbeitshefte Bildschirmmedien 72, Universität-GH Siegen 1998, S. 13-39

TSANG, K.: News Photos in Time and Newsweek. In: *Journalism Quarterly*, 61, 1984, S. 578-584

WAYNE, I.: American and Soviet Themes and Values. A Content Analysis of Pictures in Popular Magazines. In: *Public Opinion Quarterly*, 20, 1956, S. 314-320

WEISCHENBERG, S.: *Journalistik. Bd. 2: Medientechnik, Medienfunktionen, Medienakteure*. Opladen 1995

WILKING, T.: *Strukturen lokaler Nachrichten. Eine empirische Untersuchung von Text- und Bildberichterstattung*. München, New York, London, Paris 1990

WOO, J.: Journalism Objectivity in News Magazine Photography. In: *Visual Communication Quarterly* (Beilage in News Photographer, 7, 49), 3, 1, 1994, S. 9-11; 16

PATRICK RÖSSLER / WERNER WIRTH

Inhaltsanalysen im World Wide Web

Oberflächlich betrachtet könnte man zur Ansicht gelangen, das World Wide Web sei für Inhaltsanalysen nicht nur problemlos, sondern böte geradezu paradiesische Möglichkeiten. Anders als etwa das Fernsehen ist das World Wide Web (noch!) überwiegend textdominiert; manche Probleme, die der Inhaltsanalytiker mit audiovisuellem Material (Film, Fernsehen) hat, tauchen gar nicht erst auf.[1] Auch liegen Texte im World Wide Web unabhängig von Bibliotheken oder spezifischen Mediensammlungen immer schon auf digitalen Datenträgern vor, so daß eine Archivierung der Inhalte oder die Anwendung einer CUI (computergestützten Inhaltsanalyse) prinzipiell möglich scheint. Von Vorteil ist schließlich, daß die Codierung von Websites prinzipiell ortsunabhängig ist (soweit ein PC mit Internetanschluß vorhanden ist). Bei näherer Betrachtung stehen diesen Pluspunkten jedoch eine Reihe von gravierenden Problemen gegenüber bzw. besitzen selbst die vermeintlichen Vorteile einige widerspenstige Haken. Vor allem letztere stehen im Mittelpunkt des vorliegenden Beitrags: Zunächst setzen wir einige Spezifika des World Wide Web in Beziehung zu den Anforderungen und Beschränkungen, die für Inhaltsanalysen typisch sind.[2] Im Anschluß daran stellen wir eine Typo-

---

1   Beispielsweise ist der Informationsgehalt von Bildern und Filmen nur schwer bestimmbar (vgl. ENGELKAMP 1991; WIRTH 1997: 181f.) und sind bislang semiotische (vgl. z. B. METZ 1972), und medienwissenschaftliche (vgl. HICKETHIER 1996) Theorien und Modelle der Bild- bzw. Filmanalyse für die (sozialwissenschaftliche) Inhaltsanalyse noch kaum nutzbar (vgl. auch RÖSSLER in diesem Band).

2   Wir müssen uns aus Platzgründen auf das World Wide Web beschränken und klammern an-

logie für Inhaltsanalysen im World Wide Web vor, die als Ordnungsschema zumindest den Umgang mit den sich daraus ergebenden Problemen erleichtern kann. Mit der Stichprobenziehung, der Kategorienbildung sowie der Durchführung bzw. Gütesicherung diskutieren wir dann drei zentrale Konzeptionsschritte der Inhaltsanalyse eingehender. Wir vermuten, daß bei Inhaltsanalysen im World Wide Web vor allem dort schwierige Entscheidungen anstehen.

1. Zur Problematik von Inhaltsanalysen im World Wide Web

Ein erstes Problem stellt schon die enorme *Dynamik* des World Wide Web dar. Technische, wirtschaftliche wie auch journalistische Entwicklungen tragen dazu bei, daß das World Wide Web nicht nur rapide wächst, sondern sich dabei auch fortwährend und grundlegend verändert. Orientierte sich das neue Medium aufgrund geringer Übertragungskapazitäten und wohl auch mangelnder medienspezifischer Gestaltungskompetenzen zu Beginn noch stark an den Printmedien, so kann man zur Zeit eine Besinnung auf die spezifischen Möglichkeiten des Mediums beobachten. Entsprechend breiten sich Audio- und Videoapplikationen aus. Parallel dazu werden die Publishing-Standards (HTML, CSS, skriptbasierte Webseiten, Javaskript, Java-Applets vgl. z.B. DÖRING 1999: 76f.) komplexer und die Oberflächen entsprechend vielseitiger. Hinzu kommt die *Transitorik* (Flüchtigkeit) der Webseiten (vgl. auch MCMILLAN 2000: 81). Schätzungsweise 25% der Webseiten verschwinden innerhalb eines Jahres, die Größe der restlichen Seiten scheint sich im gleichen Zeitraum zu verdoppeln (vgl. KOEHLER 1999). Inhaltsanalytische Erhebungen müssen daher zeitlich sehr konzentriert erfolgen bzw. vorab archiviert werden (vgl. auch MCMILLAN 2000). Angesichts der schieren Größe ist jedoch eine umfassende *Archivierung* des World Wide Web praktisch unmöglich.[3] Die

dere Internetdienste wie E-Mail, Chatten (IRC) oder das Usenet aus (vgl. dazu RÖSSLER 2001).

3 Im März 2001 waren laut einer Zählung von Netsizer mehr als 116 Millionen Hosts online, (www.netsizer.com). Als Host wird jeder Rechner bezeichnet, der permanent mit dem Internet verbunden ist und internetbezogene Serviceleistungen anbietet. Die Zahl der Webseiten wächst angeblich täglich um rund 7,3 Millionen und betrug im Juli 2000 2,1 Milliarden (vgl. MURRAY & MOORE 2000: 2).

verschiedenen »*digital libraries*«,[4] die Webseiten archivieren und in der Regel auch Wissenschaftlern Zugang gewähren, sind aufgrund ihrer mangelnden Systematik für sozialwissenschaftliche Inhaltsanalysen eher selten einsetzbar. Langzeit- bzw. Trendanalysen sind also im nachhinein nicht zu bewerkstelligen. Einzig möglich sind Momentaufnahmen des World Wide Web, die angesichts der geschilderten Situation gleichzeitig auch dringend geboten sind. Das Problem taucht allerdings bei der Durchführung der Codierung erneut auf (vgl. Kapitel 3.3).

Eine Herausforderung bildet auch die durch die *Hypertextualität* und die zunehmende *Multimedialität* des World Wide Web entstehende *Komplexität* (vgl. auch BRUNS, MARCINKOWSKI & SCHIERL 1997). Auf einer Webseite versammeln sich Navigationselemente, Texte, Bilder, Musik, Geräusche und Filme mit je unterschiedlichen Abrufmodalitäten: im Vorder- oder Hintergrund, automatisch ablaufend, zum »Download« angeboten mit und ohne Thumbnails. Codebücher müssen sehr sorgfältig die einzelnen Darstellungsformen und -modalitäten unterscheiden. Andernfalls laufen Inhaltsanalytiker Gefahr, entweder wesentliche Elemente des World Wide Web zu ignorieren oder aber die sprichwörtlichen »Äpfel mit Birnen« zu vergleichen. Ähnliche Schwierigkeiten ergeben sich weiter bei der Umfangsmessung: Wie sollen die Umfänge von Texten, Tönen, Bildern, Filmen und Animationen miteinander verrechnet werden? (vgl. RÖSSLER 1998: 28f.; MCMILLAN 2000: 93; MITRA & COHEN 1999: 188).

Ein zentrales Problem stellt schließlich die prinzipielle *Reaktivität* des World Wide Web dar, die sich bei genauerer Betrachtung als veritables Grundsatzproblem entpuppt (vgl. ausführlich auch RÖSSLER & EICHHORN 1999). Der Begriff der Reaktivität bezieht sich allgemein auf die Auswirkung der Messung auf das zu messende Objekt (vgl. MERTEN 1995: 92ff., grundsätzlich und mit anderer Terminologie auch FRÜH 1991: 97ff.; 1998: 140ff.). Merten (1995) meint mit Reaktivität in der Inhaltsanalyse vor allem die Codierereinflüsse auf den Codierprozeß.[5] Die materielle Konstanz des Untersuchungsgegenstands gilt in herkömmlichen Inhaltsanalysen hingegen kaum als reaktivitätsbelastet. Anders beim World Wide Web: Zunehmend werden Webseiten erst bei einem Nutzerzugriff gene-

---

4 Vgl. etwa das *Gutenberg-Projekt* (www.gutenberg.net) oder die *Digital Library Initiative Phase 2* (www.dli2.nsf.gov).

5 Siehe auch die etwas andere Einschätzung bei Früh (1998) und den Begriff des ›Interpretationsspielraums‹.

riert und kompiliert, d.h. aus verschiedenen Fragmenten zusammengesetzt (spezifische Anrede und Produktangebote, Werbebanner, Textfragmente, Bilder). Bis dahin liegen die Informationen in Datenbanken lediglich *bereit* (vgl. RÖSSLER & EICHHORN 1999). Die Modalitäten sind unterschiedlich und lassen drei Fälle erkennen:

1. Spezifische Informationen werden auf konkrete Anfrage eines Nutzers (CGI-skriptbasiert) generiert. Dabei wird die Nutzeranfrage als Retrieval an die Datenbank gesendet, die die gesuchte Information ausgibt, transformiert und mit anderen Elementen zu einer Output-Seite kompiliert, die der Nutzer zu sehen bekommt.

2. Wie oben werden spezifische Informationen aus einer Datenbank gezogen und HTML-kompatibel an den Nutzer geschickt. Allerdings resultieren die Informationen nicht aus einer aktuellen Anfrage des Nutzers, sondern aus früheren Anfragen, Kaufhandlungen oder Befragungen, aus denen Unternehmen ihre Kundendatenbank erstellen bzw. laufend aktualisieren. Auf der Nutzerseite (dem heimischen PC also) ist ein Cookie gespeichert, das z.B. auf Anfrage der besuchten Webpage die Kundennummer und das Datum des letzten Zugriffs an die Datenbank meldet (z. B. bei www.amazon.de).

3. Es werden ebenfalls Informationen aus einer Datenbank gezogen und an den Browser des Nutzers beim Seitenaufruf gesendet. Allerdings sind sie nicht personenspezifisch, sondern zufallsgesteuert bzw. werden bei jedem n-ten Aufruf aktiviert.

Theoretisch erhebt sich die Frage, ob hinter den Webpräsentationen stehende Datenbanken überhaupt noch als mediales Angebot verstanden werden sollen. Da ein Angebot ohne konkrete Nutzerinteraktion überhaupt nicht mehr zustande kommt, sollte man vielleicht besser von *Angebotsoptionen* sprechen.[6] Ob diese jemals realisiert werden, hängt davon ab, ob eine wenigstens einmalige Nachfrage gestellt wird. Kommunikationswissenschaftlich gesehen fallen hier die beiden Konstrukte Angebot und Nutzung zusammen.[7] Eine prinzipielle Lösung des Dilemmas ist

---

6   Der Zusammenhang zwischen Angebot und Nutzung wird im dynamisch-transaktionalen Modell von Früh & Schönbach (vgl. die Beiträge in FRÜH 1991) auf einer prinzipiellen Ebene problematisiert. Für das Internet gilt das vielleicht mehr und expliziter als für andere Medien: Erst die Selektionsentscheidungen der Nutzer konstituieren das Angebot (vgl. ausführlich auch RÖSSLER & EICHHORN 1999, 264f.)!

7   Prinzipiell gilt dies in gleicher Weise sogar für alle Webangebote, selbst für die auf üblichem

wohl nicht erreichbar; vielmehr wird man künftig projektspezifisch den Angebotsbegriff genauer als bisher definieren und konzeptionell berücksichtigen müssen.[8]

2. Eine Typologie von Inhaltsanalysen im World Wide Web

Als ersten Schritt in Richtung einer detaillierteren Angebotsbetrachtung kann die nachfolgende Typologie von Inhaltsanalysen im World Wide Web gesehen werden. Ihre Gültigkeit ist nicht auf das World Wide Web beschränkt, wohl aber ist sie dort besonders brauchbar, weil sich die Probleme der Angebotsdefinition im World Wide Web schärfer stellen als in den traditionellen Medien. Prinzipiell wird zwischen *angebotszentrierten* und *nutzerzentrierten* Inhaltsanalysen unterschieden, wobei noch je zwei Untertypen ausdifferenziert werden.

(1) Angebotszentrierte Inhaltsanalysen

Dieser Typus entspricht weitgehend dem allgemeinen Verständnis von einer Medieninhaltsanalyse. Meist wird eine eher deskriptive Fragestellung untersucht und werden diagnostische oder prognostische Ansätze allenfalls in der Interpretation der Ergebnisse verfolgt (vgl. FRÜH 1998: 42).

(1a) Beim ersten Untertyp, den wir als *Bereichs- oder Spartenanalyse* bezeichnen wollen, gelangen die Angebote aufgrund ihrer medialen Zugehörigkeit in die Stichprobe. Da man wie bei der herkömmlichen Inhaltsanalyse keine Gesamtanalyse der Medienlandschaft leisten kann, muß man sich auf einen Teilbereich spezialisieren: meist einzelne Bereiche oder Genres (Politik, Nachrichten, Talk-Shows) in bestimmten Medien (z.B. Print, Hörfunk, TV). Die Abgrenzung ist dort im allgemeinen unproblematisch, im World Wide Web gestaltet sie sich jedoch bedeutend schwieriger. Zum einen lassen sich die »Grenzen« der einzelnen

---

Weg programmierten HTML-Seiten: Während bei den traditionellen Medien Angebote ohne Nutzer schlicht undenkbar oder doch extrem unwahrscheinlich sind, kann dies so für das World Wide Web nicht behauptet werden. Der prinzipiell freie Zugang, im Netz zu publizieren, kann nämlich durchaus zu Angeboten ohne Nutzer führen - man denke nur an die Flut privater Homepages (vgl. auch RÖSSLER & EICHHORN 1999; DOMINICK 1999).

8 Für weitere Besonderheiten des Internets vgl. MITRA & COHEN (1999), bezogen auf Marktkommunikation BRUNS et al. (1997).

Angebote oft nur schwer bestimmen (vgl. dazu Kapitel 3.1). Zum anderen haben sich im World Wide Web herkömmliche Medienkonzepte aufgelöst bzw. so vermengt, daß sie kaum noch zu erkennen sind. Sinnvoll könnte statt dessen eine Abgrenzung auf Basis der unterschiedlichen Anbietergruppen sein. Rössler (1999) kategorisierte die Anbieter in Privatpersonen, Interessengruppen, Parteien, Unternehmen und klassische Medienanbieter. Die Anbieter differieren unter anderem in ihren Zielsetzungen (marktwirtschaftlich, weltanschaulich, privat; vgl. WIRTH 2000), ihren Angeboten (vgl. PERRY & BODKIN 2000) und in ihrem journalistischen Professionalisierungsgrad (vgl. NEUBERGER 2000).

(1b) Inhaltsanalysen des zweiten Untertyps sind weniger auf bestimmte Sparten oder Bereiche, sondern vielmehr auf ganz konkrete Themen, Personen, Ereignisse oder auch Autoren fokussiert, beispielsweise auf Fragen wie:»Wie wird Bundeskanzler Schröder im World Wide Web bewertet?«; »In welchem Licht erscheint die Firmenpolitik des Unternehmens X?«; »In welchen Kontexten wird Stanislaw Lem zitiert, oder wo im Internet finden sich welche seiner Texte?« - oder auch auf zuweilen als problematisch angesehene Inhalte wie Pornografie (vgl. z.B. MEHTA & PLAZA 1997). Solche eng umgrenzten *Fokusanalysen* sind im World Wide Web schneller durchzuführen als in der traditionellen Medienlandschaft: Während dort die Auswahl der Beiträge langwierig und in der Regel manuell durchgeführt werden muß,[9] stehen im Internet Suchmaschinen zur Verfügung, die prompt und schnell thematisch passende Materialien liefern. Für die konkrete Stichprobenziehung sind allerdings nicht unerhebliche Probleme zu konstatieren (siehe Kapitel 3.1).

Angebotszentrierte Inhaltsanalysen orientieren sich an den generalisierten Darstellungsvarianten, ohne sich um nutzerspezifische Realisationen zu kümmern. Datenbankgenerierte Angebote sind in diesen Analysen nur insoweit vertreten, als es voreingestellte und ohne spezifische Anfragen realisierte Begrüßungs- oder Beispielseiten gibt. Zufallsgesteuerte Angebote (z.B. Ad-Banner) können in die Analysen integriert werden; sie dürfen jedoch nicht als fester, sondern eben nur als ein temporärer und zufälliger Bestandteil der jeweiligen Website gewertet werden.

(2) Nutzerzentrierte Inhaltsanalysen
Anders als bei den angebotszentrierten liegt bei den nutzerzentrier-

---

[9] Es sei denn, man hat digitale Archive mit Suchfunktionen wie z.B. Freitextdatenbanken zur Verfügung (vgl. HAGEN in diesem Band).

ten Inhaltsanalysen der Inferenzschluß auf das Publikum bereits der Konzeption zugrunde. Stehen dort die Angebots*optionen* im Vordergrund, sind es hier eher die Angebots*realisationen* (also die genutzen Angebote). Wieder lassen sich zwei idealtypische Unterformen identifizieren.

(2a) Mit der *Publizitätsanalyse* werden - ähnlich wie bei der Bereichs- oder Spartenanalyse - bestimmte eingegrenzte Webangebote untersucht, nun allerdings bezogen auf die mehr oder weniger häufig realisierten Angebote. Auf diese Weise wird letztlich ein Reichweitenkriterium eingeführt (vgl. auch KOLB, MATHES & KOCHHAN in diesem Band). Ob man nun die 10 meistbesuchten Websites klassischer Medien oder alle in den letzten drei Monaten wenigstens einmal aufgerufenen Artikel aller deutschen Online-Zeitungsarchive analysiert, ist aus dieser Sicht einerlei. Unterschiedlich ist nur das Stoppkriterium, das die Auswahl begrenzt. Je nach Forschungsfrage und -budget wird man die Reichweitengrenze mehr oder weniger eng ansetzen. Wohl überlegt werden muß natürlich auch die Wahl des Reichweitenkriteriums selbst: Das IVW schlägt als Währung Page-Impressions und Visits vor (vgl. IVW o.J.), allerdings sind viele Websites dort nicht gelistet. Sind Server-Logfiles zugänglich, so kann ersatzweise auf diese zurückgegriffen werden, wobei die frequentiertesten Seiten ›nachgesurft‹ werden müssen. Diese Möglichkeit ist vor allem dann sinnvoll, wenn man die genutzten Angebote einer bestimmten, abgrenzbaren Teilpopulation (z.B. Studenten einer Universität) untersuchen will. Der Aufwand dafür ist jedoch beträchtlich.

(2b) Die Publizitätsanalyse ist kollektivistisch, d.h., sie legt das aggregierte Nutzungsverhalten einer Vielzahl von Personen zugrunde. Hingegen ist der zweite Untertyp, die *Selektivitätsanalyse*, ihrer Struktur nach individualistisch, d.h., hier wird das realisierte (genutzte) Angebot einzelner konkreter Nutzer inhaltsanalytisch ausgewertet. Zu diesem Zweck muß das Navigationsverhalten der Nutzer vor Ort, d.h. client-seitig aufgezeichnet werden, z.B. über Client-Logfiles oder über einen Videomitschnitt.[10] Letzterer hat den Vorteil, daß das »Nachsurfen« entfällt und auch erkennbar ist, wenn eine aufgerufene Seite überhaupt nicht rezipiert, sondern sogleich wieder verlassen wurde.[11] Im Unterschied zu angebotszentrierten Inhaltsanalysen bietet die Nutzerzentrierung Mög-

10 Vgl. die Studie WEBSAY VON WIRTH & BRECHT (1998).
11 Eine strikt nutzerzentrierte Definition bringt es mit sich, daß solche Webseiten nicht erfaßt werden.

lichkeiten, auch die interaktionsbedingten Angebote mit zu analysieren. Naheliegenderweise kann freilich nur die auf individualistischer Ebene operierende Selektivitätsanalyse auch solche Angebote erfassen, die erst aufgrund einer speziellen Nutzerhistorie (Kundendatenbanken, Cookie-Informationen) realisiert werden.

Sicherlich sind Zwischenformen und weitere Unterteilungen dieser Einordnung denkbar. Da die diskutierte Problematik der Reaktivität von solchen Differenzierungen jedoch unberührt bleibt, ist ihre gesonderte Erörterung nicht erforderlich. Die vorgestellten Inhaltsanalysetypen sind auch keineswegs neu: In einer Reihe von herkömmlichen Inhaltsanalysen finden sich mehr oder weniger ausgeprägte Merkmale einer kollektivistischen oder individualistischen Herangehensweise. Neu ist allerdings die Dringlichkeit, mit der solche Formen der Inhaltsanalyse bzw. die Unterscheidung zwischen angebots- und nutzerzentrierten Inhaltsanalysen konzeptionell berücksichtigt werden müssen. Das wird sich schon im nächsten Kapitel zeigen, in dem wir unter anderem auf die Stichprobenziehung bei Inhaltsanalysen im World Wide Web eingehen.

3. Zur Konzeption von Inhaltsanalysen im World Wide Web

Die Konzeption einer Inhaltsanalyse kann nach Krippendorf (1985) und Merten (1995) etwas vereinfacht in fünf Schritte zerlegt werden: (1) Forschungsfragen und Hypothesen, (2) Stichprobenziehung und Analyseeinheiten, (3) Instrumente, (4) Durchführung und Gütesicherung, (5) Auswertung. Nicht alle Stufen stellen für den Inhaltsanalytiker, der sich an das World Wide Web wagt, in gleicher Weise neue Anforderungen. Wir werden uns daher auf die aus unserer Sicht besonders problematischen drei mittleren Stufen beschränken und nur diese eingehender diskutieren.[12]

---

12 Einige Anmerkungen zur ersten und zur letzten Stufe (Forschungsfrage bzw. Auswertung) sowie eine Metaanalyse zu 19 Inhaltsanalysen im World Wide Web finden sich bei McMillan (2000).

3.1 Stichprobenziehung und Analyseeinheiten

Schon bei herkömmlichen Inhaltsanalysen ist es aus Gründen der Forschungsökonomie und der Repräsentativität erforderlich, Stichproben zu ziehen (vgl. MERTEN 1995: 279ff.). Für Inhaltsanalysen im unüberschaubaren World Wide Web gilt dies verstärkt. Für die zunächst erforderliche Festlegung der Auswahleinheit wird häufig die Website (Webpräsentation) oder die Domain benutzt. Formal wird sie üblicherweise an der URL festgemacht; mitunter sind jedoch mehrere URL zu einer gemeinsamen Präsentation zusammengeschlossen (z. B. bei internationalen Unternehmen), oder eine Topdomain beherbergt eine große Anzahl an selbständigen Präsentationen (z. B. private Homepages bei großen Providern). Hier empfiehlt es sich, zumindest als weiteres Kriterium die Kohärenz im Layout hinzuzunehmen. Als eine Website gilt dann, was aufgrund eines gemeinsamen Layouts als solches verstanden werden soll (vgl. RÖSSLER 2001). Im Einzelfall kann eine Entscheidung sehr aufwendig werden, da potentielle Layoutbrüche innerhalb einer Präsentation ebenfalls bedacht werden müssen. Zusätzlich, etwa für Mikroanalysen, lassen sich weitere Auswahleinheiten innerhalb einer Webseite vorstellen wie z. B. Bilder, Textblöcke, Navigationselemente, Links (vgl. MCMILLAN 2000: 86f.; RÖSSLER 2001).

Bei der Stichprobenziehung werden generell die bewußte Auswahl und die Zufallsauswahl unterschieden (vgl. allgemein z. B. MERTEN 1995: 279ff.; RIFFE, LACY & FICO 1998: 81ff.). Die bewußte Auswahl unterteilt sich weiter in die Auswahl typischer Fälle sowie die Quotenauswahl. Aus methodischen Gründen sind Zufallsstichproben in der Regel vorzuziehen. Dazu ist allerdings ein vollständiger Katalog erforderlich, der zuverlässig alle für die Untersuchungsfrage relevanten Websites auflistet und so die Grundgesamtheit definiert. Kataloge, die diese höchsten Ansprüche erfüllen, dürften jedoch kaum zu finden sein: Entweder sind sie nicht vollständig oder angesichts der beschriebenen Dynamik des World Wide Web nicht aktuell genug (vgl. auch STEMPEL III & STEWART 2000: 545). In der Praxis wird man sich mit Annäherungen an dieses Ideal zufriedengeben müssen (vgl. z. B. SCHULTZ 1999; PERRY & BODKIN 2000). Wichtig bei diesem Verfahren sind daher Erläuterungen zur Aktualität, Vollständigkeit und zur Glaubwürdigkeit der Quelle des jeweiligen Katalogs. Hat man sich für einen Katalog entschieden, kann man mit einfachen Mitteln eine Zufallsstichprobe durchführen (vgl. dazu MERTEN

1995: 288). Will man Publizitätsanalysen durchführen (siehe oben), muß die Liste natürlich auch Informationen zur Reichweite (Page-Impressions, Visits) aufweisen. Ausgewählt werden dann die jeweils reichweitenstärksten Webpräsentationen. Bei Fokusanalysen bietet sich noch eine andere Möglichkeit. Durch das definitionsgemäß thematisch stark eingegrenzte Forschungsinteresse (z. B. »Maul- und Klauenseuche im Winter/Frühjahr 2001 in Europa«) können Suchmaschinen und Linkkataloge dazu benutzt werden, die Grundgesamtheit zu konstruieren (vgl. einführend GÜNTHER & HAHN 2000; LOOSEN 1999). Das Vorgehen kann prinzipiell mit einer CUI (computergestützte Inhaltsanalyse) verglichen werden. Deshalb müssen auch deren spezifische Schwierigkeiten wie Homonymie oder Synonymie gemeistert werden bzw. die dadurch entstehenden Nachteile in Kauf genommen werden.[13] Außerdem ist zu berücksichtigen, daß Suchmaschinen sehr häufig veraltete, vorübergehend nicht erreichbare oder tote Links nachweisen, viele Webseiten nicht indiziert sind[14] und daher nicht gefunden werden können, findige Webmaster durch fingierte Metaindikatoren hohe Relevanz vortäuschen und oftmals mehrere Treffer auf dieselbe Webseite verweisen (vgl. CHU & ROSENTHAL 1996; LOOSEN 1999; WIRTH 2001). Probleme bereiten auch die vielen Kopien von Inhalten und die *Mirror-Sites*, die identische Inhalte unter verschiedenen URL anbieten (vgl. SIEFERT 2000). Schließlich ordnen Suchmaschinen ihre Ergebnisse nach internen Relevanzkriterien an, die nicht immer mit dem Untersuchungsziel korrespondieren. All das schränkt die Güte der so konstruierten Grundgesamtheit und damit auch die Repräsentativität einer aus ihr gezogenen Stichprobe ein. Zumindest stichprobenartige Kontrollmaßnahmen seien angeraten, schon um die Fehlergröße abschätzen zu können. Falls möglich, sollte die Fundliste vor der endgültigen Stichprobenziehung bereinigt werden. Insgesamt sind Suchmaschinen und Kataloge zwar interessante, aber auch sehr problematische Optionen bei der Festlegung der Stichprobe.

Möglicherweise wegen der Probleme mit Zufallsstichproben basieren die meisten Inhaltsanalysen im World Wide Web auf bewußten Auswahl-

---

13 Vgl. etwa die Beiträge von HAGEN, ZÜLL & ALEXA und GEIS in diesem Band.
14 Nach Schätzungen sind ein Großteil der Webseiten nicht indiziert und auch nicht verlinkt (vgl. LOOSEN 1999: 43). Man kann nun wiederum Überlegungen anstellen, ob Webseiten, die weder verlinkt noch indiziert sind, überhaupt als Medienangebot gelten können.

verfahren, wobei sich die Auswahl typischer Fälle größter Beliebtheit erfreut. Dabei werden - mehr oder weniger begründet - einzelne Websites miteinander verglichen. Auch wenn die Aussagekraft solcher exemplarischen Analysen begrenzt ist, sind sie beim gegenwärtig geringen Kenntnisstand doch von Wert, da sie leicht durchführbar sind und so eine Vielzahl schneller Momentaufnahmen des sich ständig verändernden Internets ermöglichen. Bei der Quotenauswahl hängt die Güte der Stichprobe entscheidend davon ab, welche Relevanz die Quotenmerkmale für das Untersuchungsziel haben (vgl. MERTEN 1995: 285). In jedem Fall dürfte es sinnvoll sein, bei breit angelegten Inhaltsanalysen die in Kapitel 2 erwähnte Anbieterstrukturierung als Quotenmerkmal und auch später in den Auswertungen zu berücksichtigen.

Sind die Webpräsentationen für die Untersuchung ausgewählt, so stellt sich oft heraus, daß zumindest einige unter ihnen derart umfangreich sind, daß eine Vollerhebung aller Webseiten nicht in Frage kommt.[15] Liegt eine vollständige Liste aller einzelnen Pages der Präsentation vor, kann daraus eine Zufallsstichprobe gezogen werden. In der Regel wird man eine solche Liste jedoch nicht zur Verfügung haben. In diesen Fällen könnte man auf die Idee verfallen, nur die leicht und schnell zugänglichen obersten Ebenen einer hierarchischen Webstruktur in die Inhaltsanalyse zu integrieren, vielleicht gar nur die Homepage (auch Toppage, Begrüßungsseite). Davor sei jedoch gewarnt. Es ist nicht auszuschließen bzw. sogar sehr wahrscheinlich, daß die Tiefe der Strukturebene mit der Häufigkeit bestimmter Merkmale wie Anzahl der Navigationselemente, Linkdichte oder Informationsumfang korrespondiert.[16] Dies würde zu systematischen Verzerrungen bei der Auswertung führen, zumindest wenn Webpräsentationen unterschiedlicher Größe untersucht werden würden. Aber auch wenn der Umfang der zu erfassenden Webpräsentationen identisch wäre, ließe sich eine Restriktion auf lediglich ein oder zwei Hierarchieebenen wohl nur vertreten, wenn auch die Forschungsfrage entsprechend fokussiert wäre. Vielversprechender sind möglicherweise aus der Umfrageforschung entliehene Auswahlverfahren wie die »Random Walk«-Methode (vgl. NOELLE-NEUMANN & PETERSEN 1996:

15 Eine durchschnittliche Website besteht aus 129 Webseiten, manche Websites haben bis zu 50.000 Seiten (vgl. MURRAY & MOORE 2000; MCMILLAN 2000: 82).
16 Koehler (1999) fand beispielsweise, daß Webseiten der unteren Hierarchieebenen häufiger wechseln bzw. verschwinden, weswegen tote Links häufiger auf solche Seiten verweisen.

273ff.). Bei diesem Verfahren wird ähnlich zur Begehungsvorschrift in der Umfrageforschung eine Navigationsvorgabe entwickelt, wonach innerhalb einer ausgewählten Webpräsentation je nach erwünschtem Auswahlsatz z.B. ab der zweiten Hierarchieebene jeder fünfte Link vom Codierer verfolgt werden soll. Alle Webseiten, die mit einem so ausgewählten Link erreicht werden, müssen codiert werden, alle anderen nicht. Da bei hierarchischen Strukturen die Zahl der Webseiten mit der Hierarchietiefe anwächst, kann man auch unterschiedliche Auswahlsätze für die einzelnen Hierarchieebenen festsetzen. Codiert man die Tiefe mit, kann die Ungleichbehandlung der Hierarchieebenen später bei der Auswertung durch eine geeignete Gewichtung wieder aufgefangen werden.

3.2 Instrumente

Nach der Entscheidung über die relevante(n) Analyseeinheit(en) und einer angemessenen Stichprobenziehung stellt sich die Frage, welche Codiereinheiten innerhalb dieser Analyseeinheiten vom Kategoriensystem erfaßt werden. Abhängig vom Erkenntnisinteresse der Untersuchung werden sich diese zumeist auf die vier Analysedimensionen (1) Strukturparameter, (2) Screendesign, (3) Interaktivität und (4) angebotsspezifische Inhalte beziehen (vgl. RÖSSLER 2001: 315). Eine fünfte Dimension, Usability, steht quer zu den genannten vier, weil sie auf Strukturen, Design, Interaktivität sowie Inhalte bezogen werden kann.

(1) *Strukturparameter*: Unter diesem Oberbegriff sind alle Maße zusammengefaßt, die sich auf den Aufbau und die Organisation der Analyseeinheit beziehen. Auf Ebene eines Dienstes fallen hierunter u.a. sein *Gesamtumfang* (z.B. als Anzahl untergeordneter Seiten), seine generelle *Link-Struktur* (hierarchisch vs. vernetzt, vgl. RÖSSLER 1997: 263f.) und weitere Parameter, die aus der *Netzwerkforschung* bekannt sind (z.B. Netzdichte oder Zentralität; vgl. ebd.: 265), seine *Tiefe* (z.B. Zahl der Ebenen unterhalb der Homepage/Einstiegsseite) oder die Funktionalität der *Nutzerführung* (z.B. Navigationselemente). Relevante Codiereinheiten auf Ebene der einzelnen Seite wären u.a. ebenfalls ihr *Umfang* (z.B. in Bildschirmseiten), die *Art von Verweisen* (z.B. Bild- vs. Listen-Links) und ihre *Verweisstruktur* (z.B. durch die Anzahl interner und externer Links), aus der sich durch Aggregation auch Aussagen über den Grad der Rekursivität bzw. der Offenheit des gesamten Dienstes ergeben; ferner ihre *Clicktiefe* (als

»Entfernung« von der Homepage = Zahl nötiger Verweisschritte) oder ihre *Funktionalität* (z. B. Navigation, Inhalte, Formular usw.).

(2) *Screendesign*: Die an dieser Stelle versammelten Gestaltungsmerkmale werden von Web-Inhaltsanalysen meistens auch deswegen sehr detailliert erfaßt, weil sich aus ihnen das Ausmaß erschließen läßt, in dem ein Angebot tatsächlich die multimedialen Optionen realisiert, die als wesentliches Kennzeichen von Web-Angeboten betont werden. Interessant sind hier u.a. der *Textanteil* (gemessen z. B. in Zeichen oder standardisierten Zeilenlängen) und die eingesetzte(n) *Sprache(n)*, der Anteil von Bildern, Fotos und anderen *illustrativen Elementen* (gemessen z. B. in standardisierten Anzeigeflächen), daraus resultierend die *Text-Bild-Relation* (als Verhältnis der beiden vorigen Kennwerte), die Integration von *werblichen Elementen* (z. B. Banner) und außerdem natürlich der Einsatz von *Animationen, Bewegtbildern* (Video) oder *Ton*. Diese können als Einzelelemente evtl. auch wieder eigene Analyseeinheiten konstituieren, für die dann erneut Länge, Inhalt usw. erfaßt werden; analog gilt dies für Inhalte, die in neuen *Pop-up-Fenstern* erscheinen. Den genannten Kriterien ist gemein, daß sie in der Regel sinnvoll auf der Ebene der einzelnen Seite erhoben werden und nur ausnahmsweise aggregiert für einen ganzen Dienst gezählt werden. Dagegen beruht die Aufteilung des Bildschirms in separate *Frames* in der Regel auf einer grundsätzlichen Layout-Konzeption, wobei die Frame-Codierung anderweitige Probleme bei der Definition der Analyseeinheit aufwirft (vgl. RÖSSLER 2001: 311). Außerdem kann sich eine ganze Reihe weiterer Kriterien auf die *Anmutung* des Angebots beziehen (z. B. Farbgestaltung, Übersichtlichkeit, Einsatz von Logos, visueller Eindruck usw.), die allerdings durch standardisierte Kategorien kaum valide erhoben werden können. Diese Aspekte dürften sich eher für eine deskriptive, qualitativ argumentierende Analyse auf Ebene eines gesamten Dienstes eignen.

(3) *Interaktivität*: Neben ihrer Multimedialität interessiert auch der Grad der Interaktivität von Web-Angeboten, weil gerade diese Optionen der Rückbindung an den »Nutzer« als Alleinstellungsmerkmal des World Wide Web gelten, verglichen mit traditionellen Medienanwendungen (vgl. z. B. RÖSSLER 1998: 32ff.; SCHULTZ 1999). Eine Reihe von Features gehören inzwischen zum Standard der Dienste, u.a. die Antwortmöglichkeit per *E-Mail* (z. B. durch ein vorbereitetes Formular), die Möglichkeiten zum Eintrag in einem *Gästebuch*, der *Download* von Dateien (z. B. längere Dokumente), die Auskunft über die *Zahl der bisherigen Nutzer* (z. B.

durch ein Zählwerk) oder die Vergabe von dienstebezogenen *Paßwörtern,* die freilich weniger zum Schutz des Angebots dienen soll, sondern zur Ermittlung von Marketing-Daten. Weitergehende interaktive Elemente werden in Abhängigkeit von Inhalt und Zweck des www-Angebots eingesetzt, etwa ein eigener *Chat-Room* oder eine *Newsgroup* zur Diskussion über aktuelle Themen/Produkte, *Einkaufskörbe, Bestellformulare, Online-Auktionen, Preisausschreiben* und andere Maßnahmen des Direktvertriebs, *Suchoptionen* und *Archiv-Recherchen, Wissenstests; Annahme von Kleinanzeigen* oder *Nutzer-Befragungen.* Ein ganzes Bündel dieser Optionen findet sich in der Regel bei Web-Diensten, die von vornherein als Interaktionsplattform konzipiert sind, etwa bei virtuellen Gemeinschaften (»Communities«; vgl. RÖSSLER & TREBELJAHR 2000). Die hier nur kursorisch aufgezählten Features variieren allerdings im Grad ihres Interaktionspotentials: Während einige unter ihnen nicht mehr darstellen als die Selektion aus vorgefertigten Alternativen (und damit eine Interaktion mit einer Maschine, d.h. dem www-Server und der auf ihm installierten Software), implizieren andere einen Kontakt von Mensch zu Mensch, etwa bei der Bearbeitung individueller Anfragen, was auf die in der obigen Typologie angesprochene Nutzerzentrierung verweist. Für eine Inhaltsanalyse zu dieser Dimension muß ebenfalls entschieden werden, wie mit den Inhalten dieser interaktiven Elemente zu verfahren ist, d.h., ob Chat-Mitteilungen oder Nachrichten auf einer virtuellen Pinwand eigene Analyseeinheiten im Sinne des Codebuchs konstituieren und mit einem speziellen Instrument untersucht werden oder wie »normale« Inhalte der Site zu behandeln sind.

(4) *Angebotsspezifische Inhalte*: Während alle bisher beschriebenen Dimensionen eher auf die Eigenschaften der Mitteilung abheben (und damit im Grunde eher den »formalen« Kategorien traditioneller Medieninhaltsanalysen entsprechen), wird der Inhalt der Mitteilungen durch Kategorien erhoben, die sich aus der Fragestellung der Studie und den daraus abgeleiteten Operationalisierungen ergeben. Hierbei kann es sich z.B. um *Themen, Akteure, geäußerte Meinungen* oder *verarbeitete Quellen* handeln. Da sich hier jeweils spezifische Kategorien ergeben, sei lediglich exemplarisch auf einige bereits realisierte Anwendungen hingewiesen (vgl. auch den Forschungsüberblick in MCMILLAN 2000): Für Shopping-Angebote im allgemeinen (vgl. DAHM & RÖSSLER 1997) oder Autohersteller im speziellen (vgl. RÖSSLER & EICHHORN 1999) interessieren beispielsweise die enthaltenen Produktinformationen, Service-Hinweise, die An-

gabe von Geschäfts- und Lieferbedingungen oder die angekündigten Sonderangebote und Einkaufsvorteile. Bruns et al. (1997) verglichen die Profile der jeweils 25 umsatzstärksten Unternehmen mit deutscher Website aus sechs verschiedenen Branchen. Heddergott und Loosen (2000) fokussieren in ihrer Analyse auf den Vergleich unterschiedlicher Websites zur Fußball-WM 1998, während sich Zürn (2000) bei seiner Analyse von Online-Zeitungen für den Grad von deren Korrespondenz mit der Print-Version interessiert.

In einer der frühesten systematischen Web-Inhaltsanalysen vom Juni 1996 wurde darüber hinaus eine nutzerorientierte Bewertung integriert (vgl. DAHM & RÖSSLER 1997: 33f.). Zur Erfassung eines Gesamteindrucks des betreffenden Angebots - es handelte sich seinerzeit um Online-Shopping-Dienste - wurden subjektive Codierereinstufungen mit Hilfe eines semantischen Differentials erhoben. Neben einer allgemeinen Bewertung (Schulnoten) wurden hier beispielsweise Kriterien wie Originalität, Übersichtlichkeit, Nützlichkeit, Professionalität oder Interaktivität spezifiziert. Da das Codebuch für die jeweiligen Einstufungen absichtlich keine expliziten Vorgaben machte, sondern die betreffenden Gegensatzpaare nicht weiter definierte, handelt es sich dabei freilich nicht mehr um klassische Kategorien einer standardisierten Inhaltsanalyse, sondern eher um die Items einer Befragung unter den Codierern (vgl. RÖSSLER 1997: 266). Die Befunde, die etwa zur Validierung der inhaltsanalytischen Codierung herangezogen werden können, stehen damit eher in der Tradition der Usability-Forschung.

(5) *Usability*: Usability ist ein eher vager Sammelbegriff für eine Reihe von Website-Merkmalen, die die Zugänglichkeit, Erkennbarkeit, Klarheit, Konsistent, Fehlerfreiheit, schnelle Erlernbarkeit und ähnliches betreffen und insgesamt mit Benutzerfreundlichkeit beschrieben werden können (vgl. z.B. NIELSEN 1993; SHNEIDERMAN 1997; CUNLIFFE 2000). Obwohl Usability somit in erster Linie ein Rezeptions- oder Wirkungsphänomen ist, kann das Konzept auch inhaltsanalytisch gemessen werden. Über Befragungen und Laborexperimente wurden im Laufe der Zeit - ähnlich der Lesbarkeits- und Verständlichkeitsforschung[17] - Kriterien identifiziert, die als förderlich oder hinderlich für die benutzerfreundliche Nutzung von Websites und Webpages gelten können. Zugleich wur-

17 Vgl. allgemein zur Verstehens- und Verständlichkeitsforschung Früh (1980); als inhaltsanalytisches Verfahren Merten (1995: 175ff.).

den sie soweit formalisiert, daß sie für schnelle Selbstevaluationen und eben auch für Inhaltsanalysen anwendbar geworden sind. Dennoch darf natürlich nicht vergessen werden, daß Usability-Messungen auf der pragmatischen Ebene operieren und damit hochgradig von der inhaltsanalytischen Inferenzproblematik betroffen sind. Hilfreich für die Umsetzung von Usability in inhaltsanalytische Kategorien sind die verschiedenen Web-Style-Guides[18], die z.B. empfehlen, daß zwei Drittel einer Webseite leer sein sollen (»white space«). Dabei muß beachtet werden, daß diese Empfehlungen oft sehr zugespitzt formuliert sind, die dahinter stehenden Forschungsergebnisse jedoch meist auf kontinuierlich skalierte Usability-Merkmale mit einem Optimum an einer bestimmten Ausprägung schließen lassen. Ein inhaltsanalytisches Codebuch müßte das berücksichtigen. Ein ausgearbeiteter inhaltsanalytischer Vorschlag zur Usability-Erfassung liegt von Olsina, Godoy, Lafuente & Rossi (1999) vor, die für die Evaluation von Universitäts- und Hochschulpräsentationen ein Vierkomponentenmodell zur »Website-quality« entwickelten:[19] (1) »Usability« im engeren Sinne[20], »Functionality«[21], »Reliability«[22] und »Efficiency«[23]. Zu beachten ist schließlich noch, daß Usability-Merkmale immer sowohl auf der Ebene der gesamten Website (z.B. Konsistenz) also auch auf der Ebene einzelner Webpages (z.B. Lesbarkeit) angesiedelt sind.

18 Im World Wide Web sind eine ganze Reihe von brauchbaren Style-Guides zu finden, vgl. z.B. W3C (1999) oder die Linkliste der UPA (usability professionals' association: www.upassoc.org).

19 Vgl. auch Bauer & Scharl (2000) mit ihrem Versuch, dieses Modell als automatische Inhaltsanalyse zu realisieren.

20 Beispiele für die »Usability«-Dimension sind: Vorhandensein einer Site-Map, einer »guided tour«, diverse Feedbackmöglichkeiten, Telefon-, Fax-, Adressenverzeichnisse etc. (vgl. OLSINA et al. 1999).

21 Unter »Functionality« fassen die Autoren z.B. zusammen: Suchmöglichkeiten, Navigationstools, kontextsensitive Hilfen, Navigationsvorhersehbarkeit sowie inhaltliche Elemente wie Syllabi und Stundenpläne (vgl. OLSINA et al. 1999).

22 Unter »Reliability« wird vor allem Fehlerfreiheit verstanden, z.B. keine toten Links (vgl. OLSINA et al. 1999).

23 Mit »Efficiency« meinen die Autoren Performanzkriterien wie z.B. die Ladezeit sowie alternative Lesemöglichkeiten: Nur-Text-Version, Version ohne Frames (vgl. OLSINA et al. 1999).

3.3 Durchführung und Gütesicherung

Die im Vergleich zu klassischen Massenmedien (wie Tageszeitungen, Hörfunk oder Fernsehen) komplexere Medialität des World Wide Web stellt auch die Durchführung von Inhaltsanalysen vor neue Probleme. Aus der Dynamik und Transitorik des World Wide Web ergibt sich die Forderung, daß der Erhebungszeitraum möglichst kurz sein muß, im Idealfall nur wenige Tage (s.o.). Da insbesondere bei größeren Stichproben nicht davon ausgegangen werden kann, daß in dieser knappen Zeit das Material vollständig codiert werden kann, ist eine Archivierung oft unumgänglich. Diese ist außerdem geboten, um die intersubjektive Nachvollziehbarkeit des Codiervorgangs zu gewährleisten - »Live«-Codierungen in Echtzeit erlauben keinerlei nachträgliche Überprüfung oder Re-Analyse des zugrundeliegenden Materials (vgl. etwa RÖSSLER & EICHHORN 1999: 271). Dies wäre bei der Analyse abgespeicherter Seiten mit einem Offline-Browser möglich (vgl. etwa HEDDERGOTT & LOOSEN 2000: 212).

Während die Archivierung bei anderen Medien inzwischen relativ problemlos erscheint (Printmedien werden von Bibliotheken vorgehalten und sind in einer eigenen Kopie am Kiosk erwerbbar, Rundfunkmedien können mit handelsüblichen Geräten aufgezeichnet werden), ist die Archivierung von Web-Inhalten per Download immer noch problematisch. Zwar existieren Softwarelösungen, die das Abspeichern von Websites unterstützen; die Übertragung größerer Datenmengen geschieht jedoch nicht immer fehlerfrei, datenbankgesteuerte Angebote können damit nicht reproduziert werden und eingebundene Features wie Java-Applets werden oft nicht erfaßt (vgl. ausführlicher RÖSSLER 1997; RÖSSLER & EICHHORN 1999). Der Verzicht auf die Archivierung derlei komplexerer Inhalte mag für eher themenorientierte Analysen, die auf textgebundene Informationen fokussieren, im Einzelfall angemessen sein; sie wird jedoch der spezifischen Medialität des World Wide Web nicht gerecht.

Andere Möglichkeiten der Dokumentation sind der Ausdruck der zu analysierenden Seiten sowie die Anfertigung von Screen-Shots bzw. Videoaufzeichnungen. Die Nachteile simpler Print-outs liegen auf der Hand: Verborgene Informationen, wie sie etwa Link-Verknüpfungen eröffnen, bleiben ebenso unberücksichtigt wie sämtliche nicht-druckbaren Elemente (z. B. Animationen oder Töne). Immerhin entsteht auch hier ein erheblicher finanzieller und zeitlicher Aufwand, sofern die Analyse die Anfertigung von Farbausdrucken erfordert (vgl. RÖSSLER 1997: 259).

Für Screen-Shots gilt Ähnliches, denn ausgenommen die Transaktionskosten, die sich durch die Abspeicherung auf Datenträger deutlich verringern, bleiben die eben erwähnten Nachteile von Papierausdrucken bestehen. Denkbar sind schließlich auch Videoaufzeichnungen von Bildschirminhalten, die durch das gezielte Surfen auf den Websites einer vorher definierten Stichprobe abgerufen werden. Eingesetzt wird dieses Verfahren bei Selektivitätsanalysen (vgl. WIRTH & BRECHT 1998), gut geeignet scheint es auch für Stichproben, die durch Random-Walk-Begehungsvorschriften entstehen. Von Vorteil ist die Eindeutigkeit und damit die hohe Nachvollziehbarkeit der Stichprobe, die auch die zufallsgenerierten Elemente (Werbebanner etc.) dokumentiert. Als Nachteil muß angesehen werden, daß - wie schon bei den anderen genannten Archivierungsverfahren - verborgene Links, die nicht aktiviert werden, auch nicht erfaßt werden können. Hingegen werden Töne und ablaufende Animationen sehr gut dokumentiert.

Schließlich ist zur Erzielung der erforderlichen Intercoder-Reliabilität darauf zu achten, daß - unabhängig davon, ob »live« codiert oder auf archivierte Seiten zugegriffen wird - die Bildschirmdarstellung auf allen Monitoren denselben technischen und Browser-Spezifikationen unterliegt. Die Standardisierung muß dabei nicht nur eine Konvention für die einzusetzende Software umfassen, sondern des weiteren Angaben zu Bildschirmgröße, zur eingestellten Bildschirmauflösung und der gewählten Standard-Schriftart. Dies erübrigt sich selbstverständlich bei der Codierung von abgefilmten Websites.

4. Zusammenfassung

Angesichts der zunehmenden Bedeutung des Internets in der Medienlandschaft gehören Inhaltsanalysen im World Wide Web wohl bald schon zum Standardrepertoire des Fachs. Um so wichtiger ist es, die Übertragung der Methode auf das neue Anwendungsfeld kritisch zu reflektieren. Mit unserer Diskussion einiger Probleme, die dabei auftreten, möchten wir hierzu einen Beitrag leisten. Vollständigkeit konnte angesichts des weiten Feldes freilich nicht erzielt werden; etwa konnten wir die ersten Versuche, die computergestützte Inhaltsanalyse auf das World Wide Web anzuwenden, nicht näher erörtern (vgl. dazu KLEIN 1999; BAUER & SCHARL 2000). Im einzelnen wurde auf Probleme bei der Stichprobenziehung (bzw. dem Angebotsbegriff), bei den Instrumenten sowie bei der Durchführung hingewiesen. Kritisch betrachtet hält sich die *Neuartigkeit* der Überlegungen in Grenzen und sind die Abweichungen eher als graduell denn als prinzipiell zu verstehen (vgl. ähnlich auch MCMILLAN 2000: 93). Viele der Argumente bzw. Instrumente lassen sich eigentlich auch auf Inhaltsanalysen herkömmlicher Medien beziehen. Sie betreffen dort in der Regel nur weniger dringliche oder leichter lösbare Probleme.

Bedenkt man die rasanten und grundlegenden Veränderungen, denen das World Wide Web in den letzten Jahren unterworfen war (und die wohl noch nicht zum Stillstand gekommen sind), erlangen Inhaltsanalysen im World Wide Web eine hohe Bedeutung, selbst wenn sie aus methodischen Gründen bislang weitgehend auf Momentaufnahmen von sehr begrenzter Aussagekraft beschränkt waren. Da Langzeitanalysen - wie erläutert - im nachhinein bislang nicht durchzuführen sind, sollten künftig *ähnlich konzipierte* Momentaufnahmen in gewissen Zeitabständen repliziert werden. Desgleichen eignen sich *Meta-Analysen* sehr gut, mehrere solcher Momentaufnahmen zusammenzuführen, um auf diese Weise vielleicht zu einem übergreifenden Bild des Angebots im World Wide Web zu gelangen.[24]

Insgesamt hinterläßt der Untersuchungsgegenstand Internet oft ein ambivalentes Gefühl beim inhaltsanalytisch Forschenden: Nie zuvor schienen Inhaltsanalysen so einfach und schnell zu meistern wie im World Wide Web - aber gleichzeitig drohen uns die Inhalte angesichts der schieren Fülle, ihrer multimedialen Vielfalt und ihrer extremen Flüchtigkeit aus den Händen zu gleiten, noch ehe wir die Methode der Inhaltsanalyse effizient angepaßt haben. Zu Recht merken deswegen Stempel III und Stewart (2000) im Zusammenhang mit der Internet-Forschung lakonisch an: »Only time will tell whether mass communication research will benefit or not.«

---

24 Beide Vorschläge verweisen im übrigen auf die Notwendigkeit von möglichst standardisierten Instrumenten hin (vgl. dazu die Beiträge von HÜNING und SCHMID & WÜNSCH in diesem Band).

Literatur

BAUER, CH.; A. SCHARL: Quantitative Evaluation of Web Site Content and Structure. In: *Internet Research: Electronic Networking Applications and Policy*, 10, 2000, S. 31-43

BRUNS, T.; F. MARCINKOWSKI; T. SCHIERL: *Marktkommunikation deutscher Unternehmen im Internet. Eine quantitative Inhaltsanalyse ausgewählter Web-Sites*. Duisburg: Gerhard-Mercator-Universität (pro online papiere 1) 1997

CHU, H.; M. ROSENTHAL: *Search Engines for the World Wide Web: A Comparative Study and Evaluation Methodology*. Paper presented at the ASIS Annual Conference Proceedings, 1996. [www Dokument]. URL: http://www.asis.org/annual-96/ElectronicProceedings/chu.html

CUNLIFFE, D.: Developing Usable Web Sites - a Review and Model. In: *Internet Research: Electronic Networking Applications and Policy*, 2000, 10, S. 295-307

DAHM, H., RÖSSLER, P.: Marktplatz der Sensationen? Deutsche Anbieter von Online-Shopping im Test. In: *Media Spectrum*, 3/1997, S. 32-36

DOMINICK, J. R.: Personal Home Pages and Self-Presentation on the World Wide Web. In: *Journalism & Mass Communication Quarterly*, 76, 1999, S. 646-658

DÖRING, N.: *Sozialpsychologie des Internet*. Göttingen, Bern, Toronto, Seattle 1999

ENGELKAMP, J.: Bild und Ton aus der Sicht der kognitiven Psychologie. In: *Medienpsychologie*, 3, 1991, S. 278-299

FRÜH, W. (Hrsg.): *Medienwirkungen: Das dynamisch-transaktionale Modell. Theorie und empirische Forschung*. Opladen 1991

FRÜH, W.: *Inhaltsanalyse. Theorie und Praxis*. 4., überarbeitete Auflage. München 1998

GÜNTHER, A.; A. HAHN: Suchmaschinen, Robots und Agenten: Informationssuche im World Wide Web. In: BATINIC, B.: *Internet für Psychologen*. 2., überarbeitete und erweiterte Auflage. Göttingen, Bern, Toronto, Seattle 2000, S.85-123

HEDDERGOTT, K.; W. LOOSEN: Ins Netz gegangen? Eine Inhaltsanalyse im Umfeld der Fußball-WM 1998 im World Wide Web. In: BROSIUS, H.-B. (Hrsg.): *Kommunikation über Grenzen und Kulturen*. Schriftenreihe der Deutschen Gesellschaft für Publizistik- und Kommunikationswissenschaft, Band 27. Konstanz 2000, S. 209-224

HICKETHIER, K.: *Film- und Fernsehanalyse.* 2. Auflage. Stuttgart, Weimar 1996
IVW: *Messung der Werbeträgerleistung von Online-Medien.* [WWW Dokument] o.j. URL: http://www.ivw.de/verfahren/mess_index.html
KLEIN, H.: Inhaltsanalyse von Webseiten: Probleme und Lösungsansätze. In: U.-D. REIPS, U.-D.; B. BATINIC; W. BANDILLA; M. BOSNJAK; L. GRÄF; K. MOSER; A. WERNER (Hrsg.): *Current Internet Science - Trends, Techniques, Results. Aktuelle Online-Forschung - Trends, Techniken, Ergebnisse.* Zürich. [www Dokument] 1999. URL: http://dgof.de/tband99/
KOEHLER, W.: An Analysis of Web Page and Web Site Constancy and Permanence. In: *Journal of the American Society for Information Science,* 50, 1999, S. 162-180
KRIPPENDORFF, K.: *Content Analysis. An Introduction to Its Methodology.* 2. Auflage. Beverly Hills, London 1985
LOOSEN, W.: Suchmaschinen. In: *Medienjournal,* 23, 1999, S. 42-48
MCMILLAN, S. J.: The Microscope and the Moving Target: The Challenge of Applying Content Analysis to the World Wide Web. In: *Journalism & Mass Communication Quarterly,* 77, 2000, S. 80-98
MEHTA, M.; D. PLAZA: Content Analysis of Pornographic Images Available on the Internet. In: *The Information Society,* 13, 1997, S. 153-161
METZ, CH.: *Semiologie des Films.* München 1972
MERTEN, K.: *Inhaltsanalyse. Einführung in Theorie, Methode und Praxis.* 2., verbesserte Auflage. Opladen 1995
MITRA, A.; E. COHEN: Analyzing the Web. Directions and Challenges. In: S. JONES (Hrsg.): *Doing Internet Research. Critical Issues and Methods for Examining the Net.* Thousand Oaks, London, New Delhi 1999, S. 179-202
MURRAY, B.; A. MOORE: Sizing the Internet. A White Paper. [www Dokument] Arlington 2000. URL: http://www.cyveillance.com
NEUBERGER, CH.: Journalismus im Internet: Auf dem Weg zur Eigenständigkeit? In: *Media Perspektiven,* 2000, S. 310-318
NIELSEN, J.: *Usability Engineering.* Boston, San Diego, New York 1993.
NOELLE-NEUMANN, E.; T. PETERSEN: *Alle, nicht jeder. Einführung in die Methoden der Demoskopie.* München 1996
OLSINA, L.; GODOY, D.; LAFUENTE, G.; G. ROSSI: *Specifying Quality Characteristics and Attributes for Websites.* Paper presented at the First ICSE Workshop on Web Engineering Workshop (WEBE-99). Los Angeles 1999
RIFFE, D.; S. LACY; F. G. FICO: *Analyzing Media Messages. Using Quantitative Content Analysis in Research.* Mahwah, London 1998

PASTORE, M.: *The Web: More Than 2 Billion Pages Strong*. [www Dokument] 2000. URL: http://cyberatlas.internet.com/big_picture/traffic_patterns/print/0,,5931_413691,00.html

PERRY, M.; CH. BODKIN: Content Analysis of Fortune 100 Company Web Sites. In: *Corporate Communications: An Internation Journal*, 5, 2000, S. 87-96

RÖSSLER, P.: Standardisierte Inhaltsanalysen im WorldWideWeb. Überlegungen zur Anwendung der Methode am Beispiel einer Studie zu Online-Shopping-Angeboten. In: K. BECK; G. VOWE (Hrsg.). *Computernetze - ein Medium öffentlicher Kommunikation?* Berlin 1997, S. 245-267

RÖSSLER, P.: Wirkungsmodelle: die digitale Herausforderung. Überlegungen zu einer Inventur bestehender Erklärungsansätze der Medienwirkungsforschung. In: P. RÖSSLER (Hrsg.). *Online-Kommunikation. Beiträge zu Nutzung und Wirkung*. Opladen 1998, S. 113-139

RÖSSLER, P.: »Wir sehen betroffen: die Netze voll und alle Schleusen offen...« NETSELEKT - eine Befragung zur Auswahl von Web-Inhalten durch Online-Gatekeeper. In: W. WIRTH & W. SCHWEIGER (Hrsg.): *Selektion im Internet. Empirische Analysen zu einem Schlüsselkonzept*. Opladen 1999, S. 113-139

RÖSSLER, P.; W. EICHHORN: WebCanal - ein Instrument zur Beschreibung von Inhalten im World Wide Web. In: B. BATINIC; A. WERNER; L. GRÄF; W. BANDILLA (Hrsg.): *Online-Research. Methoden, Anwendungen und Ergebnisse*. Göttingen 1999, S. 263-276

RÖSSLER, P.: Content Analysis in Online Communication: A Challenge for Traditional Methodology. In: B. BATINIC, U.-D. REIPS, M. BOSNJAK; A. WERNER (Hrsg.): *Online Social Sciences*. Göttingen 2001, S. 300-317 (in Druck)

RÖSSLER, P.; V. TREBELJAHR: *Nutzerbindung durch Einführung einer Online-Community?* Vortrag auf der 45. Jahrestagung der DGPuK in Wien, 1.6.2000

SCHULTZ, T.: Interactive Options in Online Journalism: A Content Analysis of 100 U.S. Newspapers. In: *Journal of Computer Mediated Communication*, 5, 1999, [www document]. URL: http://www.ascusc.org/jcmc/vol5/issue1/schultz.html

SIEFERT, V.: Fischen im Netz. In: *Journalist*, 51, Heft 3, 2000, 43

SHNEIDERMAN, B.: Designing Information-Abundant Web Sites: Issues and Recommendations. In: *International Journal of Human-Computer-Studies*, 47, 1997, S. 5-29

STEMPEL III, G. H.; STEWART, R. K.: The Internet Provides Both Opportunities and Challenges for Mass Communication Researchers. In: *Journalism & Mass Communication Quarterly*, 77, 2000, S. 541-558
W3C: *Web Content Accessibility Guidelines 1.0. 1999.* [www document]. URL: http://www.w3.org/tr/1999/wai-webcontent-19990505
WIRTH, W.: *Von der Information zum Wissen: Die Rolle der Rezeption für die Entstehung von Wissensunterschieden.* Opladen 1997
WIRTH, W.: »Mal sehen, was der Spiegel hat«. Die Bedeutung journalistischer Kernressourcen für die Rezeption von Onlineangeboten klassischer Medien. In: ALTMEPPEN; K.-D., H.-J. BUCHER; M. LÖFFELHOLZ (Hrsg.): *Online-Journalismus. Perspektiven für Wissenschaft und Praxis.* Wiesbaden 2000, S. 173-195
WIRTH, W.: Individuelles Wissensmanagement und das Internet: Kommunikationswissenschaftliche Perspektiven. In: MAIER-RABLER, U.; W. R. LANGENBUCHER; M. LATZER (Hrsg.): *Kommunikationskulturen zwischen Kontinuität und Wandel. Universelle Netzwerke für die Zivilgesellschaft.* Konstanz 2001 (in Druck)
WIRTH, W. & M. BRECHT: Medial und personal induzierte Selektionsentscheidungen bei der Nutzung des World-Wide-Webs. In: RÖSSLER, P. (Hrsg.): *Wirkungen von Online-Kommunikation.* Opladen 1998, S. 147-168
ZÜRN, M.: Print- und Onlinezeitungen im Vergleich. In: *Media Perspektiven*, 2000, S. 319-325

CORNELIA ZÜLL / MELINA ALEXA

Automatisches Codieren von Textdaten.
Ein Überblick über neue Entwicklungen

Das automatische Codieren von Textdaten hat in den Kommunikations- und Sozialwissenschaften eine lange Tradition. In den letzten Jahren hat sich die Situation für Wissenschaftler, die mit Textdaten arbeiten, sowohl was die technologischen Voraussetzungen in bezug auf die Hardware als auch die Verfügbarkeit von unterschiedlichsten Text- bzw. Inhaltsanalyse-Programmen betrifft (ALEXA & ZÜLL 1999), erheblich verbessert. Gleichzeitig wurde eine Vielfalt von (bereits maschinenlesbaren) Texten einfach zugänglich (z.B. auf CD-Roms oder über das Internet).

Diese verbesserten Voraussetzungen haben die Diskussion über Ansätze des automatischen Codierens, ihre Gültigkeit und zukünftige Entwicklungen neu entfacht.

Im folgenden werden einige neue Entwicklungen aus dem Bereich des automatischen Codierens von Textdaten, die in verschiedenen Programmen realisiert wurden, erörtert und Entwicklungsrichtungen aufgezeigt. Es sollen Aspekte der Verwendung von Wortstammbildung, von Disambiguierungsmethoden, der Anwendung von Wortart-Analysen, des Einsatzes von lexikalischer und semantischer Information sowie dem automatischen Bilden von Kategorien angesprochen werden. Alle diese Ansätze bieten dem Forscher neue Möglichkeiten des Codierens, die erheblich über die Möglichkeiten des traditionellen kontextfreien einwortbasierten Codierens hinausgehen. Es zeigt sich aber auch, daß interdisziplinäre Diskussion und Forschung erforderlich sind, um das automatische Codieren zu erweitern: Es muß zu einem Instrument entwickelt werden, das dem semantischen Hintergrund eines Textes Rechnung trägt und das gleichzeitig die Analyse und Diktionärkonstruktion nicht zu sehr verkompliziert.

1. *Lemmata und Wortstämme*

Einige Inhaltsanalyseprogramme verwenden linguistische Hilfsmittel wie Wortstammreduzierung oder Lemmatisierung zur automatischen Codierung.

Unter einem Wortstamm versteht man den gleichen Wortanfang von Wörtern (hoffentlich) derselben Bedeutung mit verschiedenen Endungen (z.B. ist »arbeit« der Stamm von »arbeite«, »arbeiten«, »arbeitende«, »arbeitender«, »arbeitendes«). Unter Lemmatisieren dagegen versteht man das Zurückführen der Wörter auf die Grundform (»gehen« ist z.B. das Lemma von »gehen«, »ging« und »gegangen«).

Wortstämme werden schon seit langem in verschiedenen Programmen zur automatischen Codierung verwendet. Beispiele dazu sind CoAn[1], INTEXT/TextQuest[2], KEDS (SCHRODT 1998), TEXTPACK (MOHLER & ZÜLL 1998) und WordStat[3]. In der Regel finden die Wortstämme als Diktionäreinträge Verwendung. Dies bedeutet, daß der Anwender selbst bestimmt, was als Wortstamm gelten soll. WordStat bietet darüber hinaus in einem seiner drei Wortlisten (dem »substitution dictionary«) die Möglichkeit, neben Kategorien auch Wortgruppen zu definieren. Diese Wortgruppen können vom Anwender zum manuellen Definieren von Lemmata genutzt werden.

Im Gegensatz zur Nutzung von Wortstämmen, die vom Anwender definiert werden, wird automatische Lemmatisierung bisher nur in wenigen Programmen angeboten. Eines dieser Programme ist *TextSmart* (*TextSmart* 1997). Das Programm wurde für die Codierung von Antworten auf offene Fragen eines Fragebogens entwickelt und benutzt Lemmatisierung für englische Texte. Lemmata werden dabei nur für die häufigsten funktionalen englischen Wörter (in der Regel Substantive, Verben, Partizipien sowie Adjektive) gebildet. Wenn ein Text in das Programm eingelesen wird, werden automatisch vom Programm die Lemmata der Wörter gebildet. Dabei werden alle Wortformen eines Wortes in einer Wortgruppe zusammengefaßt (dem »alias«). Diese Wortgruppen werden anstelle von Einzelwörtern zur Kategorienbildung und Codierung verwendet.

---

1 http://www.coan.de/
2 http://www.intext.de/dsoft.htm
3 http://www.simstat.com/

Inzwischen stehen Morphologie-Programme für verschiedene Sprachen zur Verfügung (z.B. für Deutsch das Programm *Morphy*[4], der IMS-TreeTagger[5] oder *Lingsofts Gertwol*[6]). Diese Programme analysieren die Zusammensetzung von Wörtern (z.b. durch die Zerlegung in Wortstamm und Endung und durch das Bestimmen des Wortstamms). Dieses Angebot läßt hoffen, daß in Zukunft mehr Inhaltsanalyseprogramme Lemmatisierung zur Vereinfachung der Codierung einsetzen. Es würde die Arbeit des Forschers an vielen Stellen erleichtern. Bisher müssen z.b. in einem Diktionär für die computerunterstützte Inhaltsanalyse alle Wortformen eines Wortes in einer Kategorie angegeben werden. Zukünftig könnte es möglich werden, daß statt dessen nur das Lemma im Diktionär anzugeben ist. Dadurch würde in vielen Fällen die Diktionärbildung und Validierung vereinfacht und übersichtlicher. Lemmatisierung sollte auch verstärkt in der Textexploration eingesetzt werden, z.b. zum Erstellen von Häufigkeits- oder »Key-Word-In-Context«-Listen von Lemmata. Die Listen würden viel kompakter und übersichtlicher: Anstelle jede einzelne Wortform mit ihrer Häufigkeit aufzulisten, würde nur das Lemma mit der entsprechenden Gesamthäufigkeit aufgeführt. Allerdings sollte die Möglichkeit der Lemmatisierung optional vom Forscher einsetzbar sein, denn auch die verschiedenen Wortformen können zusätzliche Information enthalten, auf die beim Codieren zugegriffen werden kann (z.B. kann es beim Codieren wünschenswert sein, in einer Kategorie nur die Grundform eines Verbs zu verwenden: »arbeiten«, aber nicht »arbeitend«, oder nur die Vergangenheitsformen).

2. *Disambiguierung*

Es ist bekannt, daß Wörter häufig mehr als eine Bedeutung haben. Das Wort »Steuer« kann z.B. sowohl das Steuerrad eines Autos oder eines Schiffes als auch die zu bezahlende Abgabe bedeuten. Disambiguierungsroutinen in der Software versuchen mit Hilfe verschiedener Algorithmen die zutreffende Bedeutung eines Wortes im Kontext zu bestimmen und sie entsprechend zu codieren.

---

4 http://www-psycho.uni-paderborn.de/lezius/
5 http://www.ims.uni-stuttgart.de/projekte/corplex/TreeTagger/DecisionTreeTagger-de.html
6 http://www.lingsoft.fi/doc/gertwol/

Verschiedene Programme im Bereich der Inhaltsanalyse bieten Möglichkeiten der Disambiguierung. Disambiguierung kann dabei auf verschiedenen Analyseebenen eingesetzt werden: Bei der Lemmatisierung, bei der Bildung von Wortart-Kategorien und bei der semantischen Codierung.

Nachfolgend sollen einige Beispiele für die Realisierung von Disambiguierung in Inhaltsanalyse-Programmen diskutiert werden. Disambiguiert werden in all diesen Programmen nur die Wörter, die im Diktionär zur Kategorienbildung eingesetzt werden. Die Programme *General Inquirer* (STONE, DUNPHY, SMITH & OGILVIE 1966 und http://www.wjh.harvard. edu/~inquirer/), *Diction* (HART 1985) und DIMAP/MCCA (MCTAVISH, LITKOWSKI & SCHRADER 1997) arbeiten bei der Codierung mit eigenen programmspezifischen Diktionären, die in der Regel nur in diesen Programmen zur Verfügung stehen und vom Forscher nicht verändert werden können.

Die Codierung des *General Inquirer* beruht auf einem Diktionär, das die Kategorien des Harvard-IV-Diktionärs (Themenschwerpunkt sind psychosoziale Kategorien; ZÜLL, WEBER & MOHLER 1989) und die Lasswell-Value-Kategorien (Werte-Kategorien nach der Theorie von Lasswell und Kaplan, siehe NAMENWIRTH & WEBER 1987) verbindet. Zur Disambiguierung arbeitet das Programm mit Regeln (KELLY & STONE 1975), die auf Basis von Wörtern oder Codes im Umfeld (Kontext) des zu disambiguierenden Wortes gebildet werden, d.h., es werden Regeln formuliert, die Codierungen oder Wörter im Umfeld des zu disambiguierenden Wortes berücksichtigen (z.B. Regeln der Art: »Wenn das dem Wort folgende Wort ein Substantiv ist und im Bereich von drei Wörtern davor eine Negation codiert wurde, dann hat das Wort die Bedeutung yyy«). Es können für die Disambiguierung mehrere Regeln, die aufeinander aufbauen, definiert werden. Der Nutzer kann das Diktionär erweitern und selbst neue Regeln definieren. Die Disambiguierung wurde an einer Auswahl unterschiedlichster Textarten (z.B. Texte aus der Literatur, Reden, Erzählungen, Träume, Antworten auf offene Fragen eines Fragebogens) und am Brown Corpus für amerikanisches Englisch validiert.

Diction arbeitet mit Diktionären, die sich auf häufig verwendetes Vokabular in amerikanischen politischen Diskussionen beschränken. Das Diktionär besteht aus 25 verschiedenen Wortlisten, die zu fünf allgemeineren Kategorien, nämlich «Acitivity«,»Certainty«,»Realism«,»Optimism« und»Commonality«, zusammengefaßt werden. Ein Wort, das mehrere Bedeutungen hat, kann in verschiedenen Wortlisten definiert sein. *Diction* bestimmt die Bedeutung eines Wortes im Kontext nicht mit Regeln, sondern durch Häufigkeitsinformationen. Diese Häufigkeitsinformationen berechnen sich aus Zählungen der Homographen, die innerhalb der verschiedenen Wortlisten des Programms unterschiedlich gewichtet werden. Die Gewichtung basiert dabei auf a priori berechneten Statistiken über ihren Gebrauch. Ein Beispiel dafür ist das Wort »state«, das in drei Wortlisten (Kategorien) verwendet wird (vgl. HART 1985, S. 110). Eine Kategorie, der das Wort zugewiesen wird, ist »Communicativeness« (z.B. in der Formulierung wie »please state your opinion«). Hier wird mit 33,3% gewichtet, d.h., 33,3% des Vorkommens dieses Wortes in amerikanischen politischen Diskussionen werden dieser Bedeutung zugerechnet. Eine zweite Kategorie ist »Concreteness« (wie in »the state of Florida«), auch hier wird mit 33,3% gewichtet. Würde es in *Diction* eine Kategorie »Philosophical Abstraction« (z.B. für Formulierungen wie »the state of uncertainty«) geben, würden hier die restlichen 33,3% zugewiesen.

Das MCCA-Diktionär enthält mehr als 11.000 Wörter, die nach Angaben des Autors 90% des gebräuchlichen englischen Wortschatzes abdecken (MCTAVISH 1997) und die im Diktionär zu 116 Kategorien (»idea categories«) zusammengefaßt werden. Im Rahmen der Codierung werden Häufigkeitsscores gebildet, deren Berechnungsgrundlage der Gebrauch der jeweiligen Kategorie im allgemein gebräuchlichen amerikanischen Englisch ist. In einem zweiten Schritt werden diese Codierungen zu vier Haupt-/Themenkategorien gruppiert (»traditional«, »practical«, »emotional« und »analytic«). Wörter, die mehrere Bedeutungen haben, können in mehreren Unterkategorien des Diktionärs definiert sein. Einem Wort wird aber bei der Codierung immer nur ein Code zugewiesen. Mehrdeutige Wörter werden im Kontext disambiguiert. Jedes Wort wird zunächst einer der 116 Kategorien zugewiesen, die dann für die Disambiguierung verwendet werden. MCCA benutzt für diese Disambiguierung Gewichte, die den relativen Gebrauch einer der Kategorien in den vier Themenkategorien widerspiegeln. D.h., jede der 116 Kategorien hat eine geschätzte Häufigkeit des Vorkommens in den vier Themenbereichen. Diese Häufigkeiten wurden durch Faktorenanalysen und aufgrund von empirischen Erfahrungen des Autors festgelegt. Nachdem die Häufigkeiten anteilsmäßig auf die Kategorien aufgeteilt wurden, wird die prozentuale Abweichung der Häufigkeit von der durchschnittlichen Häufigkeit berechnet. Dies bedeutet, daß die 116 Kategorien zunächst ohne Disambiguierung berechnet werden. Die Disambiguierung findet dann während der Berechnung der vier Themenkategorien statt. WordStat verwendet zur Codierung im Gegensatz zu den drei vorher besprochenen Programmen kein programmspezifisches, fertiges Diktionär. Statt dessen bietet WordStat dem Forscher umfangreiche Unterstützung bei der Diktionärkonstruktion. Teil dieser Unterstützung ist der Zugriff auf Informationen aus der semantischen Datenbank WordNet (MILLER, BECKWITH, FELLBAUM, CROSS, MILLER & TENGI 1993). WordNet enthält zu allen Wörtern Informationen wie Synonyme, Antonyme, ähnliche Begriffe, Oberbegriffe, Unterbegriffe, Umschreibungen etc. für die englische Sprache. Im Rahmen einer Diktionärsentwicklung kann sich der Anwender zu den Einträgen einer Kategorie Wörter anzeigen lassen, die in einer auszuwählenden Relation zum Diktionäreintrag stehen (z.B. alle Synonyme). Diese Auswahllisten können allerdings sehr lang und unübersichtlich werden. Ein Beispiel für den Umfang der Vorschläge gab der Autor des Programms (PELADÉAU 2000), der berichtet, daß bei einer Wörterbuchkonstruktion für 132 Einträge in 13 Kategorien 576 Wortdefinitionen und 2.276 Wörter durch WordNet geliefert wurden. Da diese großen Vorschlagslisten keine Hilfestellung bieten, berechnet das Programm basierend auf Häufigkeiten Relevanzscores für jedes gefundene Wort und sortiert die Auswahlliste nach diesem Score. Um die Auswahl weiter zu erleichtern, wird daneben über einen Disambiguierungsalgorithmus versucht, nur wichtige Wörter auszuwählen. Der Algorithmus berücksichtigt dabei die Zahl der Vorschläge, die nur in einer Kategorie gemacht werden, und die Zahl der Vorschläge, die in mehreren Kategorien gemacht werden. Die dem Forscher angebotenen Auswahlliste basiert dann auf dem Relevanzscore und dem Ergebnis der Disambiguierung. Im oben beschriebenen Beispiel wird die Vorschlagsliste für den Forscher auf 561 Wörter reduziert. Im Gegensatz zu den vorher beschriebenen Programmen wird Disambiguierung in WordStat nicht zur Codierung, sondern als Unterstützung der Diktionärskonstruktion eingesetzt.

Da die automatische Codierung bisher in der Regel mit kontextfreien Einwort-Codierungen arbeitet, führt dies zu der Frage, welche der möglichen Bedeutungen eines Worts an einer bestimmten Textstelle codiert werden soll. In einigen Anwendungen ist das Problem der Mehrdeutigkeit bereits durch den Kontext des Textes gelöst: In ausgewählten Texten, die zur Bearbeitung einer vorgegebenen Hypothese herangezogen werden, ist die Bedeutung eines Wortes, das codiert wird, durch den Kontext des Textes und die Fragestellung häufig bereits eindeutig. Ist dies jedoch nicht gegeben, müssen Disambiguierungsregeln oder -komponenten in den Programmen zur automatischen Codierung dieses Defizit ausgleichen und die verschiedenen Bedeutungen eines Wortes unter Einbeziehung des Kontexts identifizieren.

Die Disambiguierung in Inhaltsanalyse-Programmen zeigt einige Defizite und einen entsprechenden Entwicklungsbedarf:
- Disambiguierung gibt es derzeit, wenn überhaupt, nur für englischsprachige Texte.
- Neben der Evaluation der verschiedenen Algorithmen zur Disambiguierung in der Inhaltsanalyse-Software muß getestet werden, für welche Texte und Fragestellungen Disambiguierung die Codierung wirklich verbessern kann und welcher Algorithmus für welche Art von Texten die angemessensten Ergebnisse liefert.
- Bisher wird vor allem die Ebene der Codierung durch Disambiguierung unterstützt. Disambiguierung kann aber auch sinnvoll z. B. bei der Lemmatisierung oder der Wortart-Kategorisierung eingesetzt werden. Dabei ist zu berücksichtigen, daß die verschiedenen Ebenen, auf denen Disambiguierung stattfinden kann, unterschiedliche Unterstützung benötigen.

Über die Qualität der verschiedenen Disambiguierungsmethoden in der Inhaltsanalyse-Software wurde bisher wenig publiziert. In Zukunft muß sowohl eine systematische Evaluation der Disambiguierungsprozeduren als auch ein Vergleich der Disambiguierungsverfahren mit Techniken der linguistischen Disambiguierung erfolgen. Hilfsmittel und Anregungen zur Evaluierung von Disambiguierung finden sich im Bereich der Computerlinguistik, da dort dieses Thema große Beachtung findet. Im Rahmen des »SENSEVAL evaluations« Projekts (KILGARRIFF & ROSENZWEIG 2000 und http://www.itri.brighton.ac.uk/events/senseval) wurde eine Reihe von Disambiguierungsprogrammen vorgestellt. Für die Evaluierung der Disambiguierung hat das Projekt Textkorpora zur Verfügung gestellt, an denen die Entwickler von Software ihre Disambiguierungsmethode selbst testen können. Die Ergebnisse der Programme, soweit sie Disambiguierung betreffen, werden evaluiert und im Rahmen von Workshops diskutiert.

3. Wortart-Information

Einige Programme machen Gebrauch von Wortart-Informationen und kategorisieren die Wörter eines Textes z. B. danach, ob es sich um Verben, Substantive, Adjektive usw. handelt. Ist die Wortart bekannt, kann die semantische Kategorisierung verbessert werden.

Der *General Inquirer* ordnet jedes Wort mehreren Kategorien zu. Im Diktionär werden dazu sowohl inhaltliche Kategorien wie auch Wortart-Kategorien für jeden Eintrag definiert. Zum Beispiel wird das Wort »border« sowohl als Substantiv als auch als »Ort« klassifiziert, oder das Wort »travel« wird sowohl als »Verb« als auch als »aktiv« und »Reisen« klassifiziert. Alle Kategorien, sowohl die inhaltlichen wie auch die Wortartkategorien, werden während der Codierung einem Wort im Text zugewiesen und sind für die Auswertung verfügbar. Gleichzeitig werden diese Codes aber auch in den Disambiguierungsregeln des Programms eingesetzt.

KEDS, ein Programm, das Ereignisdaten codiert und als Eingabe englisch-sprachige Leads von Nachrichtenagenturen verarbeitet, verwendet eine vereinfachte Wortartanalyse, die nur Verben, Substantive und Eigennamen bestimmt, die in verschiedenen Dateien gespeichert werden. Diese zusätzliche Information wird bei der Codierung verwendet. Codiert werden in jedem Satz der Akteur (Quelle), das Ziel und das Ereignis einer Aussage. Dabei geht das Programm davon aus, daß Eigennamen immer den politischen Akteur bestimmen. Verben und Verb-Phrasen werden als der wichtigste Teil einer Aussage betrachtet und bestimmen den Typ eines Ereignisses. Inhaltliche Codierungen und Wortart-Kategorien können zur eigentlichen automatischen Codierung, die auf Regeln im Diktionär beruht, verwendet werden.

In den beiden bisher beschriebenen Programmen wird die Wortart manuell vom Forscher bzw. vom Diktionärsentwickler für jedes Wort bestimmt. Eine andere Anwendung von Wortartinformation ist in TATOE (ALEXA 1998) realisiert. Hier werden deutsche Texte mit Hilfe eines Morphologie-Programms (*Morphy*) automatisch in bezug auf Wortarten codiert. Die Texte können dann als codierte Texte in TATOE importiert werden, und das Programm speichert die Wortart-Kategorien in einem eigenen Kategoriensystem zusätzlich zu den inhaltlichen vom Forscher entwickelten Kategoriensystemen. Dies ermöglicht dem Forscher, diese zusätzlichen Informationen sowohl zum weiteren Codieren als auch zur Textexploration und zum Textretrieval zu verwenden.

Wie die oben beschriebenen Beispiele zeigen, werden Wortart-Informationen schon heute vereinzelt in Inhaltsanalyse-Programmen verwendet, um die Codierung, Disambiguierung oder die Textexploration zu unterstützen. Mit dem wachsenden Angebot von Morphologie-Programmen und Wortart-Codierprogrammen für verschiedene Sprachen kann erwartet werden, daß zukünftig mehr Software von dieser Wortart-Information sowohl zur Unterstützung der Textexploration als auch zur Disambiguierung und Textcodierung Gebrauch macht. Der Vorteil einer automatischen Wortartgenerierung liegt auf der Hand: Die automatische Wortartzuweisung ist weniger arbeitsintensiv und sehr viel weniger fehleranfällig als eine manuelle Codierung. Weitere Forschung ist allerdings erforderlich, die festlegt, welche morphologische Information und welcher Detaillierungsgrad (z.B. welche Wortart-Kategorien, Zahlen, Zeitangaben, zusammengesetzte Wörter etc.) für eine verbesserte Codierung bestimmter Textarten notwendig sind.

4. Lexikalische und semantische Informationen

Noch weniger als die oben beschriebenen Optionen werden lexikalische, syntaktische oder semantische Informationen in Form von allgemeinen Wörterbüchern, semantischen Datenbanken, Thesauri, Ontologien oder externen Textkorpora verwendet. Diese zusätzlichen linguistischen Informationen könnten jedoch für die Textexploration, das Konstruieren von Kategoriensystemen und Diktionären und das Testen der Validität der Codierung von Vorteil sein und zu einer detaillierteren Charakterisierung von Konzepten und Themen wie auch zu klarer definierten Codierregeln führen. Beispiele für den Einsatz dieser Hilfsmittel werden im folgenden aufgezeigt.

WordStat ist eines der wenigen Programme, das zumindest teilweise von solchen Hilfsmitteln Gebrauch macht. Wie schon bei der Disambiguierung beschrieben, bietet das Programm dem Forscher die Möglichkeit, bei der Diktionärkonstruktion auf die semantische Datenbank *WordNet* zuzugreifen. Im Rahmen einer Diktionärsentwicklung kann der Anwender sich zu den Einträgen einer Kategorie Wörter anzeigen lassen, die in einer Relation zum Diktionäreintrag stehen (z.B. Synonyme oder Oberbegriffe). Diese Vorschlagslisten werden aus der *WordNet*-Datenbank ausgewählt und wie unter Disambiguierung beschrieben reduziert. Die hier beschriebene Unterstützung des Forschers bei der Diktionärsentwicklung ist relativ neu, so daß noch keine praktischen Erfahrungen zur Handhabbarkeit des Verfahrens vorliegen, aber der Ansatz erscheint vielversprechend und könnte die aufwendige Erstellung von Diktionären erleichtern.

Über eine ähnliche Anwendung von *WordNet* berichtet Litkowski (1997). In seinem Projekt wurde *WordNet* eingesetzt, um die MCCA Kategorien zu prüfen. Da MCCA mit einem programmspezifischen Wörterbuch arbeitet, das nicht vom Forscher selbst erstellt wird, wurden die Diktionäreinträge vom Entwickler überprüft. Litkowski stellt fest, daß die MCCA-Diktionäreinträge mit den *WordNet*-Einträgen konsistent sind. Ein interessantes Ergebnis seiner Arbeit ist, daß die Verwendung von *WordNet*-Daten nach seiner Erfahrung zwei Verbesserungen brachte:

- Der Zugriff auf *WordNet* erlaubt dem Forscher anstelle der Entwicklung von subjektiven, konzeptionellen oder kontextuellen Kategorien die Entwicklung von allgemeineren semantischen Kategorien.
- Der Zugriff erlaubt dem Forscher zudem die Verbesserung seiner Kategorien durch das Erweitern der Definitionen einzelner Kategorien durch Einbeziehen von ähnlichen Wörtern.

Beides kann zu einer verbesserten und transparenteren Analyse der Texte führen.

5. Automatisches Bilden von Kategorien

Alle bisher beschriebenen Ansätze und Entwicklungen basieren immer noch auf der Entwicklung und Bereitstellung von Diktionären und Kategorien. Der Aufbau eines Diktionärs für die computerunterstützte Inhaltsanalyse ist eine komplexe und zeitaufwendige Arbeit, denn der Forscher muß

- geeignete Kategorien für seine Fragestellung und seinen Texttyp definieren;
- Wortlisten erstellen und den Kategorien zuordnen;
- falls erforderlich Codierregeln entwickeln und
- das Diktionär validieren.

Die gegenwärtige Popularität des automatischen Codierens großer Textbestände läßt die Nachfrage nach bereits fertigentwickelten und getesteten Diktionären ansteigen. Allerdings sind solche Diktionäre in der Regel theorieabhängig oder abhängig von einem bestimmten Texttyp oder auch abhängig von sowohl der Theorie als auch dem Texttyp und können daher oft nicht für das eigene Projekt, die eigene Fragestellung verwendet werden. Beispiele dafür sind die oben beschriebenen Diktionäre in MCCA, *Diction* und dem *General Inquirer*. Vielversprechend erscheint daher ein Verfahren, das die Kategorien direkt aus dem Textmaterial generiert und auf dieser Basis die Texte codiert, da dadurch eine schnelle, für den Forscher einfache Diktionärkonstruktion möglich wird und die Abhängigkeit des Diktionärs von Theorie und Text entfällt.

Im Bereich des *Text Mining* wurden in den letzten Jahren solche Ansätze, die häufig auf clusteranalytischen Verfahren basieren, entwickelt und implementiert. Softwarebeispiele dafür sind *Alceste*[7], *Tetralogie*[8] oder *the Intelligent Miner for Text*[9], um nur einige zu nennen. Die Clusteranalyse stützt sich auf das gemeinsame Auftreten von Wörtern in (meist kleinen) Einheiten, z.B. Sätzen oder Abstracts. Zur Clusterbildung kommen verschiedene Verfahren zum Einsatz (z.B. hierarchische agglomerative Clusterverfahren, divisive Verfahren, neuronale Netzwerke und partitionierende Verfahren). In der Praxis erweisen sich die Ergebnisse allerdings oft als noch nicht ausgereift. Sie werden in der Literatur als zu mathematisch, den linguistischen Hintergrund des Textes zu wenig berücksichtigend, kritisiert (siehe TURENNE & ROUSSELOT 2000).

Ein Programm aus dem Bereich der Inhaltsanalyse, *TextSmart*, wendet diese Technik zum automatischen Bilden von Kategorien an. Die dort implementierte Vorgehensweise soll deshalb hier kurz beispielhaft dargestellt werden. *TextSmart* benutzt statistische Algorithmen (Clusteranalyse und multidimensionale Skalierung), um automatisch Kategorien aus dem Text zu entwickeln. Die Texte sind dabei immer Antworten auf offene Fragen. Das Programm wird in der Werbung als »*dictionary-free*«[10] angepriesen und verspricht, daß dem Forscher die Arbeit der Diktionärsentwicklung erspart bleibt.

---

7   http://www.image.cict.fr/english/logiciels.html
8   http://atlas.irit.fr/
9   http://www-4.ibm.com/software/data/iminer/fortext/
10 siehe http://www.spss.com/textsmart/overview.htm)

Der Prozeß der Kategorienbildung basiert auf dem gemeinsamen Auftreten von Wörtern in einer Einheit, d.h. einer Antwort auf eine offene Frage. Es ist ein dreistufiger Prozeß:

1. Zunächst wird eine Ähnlichkeitsmatrix der Wörter gebildet. »Wörter« sind dabei sowohl einzelne Wörter als auch Lemmata und Wortgruppen. Stop-Wörter werden nicht in die Berechnung mit einbezogen. Das Programm identifiziert Wortpaare in einer Antwort und berechnet die Häufigkeit des gemeinsamen Auftretens bzw. des Nicht-Auftretens eines Worts. Das Maß für die Berechnung der Ähnlichkeitsmatrix aus diesen Informationen ist der *Jaccard*-Koeffizient.

2. In einem zweiten Schritt wird mit Hilfe der Ähnlichkeitsmatrix eine hierarchische Clusteranalyse durchgeführt, d.h., Wörter werden zu Clustern zusammengefaßt. Das Prinzip der Clusteranalyse beruht darauf, schrittweise Wortgruppen miteinander zu vergleichen und jeweils diejenigen Paare von Wortgruppen zu einem Cluster zu vereinigen, bei denen die maximale Unähnlichkeit von zwei Mitgliedern im Vergleich aller Wortgruppen minimal ausfällt. Dabei bestimmt der Forscher, aus wie vielen Clustern die Endlösung maximal bestehen soll. Diese Cluster bilden die Kategorien für das automatische Codieren und umfassen alle zu einem Cluster gehörenden Wörter.

3. In der dritten Stufe wird eine multidimensionale Skalierung (2 Dimensionen) auf der Basis der Ähnlichkeitsmatrix berechnet. Diese Analyse erstellt eine graphische Präsentation der Wörter im Raum und soll nur die Muster in den Daten verdeutlichen. Sie ist unabhängig von der vorhergehenden Clusteranalyse und hat keinen Einfluß auf die automatische Codierung.

Eine Evaluation von *TextSmart* (ALEXA & ZÜLL 1999) hat gezeigt, daß die Resultate der automatischen Kategorienbildung in der Regel nicht den Anforderungen an sinnvolle Kategorien genügen und diese Kategorisierung allenfalls als Basis für eine Kategorienbildung durch den Forscher dienen kann. Die Qualität der automatisch erstellten Kategorien hängt sehr stark davon ab, wie gut und ausführlich die Stop-Wortliste und die »included term«-Liste sind. Die »included-term«-Liste enthält alle Wörter eines Textes, die nicht in der Stop-Liste definiert sind. Diese Wörter können in der Liste zu Wortgruppen zusammengefaßt werden (z.B. unter »Zeitung« können die Wörter »Zeitung«, »Zeitungen«, »FAZ«, »*Süddeutsche Zeitung*« zusammengefaßt werden). Diese Liste enthält aber auch die bei der Lemmatisierung automatisch erstellten Wortgruppen. Anstelle eigene Kategorien zu definieren, muß der Forscher Stop-Wörter benennen und Wortgruppen bilden. Der Aufwand, die automatisch generierten Kategorien zu ändern und neu zu definieren, ist ebenfalls hoch.

Trotz dieser nicht sehr positiven Erfahrungen erscheinen die automatischen Verfahren zur Kategorienbildung sehr interessant, denn zum einen versprechen sie den Wegfall der sehr aufwendigen Diktionärkonstruktion, zum anderen sind sie nicht wie programmspezifische Diktionäre theorieabhängig. In der Zukunft muß deshalb ein Schwerpunkt darauf gelegt werden, diese sehr »mathematischen« Ansätze der Clusterbildung durch das Einbeziehen weiterer linguistischer Methoden wie Wortartanalyse, Lemmatisierung oder Disambiguierung zu erweitern und zu verbessern.

6. Ausblick

Ausgelöst von einer gewissen Unzufriedenheit mit den Möglichkeiten der »traditionellen« einwortbasierten, kontextfreien Codierung, wurde das Angebot an Software für das automatische Codieren von Textdaten in den letzten Jahren deutlich erweitert und verbessert. Einige Programme bieten zusätzliche - meist linguistisch orientierte Methoden - zur Erweiterung der Textexplorationsmöglichkeiten, zur Verbesserung der Codierung und zur Konstruktion und Validierung von Diktionären. Andere Programme versuchen, die automatische Codierung durch statistische Verfahren zu vereinfachen. Diese Entwicklungstendenzen zeigen allerdings neue Methodenfragen und Implementierungsanforderungen auf, die in der Zukunft zu berücksichtigen sind:
 - Die Nachfrage nach schneller und verläßlicher Analyse von großen Textmengen führt zur Forderung nach fertigentwickelten und getesteten Diktionären. Hier sind weitere gemeinsame Anstrengungen der Forschergemeinschaft erforderlich, und es kann nicht nur auf die Hersteller der Software vertraut werden. Neben der Entwicklung und Definition neuer, allgemein zugänglicher Diktionäre und Kategorien sind Fragen der Dokumentation, Archivierung und Software-Abhängigkeit dieser Diktionäre zu berücksichtigen.
 - Alternativ zu fertig bereitgestellten Diktionären muß die automatische Generierung der Kategorien aus dem Text heraus weiterverfolgt

werden. Hier sollten Ansätze aus dem Text-Mining-Bereich mehr Beachtung finden.

- Als Hilfsmittel für die Diktionärkonstruktion und -validierung sollten dem Forscher in den verschiedenen Programmen Zugriffe auf große und generelle Textkorpora und andere lexikalische Hilfsmittel (wie z.B. Verbindungen zu Thesauri) zur Verfügung gestellt werden.

- Um Textexploration und vor allem die automatische Codierung zu verbessern, sollten linguistische Routinen wie Lemmatisierung, Wortart-Analysen oder Disambiguierung in den Analyse- und Codierprozeß eingebunden werden. In der Zukunft werden Methodenforschungen erforderlich sein, um zu definieren, welche Art von Information für welche Art von Text und welche Fragestellung eingesetzt werden kann, um die Codierung entsprechend zu verbessern.

Für die Software-Implementation bedeuten diese Anforderungen, bei neuen Programmentwicklungen sicherzustellen, daß sprachabhängige Programmteile so realisiert werden, daß Texte in verschiedenen Sprachen analysiert werden können. Ein Weg zu diesem Ziel kann die Modularität der Programme in bezug auf ihre Architektur sein: Sprachabhängige Teile werden in eigenen Modulen implementiert, und gut dokumentierte Schnittstellen ermöglichen den Anschluß zu diesen Modulen. Dies würde die Möglichkeit bieten, daß Forscher eigene Module für sprach- oder grammatikabhängige Programmteile entwickeln oder auf dem Markt angebotene Module integrieren können. Eine andere Möglichkeit, dieses Ziel zu erreichen, sind »Open-Source«-Entwicklungen: Dem Forscher steht der jeweilige Programmcode zur Verfügung, und er kann so das Programm in bezug auf die sprachabhängigen Module seinen eigenen Bedürfnissen anpassen.

Literatur

ALEXA, M.: Text Type Analysis with TATOE. In: STORRER, A.; B. HARRIENHAUSEN (Hrsg.): *Hypermedia für Lexikon und Grammatik*. Tübingen 1998, S. 247-264

ALEXA, M.; C. ZÜLL: *A Review of Software for Text Analysis*. Mannheim 1999

HART, R. P.: Systematic Analysis of Political Discourse: The Development of Diction. In: SANDERS, K. U.A. (Hrsg.): *Political Communications Yearbook*. Carbondale 1985, S. 97-134

KELLY, E.; P. STONE: Computer Recognition of English Word Senses. Amsterdam 1975

KILGARRIFF, A.; J. ROSENZWEIG: Framework and Results for English SENSEVAL. In: *Computers and the Humanities*, 34, 2000, S. 15-48

LITKOWSKI, K. C.: *Desiderata for Tagging with WordNet Synsets and MCCA Categories*. http://www.clres.com, 1997

MCTAVISH, D. G.: Scale Validity - A Computer Content Analysis Approach. In: *Social Science Computer Review*, 4,1997, S. 379-393

MCTAVISH, D. G.; K. C. LITKOWSKI; S. SCHRADER: A Computer Content Analysis Approach to Measuring Social Distance Residential Organizations for Older People. In: *Social Science Computer Review*, 2,1997, S. 170-180

MILLER, G. A.; R. BECKWITH; CH. FELLBAUM; D. CROSS; K. MILLER; R. TENGI: *Five Papers on WordNet*. CSL Report 43. Princeton 1993

MOHLER, P. PH.; C. ZÜLL, C.: *TEXTPACK User's Guide*. Mannheim 1998

NAMENWIRTH, J. Z.; R. P. WEBER: *Dynamics of Culture*. Boston 1987

PELADÉAU, N.: *Use of Semantic Thesauri in Automatic Categorization: Potentials and Problems*. Vortrag auf der Fifth International Conference on Social Science Methodology of the Research Committee on Logic and Methodology (RC33) of the International Sociological Association (ISA), Köln 2000

SCHRODT, P. A.: *KEDS: Kansas Event Data System*. Version 1.0. http://www.ukans.edu/~keds, 1998

STONE, P. J.; D. C. DUNPHY; M. S. SMITH; D. M. OGILVIE: *The General Inquirer: A Computer Approach to Content Analysis*. Cambridge 1966

TextSmart User's Guide. Chicago 1997

TURENNE, N.; F. ROUSSELOT: *Evaluation of four Clustering Methods used in Text Mining*. [2000] http://massenet.u-strasbg.fr/LIIA/turenne/publication/paper1.html

ZÜLL, C.; R. P. WEBER; P. PH. MOHLER: *Computer-Aided Text Classification for the Social Sciences: The General Inquirer III*. Mannheim 1989

ALFONS GEIS

Konventionelle versus computerunterstützte Codierung offener Fragen.
Ein Vergleich der Codier-Ergebnisse

1. Bezugsrahmen der Untersuchung

Seit Philip J. Stone (1966) und seine Kollegen gezeigt hatten, daß inhaltsanalytische Arbeiten erfolgreich mit dem Computer zu bewerkstelligen sind und die Computertechnik auch dem einzelnen Forscher zur Verfügung steht, hat die Diskussion, welches Verfahren besser sei oder welche Vorteile aufweise, nicht aufgehört. Meist blieb es bei theoretischen Aufzählungen von Pro und Contra, z. B. Dehm (1981), Geis (1992), oder die empirische Grundlage hatte nur den Umfang eine Pilotstudie mit eher explorativem Charakter, z. B. Früh (1984), oder geringen Fallzahlen (vgl. ANDERSON & SHAW 1999). Im Gegensatz zu den bisherigen Vergleichen beschreibt und analysiert der vorliegende Bericht die Replikation einer bereits durchgeführten computerunterstützten Inhaltsanalyse und vergleicht die Ergebnisse: Beide Untersuchungen stehen zeitlich und organisatorisch in keinem direkten Zusammenhang, sondern sind unabhängig voneinander entstanden. Bezüglich der Codierung ist es eine vollständige Replikation, die Auswertungen blieben aber auf einige exemplarische Bereiche beschränkt.

1.1 Inhaltsanalyse in der Umfrageforschung

Der enge Zusammenhang zwischen Umfrage und Inhaltsanalyse wird leicht übersehen: Aussagen werden in beiden Fällen vorgegebenen Kategorien zugeordnet, nur heißen sie im Interview Antwortvorgaben. Gibt es nämlich keine Vorgaben, ist die Frage also offen, wird die Antwort festgehalten (Notiz oder Band), um für sie später die passenden Antwortvorgaben zu erstellen und sie zu codieren. Dies geschieht nach den üblichen Regeln der Inhaltsanalyse, wie sie u.a. bei Früh (2001) und Merten (1995) beschrieben sind. Während umfangreichere Fließtexte noch sehr lange fast ausschließlich von CodiererInnen bearbeitet wurden, hat man in der Umfrageforschung schon relativ früh mit Computerunterstützung gearbeitet: Aus einer der Einschränkungen der computerunterstützten[1] Inhaltsanalyse ergibt sich gleichzeitig ihre besondere Eignung für die Analyse von Umfragedaten: Codierung, d.h. die Zuweisung von Textbereichen zu bestimmten Kategorien, erfolgt bei der coderbasierten[2] Vorgehensweise nach semantischen Gesichtspunkten, jeweils gleiche Aussagen werden zusammengefaßt, computerunterstützt wird lediglich nach physikalischen Entsprechungen gesucht, Sprachverständnis, Logik oder Analogieschlüsse fehlen, ebenso die Möglichkeit, eine Monosemierung aufgrund des Kontextes vornehmen zu können. Die zu codierenden Texte einer Umfrage haben in der Regel einen sehr eng begrenzten Bedeutungsrahmen, der durch die Frageformulierung definiert wird, wodurch die Bandbreite der Interpretationsmöglichkeiten stark eingeschränkt wird. Die Schwäche, daß der Computer Einzelworte kontextfrei codieren muß, wird kompensiert durch die enggesteckte Thematik der Fragestellung. So ist es z. B. möglich, Berufsangaben nach einem Kategorienschema, das an Erläuterungen und Definitionen über 300 Buchseiten umfaßt, automatisch zu codieren (vgl. KLINGEMANN 1984 und TAKAHASHI 2000); ähnliches gibt es für die Codierung von Branchenangaben (vgl. GEIS 1988).

Im übrigen schließen sich KIA (= konventionelle Inhaltsanalyse) und CUI (= computerunterstützte Inhaltsanalyse) nicht aus. Beide Vorgehensweisen haben ihre Vorteile, und die Übergänge sind fließend (vgl. GEIS 1992: S.27ff. und GEIS & ZÜLL 1998: S.188ff.). Welches Verfahren gewählt wird, hängt u.a. davon ab, ob die Texte überhaupt maschinenlesbar vorliegen, ob eine sogenannte Listendefinition möglich ist, bzw. harte Indikatoren gefunden werden können. Für komplexe Fragestellungen, bei Codierungen von Bedeutungen oder in einem zusammenhängenden

---

1 Man findet ebenso auch die Bezeichnungen maschinelle oder automatische Inhaltsanalyse / Codierung.

2 Anstelle von coderbasiert werden auch die Adjektive intellektuell, manuell, händisch (in Österreich) und konventionell gebraucht.

Text ist dies weniger möglich als bei stichwortartigen Aufzählungen. Liegen große Datenmengen vor bzw. sind immer wieder Daten mit ähnlichen Fragestellungen zu bearbeiten oder sind die Personalressourcen knapp bemessen, ist man bemüht, stärker auf Computerunterstützung zu setzen. Vorausgesetzt, die computerunterstützte Inhaltsanalyse ist geeignet, bietet sie eine Reihe weiterer Vorteile: das Kategorienschema läßt sich (experimentell) variieren oder korrigieren - die eigentliche Codierung ist nur noch Sekundensache; Reliabilität ist immer gegeben, nur noch die Validität muß überprüft werden; ein Defizit vieler Inhaltsanalysen, das der fehlenden Dokumentation und intersubjektiven Nachvollziehbarkeit, kann mit geringem Aufwand überwunden werden, weil jeder Vorgang protokollierbar ist.

Eine wesentliche Schwäche der *computerunterstützten Inhaltsanalyse* besteht darin, daß die Analyse überwiegend auf Einwort-Codierungen basiert, ohne den Kontext zu berücksichtigen (vgl. dazu auch ZÜLL & ALEXA in diesem Band). Diese fehlende Kontextsensitivität führt zu ungenauen Ergebnissen bzw. beschränkt die Anwendung der Methode der computerunterstützten Inhaltsanalyse auf bestimmte Themen und Textsorten. Ein Nachteil der *coderbasierten* (oder konventionellen) *Inhaltsanalyse* besteht u.a. in dem hohen Zeitaufwand und den aufwendigen Arbeitstechniken/-abläufen.

Unter diesen Gesichtspunkten (Maschinenlesbarkeit, Stichworte, Listendefinition, geringe Finanz- und Personalressourcen) war für die Codierung der Antworten auf die offene Frage nach vorbildlichen gesellschaftlichen und politischen Tätigkeitsfeldern der ehemaligen DDR (die sogenannte »Stolz-Frage«) die computerunterstützte Inhaltsanalyse gewählt worden.

1.2   *Forschungsrahmen*

Bei den »Stolz-Texten« handelte es sich um die Antworten auf die offene Frage, worauf man in der ehemaligen DDR stolz sein konnte. Die Fragen lauteten:
 - Ost: »Wenn Sie an die ehemalige DDR zurückdenken, gibt es Dinge, auf die Sie stolz sind?«
 - West: »Wenn Sie an die ehemalige DDR zurückdenken, gibt es Dinge, auf die die Menschen dort stolz sein können?«

Die Antworten lagen als Datei vor und waren bereits im Rahmen eines anderen Projektes (MOHLER & ZÜLL 2001) computerunterstützt codiert worden.

Im Rahmen des Grundlagenforschungsprojektes TECA (Towards Extending Content Analysis) am *Zentrum für Umfragen, Methoden und Analysen* (ZUMA) wurde auf dieses Textmaterial zurückgegriffen und in einen neuen Kontext gestellt.

In TECA werden drei Analyse-Ansätze angewendet: die coderbasierte Inhaltsanalyse, die computerunterstützte Inhaltsanalyse und eine interaktive Codierung, die neben der Kombination der beiden ersten Verfahren auch das mit allen verfügbaren Informationen angereicherte Textkorpus nutzt. Die drei Ansätze werden miteinander verglichen und bewertet.

Gegenstand dieses Berichts ist nur ein Arbeitspaket davon, nämlich der Vergleich der coderbasierten und der computerunterstützten Inhaltsanalyse. Dazu wurde dasselbe bereits maschinell codierte Textmaterial (etwa 30 Seiten mit 88.000 Zeichen bzw. 14.000 Wörtern) noch einmal manuell codiert. Diese Codierung wurde mehrfach auf Richtigkeit überprüft, weil sie den Maßstab für die Beurteilung automatischen Codierung darstellen sollte.

1.3   Forschungsfragen

Um dem Ziel, die computerunterstützte Inhaltsanalyse zu verbessern und die coderbasierte effizienter zu gestalten, näher zu kommen, sollten an einem konkreten Beispiel die Defizite aufgespürt werden. Ein Fortschritt besteht schon darin, genau sagen zu können, welche Codierleistung im einzelnen welchem Verfahren zugemutet werden kann, um in einer Kombination von coderbasierter und computerunterstützter Inhaltsanalyse die Arbeitsschritte den Fähigkeiten entsprechend zuweisen zu können.

Am Ende sollte ein differenziertes Bild der Leistungsfähigkeit stehen:
- Wie richtig sind die Computercodierungen? Auf welcher Ebene stimmen sie (überein), beim einzelnen Code, der jeweiligen Aussage des Befragten oder im Gesamtergebnis? Welche Prüfkriterien sind angemessen?
- Gibt es eine inhaltliche Differenzierung? Kategorien mit besseren oder schlechteren Übereinstimmungen mit der richtigen manuellen Codierung? Was kennzeichnet die jeweilige Kategorie?

- Findet sich eine Systematik in den Fehlern/Abweichungen? Gibt es Erklärungen oder Lösungsvorschläge für die zu erwartenden Codierfehler?
- Schlägt sich der erhöhte Einsatz von Zeit und Geld auch in einer erhöhten Qualität der Inhaltsanalyse nieder? Was kostet welche Genauigkeit?

Bisherige Erfahrungen ließen vermuten, daß automatisch deutlich mehr Codierungen produziert werden als manuell - bei Früh (1984) waren es 48% mehr- und damit eine hohe Übereinstimmung (über .80) eher unwahrscheinlich ist.

Es handelt sich hier nicht um themenzentrierte Texte, das Spektrum der möglichen Lebensbereiche war sehr weit, so daß der fehlende Kontext zu mehr Abweichungen führen muß, wobei nicht gesagt werden kann, welcher Übereinstimmungswert das Mindestmaß darstellt, denn es gibt (noch) keinen Standard. Im übrigen finden sich für automatische Codierungen kaum Angaben zur Reliabilität, und wenn, gelten sie nur für das aktuelle Textkorpus.

Ein abschließendes Ergebnis der Replikation war nicht zu erwarten, aber mehr als nur eine Trendaussage, denn es handelt sich nicht um eine Fallstudie mit ungewisser Verallgemeinerungsfähigkeit, sondern um Datenmaterial aus dem normalen Forschungsalltag.

2. Codierung

2.1 Computerunterstützte Codierung - CUI

Ausgehend von einem deskriptiv-vergleichenden Ansatz sollten die Kategorien das Themenspektrum der Antworten widerspiegeln, mit dem die Ost- und Westdeutschen die Leistungen der ehemaligen DDR beschreiben. Die gefundenen Antwort-Muster unterscheiden sich für Ost- und Westdeutschland und werden mit den Antworten aus früheren Erhebungen verglichen (vgl. MOHLER & ZÜLL 2001).

Die Kategorien waren weitgehend automatisch generiert worden, nach einem Ansatz von IKER & HARWAY (1969), die einen UHH (Untouched by Human Hands) - Ansatz verfolgen: Die relevanten Themen werden auf der Basis von Distanzmaßen und gemeinsamem Auftreten von Wörtern gebildet. Das Verfahren setzt Redundanzen (i.S. von Wiederholungen) voraus, die in den sehr kurzen und meist stichwortartigen Antworten allerdings nicht gegeben waren, weshalb das Ergebnis manuell bearbeitet und korrigiert wurde.

Auf diese Weise entstanden 12 Kategorien: Soziale Sicherheit (01), Kosten und Preise (02), Sport (03), Soziale Beziehungen (04), Frauen (05), Arbeit (06), Recycling (07), Kriminalität (08), Kultur und Bildung (09), Ruhe/Friede (10), Soziale Dienste (11), Soziale Betreuung - medizinisch (12).

Das Diktionär[3] stellt die Definition und Operationalisierung der Kategorien dar, und zwar in Form einer Listendefinition und Aufzählung sogenannter harter Indikatoren, d.h., immer wenn der aufgeführte Begriff auftaucht, trifft die Kategorie zu. Eine Kategorie ist durch die vollständige Aufzählung der möglichen Beispiele definiert: alle Wörterbucheinträge mit dem gleichen Code beschreiben die jeweilige Kategorie.

Mit den vorgegebenen Kategorien waren von vornherein gewisse Einschränkungen bezüglich der Differenziertheit gegeben: Die computerunterstützte Analyse mußte sich auf die Kategorien beschränken, die durch eine Wortliste operationalisierbar waren. Argumentationen oder Aussagen, die nicht durch Nennung von Stichworten wiederzugeben sind, sondern nur in zusammenhängenden Sätzen oder die auf einem sinnvollen Zusammenwirken der Worte basieren und Sprachverständnis erfordern, konnten nicht mit einbezogen werden.

Der automatische Codiervorgang selbst besteht darin, daß das Programm jedes Wort (physikalische Zeichenfolge) der Textangabe mit allen Wörterbucheinträgen vergleicht. Findet es eine Zeichenfolge des Antworttextes auch im Wörterbuch, wird der zugehörige Code vergeben. Beispiel: Taucht »Frau« auf, wird 05 vergeben.

Insgesamt umfaßt das Wörterbuch 237 Einträge, eine im Vergleich zu sonstigen automatischen Codierungen sehr geringe Anzahl.

2.2 Coderbasierte Codierung - KIA

Die Tatsache, daß die computerunterstützte Codierung bereits vorlag, bedeutete, daß damit in Form des Kategorienschemas und des darauf basierenden Wörterbuchs ein inhaltsanalytisches Konzept vorgegeben war. Dennoch sollte die Computercodierung nicht buchstabengetreu

---

3   Die Begriffe ›Wörterbuch‹ und ›Diktionär‹ werden synonym verwendet.

durch Menschenhand wiederholt werden. Das wäre unsinnig gewesen, denn die Maschinencodierung ist in jedem Fall genauer, schneller und billiger durchzuführen. Vielmehr sollten unter Beibehaltung des inhaltsanalytischen Konzepts der computerunterstützten Inhaltsanalyse zusätzlich die Vorteile der Sprachkompetenz und der Kontextinformationen genutzt werden. Es werden nicht Worte, sondern Aussagen codiert; der Automatismus, daß ein und dasselbe Wort immer zu ein und derselben Kategorie führt, wird damit aufgehoben, so daß die Codes je nach Bedeutung und inhaltlichem Zusammenhang vergeben werden.

Die in der CUI benutzten Kategorien deckten nicht alle relevanten Themen ab; des Vergleichs wegen wurden diese weiteren Themen jedoch nur summarisch als sogenannte »sonstige« Angaben erfaßt. Daneben standen in der coderbasierten Inhaltsanalyse noch einige Codes für fehlende Werte zur Verfügung (vgl. Punkt 3.1 Genereller Vergleich).

Mit diesen zusätzlichen Kategorien können die ansonsten nicht codierbaren Fälle differenziert erfaßt werden. Sie wurden insgesamt 399 Mal vergeben, das sind 14% aller KIA-Codes, wovon allein die Kategorie 80 (sonstige Angaben) mit 314 den größten Teil ausmachen. Inwieweit diese Codes beim Vergleich mit berücksichtigt werden oder nicht, wird unten zu besprechen sein. Immerhin sind es von vornherein 399 Nichtübereinstimmungen!

Was mit den einzelnen Kategorien erfaßt werden sollte, war nicht verbal definiert, sondern der Geltungsbereich und die Weite der Kategorie mußte indirekt anhand der Begriffe, die im Diktionär der jeweiligen Kategorie zugeordnet waren, erschlossen werden. Die Validität der Kategorien und des Diktionärs wurden nicht überprüft, es wurde also z. B. nicht hinterfragt, ob eine Kategorie durch die zu ihr gehörenden Wörterbucheinträge richtig und ausreichend beschrieben war. Selbst offensichtliche Fehler wurden nicht korrigiert. »Familienbetreuung« wird z. B. unter 04 - Soziale Beziehungen codiert, gehört aber zu 11 - Soziale Dienste. Auch die Kategorien als solche wurden nicht verändert. So gehörten auch weiterhin Ausbildungsplätze, Lehrstellen usw. zur Kategorie 09 (Kultur und Bildung), selbst wenn man sie ebenso unter 06 (Arbeit) hätte subsumieren können. Wenn für eine Angabe mehrere Kategorien gleichzeitig zutreffen konnten - kostenlose Kindergartenplätze betreffen Kategorie 02 (Kosten und Preise) und 11 (Soziale Dienste) -, so wurde die spezifischere Kategorie gewählt, also 11 (Soziale Dienste). Lagen spezifische Angaben vor, von denen jedoch nur der allgemeinere Aspekt im Kategorienschema repräsentiert war, so wurde dieser allgemeine Aspekt (in Anlehnung an die computergestützte Definition durch das Diktionär) codiert. Im Beispiel »billige Wohnung« wird nur Code 02 (Kosten und Preise) vergeben, denn für »Wohnung« gibt es keine eigene Kategorie.

Es gelten folgende (auch sonst übliche) Codierregeln und Kategorien:
- Mehrfachcodierung für ein und dieselbe Aussage ist nicht zugelassen: für jeden Code muß ein eigener Indikator vorliegen.
- Ein und derselbe Code wird nur dann vergeben, wenn zwar unterschiedliche Angaben gemacht wurden, diese aber mit jeweils derselben Kategorie erfaßt werden. Die Angabe, »daß man sich untereinander half und jeder jeden verstand«, beinhaltet zwei Aussagen, aber jede dieser unterschiedlichen Aussagen wird mit der Kategorie »Soziale Beziehungen« - Code 04 - codiert.
- Angaben, die eine Antwort auf die Frage darstellen, für die aber keine Kategorie vorhanden ist, werden mit dem zusätzlichen Code 80 (Sonstige Angaben) erfaßt. Darüber hinaus gibt es die üblichen Codes für fehlende Werte 80, 96, 97, 98, 99 und 00.

Die hier beschriebene Codierung entspricht nur teilweise der üblichen Vorgehensweise in der Durchführung von Inhaltsanalysen. Die Einweisung und Schulung der Codierkräfte konnte nicht so intensiv und systematisch sein, weil die dazu notwendigen Informationen fehlten; insbesondere fehlten klare theoretische Vorgaben zu einem Konzept der Inhaltsanalyse ebenso wie eindeutige Definitionen der verwendeten Kategorien. Damit mußte sich die coderbasierte Bearbeitung dem relativ groben Analyseschema der computerunterstützten Inhaltsanalyse anpassen.

Die CodiererInnen haben sich zunächst mit dem Kategorienschema und dem Wörterbuch vertraut gemacht; dann wurden alle Angaben von einer Person codiert und Fragen und Problemfälle notiert. In ausführlichen Besprechungen wurden Lösungen bzw. operationale Entscheidungen für die problematischen Fälle gefunden. Anschließend wurde der gesamte Text nochmals von einer weiteren Person unter Berücksichtigung der Absprachen codiert. Mit der Kontrollcodierung sollte sichergestellt sein, daß die manuelle Codierung gegenüber der automatischen die richtige ist.

Die Frageformulierung in der Umfrage bezieht sich eindeutig nicht auf individuell-persönliche Verhältnisse, sondern hat die Gesamtgesellschaft im Blickfeld. Dieser Unterschied kann mit der eindimensionalen Struktur des Wörterbuchs nicht abgebildet werden. In der konventionellen Inhaltsanalyse wurde diese Unterscheidung aber getroffen. So kamen in die Kategorie Arbeit (06) *keine* Aussagen über »meine Arbeit« im Sinne von »meine Arbeit hat mir Spaß gemacht«, da hier die spezifische Tätigkeit einer bestimmten Einzelperson beschrieben wird, die Kategorien aber die Bevölkerung als Ganzes beschreiben sollen. Die Aussage »ich bin/war stolz auf meinen Beruf« wird deshalb mit 80 (Sonstige Angabe) codiert, ebenso wird auch »ich bin stolz auf meine Wohnung« codiert.

Der zeitliche Aufwand für die manuelle Codierung (ohne Datenerfassung und Vergleich) lag bei etwa 75 Stunden; bei einem angenommenen Stundensatz von DM 20,00 bedeutet dies Kosten in Höhe von 1.500,00 DM.

3. Ergebnisse

3.1 Vergleich und Prüfkriterien

Der Vergleich der beiden Codierungen läßt sich unterschiedlich »streng« vornehmen; dementsprechend variiert das Ergebnis.

- Codes werden meist (in der CUI immer) in der Reihenfolge ihres Auftretens vergeben. Muß die Position immer exakt stimmen, ergeben sich Probleme beim Vergleich: Nicht immer ist erkennbar, ob eine Nichtübereinstimmung vorliegt, weil zuvor eine zu codierende Aussage nicht erkannt wurde und alle Codes sich verschieben, oder ob ein Folgecode wirklich falsch ist. Für die Fragestellung im CUI-Projekt (Themenvergleich) war die Reihenfolge irrelevant, so daß auf die richtige Position der Codes verzichtet werden kann.
- In der CUI-Studie wurden die Kategorien dichotomisiert: Für die Auswertung war nur maßgeblich, ob ein Thema genannt wurde oder nicht. Codewiederholungen konnten auch unberücksichtigt bleiben, so daß jeder Code je Antwort nur einmal zählte.
- Die für die KIA zusätzlich eingeführten Codes, die eigentlich nur eine Differenzierung der Missing-Werte darstellen, können eben falls außer Betracht bleiben (ihr Umfang gibt aber Hinweise auf mögliche Lücken im Diktionär).
- Es lassen sich auch die Aggregationsformen variieren. Ob alle Kategorien zusammen betrachtet werden, jede Kategorie einzeln oder jeder Fall (Fragebogen) einzeln, hat Einfluß auf das Ergebnis.

TABELLE 1
Zusätzliche Kategorien für die konventionelle Inhaltsanalyse

Code	Kategorie	N	%-ZC*	%-Su*
80	Sonstige (relevante) Angabe	314	78,7	11,3
96	Nicht codierbar (keine Antwort auf die Frage)	30	7,5	1,1
97	Verweigert	1	0,3	0,0
98	Weiß nicht	15	3,7	0,5
99	Keine Angabe, kein Text	38	9,5	1,4
00	Trifft nicht zu (ausgefiltert)	1	0,3	0,0
	Summe der kia-Zusatzcodes	399	100,0	14,4
	Summe aller Codes	2769		100,0

* prozentuiert nur auf die kia-Zusatzcodes (ZC) und alle kia-Codes (Su)

Ziel der coderbasierten Inhaltsanalyse war in erster Linie, Vergleichsdaten zu schaffen, an denen die Leistungsfähigkeit der computerunterstützten Inhaltsanalyse gemessen werden kann. Das Verfahren entspricht einem Reliabilitätstest, in dem ein und derselbe Text von mindestens zwei unterschiedlichen Personen bearbeitet wird. Der Grad der Übereinstimmung beider Codierungen wird anhand der einfachen Reliabilitätsberechnung ermittelt: Anteil der übereinstimmenden Entscheidungen an allen getroffenen Entscheidungen. Anders als bei Scott (1955), Funkhouser (1968), Krippendorff (1980) u.a. bleiben Anzahl der benutzten Kategorien, Zufallsverteilung usw. unberücksichtigt. Die Formel $2*Ü/(C1+C2)$ ergibt Werte zwischen 0 und 1.

Der Vergleich, d.h. das Auszählen der Übereinstimmungen, erfolgte mit einem eigenen Programm.

3.2   *Genereller Vergleich*

In den 1077 Fällen (Fragebögen) mit Antworten gibt es in der coderbasierten Inhaltsanalyse 2769 und in der computerunterstützten 3231 Codes, durchschnittlich 2,6 bzw. 3,0 Codes je Fall, maximal bis zu 14. Wie erwartet, liegt die Anzahl der automatisch generierten Codes höher, mit 16,7% allerdings weniger hoch als zu vermuten gewesen wäre; ohne die 85 Codes der nicht inhaltlichen Kategorien 96ff. (vgl. Tabelle 1) sind es 19,8%.

Wird in jeder Angabe jede Kategorie nur einmal gezählt, ergeben sich

TABELLE 2
Gesamt- Reliabilitätskoeffizienten

Dichotomisierung	alle Codes		ohne kia-Codes	
	Position der Codes		Position der Codes	
	fest	beliebig	fest	beliebig
nein	.50	.72	.54	.78
ja	.55	.82	.61	.89

2.210 bzw. 2.420 Codes, und der Codeüberschuß in der automatischen Codierung reduziert sich auf 210 (9,5%).

Knapp 80% (314) der nur in der KIA vergebenen Codes beziehen sich auf inhaltliche Angaben, die vom Computer gar nicht oder mit einer anderen (falschen) Kategorie erfaßt wurden. Wird die Kategorie 80 berücksichtigt, erhöht sich die Fehlerzahl immer um 314. Wenn nur die in beiden Verfahren verwendeten Kategorien betrachtet werden, ergeben sich folgende Übereinstimmungs-Werte (vgl. Tabelle 2).

Je strenger der Maßstab, um so weniger groß ist erwartungsgemäß die Übereinstimmung. Den größten Einfluß hat die Reihenfolge der Codes: der Koeffizient steigt ohne die Positionsprüfung jeweils um ca. 45%, während eine dichotome Betrachtung den Wert nur um 9 bzw. 14% steigen läßt. Die Einbeziehung auch der Codes 80ff., die zwangsläufig alle als Nichtübereinstimmungen zählen, weil in der CUI gar nicht verfügbar, läßt den Koeffizienten um 4 bis 7 Punkte sinken, verändert die Rangfolge bezüglich der Kriterien Dichotomisierung und Position aber nicht.

Für die angenommene Fragestellung und im Sinne der Replikation darf eine Dichotomisierung der Codes bei beliebiger Reihenfolge als ausreichendes Prüfkriterium angenommen werden. Der dann geltende Reliabilitätskoeffizient von .89 als Maß für die Richtigkeit der automatischen Codierung kann als sehr gut angesehen werden. Für die konventionelle Codierung z. B. von Zeitungsberichterstattung wird dieser Wert als voll ausreichend angesehen.

3.3. Vergleich über einzelne Kategorien

Je nach thematischem Zusammenhang (Kategorien) und Zählweise (alle Codes oder dichotom) schwankt die Übereinstimmung zwischen .67 für die Kategorie Ruhe/Friede und .98 für Sport (vgl. Tabelle 3). Die Differenz beträgt zwischen 1 (Sport) und 18 Prozentpunkte (Recycling), durchschnittlich 10, die Rangfolge der Themen verändert sich durch die unterschiedliche Berücksichtigung der Codes aber nur unwesentlich: 9 Themen bleiben gleich oder verschieben die Position nur um einen Platz, unabhängig von dem Umfang der Veränderung in der Übereinstimmung. Die größte Verbesserung durch den weniger strikten Vergleichsmodus, nämlich 4 Plätze, vom 6. auf den 2., erfährt die Kategorie Recycling - allerdings ist die Basis mit maximal 22 Codes sehr schmal.

Die übereinstimmende Codierung zum Thema Soziale Sicherheit differiert um 16 Punkte, sein Rang aber nur um einen Platz. Im folgenden wird nur noch auf die Werte des dichotomen Code-Vergleichs Bezug genommen.

8 der 12 Themen haben mit 1.773 (80%) von 2.210 dichotomen manuellen Codierentscheidungen eine Übereinstimmung von .89 und höher. Bewertet man eine hohe Übereinstimmung ($\geq$ .95) als besondere Eignung für die computerunterstützte Codierung, so lassen sich die Bereiche

TABELLE 3
Häufigkeitsverteilung und Übereinstimmungen in den Kategorien

Code	Kategorie	kia		cui		Diff.	CR
		abs	%	abs	%	%	
1	Soziale Sicherheit	543	24,6	605	25,0	0,4	0.89
2	Kosten und Preise	92	4,2	163	6,7	2,5	0.71
3	Sport	92	4,2	93	3,8	-0,4	0.98
4	Soziale Beziehungen	217	9,8	252	10,4	0,6	0.81
5	Frauen	79	3,6	84	3,5	-0,1	0.93
6	Arbeit	448	20,3	498	20,6	0,3	0.95
7	Recycling	16	0,7	15	0,6	-0,1	0.97
8	Kriminalität	90	4,1	62	2,6	-1,5	0.82
9	Kultur und Bildung	207	9,4	187	7,7	-1,7	0.92
10	Ruhe / Frieden	38	1,7	49	2,0	0,3	0.67
11	Soziale Dienste	295	13,3	309	12,8	-0,5	0.90
12	Soziale Betreuung (med.)	93	4,2	103	4,3	0,1	0.91
	Summe	2210	100,0	2420	100,0		

Sport, Recycling und Arbeit besonders leicht durch Listendefinitionen beschreiben; auch die Kategorie Frauen mit .92 scheint sich gut für eine Wortcodierung zu eignen. Einzig Aussagen zu Ruhe/Friede und Kosten/Preise fallen mit .67 und .71 unter die Marke .80, die oft als Grenzwert für eine gute Übereinstimmung genommen wird (vgl. Tabelle 3). Beide Kategorien wurden schon bei der konventionellen Codierung problematisiert, denn Kosten können gleichzeitig auch fast alle übrigen Bereiche betreffen (fast alles kostet Geld), und Ruhe/Friede (auch im Sinne von problemfrei) kann es im Privatbereich geben wie in allen gesellschaftlichen Bereichen (Arbeit, Wirtschaft, Kriminalität usw.).

Wenn eine Aussage über die Themenlandschaft gemacht werden soll, ist es weniger wichtig, ob jede einzelne Codierung richtig ist, als vielmehr, ob das Gesamtbild im Sinne der Verteilung und Gewichtung der Themen stimmt. Dazu wurden die Anteilswerte der Häufigkeiten beider Codierverfahren gegenübergestellt. Auch unter diesem Gesichtspunkt zeigt sich die Kategorie Kosten/Preise in der automatischen Codierung als definitionsbedürftig: Die Differenz von 2,5% stellt den höchsten Wert dar. Daneben weichen nur noch Kultur/Bildung und Kriminalität in ihrer relativen Häufigkeit um mehr als 1% ab. In allen übrigen Themen unterscheiden sich die Verteilungen um deutlich weniger als 1% (vgl. Tabelle 3). Dementsprechend ist die Rangfolge bezüglich der relativen Themenbesetzung nach beiden Codierverfahren fast identisch: lediglich »Frauen« und »Kriminalität« verschieben sich nur um einen Platz.

ABBILDUNG 1
Übereinstimmung und Fälle

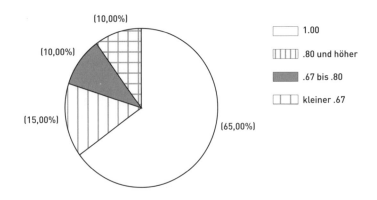

3.4 Übereinstimmung und Fälle

Wenn Einzelpersonen beschrieben werden sollen oder deren Aussagen z. B. Grundlage einer Typenbildung sind, muß auch die Codierqualität für jeden einzelnen Fall quantifiziert werden. Deshalb wurde für jede Person die Übereinstimmung zwischen coderbasierter und computerunterstützter Codevergabe errechnet. Mit den Prüfkriterien ›dichotom‹, ›beliebige Reihenfolge‹ und ›gemeinsame Kategorien‹ ergibt sich folgendes Bild (siehe Abbildung 1):
Fast zwei Drittel aller Fälle haben eine totale Übereinstimmung, in knapp 90% aller Fälle beträgt sie noch .67 und mehr.

4. Fehleranalyse

Die oben aufgeführten Tabellen und Zahlen liefern schon eine Reihe von Hinweisen auf die Schwachstellen der computerunterstützten Inhaltsanalyse, bei der genauen Benennung von Ursachen muß man sich aber meist auf Vermutungen stützen. Deshalb wurden alle Nichtübereinstimmungen nochmals eigens einer Prüfung unterzogen und klassifiziert. Im Prinzip handelt es sich um eine Inhaltsanalyse der Abweichungen, es wurde jedoch kein Reliabilitätstest vorgenommen, denn es sollte nur eine grobe Quantifizierung der Fehlerursachen vorgenommen werden, die der Interpretation der CodiererInnen durchaus Spielraum ließ. Dementsprechend einfach waren die Kategorien:
1. Die CUI-Codierung ist richtig, es werden aber für mehrere Worte (=Indikatoren), die zusammen nur eine Aussage darstellen, jeweils eigene Codes vergeben, so daß mehr Codes entstehen, als Aussagen vorhanden sind. Problem: Indikator versus Aussage.
2. Die Begriffe können je nach ihrer Kombination mit anderen Worten (Kontext) jeweils andere Bedeutungen haben, im Wörterbuch wird ein Begriff nur einer Kategorie zugeordnet. Problem: Mehrdeutigkeit, fehlende Kontextsensitivität, Nominalphrasen nicht identifizierbar.
3. Aussagen können in der Alltagssprache auch durch Worte gemacht werden, die isoliert keinen Sinn ergeben, wohl aber im Kontext oder in Kombination mit anderen Worten. Neben Pronomina und Hilfszeitverben sind es Allgemeinbegriffe, die für die CUI ausgefiltert werden, weil sie »nichtssagend« oder mehrdeutig sind, z. B. »Man versteht sich«.

4. Das Wörterbuch ist unvollständig: ein eindeutiger Begriff/Indikator ist nicht im Wörterbuch aufgeführt, wäre aber dafür geeignet.

5. Wichtige Kategorien, die als Antwort auf die Frage ihre Berechtigung hätten, sind in dem Kategorienschema und somit im Wörterbuch nicht berücksichtigt, in der coderbasierten Inhaltsanalyse entspricht dies Code 80.

6. Andere Gründe für die unterschiedliche Codierung, z.B. KA (keine Angabe) für »eigentlich auf nix«, »daß ich noch lebe«.

Die Fälle mit den Abweichungs-Codes 5 (Fehlende Kategorie) und 6 (Andere Gründe) betreffen fast ausschließlich die Tatsache, daß in der konventionellen Codierung zusätzliche Kategorien verwendet wurden, überwiegend eine Differenzierung von fehlenden Werten. In Tabelle 4 sind auch die Prozentwerte ohne diesen Fehlertyp ausgewiesen (siehe Spalte o. MD).

Die Anzahl der Fehler ist nicht identisch mit den Nichtübereinstimmungen. Das Programm zählt den einzelnen Code, der sich durch die Nennung eines einzelnen Wortes ergibt; die Fehleranalyse bezieht sich auf die Codes der manuellen Codierung, also auf Aussagen oder Bedeutungen, die sich meist aus mehreren Worten oder dem Kontext ergeben.

Das Ergebnis gibt einen Hinweis, wie stark welche Fehlerquelle das Gesamtergebnis beeinflußt: Abgesehen von den zusätzlichen Kategorien, sind weit über 90% der Nichtübereinstimmungen auf Codewiederholungen und Mehrdeutigkeiten (meist aufgrund des fehlenden Kontextes) zurückzuführen. Spielen mehrfach vergebene Codes keine Rolle, so bleiben fast nur noch die mehrdeutigen Begriffe im Wörterbuch als Ursache übrig.

TABELLE 4
Häufigkeit der Fehlertypen

Code	Fehlertyp / Kategorie	N	%	% o. MD
1	Codewiederholung	401	30,3	39,6
2	Mehrdeutigkeit	546	41,3	53,8
3	Implizite Aussage	40	3,0	3,9
4	Fehlender Wörterbucheintrag	27	2,0	2,7
5	Fehlende Kategorie	223	16,9	-
6	Andere Gründe (z.B. MD)	86	6,5	-
	Summe	1323	100,0	100,0

5. Zusammenfassung / Schlußfolgerungen

Die Frage, wie leistungsfähig das automatische Codierverfahren ist, läßt sich anhand der vorliegenden Daten, die nur unvollständig in diesem Bericht aufgeführt werden konnten, recht differenziert beantworten. Daß die CUI mehr Codierungen vornimmt als die manuelle, war erwartet worden. Das bedeutet, daß die Computercodierung nicht ohne weiteres für Fragestellungen zu empfehlen ist, in denen die Redundanz von Aussagen (nicht die von Wörtern) bedeutsam ist.

Noch stärker nimmt die Übereinstimmung ab, wenn die korrekte Abfolge der Aussagen in die Berechnung eingeht, zwischen 22 und 28 Prozentpunkten (vgl. Tabelle 2). Es handelt sich um den immer wieder genannten Nachteil der Wortcodierung, die nur Buchstabenfolgen identifiziert, nicht aber die Bedeutungen. Vorsicht ist also angebracht, wenn Aussagen-Sequenzen computerunterstützt erhoben werden sollen, weil Aussagen nicht identifiziert werden können und damit auch die Abfolge nicht erkannt werden kann. Es gibt erfolgversprechende Ansätze, auch morpho-syntaktische Merkmale automatisch zu erfassen (vgl. Beitrag von Züll & Alexa in diesem Band), womit dieses Problem gelöst werden könnte: Satzstrukturen, Verbalphrasen u.ä. definieren (auch semantische) Zusammenhänge, und Worte können in einem (automatisch generierten) Kontext gesehen werden.

Wenn man nur die Kategorien berücksichtigt, die vom Wörterbuch abgedeckt waren, kann man pauschal sagen, das Ergebnis ist mit einer Übereinstimmung von .89 im günstigsten Fall (dichotom, beliebige Codefolge innerhalb der Antwort) überraschend gut. Selbst wenn alle Code-Wiederholungen mitgezählt werden, was für eine Gewichtung der Themen wichtig sein könnte, bleibt noch ein passabler Koeffizient von .78 . Die computerunterstützte Inhaltsanalyse, hier das Programm TEXTPACK (MOHLER & ZÜLL 1998), kann derzeit ausschließlich kontextfrei codieren. Dies durch eine thematisch eng gestellte Frage ausgleichen zu können, war hier nicht möglich. Die Frageformulierung war zu weit, als daß sie einen Rahmen hätte darstellen können, der Stichworte auch ohne Verstehen und Sprachverständnis thematisch eindeutig einordnet.

Die sehr starke Einschränkung auf nur 12 Kategorien hat keinen so großen Informationsverlust gebracht, wie man vorab hätte vermuten können. Ablesbar ist der Verlust an den als ›Sonstige Angaben‹ (Code 80) eingestuften Aussagen bei der konventionellen Codierung; es waren 11% (314) der Aussagen.

In dem als Ganzes gesehen guten Ergebnis lassen sich durch die Aufgliederung in die Kategorien dennoch einige Licht- und Schattenseiten aufdecken, wobei einige Kategorien immer wieder positiv in Erscheinung treten, andere durch Defizite auffallen, so daß die Aussagen über die Eignung von bestimmten Themen für die computerunterstützte Inhaltsanalyse recht eindeutig sind.

Wie unter 3.3. dargestellt, fallen die beiden Kategorien Kosten/Preise und Ruhe/Friede durch relativ geringe Übereinstimmung auf. Das sind die Kategorien, die auch in der manuellen Codierung Schwierigkeiten bereiteten, weil ihre genaue Abgrenzung nicht möglich war. Selbst eine Überarbeitung des Wörterbuchs brächte wenig Vorteile, weil die Probleme semantischer Natur sind bzw. eine Kontextvorgabe notwendig wäre; die Verwendung eines automatischen Parsers verspricht auch hier Verbesserungen (vgl. ZÜLL & ALEXA in diesem Band).

Je geringer die Übereinstimmung durch die verschiedenen Prüfmodi verändert wird, um so resistenter ist die entsprechende Kategorie gegenüber diesem Fehler. Die Mehrfachvergabe ein und desselben Codes innerhalb einer Antwort läßt die Übereinstimmung der Kategorien Sport, Soziale Betreuung, Kriminalität und Arbeit nur um maximal 5 Punkte sinken, während die für Soziale Beziehung, Soziale Sicherheit und Recycling um mehr als 15 Punkte zurückgeht. Erstere Kategorien sind also weniger anfällig gegenüber Fehlcodierungen durch unzulässig wiederholte Codevergabe. Durch die Definition von Mehrwortverbindungen sollen zu viele Codes für eine Angabe vermieden werden, der Eintrag SOZIALE SICHERHEIT vermeidet z. B., daß sowohl für SOZIAL als auch für SICHERHEIT ein Code vergeben wird.

Letztlich scheinen die Fehleranfälligkeiten aber recht gleichmäßig auf alle Kategorien verteilt zu sein, wie sich an dem Vergleich der relativen Häufigkeiten erkennen läßt (vgl. Tabelle 3). Bis auf drei Ausnahmen (Kosten/Preise, Kultur/Bildung und Kriminalität) wird von der coderbasierten wie der computerunterstützten Inhaltsanalyse ein fast identisches Bild gezeichnet. Fragestellungen, die sich mit Themenverteilungen beantworten lassen, sind also die besondere Stärke der CUI. Die Kategorie Kultur/Bildung ist die einzige, in der von den CodiererInnen mehr Codes vergeben wurden als vom Programm (207 zu 187, vgl. Tabelle 3). Während Ausbildung, Weiterbildung und Schule im Wörterbuch repräsentiert sind, fehlen Einträge, die Wissenschaft und berufliche Bildung abbilden, aber sehr oft genannt werden. Daneben hätten auch Einträge, die Architektur und historische Bauwerke betreffen, eine Reihe weiterer Codierungen gebracht. Das Wörterbuch ist also offensichtlich erweiterungsbedürftig. Jedes Wörterbuch kann jeweils nur eine Dimension darstellen. Wenn die logischen Ebenen einander überlagern wie bei der Kategorie ›Kosten/Preise‹, die gleichzeitig mit fast jeder anderen zutreffen kann, wird dies in der coderbasierten Inhaltsanalyse mit zusammengesetzten (synthetischen, mehrdimensionalen) Codes oder einem modularen Kategorienschema abgefangen. In der computerunterstützten Inhaltsanalyse kann dies durch mehrfache Codierdurchgänge mit Textselektion und themenspezifischen, auf die jeweilige Dimension abgestimmten Wörterbüchern erzielt werden.

Die CUI war darauf angelegt, mit einem möglichst geringen Aufwand ein Höchstmaß an Ergebnissen zu produzieren. Der Iker-Ansatz (vgl. IKER & HARWAY 1969), der hohe Redundanz innerhalb der Texteinheiten voraussetzt, konnte nur teilweise durchgehalten werden. Der geringe Umfang des Wörterbuchs und die wenigen Kategorien deuten es an. Wäre etwas mehr per Hand eingegriffen worden, so daß mehr Kategorien, mehr Wörterbucheinträge ein größeres Themenspektrum präziser abgedeckt hätten, hätte sich das Ergebnis in jedem Fall verbessern lassen.

Literatur

ANDERSON, M. J.; R. N. SHAW: A Comparative Evaluation of Qualitative Data Analytic Techniques in Identifying Volunteer Motivation in Tourism. In: *Tourism Management* 20, 1999, S. 99-106

DEHM, U.: Thesen zum Vergleich elektronischer und konventioneller Inhaltsanalyse. In: BENTELE, G. (Hrsg.): *Semiotik und Massenmedien*. München 1981, S. 208-217

FRÜH, W.: *Inhaltsanalyse. Theorie und Praxis*. 5., überarbeitete Auflage. Konstanz 2001

FRÜH, W.: Konventionelle und maschinelle Inhaltsanalyse im Vergleich: Zur Evaluierung computerunterstützter Bewertungsanalysen. In: KLINGEMANN, H.-D. (Hrsg.): *Computerunterstützte Inhaltsanalyse in der empirischen Sozialforschung*. Frankfurt/M. 1984, S. 35-53

FUNKHOUSER, G. R.; E.B. PARKER: Analyzing Coding Reliability: The Random-Systematic-Error Coefficient. In: *Public Opinion Quarterly*, 32, 1968, S. 122-128

GEIS, A.: Die Entwicklung von Diktionären. Zum Beispiel maschinelle Branchenvercodung. In: HERMES, H. J.; J. HÖLZLE: *Wissensorganisation im Wandel. Studien zur Klassifikation*, Bd. 18. Frankfurt/M. 1988, S. 165-175

GEIS, A.: Computerunterstützte Inhaltsanalyse - Hilfe oder Hinterhalt? In: ZÜLL, C.; P. PH. MOHLER (Hrsg.): *Textanalyse*. Opladen 1992, S. 7-32

GEIS, A.; C. ZÜLL: Strukturierung und Codierung großer Texte: Verknüpfung konventioneller und computerunterstützter Inhaltsanalyse am Beispiel von TEXTPACK PC. In: BOS W.; C. TARNAI: *Computerunterstützte Inhaltsanalyse in den Empirischen Sozialwissenschaften. Theorie - Anwendung - Software*. Münster 1998, S. 169-192

IKER, H.J.; H. I. HARWAY: A Computer System approach Toward the Recognition and Analysis of Content. In: GERBNER, G.; O. R. HOLSTI; K. KRIPPENDORFF; G. J. PAISLY; PH. J. STONE (Hrsg.): *The Analysis of Communication Content*. New York 1969, S. 381-406

KLINGEMANN, H.-D.; K. SCHÖNBACH: Computerunterstützte Inhaltsanalyse als Instrument zur Vercodung offener Fragen in der Umfrageforschung. In: KLINGEMANN, H.-D. (Hrsg.): *Computerunterstützte Inhaltsanalyse in der empirischen Sozialforschung*. Frankfurt 1984, S. 227-278

KRIPPENDORFF, K.: *Content analysis: An introduction to its methodology*. Beverly Hills 1980

MERTEN, K.: *Inhaltsanalyse. Einführung in Theorie, Methode und Praxis*. Opladen 1995

MOHLER, P. PH.; C. ZÜLL: »TEXTPACK-*Users-Guide*«. Mannheim 1998.

MOHLER, P. PH.; C. ZÜLL: Applied Text Theory: Quantitative Analysis of Answers to Open-Ended Questions. In: WEST, M. D. (Hrsg.): *Application of Computer Content Analysis*. Westport 2001

STONE, PH. J.; D.C. DUNPHY; M. S. SMITH; D. M. OGILVIE: *The General Inquirer: A Computer Approach to Content Analysis*. Cambridge 1966

SCOTT, W. A.: Reliability of Content Analysis: The case of nominal scale coding. In: *Public Opinion Quarterly*, 19, 1955, S. 321-325

TAKAHASHI, K. A.: Supporting System for Coding of the Answers from an Open-Ended Question - An Automatic Coding System for SSM Occupational Data by Case Frame. In: *Sociological Theory and Methods*, 15, 2000, S. 149-164

LUTZ M. HAGEN

Freitextrecherche in Mediendatenbanken als Verfahren zur computerunterstützten Inhaltsanalyse. Beschreibung, theoretische und praktische Überlegungen zur Validität und ein Anwendungsbeispiel.

Auswertungen von Mediendatenbanken sind eine wichtige Ergänzung oder Alternative zur herkömmlichen Inhaltsanalyse von Texten. Volltextdatenbanken, die den kompletten Wortlaut von Beiträgen enthalten, lassen sich zur computerunterstützten Inhaltsanalyse (CUI) einsetzen und bieten überdies den Vorteil, daß die Texte bereits auf Datenträgern vorliegen. Während zahlreiche US-amerikanische Studien Datenbankauswertungen zur kommunikationswissenschaftlichen Inhaltsanalyse einsetzen (vgl. insbesondere die Arbeiten von FAN 1988 und die vielzitierte Agenda-Setting-Studie von FUNKHOUSER 1973), hat dieses Verfahren in der deutschen Kommunikationswissenschaft bislang nur selten eine Rolle gespielt.

Inzwischen werden aber viele periodische publizistische Medien in Datenbanken archiviert, die komplette Beitragstexte enthalten. Spätestens seit Beginn bis Mitte der neunziger Jahre existieren öffentlich zugängliche vollständige[1] Volltextdatenbanken von allen überregionalen deutschen Tageszeitungen, den wichtigsten politischen Wochenzeitschriften und -zeitungen, zahlreichen regionalen Blättern und verschiedenen Diensten der *Deutschen Presseagentur* im Internet oder auf CD-ROM. Öffentlich zugängliche Datenbanken mit Texten oder Zusammenfassungen von Radio- oder Fernsehbeiträgen in der Art des US-amerikanischen

---

1 Als Anwender muß man in der Regel unterstellen, daß eine Datenbank wirklich alle Beiträge enthält, die ein Medium ursprünglich veröffentlicht hat. Dies zu überprüfen ist zu aufwendig. Vorsicht ist in jedem Fall bei Medien geboten, die in mehreren Ausgaben erscheinen. In diesem Fall muß beispielsweise geklärt werden, ob alle Ausgaben archiviert sind, wenn nein, welche es sind und ob Beiträge mehrfach archiviert sein können.

Vanderbilt Nachrichtenarchives existieren in Deutschland nach meinem Wissen allerdings bislang nicht. Generell wird der Anteil elektronisch archivierter Publikationen zukünftig steigen, und eine zunehmende Zahl wird ausschließlich immateriell in den Netzen veröffentlicht werden. Abfragesysteme von Mediendatenbanken sind zwar im wesentlichen dazu konzipiert, Beiträge aufzuspüren, und ursprünglich nicht für die Inhaltsanalyse gedacht. Sie lassen sich aber auch als Instrument für die computergestützte Inhaltsanalyse zweckentfremden, da ihre Suche natürlich auch nach inhaltlichen Kriterien funktionieren muß. Zur üblichen CUI werden spezielle Programme eingesetzt, mit deren Hilfe Textdateien analysegerecht umformatiert, syntaktische Textmerkmale automatisch indexiert, codiert und statistisch ausgewertet werden.[2] Jeder dieser Schritte kann auf unterschiedliche Weise durchgeführt und auf Anwenderbedürfnisse zugeschnitten werden. Demgegenüber übernimmt bei Volltextdatenbanken der Betreiber die Schritte der Indexierung und Codierung zusammen mit der Erfassung jedes Dokuments. Der Anwender benutzt zur Inhaltsanalyse allein die Datenbankabfrage, die erstens eine zusätzliche Quasi-Codierung ermöglicht, zweitens eine Häufigkeitsstatistik liefert, die zur Grundlage weiterer Auswertungen werden kann. Dieses Verfahren kann bei einer umfangreichen Untersuchung viel Arbeit sparen, schränkt aber die Möglichkeiten des Zuschnitts auf eine spezifische Fragestellung stark ein.

1. Aufbau und Abfrage von Mediendatenbanken

Eine Datenbank besteht aus *Dokumenten*, die jeweils in *Datenfelder* unterteilt sind. Bei der *Volltextdatenbank* entspricht jedes Dokument einem in sich abgeschlossenen archivierten Text, wobei eines der Felder den kompletten Text enthält, auf den sich das Dokument bezieht. Eventuell ist ein weiteres Feld für eine Zusammenfassung oder wichtige Teiltexte wie die Überschrift reserviert. In den übrigen Feldern stehen klassifizierende Angaben zum Inhalt (Deskriptoren oder Klassifikationscodes) sowie bibliographische Angaben zur Herkunft, Form oder Datierung des archivierten Textes (vgl. auch zum Folgenden: vom KOLKE 1996: 9-39, 72-75).

---

2   Im deutschen Sprachraum am bekanntesten dürfte das Programm *Textpack* sein (vgl. ZÜLL, MOHLER & GEIS 1991).

Von *Mediendatenbank* spreche ich, wenn jedes Dokument aus einer Volltextdatenbank einem redaktionellem Beitrag aus einem periodischen publizistischen Medium entspricht.

Bei einer *Abfrage* der Datenbank wird der Inhalt aller Dokumente auf das Vorkommen der angegebenen Kriterien durchsucht. Dabei kann jedes Feld separat nach Einträgen durchsucht werden. Folglich entspricht den (Daten-)Feldern des Dokuments im allgemeinen ein (Eingabe-)Feld in der Abfragemaske, in das der gesuchte Inhalt eingetragen werden kann. Suchkriterien in verschiedenen Feldern lassen sich durch *Boolesche Operatoren* logisch verknüpfen. Entsprechendes gilt für die Verknüpfung mehrerer Suchkriterien in einem einzelnen Feld.

Als Ergebnis jeder Abfrage wird eine Liste ausgegeben, die alle *Funde* identifiziert, d.h. Dokumente, die der Abfrage entsprechen, also die gesuchte logische Kriterienkombination enthalten. Die Liste zeigt pro Fund die wichtigsten Feldinhalte an (etwa Datum und Überschrift). Aus dieser Liste können einzelne Dokumente ausgewählt werden, deren komplette Feldinhalte angezeigt werden sollen. Zusätzlich wird die Anzahl der Funde ausgegeben.

Wenn es um Beitragsinhalte geht, erlauben die Abfragesysteme von Mediendatenbanken in der Regel zum einen die Suche nach sog. gebundenen Deskriptoren, zum anderen die Suche nach wörtlichen Textbestandteilen, d.h. eine Freitextrecherche. *Gebundene Deskriptoren* werden durch Verschlagwortung von Beiträgen gemäß einer Systematik des jeweiligen Systembetreibers oder Mediums bei der Erfassung der Dokumente vergeben. Sie sind also bereits das Resultat einer groben Codierung. Daher sind gebundene Deskriptoren meist wenig hilfreich, um eine bestimmte ex-post-Fragestellung zu beantworten, aber gelegentlich notwendig, um die Untersuchungsgesamtheit etwa nach geographischen Kriterien einzugrenzen.

Alle weiteren Ausführungen befassen sich daher mit der *Freitextrecherche*, die erheblich weitergehende Möglichkeiten bietet, Abfragen auf die Fragestellung zuzuschneiden. Bei der Freitextrecherche können je nach Analyseziel beliebige Wörter und deren logische Verknüpfung durch Boolesche Operatoren in Beiträgen gesucht werden - evtl. auch in Beitragsteilen wie z.B. dem Titel. Üblicherweise lassen sich Suchwörter *trunkieren*, d.h., durch eine Markierung wie z.B. den Textstern »*« am Ende des gesuchten Wortstammes werden Wörter gefunden, die mit dem gesuchten Wortstamm beginnen.

Freitextrecherche setzt ein Datenbanksystem voraus, das die gespeicherten Texte weitgehend vollständig *invertiert*, indem es alphabetische Register aller enthaltenen Wörter erstellt (evtl. unter Ausschluß von inhaltlich wenig aussagefähigen Stopwörtern wie Präpositionen oder Artikel). Bei einer Abfrage wird also das alphabetisch geordnete Register durchsucht, aus dem ein Dokumentenindex auf alle Beiträge verweist, die ein bestimmtes Wort enthalten (vom KOLKE 1996: 16ff.).

2. Einsatz der Freitextrecherche zur Inhaltsanalyse

Durch die *Invertierung* erfüllen Datenbanksysteme eine grundlegende Funktion jeder computerunterstützten Inhaltsanalyse (CUI): die Indexierung der Texte durch Wörterlisten, die die Grundlage für alle Codierungen und statistischen Auswertungen bildet (vgl. ALEXA 1997: 13ff., ZÜLL, MOHLER & GEIS 1991: 82; ZÜLL & ALEXA in diesem Band). Die Freitextrecherche hat nun, wie jede CUI, den Nachteil, daß der Kontext durch die Indexierung verlorengeht. Er kann durch Abfragen nur bruchstückhaft - und niemals in seiner syntaktischen Struktur - rekonstruiert werden, indem weitere Wörter auf ihr Vorkommen im gleichen Dokument hin abgefragt werden.

Die logische Verknüpfung mehrerer Wörter ist die einzige Möglichkeit für den Anwender, bei der Freitextrecherche *Kategorien*[3] zu definieren, und zwar auf syntaktischer Ebene. Durch eine UND-Verknüpfung können mit einer gewissen Unschärfe die gesuchten Bedeutungen auf Gemeinsamkeiten der Wörter beschränkt, durch eine ODER-Verknüpfung um ihre Unterschiede erweitert werden. Dadurch wird mit der Abfrage zugleich eine *Quasi-Codierung* durchgeführt. Die *Codiereinheit*[4] kann dabei nachträglich durch den Anwender nicht definiert werden, sondern ist durch die Freitextfelder der Mediendatenbank vorgegeben: den ganzen Beitrag oder die Überschrift. Der wichtigste Unterschied der Quasi-Codierung bei der Freitextrecherche zu einer richtigen Codierung per

---

3   Kategorien sind die Klassifikationskriterien, anhand derer bei der Inhaltsanalyse einer Codiereinheit ein Code zugewiesen wird (FRÜH 1991: 76f.).

4   Codiereinheiten sind syntaktisch oder semantisch abgegrenzte Segmente des Textes, die bei der Inhaltsanalyse daraufhin geprüft werden, ob sie einer Kategorie des Kategoriensystems

CUI oder personelle Inhaltsanalyse liegt darin, daß die Datenbank den Code einer Codiereinheit nicht permanent zuordnet.

Darin liegt auch zugleich das größte Anwendungshemmnis der Freitextrecherche als inhaltsanalytisches Verfahren. Die Quasi-Codierung ist untrennbar mit der statistischen Auswertung durch das Datenbanksystem verbunden, die allein in der Ausgabe einer Häufigkeit pro Abfrage besteht. Jede weiterführende statistische Auswertung kann daher nicht wie üblich Codiereinheiten als *Analyseeinheiten* (Fälle) verwenden und erfordert es, die Fundhäufigkeiten in ein anderes Programm zu übertragen. Eine große Zahl sinnvoller Analyseeinheiten, die eine anspruchsvolle statistische Weiterverarbeitung überhaupt erst ermöglichen, läßt sich aber nur durch das Datumskriterium erzielen, indem eine ansonsten identische Abfrage für unterschiedliche Zeitabschnitte wiederholt wird. Dies ist der Grund, warum die Datenbankrecherche als inhaltsanalytisches Verfahren ganz überwiegend für Längsschnittuntersuchungen eingesetzt wird.

Die Freitextrecherche hat nicht nur den Vorteil, Material auswerten zu können, ohne es auch nur aus der Datenbank auslesen zu müssen. Sie hat außerdem, wie andere Formen der CUI auch, gegenüber einer herkömmlichen quantitativen Inhaltsanalyse den Vorteil vollkommener *Reliabilität* und eines erheblich verringerten Codieraufwands (vgl. GEIS 1992: 10f.). Das prädestiniert sie für die Untersuchung großer Textmengen, deren personelle Codierung zu hohe Kosten verursachen oder zu lange dauern würde.

3. Das Validitätsproblem der Freitextrecherche und seine Ursachen

Was hingegen die inhaltliche *Validität* der Messung betrifft, so wurde durch die bisherigen Ausführungen schon deutlich, daß die CUI generell und insbesondere die Freitextrecherche im Vergleich zur personellen Codierung ein besonderes Problem aufwerfen. Das Validitätsproblem jeder CUI rührt daher, daß die Codierung ein rein syntaktischer Vorgang ist,

entsprechen, und denen gegebenenfalls als Ganzes der entsprechende Code zugeordnet wird. (FRÜH 1991: 87f.). Im Falle einer CUI sind sie immer syntaktisch definiert, etwa durch Sätze, Absätze oder Beiträge.

bei dem ein Computer die Codes den Codiereinheiten aufgrund einer Entsprechung in der Textoberfläche zuordnet. Der typische Zweck kommunikationswissenschaftlicher Inhaltsanalysen ist aber gerade die eindeutige Codierung von Textinhalten auf der semantischen Ebene.[5] Diese Zuordnung von Textoberflächenmerkmalen zu Textinhalten kann allein in den Köpfen von Individuen stattfinden.

Nun sind allerdings die Wort-Codes, die der Anwender bei einer Freitextrecherche einsetzt, nicht bedeutungsleer. Sie sind für ihn und andere mit lexikalischen Wortbedeutungen verbunden. Die semantischen Bedeutungen, die ein Wort in einem bestimmten Text ausdrückt, sind meist Einengungen der lexikalischen Bedeutung, die sich erst durch den Zusammenhang einer spezifischen sprachlichen Formulierung ergeben - den Kontext eines Wortes. Während bei der personellen Codierung der Formulierungszusammenhang berücksichtigt wird, geht er bei der Freitextrecherche durch die Invertierung verloren. Die Unterschiede zwischen lexikalischer und semantischer Bedeutung äußern sich in zwei Phänomenen sprachlicher Kommunikation: Homonymie und Synonymie (vgl. MERTEN 1983: 64ff.).

Homonymie: Wörter, die gleich lauten, können Unterschiedliches bedeuten. Erst durch den Kontext wird eine eindeutige Interpretation möglich oder die potentielle Bedeutungsvielfalt zumindest eingeengt. Das Wort ›Wirtschaft‹ kann beispielweise nicht nur die Ökonomie, sondern ebensogut eine Kneipe meinen. In einem anderen, ungünstigen Fall negiert der Kontext eine lexikalische Bedeutung (»Auch in diesem Quartal blieb der Aufschwung aus«; vgl. FRÜH 1984: 44f.). Durch Ironie, Metaphern, Metonyme und andere stilistische Kunstgriffe wird ferner der Bedeutungsbereich von Wörtern über die lexikalische Definition hinaus ausgeweitet, was auch nur im Kontext erkennbar ist. Die Freitextrecherche führt also zu einer *Überschätzung* der Häufigkeit gesuchter Bedeutungen, deren Ausmaß ohne weiteres nicht angegeben werden kann.

Synonymie: Eine bestimmte semantische Bedeutung kann mit unterschiedlichen Wörtern, Wortkombinationen oder Sätzen angesprochen werden. In der Regel können nicht alle möglichen Bezeichnungen einer

---

5   Was natürlich nicht ausschließt, daß diese Codierungen semantischer Inhalte zum Zweck von Schlußfolgerungen auf der pragmatischen Ebene erhoben werden (vgl. MERTEN 1983: 62, 115ff.).

bestimmten Bedeutung a priori festgelegt werden, geschweige denn in einer Datenbankabfrage untergebracht werden. Verweise auf die gesuchte Bedeutung durch ein Pronomen oder ein anderes deiktisches Wort sind ohne Kontext prinzipiell nicht rekonstruierbar (vgl. FRÜH 1984: 43f.). Das Gleiche gilt für Umschreibungen des Gesuchten durch die bereits angesprochenen, bedeutungsverändernden Stilmittel wie z.B. Ironie. Die Freitextrecherche führt daher zu einer *Unterschätzung* der Häufigkeit gesuchter Bedeutungen, deren Ausmaß ohne weiteres nicht angegeben werden kann.

Aus den bisherigen Überlegungen läßt sich Folgendes zur Anwendbarkeit und Anwendung der Freitextrecherche als inhaltsanalytisches Verfahren schließen:

1. Die Validität von Suchabfragen hängt in starkem Maße davon ab, wie gut der gesuchte Inhalt auf einzelne lexikalische Wortbedeutungen paßt. Freitextabfragen lassen sich vor allem dann valide formulieren, wenn das Untersuchungsziel die Codierung von Bedeutungen erfordert, für die wenige spezifische Wörter existieren. Ein extremes Beispiel hierfür ist ein exotischer Eigenname. Auch auf die derzeit wahrscheinlich wichtigste Kategorie kommunikationswissenschaftlicher Inhaltsanalysen trifft diese Bedingung durchaus häufig zu: das *Issue*, verstanden als problembehafteter thematischer Gegenstand einer öffentlichen Diskussion. Natürlich sind unterschiedliche Issues unterschiedlich gut abzufragen. Je wichtiger sie sind, desto wahrscheinlicher ist es jedoch, daß für sie spezielle Schlagworte existieren, die keine Homonyme sind und keine oder wenige Synonyme haben (BSE/Rinderwahn, Castor-Transporte, Gesundheitsreform ...).

2. Dies hängt damit zusammen, daß sich die journalistische Sprache der Massenmedien insofern relativ gut zur Freitextrecherche eignet, als sie sich bei professioneller Verwendung um ein hohes Maß an Allgemeinverständlichkeit bemühen muß und durch Verwendung eindeutiger Schlagwörter an hervorgehobener Stelle die Aufmerksamkeit der Rezipienten zu gewinnen sucht.

3. Je stärker die gesuchten Bedeutungen auf dem syntaktisch oder semantischen *Zusammenhang* eines Beitrages beruhen, desto schlechter lassen sie sich aus der Datenbank rekonstruieren. Eine hierfür typische Kategorie kommunikationswissenschaftlicher Inhaltsanalysen ist die Quelle - die Person, deren Aussage in einem Medienbeitrag indirekt oder direkt zitiert wird.

4. Schon aus theoretischen Gründen kann man sich bei der Freitextrecherche fast sicher sein, entweder nicht alle relevanten Beiträge zu codieren oder aber eine bestimmte Anzahl Beiträge irrtümlich zu codieren. In der praktischen Anwendung wird man meist eine Mischung aus beiden Fehlern in Kauf nehmen müssen.

5. Folglich ist das Ausmaß der Fehler durch Homonymie und Synonymie unbedingt abzuschätzen, um die Abfrageergebnisse valide interpretieren zu können. Die Abfrageergebnisse müssen also nachträglich validiert werden.

6. Es wird in der Regel notwendig sein, die Formulierung der Abfragestrategie schrittweise zu optimieren. Auch hierzu sind zwischen den einzelnen Schritten Validitätsabschätzungen notwendig.

4. *Schätzung der Abfragevalidität*

Die Überschätzung der Fundmenge durch Homonymie und ihre Unterschätzung durch Synonymie lassen sich als Komplemente zweier Kriterien beschreiben, die generell zur Messung der Güte von Abfrageergebnissen in Datenbankabfragen üblich sind: Relevanz und Vollständigkeit (VOM KOLKE 1996: 123). Im Englischen sind hierfür die Begriffe Precision und Recall gebräuchlich (WRAY, MAXWELL & HORNIK 1998). *Relevanz* ist der Anteil von Beiträgen an der Fundmenge, die tatsächlich relevant sind, d.h. eine gesuchte Bedeutung enthalten. *Vollständigkeit* ist dagegen der Anteil der gefundenen relevanten Beiträge an allen relevanten Beiträgen, d.h. an den Beiträgen, die man hätte finden wollen.

Relevanz und Vollständigkeit stehen in einem Zielkonflikt (vgl. Abbildung 1). Relevanz läßt sich durch eine engere Suchstrategie steigern, die Homonyme ausschließt oder Deskriptoren durch ein logisches UND verknüpft. Dadurch verringert sich allerdings fast immer die Vollständigkeit des Suchergebnisses - bestenfalls bleibt sie gleich. Umgekehrt läßt sich Vollständigkeit durch eine weitere Suchstrategie optimieren, indem Synonyme eingeschlossen und durch ein logisches ODER verknüpft werden. Dadurch wird fast immer die Relevanz des Ergebnisses herabgesetzt - bestenfalls bleibt sie gleich. Nur die Kombination beider Strategien in einer Suchabfrage ermöglicht es, das Ergebnis auf beiden Dimensionen zu verbessern (vgl. WRAY u. a. 1998: 5).

Um die Relevanz eines Ergebnisses genau zu bestimmen, müßte man

ABBILDUNG 1
Validitätskriterien für Suchergebnisse
von Freitextrecherchen

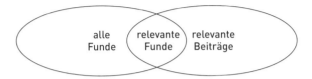

Relevanz: Anteil der relevanten Funde an allen Funden
Vollständigkeit: Anteil der relevanten Funde an allen relevanten Beiträgen

die komplette Fundmenge personell codieren. Wenn sie dazu zu groß ist, bleibt nur der Weg, den Wert aus einer Stichprobe zu schätzen, etwa durch eine systematische Zufallsauswahl aus der Fundliste. In der Stichprobe kann nur durch personelle Codierung die Anzahl relevanter Beiträge ermittelt werden. Das gleiche gilt für die Ermittlung der Anzahl aller relevanten Beiträge in der Datenbank, die ja unbekannt, aber zur Berechnung der Vollständigkeit notwendig ist.

Schon bei einem Sample von nur einer Tageszeitung und einem Untersuchungszeitraum von einem Jahr wird die Gesamtzahl der Beiträge in der Mediendatenbank mehrere zehntausend Dokumente umfassen. Meistens wird es sich daher empfehlen, vor der Ermittlung der Validitätskriterien und eventuellen Stichproben eine engere Grundgesamtheit zu definieren und zu beziffern. Dazu kann eine sehr weit gefaßte Vorabfrage verwendet werden. Es gibt dabei zwar keine Garantie dafür, wirklich alle relevante Beiträge zu finden; bei entsprechender Abfragewahl kann man diesen Fehler aber sehr unwahrscheinlich werden lassen. Lautet beispielsweise das Ziel, alle Beiträge über den aktuellen Bundeskanzler zu ermitteln, so könnte man die Grundgesamtheit durch die Abfrage »bundeskanzler* OR schröder*« eingrenzen. In diesem Fall ist es recht unwahrscheinlich, relevante Beiträge nicht zu finden.

Nachdem die Grundgesamtheit abgegrenzt ist, können Stichproben zur Ermittlung von Relevanz und Vollständigkeit gezogen werden. Dies kann durch Zufallsauswahl geschehen. Da beide Werte Anteile darstellen, lassen sich die Stichprobengrößen bei einem gegebenen Umfang der Grundgesamtheiten (Fundmenge bzw. alle Beiträge), einem gewünschten Konfidenzniveau und einem maximalen Vertrauensintervall aus der Formel zur Berechnung des Standardfehlers von Anteilswerten abschätzen. Dieselbe Formel kann dazu verwendet werden, genaue Konfidenzintervalle für Relevanz und Vollständigkeit zu berechnen, sobald die Werte in den Stichproben feststehen. Dann läßt sich auch die Anzahl der relevanten unter allen Beiträgen schätzen, die sich als Produkt aus dem Relevanzanteil mit der Fundmenge ergibt, das durch den Vollständigkeitsanteil dividiert wird.

Aus Zugänglichkeits- und Kostengründen wird man sich aber oft für systematische Stichproben entscheiden müssen. Das kann z.B. bedeuten, Relevanz und Vollständigkeit für alle Beiträge aus einen bestimmten Teilzeitraum und/oder aus einem ausgewählten Medium zu berechnen. Bei diesem Vorgehen muß man allerdings unterstellen, daß der Sprachstil in unterschiedlichen Zeitphasen oder Medien die Verwendung der gesuchten Wörter nicht systematisch beeinflußt.

5. Ein Anwendungsbeispiel

Bisher hat sich gezeigt, daß sich Freitextrecherche als inhaltsanalytisches Instrument in erster Linie unter drei Bedingungen eignet:
1. wenn eine Längsschnittanalyse beabsichtigt ist, die
2. die Codierung einer großen Menge von Untersuchungsmaterial erfordert und
3. Inhalte zu messen hat, die sich relativ präzise durch wenige lexikalische Wortbedeutungen beschreiben lassen.

Alle drei Bedingungen waren bei einem Projekt mit dem Forschungsziel gegeben, Verläufe der Thematisierung und der Bewertung von Wirtschaftskonjunktur in führenden deutschen Medien zu erheben. Es diente auch dem Zweck, Zusammenhänge mit Konjunktureinschätzungen in der Bevölkerung und mit der Entwicklung von Konjunkturindikatoren aus der amtlichen Statistik zu untersuchen.[6]

Um unterschiedliche Konjunkturphasen abzudecken und Zusammenhänge durch Zeitreihenanalysen untersuchen zu können, wurde mit den Jahren 1991-1997 ein möglichst langer Untersuchungszeitraum gewählt. Zugleich war das Sample der untersuchten Medien umfangreich: Es soll-

---

6 Das Projekt wurde von der Deutschen Forschungsgemeinschaft mit einer Sachbeihilfe gefördert und unter der Leitung des Autors am Lehrstuhl für Kommunikations- und Politikwissenschaft der Friedrich-Alexander-Universität Erlangen-Nürnberg durchgeführt.

te in der Gesamtbevölkerung wie unter wirtschaftlichen Führungskräften nach Reichweite und Nutzungsintensität wirkungsstark sein und zugleich verschiedene politische Ausrichtungen und Mediengattungen abdecken. Diese Bedingungen ließen eine Vollerhebung der Konjunkturberichterstattung in zeitlicher Hinsicht nur zu, weil einige der ausgewählten Medien über den kompletten Untersuchungszeitraum hinweg in Datenbanken archiviert waren, die per Freitextrecherche ausgewertet werden konnten, darunter der Basisdienst der Deutschen Presseagentur (dpa). Die Analyse war sowohl bei der personellen Inhaltsanalyse wie bei der Freitextrecherche auf Überschriften[7] im Politik- oder Wirtschaftsressort beschränkt, die zugleich als Codiereinheit genommen wurden.

Als Konjunktur wird die kurz- bis mittelfristige Oszillation von Volkswirtschaften bezeichnet, die sich in Schwankungen des *Sozialprodukts* und damit einhergehend der *Beschäftigung* sowie des *Preisniveaus* äußert (vgl. etwa HENRICHSMEYER, GANS & EVERS 1988: 25, 514ff.). Durch diese drei Konjunkturindikatoren sind zentrale inhaltliche Kategorien vorgegeben, die in der Medienberichterstattung gemessen werden mußten. Das Codebuch für die personelle Inhaltsanalyse schrieb daher vor, alle Überschriften mit dem Code des jeweiligen Indikators zu versehen, die seinen Stand oder seine Entwicklung erwähnten oder ihn explizit bewerteten. Dabei mußte sich ein Indikator auf die nationale Ebene oder zumindest die Ebene einer Wirtschaftsbranche oder Region beziehen, diese Ebenen wurden ebenfalls codiert. Neben den drei einzelnen Indikatoren wurde analog die allgemeine Thematisierung und Beurteilung der Konjunktur bzw. der wirtschaftlichen Lage codiert. Schließlich wurde als Merkmal jeder Überschrift auf einer fünfstufigen Ordinalskala festgehalten, ob sie die konjunkturelle Lage insgesamt eher positiv oder negativ darstellten. Dabei wurden expliziten *Bewertungen* und Schilderungen des Stands oder der Entwicklung eines Indikators unterschieden. Die letztgenannten, sog. *Lageschilderungen,* implizieren praktisch immer eine bestimmte Bewertung: So wird ein hohes oder zunehmendes Wachstum des Sozialprodukts gemeinhin als gut empfunden, für die Arbeitslosenquote und das Preisniveau gilt hingegen das Umgekehrte.

Entsprechende Thematisierungsindikatoren wurden bei der endgültigen Freitextrecherche durch folgende Abfragen formuliert:

---

7 Hierzu zählten sowohl bei der personellen Inhaltsanalyse wie im entsprechenden Freitextfeld der Datenbank auch Unter- und Oberüberschriften.

1. bruttoin* OR inlandsprodukt* OR bruttosoz* OR sozialprodukt*
2. arbeitslos* OR erwerbslos* OR arbeitsmarkt*
3. inflation* OR geldwert* OR preisniveau*
4. konjunktur* OR wirtschaftslage*
Bezüglich der allgemeinen konjunkturellen Lage wurden zusätzlich zwei Abfragen formuliert, die positive bzw. negative Bezeichnungen für Konjunkturphasen enthalten:
5. wirtschaftskrise* OR rezession* OR stagnation* OR abschwung*
6. aufschwung* OR hochkonjunktur*

Alle Abfragen sind das Ergebnis einer explorativen Phase, in der zunächst eine möglichst umfangreiche Synonymliste für alle Indikatoren mit dem Programm *Textpack* PC aus Meldungen der *dpa*-Basisdienst-Datenbank generiert wurde, die in der Stichwortzeile das Suchwort »Konjunktur« enthielten. Diese Liste wurde ergänzt um Konjunktur-Begriffe aus ökonomischen Thesauri.

Die umfangreiche Urliste wurde nun um Wortstämme bereinigt, die nach dem Sprachverständnis des Untersuchungsleiters offensichtlich stark homonym waren (z.B. wirtschaft*). Bei einigen (z.B. preis*, wachstum*) bestand ein Zielkonflikt zwischen ihrem Homonymcharakter und ihrem vermutlich häufigen Gebrauch zur Beschreibung von Konjunktur. Daher wurden mit verschiedenen Abfragen mehrfach unterschiedliche Stichproben aus der Datenbank der *Frankfurter Allgemeinen Zeitung* (FAZ) gezogen, um Relevanz und Vollständigkeit der Resultate zu begutachten.

Die generelle Strategie bestand darin, zugunsten einer möglichst hohen Relevanz eher geringe Vollständigkeitsgrade hinzunehmen. Wenn die Fundmenge nämlich ziemlich relevant, aber wenig vollständig ist, kann sie eher als repräsentative systematische Stichprobe der zu messenden Inhalte angesehen werden als im umgekehrten Fall. Bei einer ganz und gar relevanten Fundmenge geht nämlich alle Variation im Zeitverlauf entweder auf die Variation der Grundgesamtheit anvisierter Inhalte zurück oder auf Veränderungen des Sprachstils, die den Anteil bestimmter Wörter bei der Bezeichnung bestimmter Phänomene schwanken lassen. Im Fall einer vollständigen, aber wenig relevanten Fundmenge, wird der größte Teil der Variation dagegen durch Faktoren verursacht, die man nicht kennt.

Aus Kostengründen konnten nicht mehrere Datenbanken für die explorative Entwicklung und nachträgliche Validierung der Freitextabfragen verwendet werden. Sich auf ein Medium zu konzentrieren ermöglichte es außerdem, erstens mit vertretbarem Aufwand, zumindest für einen Teilzeitraum von einem vollen Jahr, die Relevanz und Vollständigkeit der Datenbankrechercheergebnisse durch eine Vollerhebung zu bestimmen. Zweitens konnten so die Ergebnisse der Freitextrecherche mit den Ergebnissen der personellen Inhaltsanalyse im Zeitverlauf durch Korrelationen komplett verglichen werden - allerdings erst ab dem Jahr 1993, seit dem das ausgewählte Medium, die FAZ, elektronisch archiviert vorliegt. Sie wurde auch deshalb ausgewählt, weil die Validität der Freitextrecherche wegen des vielfältigen und hochgestochenen, bisweilen blumigen Stils der FAZ-Konjunkturüberschriften tendenziell eher schlechter ausfallen dürfte als bei anderen Medien.

Tabelle 1 zeigt, wie relevant und vollständig die Datenbankfundmengen sind, die die Thematisierung von Konjunkturindikatoren erfassen sollen. In ihr wurden alle Beiträge zusammengefaßt, die laut Abfrageergebnis einen Bezug zur allgemeinen Wirtschaftslage, zu positiven bzw. negativen Konjunkturphasen oder zum Sozialprodukt hatten. Das letztgenannte Suchergebnis fand sich nämlich selten und dabei oft gleichzeitig als Fund zur allgemeinen Wirtschaftslage.

Die Codierer sahen alle gefundenen Titel durch und verglichen sie mit ihren eigenen Codierungen. Dabei wurden zusätzlich zu den personell codierten Funden noch alle Funde als relevant für die Thematisierung betrachtet, die den entsprechenden Indikator zwar ansprachen, aber ohne Bewertung, Schilderung seines Standes oder seiner Entwicklung. Der Fehler wurde damit dem inhaltsanalytischen Kategorienschema zugewiesen, das eine entsprechende Kategorie nicht enthielt. Ferner wurden acht Prozent der kontrollierten ursprünglichen Codierentscheidungen entdeckt, die nach Ansicht des Untersuchungsleiters falsch waren. Dieser Fehler ist in Tabelle 1 behoben. Wie sie zeigt, sind die Fundmengen durchweg in hohem Maß relevant. Das Homonym-Problem stellt sich nur bei den Funden zur Arbeitslosigkeit in nennenswertem Umfang. Aber diese Homonyme treten ausschließlich als Komposita auf (»Arbeitsmarktpolitik«, »Arbeitslosenhilfe« ...), deren Entwicklung mit der Thematisierung der Arbeitslosenentwicklung korrelieren dürfte.

Die Vollständigkeit der Fundmengen ist, wie die Abfragestrategie erwarten ließ, weitaus geringer als die Relevanz. Es liegt aber auch daran, daß die Indikatoren in den Titeln der FAZ häufig umschrieben bzw. metaphorisch ausgedrückt werden.

Wenngleich also die Datenbankrecherche im Titel oder im gesamten

TABELLE 1
Relevanz und Vollständigkeit von Datenbankfunden in Überschriften der Frankfurter Allgemeinen Zeitung (1997)

	Wirtschaftslage allgemein, Sozialprodukt	Arbeitslosigkeit	Preisentwicklung
Funde gesamt, davon:	265	283	65
Indikator angesprochen, davon:	231	247	62
Per IA codiert	200	166	50
Kein Bezug zu Stand/Entwicklung	31	81	12
Indikator nicht angesprochen, davon:	34	36	3
Bezug auf Unternehmen	19	2	0
Kompositum	7	34	2
Sonstige homonyme Verwendung	8	0	1
Relevanz (Indikator angespr./ Funde ges.)	87%	87%	95%
Alle codierten Beiträge	798	354	206
Davon per DB-Recherche gefunden	200	166	50
Vollständigkeit (gefundene Beiträge/alle)	25%	47%	24%

Beitrag die Ergebnisse der Inhaltsanalyse nicht genau abbildet, erfaßt sie doch zu rund 90% Prozent nur relevante Überschriften. Wenn man nun davon ausgeht, daß sich der Sprachstil im Untersuchungszeitraum nicht ändert und stets ein ungefähr gleicher Anteil der semantisch relevanten Bedeutungen mit den gesuchten Wörtern angesprochen wird, müßten die Thematisierungsverläufe aus der personellen Inhaltsanalyse und aus der Freitextrecherche im Zeitverlauf hoch korrelieren. Tatsächlich werden Datenbankfundmengen und personelle Codierungen zu einem großen Teil von den gleichen Faktoren bewegt, wie Tabelle 2 zeigt.

Alle Fundmengen korrelieren signifikant mit den entsprechenden Codierungshäufigkeiten der Inhaltsanalyse. Auf Monatsebene sind die Korrelationen unter den thematischen Indikatoren allerdings nur mittelstark. Bei quartalsweiser Betrachtung fallen alle Zusammenhänge deutlich stärker aus. Darin spiegelt sich ein verringerter Anteil des Zufallsfehlers: Quartalsweise messend fällt es weniger stark ins Gewicht, daß der Anteil, mit dem Synonyme für einen bestimmten Indikator gebraucht werden, auch zufällig variiert. Für zufällig verteilte personelle Fehlcodierungen gilt das gleiche. Deutet man die Korrelationen als Effekte der

TABELLE 2
Korrelationen zwischen Datenbankfundmengen und personellen Codierhäufigkeiten der Thematisierung und Bewertung von Konjunkturindikatoren in Überschriften aus der Frankfurter Allgemeinen Zeitung, 1993-1997

		Meßintervall	
		Monatsweise	Quartalsweise
Thematisierung:	Wirtschaftslage allg./Sozialprodukt	.51*	.72*
Thematisierung:	Arbeitsmarkt	.64*	.82*
Thematisierung:	Preisentwicklung	.65*	.80*
Lageschilderung:	Wirtschaftslage allg./Sozialprodukt	.72*	.88*
Bewertung:	Wirtschaftslage allg./Sozialprodukt	.68*	.86*
	Fälle	60	20

* Pearsons r mit p ≤ .05 (einseitiger Test)

dahinter stehenden zu messenden Bedeutung, so erklärt diese auf Quartalsebene, je nach Indikator, rund zwei Drittel der Varianz von personellen Codierungen oder Fundhäufigkeiten.

Die Ergebnisse beider Methoden korrelieren stärker, was die Lageschilderung bzw. Bewertung der Konjunktur betrifft. Dies liegt vermutlich daran, daß die Thematisierung jeweils für drei separate Indikatoren gemessen wurde, die Richtungsschilderungen und Bewertungen sich jedoch auf die Konjunktur insgesamt beziehen und insofern eine Merkmalszusammenfassung darstellen. Der Richtungsindikator aus den Datenbankfundmengen wurde gebildet, indem die Menge Beiträge mit negativen Bezeichnungen für Konjunkturphasen von der Menge Beiträge mit positiven Bezeichnungen abgezogen wurde (vgl. oben die Abfragen 5. und 6.). Es macht kaum einen Unterschied, ob man ihn mit der Summe der personell fünfstufig, ordinal codierten Bewertungen oder Lageschilderungen korrelieren läßt. Das bestätigt unsere eingangs getroffene Vermutung, wonach Schilderungen bestimmter Entwicklungsrichtungen oder Stände von Konjunkturindikatoren kaum von entsprechenden Bewertungen zu trennen sind.

Daß die Freitextrecherche und die personelle Inhaltsanalyse im wesentlichen das gleiche gemessen haben, belegen auch Korrelationen mit dem Wachstum des realen Bruttoinlandsprodukts im Vergleich zum Vorjahresquartal. Dieser Wert wird vom statistischen Bundesamt jeweils im ersten bis dritten Monat des Folgequartals veröffentlicht und beeinflußt offenbar die Konjunkturdarstellung in den Überschriften der FAZ äußerst stark. Berechnet man die Korrelation der seinerzeit veröffentlichten Wachstumswerte mit dem Saldo der personell codierten Bewertungen aus dem Veröffentlichungsquartal, so erhält man r = .73*, im Falle der personell codierten Lageschilderungen r = .78*, im Falle des Richtungsindikators aus den Datenbankfundmengen r = .90*.

Literatur

ALEXA, M.: *Computer-Assisted Text Analysis Methodology in the Social Sciences.* ZUMA-Arbeitsbericht 97/07. Mannheim 1997

FAN, D.P.: *Predictions of Public Opinion from the Mass Media. Computer Content Analysis and Mathematical Modeling.* New York 1988

FRÜH, W.: Konventionelle und maschinelle Inhaltsanalyse im Vergleich: Zur Evaluierung computerunterstützter Bewertungsanalysen. In: KLINGEMANN, H.-D. (Hrsg.): *Computerunterstützte Inhaltsanalyse in der empirischen Sozialforschung.* Frankfurt a.M., New York 1984, S. 35-53

FRÜH, W.: *Inhaltsanalyse. Theorie und Praxis.* München 1991

FUNKHOUSER, R. G.: The Issues of the Sixties. An Exploratory Study in the Dynamics of Public Opinion. In: *Public Opinion Quarterly*, 37, 1973, S. 62-75

GEIS, A.: Computergestützte Inhaltsanalyse - Hilfe oder Hinterhalt. In: ZÜLL, C.; P. MOHLER (Hrsg.): *Textanalyse.* Opladen 1992, S. 7-32

HENRICHSMEYER, W.; O. GANS; I. EVERS: *Einführung in die Volkswirtschaftslehre.* Stuttgart 1988

MERTEN, K.: *Inhaltsanalyse. Einführung in Theorie, Methode und Praxis.* Opladen 1983

VOM KOLKE, E.-G.: *Online-Datenbanken. Systematische Einführung in die Nutzung elektronischer Fachinformation.* München, Wien 1996

WRAY, R.; K. MAXWELL; R. HORNIK: *Validation of Online Searches of Media Coverage: An Approach to Evaluation with an Example for Reporting on Domestic Violence.* Manuskript zum Vortrag bei der Jahrestagung der International Communication Association, Jerusalem 1998

ZÜLL, C.; P. PH. MOHLER; A. GEIS: *Computerunterstütze Inhaltsanalyse mit TEXTPACK PC.* Stuttgart, New York 1991

WERNER WIRTH

Zum Stellenwert der Inhaltsanalyse in der kommunikations- und medienwissenschaftlichen Methodenausbildung

Welche Bedeutung hat die Inhaltsanalyse in der kommunikationswissenschaftlichen Lehre? Diese Frage stellt sich schon unabhängig von jeder spezifischen Methode, geht man davon aus, daß nur eine fundierte Methodenausbildung an möglichst vielen, am besten an allen Instituten mit kommunikations- und medienwissenschaftlichen Studiengängen den Fortschritt der Fachdisziplin sicherstellen kann (vgl. WIRTH 2000, DGPUK 2001: 6). Bezogen auf die Inhaltsanalyse als der zentralen Methode der Kommunikations- und Medienwissenschaft gewinnt die Frage an zusätzlicher Relevanz. Zum einen gibt es nur wenige Basis- und Einführungswerke (vgl. auch den Beitrag von Baumann in diesem Band), zum anderen können die Studierenden nur sehr begrenzt auf entsprechende Veranstaltungen anderer Institute ausweichen. Kurse zur Inhaltsanalyse werden - anders als etwa Einführungen zur Statistik, Befragung und Datenanalyse - bei Soziologen und Psychologen eher selten angeboten.[1] Jeder Studierende der Kommunikations- und Medienwissenschaft ist also auf eine fundierte Ausbildung am *eigenen* Institut bzw. Lehrstuhl angewiesen.

---

1   Es stellt sich natürlich auch bei solchen Veranstaltungen die Frage, wie hilfreich es für eine *kommunikationswissenschaftliche* Methodenausbildung sein kann, wenn zentrale Einführungen von Vertretern anderer Fächer durchgeführt werden. Schließlich bringt jede Disziplin ihre eigenen Perspektiven und Anwendungen in die Methodenausbildung ein.

1. Fragestellung und Methode

Mit diesem Beitrag soll empirisch geklärt werden, ob bzw. in welcher Form eine fundierte Inhaltsanalyseausbildung gewährleistet ist. Konkret soll untersucht werden, in welchem Umfang und wie exklusiv die Methode der Inhaltsanalyse in den Methodenveranstaltungen behandelt wird, wie praxisbezogen der Unterricht ist, welche Leistungsnachweise für den Scheinerwerb gefordert sind und welche wissenschaftstheoretische Ausrichtung vorherrschend ist.

Zu diesem Zweck wurde auf den Datensatz einer Enquete zurückgegriffen, die in der ersten Hälfte des Jahres 2000 vom Autor[2] bzw. von der Fachgruppe *Methoden der Publizistik- und Kommunikationswissenschaft* durchgeführt wurde und eine *allgemeine* Bestandsaufnahme der qualitativen und quantitativen Methodenausbildung in Deutschland, Österreich und der Schweiz zum Ziel hatte.[3] Es wurden sämtliche der insgesamt 38 *universitären*[4] Einrichtungen mit kommunikations- oder medienwissenschaftlichen Vollstudiengängen kontaktiert, darunter je drei in Österreich und in der Schweiz (vgl. WIRTH & BAUMANN 2000). Zu Vergleichszwecken wurde zusätzlich eine Stichprobe von acht (universitären) Teilstudienstudiengängen einbezogen. Für jede Veranstaltung[5] mit methodischem, methodologischem und bzw. oder statistischem Hintergrund aus den letzten drei bis vier Jahren war ein einseitiger Fragebogen auszufüllen. Erfragt wurden unter anderem Titel, Turnus und zentrale Inhalte der Veranstaltungen, ihre curriculare Positionierung innerhalb des Studiums sowie der Pflichtcharakter und die Leistungsanforderungen.

---

2   Ich danke Eva Baumann sehr herzlich für ihre Mitarbeit bei der Vorbereitung und Durchführung der Erhebung.

3   Die Veröffentlichung der Gesamtergebnisse ist in Vorbereitung.

4   Da Fachhochschulen und Berufsakademien nicht im gleichen Maße wie Universitäten für die wissenschaftliche Ausbildung zuständig sind, wurde die Enquete auf Universitäten sowie wissenschaftliche Hochschulen (allgemeines Abitur als Zugangsvoraussetzung) beschränkt.

5   Im Referenzzeitraum wiederholt angebotene Veranstaltungen (z. B. »Einführung in die Methoden der Kommunikationsforschung« oder »Einführung in die Inhaltsanalyse«) wurden nur einmal gezählt. Um den Turnus dennoch zu berücksichtigen, sollte für jede Veranstaltung angegeben werden, ob sie im Referenzzeitraum einmalig oder wiederholt (jedes Semester, jedes Jahr, einmal alle zwei Jahre) durchgeführt wurde.

Der Rücklauf betrug 91% (n = 42). So konnte ein Datenpool mit Informationen zu insgesamt 252 methodenorientierten Veranstaltungen erstellt werden, davon 229 Veranstaltungen aus 34 Vollstudiengängen sowie 23 aus acht Teilstudiengängen.[6] Die hier präsentierten Ergebnisse beruhen auf jenen Veranstaltungen, welche wenigstens *einen* von gegebenenfalls mehreren Schwerpunkten auf die Inhaltsanalyse bzw. auf einer andere textanalytische Methode legten bzw. sich ausschließlich einer dieser Verfahren widmeten.[7]

2. *Ergebnisse*

2.1 *Inhalts- bzw. textanalytische Veranstaltungen und zentrale Lehrinhalte*

Beschränkt man sich zunächst auf die Vollstudiengänge, so gilt: Für 86 (37,6%) der 229 erfaßten Vorlesungen, Seminare und Übungen wurde angegeben, daß inhalts-, medien-, diskurs- oder textanalytische[8] Verfahren einen Schwerpunkt des Lehrplans darstellten.[9] Keine andere (spezielle) Methode wurde häufiger als Schwerpunkt einer Methodenveranstaltung genannt. Demnach konnten Studierende eines Vollstudienganges im Verlauf der letzten drei bis vier Jahre 2,5 unterschiedliche Lehrangebote mit einem inhaltsanalytischen oder einem anderen textanalytischen Schwerpunkt wählen. Darunter waren 31 Überblicksveranstaltungen, 17

---

6 Erste Ergebnisse der Gesamtstudie wurden bereits auf der 45. Jahrestagung der DGPuK in Wien vorgestellt (vgl. WIRTH & BAUMANN 2000).

7 Der Fragebogen war allgemein gehalten, so daß die Fragen zu allen denkbaren Methodenveranstaltungen beantwortet werden konnten. Spezifische Fragen zur *inhaltsanalytischen* Ausbildung (verwendete Literatur, Themen von Übungsstudien etc.) konnten daher nicht aufgenommen werden. Insofern muß die vorliegende Studie als Sekundäranalyse angesehen werden.

8 Im weiteren Verlauf des Beitrags sind mit dem Ausdruck »Inhalts-« bzw. »Textanalyse« immer allgemein alle Varianten quantitativer und qualitativer inhalts-, text-, medien- und diskursanalytischer Verfahren gemeint.

9 Die entsprechende Frage lautete: »Bitte geben Sie an, welche Lehrinhalte die Veranstaltung *schwerpunktmäßig* umfaßt. Mehrfachnennungen sind möglich, sofern es sich um zentrale Inhalte handelt.« 13 Lehrgebiete waren vorgegeben, weitere konnten frei eingetragen werden.

TABELLE 1

Methodenorientierte Veranstaltungen mit und ohne inhalts- bzw. textanalytische Schwerpunktsetzung

Veranstaltungstyp (nur Vollstudiengänge)	N	%
Veranstaltungen insgesamt, davon	229	100%
ohne inhalts- bzw. textanalytischer Schwerpunktsetzung	143	62%
mit inhalts- bzw. textanalytischer Schwerpunktsetzung	86	38%
Veranstaltungen mit inhalts- bzw. textanalytischer Schwerpunktsetzung davon:	86	100%
Veranstaltungen mit übergeordnetem Lehrziel	53	62%
Methodenüberblicke	31	36%
Forschungsthematische Überblicke	17	20%
Projekt- oder Werkstattseminare	3	3%
Sonstiges bzw. keine Angabe	2	2%
Spezifische Veranstaltungen zur Inhalts- bzw. Textanalyse	33	38%
Inhaltsanalyse	21	24%
Film- bzw. Fernsehanalyse	7	8%
Diskursanalyse	3	3%
Textanalyse	2	2%

forschungsthematische Lehrangebote (z. B. Wahlforschung), drei Projekt- oder Werkstattseminare sowie schließlich 33 Veranstaltungen, die laut Veranstaltungstitel in ein inhalts- oder textanalytisches Verfahren einführten bzw. weiterführende Kenntnisse vermittelten. In den meisten Fällen handelte es sich dabei um Inhaltsanalysekurse, eher selten fand Unterricht in Film-, Diskurs- oder Textanalyse statt (Tabelle 1). *Wissenschaftstheoretisch* waren die meisten Veranstaltungen am quantitativen Paradigma orientiert (56% überwiegend oder ausschließlich quantitativ), immerhin in jeder dritten Veranstaltung folgt die Ausbildung jedoch überwiegend oder ausschließlich einem qualitativen Forschungsverständnis (34%).[10] Für den Rest wurde ein ausgewogenes Verhältnis zwischen beiden Positionen angegeben.

---

10 Ich bin mir sehr bewußt, wie unzulänglich die Verkürzung der methodologischen Diskussion auf die Label »quantitativ« versus »qualitativ« ist, selbst wenn eine fünfteilige Skala zur Verfügung steht, die eine feinere Einstufung der Veranstaltungen erlaubt (vgl. z. B. auch

Damit lassen sich die Veranstaltungen klar in zwei Gruppen einteilen. In der ersten Gruppe (n = 53) stellten die Inhaltsanalyse oder verwandte Verfahren zwar einen Schwerpunkt in der Lehre dar, das Unterrichtsziel dürfte sich jedoch eher auf übergeordnete Lehrinhalte beziehen. In dieser Gruppe finden sich allgemeine Methodeneinführungen, Forschungsüberblicke (z. B. Wahlforschung) oder konkrete Projektseminare (z. B. Berichterstattung zur Bundestagswahl 1998). Veranstaltungen der zweiten Gruppe (n = 33) widmen sich hingegen laut Titel vorrangig der Inhalts- bzw. Textanalyse. Insgesamt wurden in Vollstudiengängen im Verlauf des vierjährigen Referenzzeitraums 2,3 Veranstaltungen mit wenigstens anteilsmäßigem Unterricht in inhaltsanalytischen oder verwandten Verfahren angeboten. Zum Vergleich: In den Teilstudiengängen waren es im gleichen Zeitraum nur 0,9.

Die inhalts- bzw. textanalytische Ausbildung erfolgte selten isoliert. Im Schnitt wurden drei Lehrbereiche pro inhaltsanalytischer Veranstaltung schwerpunktartig behandelt, am häufigsten Methodologie, Wissenschaftstheorie oder Forschungslogik, gefolgt von Befragung, Beobachtung, Stichprobenverfahren und dem Experiment. Die relativ starke Vermischung war vor allem auf die Überblicksveranstaltungen sowie auf die themenorientierten Seminare oder Vorlesungen zurückzuführen. Das Bild relativiert sich, wenn man nur die 33 spezifischen Inhaltsanalyse- bzw. Textanalysekurse zur Grundlage nimmt. Danach wurde in drei von fünf dieser Veranstaltungen neben der Inhaltsanalyse maximal nur noch ein weiteres Themengebiet behandelt, in der Regel waren dies methodologische Grundlagen oder Stichprobenverfahren (vgl. Tabelle 2).

2.2 Veranstaltungsform, curriculare Plazierung und Leistungsanforderungen

Erwartungsgemäß war die häufigste *Veranstaltungsform* das Seminar (auch: Übung, Kurs; 62%), gefolgt von der Vorlesung mit Tutorium (23%). Eher selten waren Vorlesungen ohne zusätzliche Vertiefungsmöglichkeiten (16%, n = 14). In den meisten Instituten lag die Inhaltsanalyseausbildung

---

den Beitrag von Früh in diesem Band). Diese skalierte Abfrageform hatte sich in einem Pretest als die praktikabelste Lösung erwiesen. Eine differenziertere Erfassung war im Rahmen einer derart kurzen Befragung wie der vorliegenden (9 Fragen) leider nicht möglich.

TABELLE 2
Andere inhaltliche Schwerpunkte in inhalts- bzw. textanalytischen Veranstaltungen

Veranstaltungen in Vollstudiengängen (Angaben in Prozent)	Alle	Spezifische Veranstaltung zur Inhalts- / Textanalyse?	
		Nein	Ja
	Basis: n=86	Basis: n=53	Basis: n=33
Methodologie & Wissenschaftstheorie	64%	72%	52%
Befragung	53%	85%	3%
Beobachtung	38%	58%	6%
Stichprobenverfahren	37%	47%	21%
Experiment	37%	58%	3%
Deskriptive Statistik	22%	28%	12%
Einführung in die Datenanalyse	16%	15%	18%
Inferenzstatistik	14%	19%	6%
Andere Lehrgebiete, zusammen	16%	20%	15%
Anzahl Lehrgebiete (außer Inhalts-/Textanalyse)	3.0	4.0	1.4

in den Händen festangestellter MitarbeiterInnen. Lehrbeauftragte, Gastdozenten oder Lehrkräfte anderer Institute übernahmen die Veranstaltungen nur zu 17% (n = 15). Weit mehr als die Hälfte (60%) aller Inhaltsanalyseveranstaltungen richtete sich ausdrücklich an Studierende im Grundstudium, ein Viertel war für das Hauptstudium gedacht, die restlichen Veranstaltungen waren diesbezüglich wahlfrei.

Um erlernte Methoden selbst auch anwenden zu können, sind *praktische Übungen* unerläßlich. Bei einem zu einseitigen praktischen Forschungsbezug besteht andererseits Gefahr, daß wesentliche Aspekte der Methode übergangen werden, weil sie für das konkrete Projekt irrelevant sind. Der Praxisbezug war daher eine wichtige Frage unserer Enquete. Die auf die Methode der Inhalts- bzw. Textanalyse bezogene Ausbildung war demnach je zu einem Drittel theoriedominant, ausgewogen und praxisdominant. Die Ergebnisse zeigen auch, daß der Praxisbezug in größeren Instituten besser gewährleistet werden konnte als in kleinen Lehreinrichtungen. Das ausgewogene Theorie-Praxis-Verhältnis schlug sich auch auf die Regelungen zu den *Leistungsanforderungen* nieder: Am häufigsten wurde als Leistungsnachweis ein Projektbericht erstellt, gefolgt vom

ABBILDUNG 1
Bewertung der inhaltsanalytischen Ausbildungssituation
(nur Vollstudiengänge, n=34)

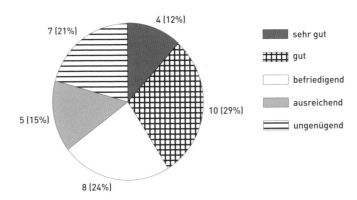

Referat, einer Klausur und Übungen. In 44% (n = 38) aller Fälle wurde einer und in 51% (n = 44) sogar zwei oder mehr Nachweise für den Scheinerwerb von den Studierenden gefordert. Nur in vier Veranstaltungen wurde keinerlei Leistungsnachweis verlangt.

2.3   Gesamtbetrachtung

Um ein Gesamtbild zur inhaltsanalytischen Ausbildungssituation in den 34 erfaßten Vollstudiengängen zu erhalten, wurden diese in fünf Gruppen eingeteilt. Als vorbildlich kann der Ausbildungsstatus in n = 4 (12%) der Studiengänge bezeichnet werden. Dort wurden zwei oder drei spezielle Inhalts- oder Textanalysekurse angeboten, je einer in Grund- und Hauptstudium. Mit gut kann die Lehrsituation in n = 10 (29%) Vollstudiengängen bewertet werden: Dort wurde nur eine eigenständige Inhaltsanalyseveranstaltung durchgeführt, diese jedoch relativ exklusiv, d.h., es wurde darin maximal ein weiterer Lehrbereich ausführlich behandelt. Noch als zufriedenstellend beurteilen wir die Situation in acht Studiengängen (24%). Inhalts- bzw. Textanalyse wurde dort zwar in einer eigenständigen Veranstaltung behandelt, allerdings wurden gleichzeitig zwei oder mehr zusätzliche Lehrbereiche fokussiert. Wurde die Methode lediglich in einer Überblicksveranstaltung gelehrt, kann die Ausbildungssituation (etwas wohlwollend) noch mit ausreichend bewertet werden. Für fünf Vollstudiengänge (15%) trifft dies zu. Als ungenügend kritisiert werden muß die Situation allerdings in sieben Fällen (21%), da in diesen Studiengängen Methoden der Inhalts- oder Textanalyse in keiner Veranstaltung mehr als nur am Rande erwähnt wurden (vgl. Abbildung 1).

3. Zusammenfassung

Anhand der Sekundäranalyse einer Enquete zur Methodenausbildung wurde der Status der Inhaltsanalyseausbildung in deutschsprachigen, kommunikations- und medienwissenschaftlichen Vollstudiengängen untersucht. Einschränkend muß angemerkt werden, daß die vorliegende Studie angesichts ihres sekundäranalytischen Charakters (siehe Fußnote 7) einer Reihe von ebenfalls wichtigen Fragen nicht nachgehen konnte. So wäre es beispielsweise auch interessant gewesen zu erfahren, wie überfüllt die Methodenveranstaltungen waren, über welche Erfahrungen der Dozent bzw. die Dozentin verfügte oder welche konkreten Aspekte der Inhaltsanalyse wie ausführlich zur Sprache kamen. Künftige Primärstudien könnten hier weitere Aufschlüsse erbringen.

Die hier präsentierten Befunde weisen insgesamt darauf hin, daß die Methode der Inhaltsanalyse in der Lehre recht gut verankert ist. Positiv ist, daß in nahezu 40% aller methodenzentrierten Lehrveranstaltungen diese Methode wenigstens als einer von mehreren Schwerpunkten behandelt wurde. Fast drei Viertel der Lehrveranstaltungen wurden binnen Jahresfrist erneut angeboten. Auch der Praxisbezug erscheint alles in allem betrachtet ausreichend. Es gibt jedoch auch negative und damit verbesserungswürdige Punkte. In gut einem Drittel der Vollstudiengänge war die Ausbildung zur Inhaltsanalyse »unterrepräsentiert«. Weiter als Nachteil muß der hohe Prozentsatz von Mischveranstaltungen gewertet werden, in denen die Inhaltsanalyse nur eine von mehreren Lehrbereichen darstellt. Eine ausreichende Behandlung der Methode, die deutlich über das bloße Kennenlernen von zentralen Begriffen hinausgeht, ist damit so gut wie ausgeschlossen. Dazu paßt auch, daß die meisten Veranstaltungen im Grundstudium stattfanden. Es muß also davon ausgegangen werden, daß eine vertiefende und problematisierende Behandlung der Methode wohl eher die Ausnahme war. Nur so ließe sich jedoch eine inhaltsanalytische Expertise erzielen, selbst bei einem weitgehend vorhandenen Praxisbezug. Größtes Ärgernis und angesichts der Bedeutung der Inhaltsanalyse völlig unverständlich ist jedoch, daß eine Ausbildung zur Inhaltsanalyse in immerhin sieben universitären Vollstudiengängen völlig fehlte.

Literatur

DGPUK: *Die Mediengesellschaft und ihre Wissenschaft. Herausforderungen für die Kommunikations- und Medienwissenschaft als akademische Disziplin.* Filderstadt: F. & T. , 2001

WIRTH, W.: Methodenausbildung, Methodenstreit, Standards: Einige Gedanken zum Status der Methoden in der Kommunikations- und Medienwissenschaft. In: *AVISO*, No. 26, Februar 2000, S. 6-7

WIRTH, W.; E. BAUMANN: *Ergebnisse einer Enquete zur kommunikations- und medienwissenschaftlichen Methodenausbildung.* Vortrag auf der 45. Jahrestagung der DGPuK in Wien am 30.5.- 2.6.2000

EVA BAUMANN

Graduell oder grundsätzlich? Unterschiede der inhaltsanalytischen Grundlagenliteratur von K. Merten und W. Früh

1. Einleitung

An der Methode der quantitativen Inhaltsanalyse Interessierte verfügen über eine durchaus nennenswerte Auswahl deutschsprachiger Publikationen, u.a. Früh (1998), Lisch (1979), Lisch & Kriz (1978), Merten (1995), Ritsert (1972), Rust (1981), Rustemeyer (1992).[1] Im Prinzip sind es jedoch vor allem zwei Werke[2], die in den deutschsprachigen Universitäten und Instituten im Rahmen der Studiengänge Publizistik, Medien- und Kommunikationswissenschaft in der Lehre schwerpunktmäßig verwendet werden, nämlich dasjenigen Klaus Mertens (1995)[3] und Werner Frühs (1998).[4] Beide Publikationen haben sich als Standard- und Grundlagenliteratur etabliert, und Generationen von Studenten verdanken ihnen in wesentlichen Teilen ihr inhaltsanalytisches Basiswissen. Dies ist Anlaß genug, sich einmal vergleichend mit der Frage zu beschäftigen, *welches* Verständnis von Inhaltsanalyse in den beiden Büchern eigentlich vermit-

---

1 Zur englischsprachigen Methodenliteratur sei hier beispielsweise auf die Werke von Berelson (1971), Krippendorf (1985) und Riffe, Lacy & Fico (1998) verwiesen.
2 Dies ergab eine kleine telefonische Umfrage in den zehn größten deutschsprachigen kommunikations- und medienwissenschaftlichen Instituten. Gefragt wurde, welche Werke zentral in der inhaltsanalytischen Grundausbildung eingesetzt werden.
3 Zweite, verbesserte Auflage, Erstveröffentlichung 1983.
4 Vierte, überarbeitete Auflage, Erstveröffentlichung 1981.

telt wird. Konkret: Welche Unterschiede lassen sich bezüglich der inhaltsanalytischen Auffassung bei Merten und Früh finden?[5]

Zunächst sei betont, dass sich die Werke natürlich vor allem durch viele Gemeinsamkeiten auszeichnen. So erheben beide den Anspruch, als umfassende Einführungs- bzw. Lehrbücher eine Brücke zwischen Theorie und Praxis zu schlagen. Beide folgen überwiegend dem quantitativen Paradigma und beide entwickeln die relevanten Dimensionen und Analysekategorien (vorwiegend) auf deduktivem Weg (MERTEN 1995: 315; FRÜH 1998: 91).

Auf den zweiten Blick treten aber durchaus einige feine, theoretisch wie praktisch bemerkenswerte Unterschiede hervor. Um diese soll es in diesem Beitrag gehen. Dabei stellt sich die Frage, ob sie methodentheoretisch als zwei Facetten, vielleicht gar als ›Schulen‹ innerhalb eines wissenschaftstheoretischen Paradigmas begriffen werden können oder ob es sich lediglich um terminologische Differenzen handelt.

Ausgehend von der jeweiligen Definition der Methode, soll zunächst die autorenspezifische Perspektive auf die Inhaltsanalyse expliziert werden. Anschließend werden die Ausführungen der Autoren zu einigen zentralen Aspekten der Inhaltsanalyse vergleichend thematisiert. Eine knappe Zusammenfassung der Erkenntnisse beschließt diesen Beitrag.

2. *Definitionen der Inhaltsanalyse im Vergleich*

Früh definiert Inhaltsanalyse als »[...] eine empirische Methode zur systematischen, intersubjektiv nachvollziehbaren Beschreibung inhaltlicher und formaler Merkmale von Mitteilungen; (häufig mit dem Ziel einer darauf gestützten interpretativen und/oder durch Zusatzkriterien gestützten Inferenz; FRÜH 1998: 25).«

Diese Definition orientiert sich im Ansatz an derjenigen Berelsons (1971 [1952]), der die Inhaltsanalyse wie folgt charakterisiert: »Content analysis is a research technique for the objective, systematic and quantitative description of the manifest content of communication« (BERELSON 1971 [1952]: 18).

---

[5] Es soll also weder um die allgemeine Konzeption der Bücher, noch um ihre didaktische Qualität oder gar um eine bewertende Rezension gehen. Aufbau und Konzeption der Bücher dürfte hinlänglich bekannt sein, die didaktische Qualität hat sich längst erwiesen und eine Rezension im üblichen Sinn ist 20 Jahre nach der Erstveröffentlichung wenig sinnvoll.

Die Inhaltsanalyse dient hiernach der quantifizierenden und eher formalen Beschreibung und Systematisierung von Kommunikationsinhalten. Früh betrachtet im Gegensatz zu Berelson die Elemente »manifester Inhalt«, »objektiv« und »quantitativ« nicht als konstitutive Definitionsbestandteile. Die von ihm statt dessen geforderte Systematik beinhaltet die mögliche Bedeutung dieser Elemente weitgehend;[6] systematisches und intersubjektiv nachvollziehbares Vorgehen ist außerdem eine konkretere und zu weniger Mißverständen führende Forderung, die darüber hinaus die Betonung auf den Kern der Methode, den Codierprozeß, legt (FRÜH 1998: 25, 108). Unter Systematik versteht Früh die klar strukturierte Vorgehensweise bei der Umsetzung der Forschungsfrage in eine konkrete Forschungsstrategie sowie die konsequente und durchgängig invariante Anwendung des Kategoriensystems auf das Untersuchungsmaterial (FRÜH 1998: 25, 37). Dabei wird betont, daß sich Forscher und Codiererteam niemals frei von individuellen Prädispositionen dem Gegenstand nähern können. Sie sind im Analyseprozeß immer zumindest insofern konstruktiv, als sie einem Text gegenüberstehen, der in seiner Bedeutung nicht festgelegt ist. Die Bedeutung kann sich im dynamisch-transaktionalen Sinne erst beim aktiven und subjektiv geprägten Lesen, Verarbeiten und Verstehen des Lesers generieren (vgl. FRÜH 1998, 93ff.). Dabei fungiert der Codierer keinesfalls als ›reine Zählmaschine‹ - genau das Gegenteil ist der Fall: »Er liest den Text ja ebenso wie jeder anderer Leser bzw. Textanalytiker. [...] Die Kategoriendefinition beschreibt einen Bedeutungsrahmen. Welche Äußerungen in diesen Rahmen passen, entscheidet der Codierer aufgrund seiner eigenen Sprachkompetenz und der Kenntnis des gesamten Kontextes« (FRÜH 1998: 99). Wichtig ist nur, daß alle Codierer nachweislich nach demselben Schema vorgehen, die Sinnkonstruktion nach gleichen Prinzipien erfolgt - die unterschiedlichen Codierer quasi die gleiche ›theoretische Brille‹ aufsetzten - und daß die Strategien der Entscheidungsfindungen transparent gemacht wer-

---

6 Allerdings gibt es auch Unterschiede. So verwendet Früh statt »quantitativ« den relativierenden Begriff »quantifizierend«, der zwar die numerische Repräsentation von Texteigenschaften (vgl. FRÜH 1998: 27ff.), nicht aber die Ablehnung von Merkmalen qualitativer Forschung einschließt. Beispielsweise plädiert Früh (1998: 134ff.) für eine prinzipielle Offenheit gegenüber dem Forschungsgegenstand, wenn er neben einer deduktiven auch eine induktive (empirische) Phase der Kategorienbildung vorschlägt (vgl. auch die Beiträge von BILANDZIC, KOSCHEL & SCHEUFELE und von FRÜH in diesem Band).

den. Die Systematik als Kriterium heranzuziehen eröffnet außerdem die Möglichkeit, über rein formale Zählungen und Registrierungen hinauszugehen und auch Bedeutungen - und damit latente Elemente - von Texten unter Berücksichtigung der wissenschaftlichen Gütekriterien zu erfassen. Der Anspruch besteht dabei im Kern darin, daß das Verfahren vom analysierenden Subjekt losgelöst ist, die Ergebnisse intersubjektiv nachvollziehbar, kommunizierbar und damit kritisierbar sind (FRÜH 1998: 93ff., 99f.).[7] Der Kern der Methode besteht für Früh in einem Selektions- und Klassifikationsprozeß. Die Inhaltsanalyse erfaßt Strukturen von Textmengen als Aggregatdaten und macht sie der Interpretation zugänglich (vgl. These 1, 2 & 6; FRÜH 1998: 110, 115). Der Methode selbst schreibt er damit einen der Interpretation zuarbeitenden, instrumentellen Charakter zu. In Anlehnung an das einfache Kommunikationsmodell (Sender - Botschaft - Empfänger) charakterisiert er zunächst den formaldeskriptiven Ansatz, bei dem die eben beschriebenen Selektions- und Klassifikationsinteressen im Zentrum stehen (FRÜH 1998: 41ff.). Früh betont, daß es sich hier entgegen einiger schon gegen Berelson gerichteter Vorwürfe nicht um »die reine Deskription im Sinne einer interessenlosen, allein durch die Beschaffenheit des Objekts vorgegebene Beschreibung [handelt], da jeder Kategorienbildung schon implizite Hypothesen zugrunde liegen« (FRÜH 1998: 42).

Im zweiten, eingeklammerten Teil der Definition verweist Früh auf mögliche, über die reine Klassifikation hinausgehende Analyseziele, die begründete Aussagen über jenseits der Struktur des konkreten Datenmaterials befindliche Phänomene zulassen sollen. Diese Verfahren bezeichnet Früh als den diagnostischen und den prognostischen Ansatz, die Aussagen über den Kommunikator (Sender) bzw. die Wirkung beim Rezipienten (Empfänger) anstreben. Diese beiden Inferenzschlüsse sind als optionale Bestandteile in der Definition verankert. Früh betont die eingeschränkte Leistungsfähigkeit solcher Schlüsse mit Hilfe der Inhaltsanalyse, da hier zusätzliche Validierungen der Aussagen durch andere Verfahren vonnöten seien (FRÜH 1998: 42 f.). Denn Kontextwissen über den Autor sowie historische und situative Hintergründe des Rezi-

---

7   Vgl. hierzu FRÜH (1998: 100): »Es geht also gar nicht darum, seitens des Forschers ›Durchschnittsbedeutungen‹ durchzusetzen. Das Problem liegt eher darin [...], daß der Interpretationsspielraum der Codierer bei dieser Bedeutungsrekonstruktion offenzulegen und zu kontrollieren ist« (1998: 100).

pierens sind Informationen, die aus dem Text selbst nicht zwingend hervorgehen müssen.

Dies bedeutet letztlich, daß eine Interpretation auf rein formal-deskriptiver Ebene von ebenso hohem wissenschaftlichem Wert ist wie Aussagen mit diagnostischer oder prognostischer Erkenntnis und daß Inhaltsanalysen *gerade nicht* zwingend einen Inferenzschluß beinhalten müssen.

Dem Inhaltsanalysebegriff Frühs soll im folgenden die Definition Mertens gegenübergestellt werden. Aus seiner Sicht ist die Inhaltsanalyse »[...] eine Methode zur Erhebung sozialer Wirklichkeit, bei der von Merkmalen eines manifesten Textes auf einen nicht-manifesten Kontext geschlossen wird« (MERTEN 1995: 95).

Für Merten besteht das Ziel der Analyse immer in einem Inferenzschluß, sei es auf den Kommunikator, auf den Rezipienten oder auf die Situation (MERTEN 1995: 16, 34). Der formal-deskriptive Ansatz findet sich als eigenständige Variante der Inhaltsanalyse nicht wieder. Aus seiner Sicht schließt sich der formal-deskriptive Ansatz historisch an die Phase der Intuition an und ist nicht mehr als ein zwischen dem 7. Jahrhundert und 1926 zu verortender Vorläufer auf dem Weg zur Etablierung der Inhaltsanalyse als eigenständiges Erhebungsinstrument (1926-41), zur interdisziplinären Erweiterung (1941-67) und schließlich zur theoretisch-methodischen Fundierung (ab 1967) zu betrachten (vgl. MERTEN 1995: Kapitel 2). Als Voraussetzung anspruchsvollerer inferenzorientierter Verfahren ist die reine Deskription allerdings in jeder Analyse als Mittel zum Zweck enthalten (MERTEN 1995: 19). Merten typologisiert die möglichen inhaltsanalytischen Verfahren anhand zweier Kriterien: erstens nach dem Ziel (Kommunikator-, Rezipienten- und Situationsanalyse) und zweitens nach einer syntaktischen, einer semantischen und einer pragmatischen Dimension, die er als Mittel oder Ebenen der Analyse bezeichnet. Manche Analyseformen sind offensichtlich mehrfach zuordbar, so z. B. die Themenanalyse (MERTEN 1995: 121). Hier zeichnet sich ab, daß es aus Mertens Sicht *die* prototypische Inhaltsanalyse nicht gibt.

Sein Hauptanliegen ist es, sich im Rahmen der Inhaltsanalyse über den Text hinwegzusetzen und die jenseits des Textes befindliche Realität zu erfassen. Das Pendant seines theoretischen Anspruchs findet sich weitgehend in Krippendorfs Methodenbegriff, der Inhaltsanalyse als

»a research technique for making replicable and valid inferences from data to their context«(KRIPPENDORF 1985: 21) bezeichnet.

Es wird deutlich, daß das Methodenverständnis Mertens und Frühs durchaus unterschiedliche Schwerpunkte aufweist. Früh hebt als Stärke der Methode die systematische Beschreibung formaler und inhaltlicher Aspekte hervor und stellt den Datenerhebungsprozeß in den Mittelpunkt seiner Abhandlungen. Merten dagegen begreift gerade diese Möglichkeit, mit Hilfe der Inhaltsanalyse Aussagen über jenseits des Textes befindliche soziale Phänomene treffen zu können, als Kern der Methode. Die reine Deskription ist zwar notwendige Voraussetzung der Inhaltsanalyse, nicht aber ihr eigentlicher Zweck (MERTEN 1995: 19). Theoretische Basis seiner Theorie der Methode bilden die Semiotik und Modelle des Kommunikationsprozesses (MERTEN 1995: Kapitel 4 und 5). Wenngleich Früh sich in der theoretischen Einordnung der Methode ebenfalls auf das einfache Kommunikationsmodell bezieht, so ist hier keine vergleichbar ausführlich explizierte Theorie der Methode zu finden.

Man kann den Unterschied zwischen den Auffassungen Mertens und Frühs pointiert so zusammenfassen, daß Merten die Inhaltsanalyse als eine Methode begreift, die den gesamten Prozeß von der Fragestellung über die Datenerhebung bis zur Interpretation und dem Schluß auf die Wirklichkeit umfaßt. Sein Methodenverständnis geht über einen instrumentellen Charakter hinaus. Früh dagegen faßt die Inhaltsanalyse vor allem als Instrument zur praktischen Umsetzung bestimmter theoretischer Fragestellungen und zur Bereitstellung von Daten über die erfahrbare Realität auf, auf Grundlage derer im Rahmen der Interpretation Schlüsse auf die Wirklichkeit gezogen werden. Während Früh also die Methode als Mittel zum Zweck betrachtet, hypothesenrelevante Themen- und Bedeutungsstrukturen reliabel und valide im Text nachzuweisen und Datenstrukturen zu generieren, die einer davon getrennten, sinnverstehenden Interpretation zugänglich gemacht werden sollen (FRÜH 1998: 120), geht Merten darüber hinaus und beansprucht, durch die Analyse des Textes die dahinterliegende soziale Wirklichkeit skizzieren zu können (MERTEN 1995: 58 f.). Die damit verbundene Inferenzproblematik diskutiert er ausführlich (MERTEN 1995: 111 ff.).

3. Der Umfang des Forschungsprozesses

Nach Früh ist die Inhaltsanalyse mit der Datenerhebung abgeschlossen. Sie ist als Instrument zur theorierelevanten Datengenerierung eingebettet in den gesamten Forschungsprozeß, umfaßt aber nur einen abgegrenzten Ausschnitt. Zwischen Hypothesenbildung, Operationalisierung und Datenerhebung und schließlich der Interpretation wird theoretisch und praktisch klar getrennt. Der Schluß auf die Wirklichkeit, sei er rein struktureller oder inferenztheoretischer Art, liegt immer außerhalb der Methode (vgl. FRÜH 1998: 118).

Mertens Methodenverständnis zufolge liegt der Schluß auf den Kontext eindeutig innerhalb der methodischen Umsetzung - der Inferenzschluß ist erklärtes Ziel der Methode selbst. Der inhaltsanalytische Prozeß umfaßt daher auch alle Teile des Forschungsprozesses. Demzufolge steht auch die Problematik, die dieser Anspruch mit sich bringt, im Mittelpunkt seiner Darstellungen, und weniger die Probleme der praktischen Umsetzung im Codierprozeß, wie es bei Früh der Fall ist. Merten diskutiert das aus seiner Sicht zentrale theoretische Prinzip der Inhaltsanalyse, nämlich die Logik des Schlusses vom Text auf den Kontext, durchgängig im Rahmen seiner Darstellung der verschiedenen Typen der Inhaltsanalyse als einen von sechs Gliederungsbestandteilen (vgl. MERTEN 1995: Kapitel 8, insbesondere 120 f.).[8]

4. Die Reaktivitätsfrage

Anders als bei Früh findet sich bei Merten (1995: z.B. 92 ff.) eine ausführliche Dikussion zur Reaktivität der Inhaltsanalyse. Mertens Überlegungen basieren auf der Annahme, daß der Kontext einer Untersuchungssituation, also der Text bei der Inhaltsanalyse, eine selektive Funktion erfülle, da man Daten aus einem Text nur gewinnen könne, indem man selektiv, also nach bestimmten Regeln auf den Text zugreife. Dies setze Verstehen eines Textes durch den Codierer voraus. Soweit nur syntaktische oder semantische Textelemente erhoben werden, funktioniere der Zugriff problemlos, anders jedoch, wenn auf der pragmatischen Ebene analysiert werde (MERTEN 1995: 92). »Hier beginnt der Text, im Akt des Codierens sozusagen, ungewollt zu sprechen« (MERTEN 1995:92). Das Codebuch scheint offensichtlich die Lesart des Codierers zu beeinträchti-

---

[8] Die sechs Gliederungsbestandteile der Typenbeschreibung sind: (1) Entwicklung des Verfahrens, (2) Logik des Schlusses vom Text auf den Kontext, (3) Vorgehensweise, (4) Kritik, (5) Varianten und Weiterentwicklungen und (6) Anwendungen.

gen und somit eine Verzerrung in der Bedeutungsgenerierung hervorzurufen. Vor diesem Hintergrund betrachtet Merten in Anlehnung an Esser[9] die »Definition von Reaktivität als fehlerhafte Reaktion auf den Untersuchungsstimulus (MERTEN 1995: 93)«. Offensichtlich birgt die Inhaltsanalyse aus seiner Sicht im Erhebungsprozeß strukturelle Fehler, die durch das notwendige Verstehen des Codierers begründet sind. Er überträgt die Reaktivität der Befragungssituation auf die Inhaltsanalyse und kommt zu folgendem Schluß: »[..] wenn für die Befragung gilt, daß ›Reaktivität [...] der Preis der Rollenübernahme [ist]‹, dann gilt analog für die Inhaltsanalyse, daß Reaktivität der Preis für das Verstehen des Textes ist: Soziale Wirklichkeit läßt sich, so könnte man resümierend sagen, eben niemals pur, sondern nur durch die soziale Wirklichkeit des Erhebungsprozesses gebrochen erfassen« (MERTEN 1995: 93). Man könnte die Reaktivität, wie Merten sie beschreibt, demnach auch als eine Schwäche der Methode begreifen.

Bei Früh ist der Reaktivitätsbegriff nicht zu finden. Das Phänomen, das Merten beschreibt, ist allerdings mit der ausführlichen Auseinandersetzung Frühs zum Codierprozeß von der Testphase bis zur eigentlichen Anwendungsphase vergleichbar (FRÜH 1998: 140-177). Dabei unterscheiden sich seine Ausführungen von denen Mertens darin, daß er das Phänomen als selbstverständlichen und eher unproblematischen Bestandteil der Methode begreift - solange die notwendigen Gütekriterien berücksichtigt werden. Die Sprachkompetenz und die zur Identifizierung latenter Bedeutungen notwendige Interpretationsleistung der Codierer sind konstituierende Bestandteile der Methode. Codierer dürfen nicht als »mechanistische Abzähler und Registrierer betrachtet werden, denen die Inhaltsanalyse das Denken untersagt« (FRÜH 1998: 224). Sofern es dem Forscher gelungen ist, seine im Rahmen des Codebuchs dokumentierte Interpretationsweise und Forschungsperspektive vertraut zu machen (FRÜH 1998: 161), diese Strategie somit transparent und von allen Codierern in ähnlicher Weise angewendet wird, ist dieses Phänomen kein Manko der Methode, sondern sogar eine Voraussetzung insbesondere für das Funktionieren der Inhaltsanalyse als Bedeutungsanalyse. Um

9 Vgl. dazu ESSER (1975: 258) insbesondere im Hinblick auf Befragungs- und Beobachtungssituationen: »Unter Reaktivität wird in einem weiten Sinn die Reaktion einer Untersuchungsperson verstanden, welche von dem methodisch erforderlichen Verhalten - nämlich die bloße Reaktion auf den Untersuchungsstimulus - abweicht.«

strukturelle Fehler oder Verzerrungen zu vermeiden, ist der Probecodierung, der Codiererschulung, der Reliabililäts- und Validitätssicherung und schließlich der eigentlichen Codierung besondere Aufmerksamkeit zu widmen. Früh führt hier verschiedene praktische Strategien und Instrumente an, die es ermöglichen sollen, den Gütekriterien der Analyse gerecht werden zu können (FRÜH 1998: 140-177).
Merten dagegen begegnet dem Reaktivitätsproblem auf anderem Wege. Weil »kommunikative Wirklichkeit der Erhebung [immer] wirkungsmächtig [ist], wenn ein Rezipient (Codierer) mit seinen eigenen sozialen Strukturen [...] aktiv interferiert, [...] muß auch bei der Inhaltsanalyse Reaktivität in Rechnung gestellt werden« (MERTEN 1995: 94). Anders als Früh versucht Merten dieses Phänomen mit methodischen Variationen der Inhaltsanalyse, wie der Bewertungs- oder Einstellungsanalyse, zu kontrollieren. Das Ziel besteht dabei darin, einen möglichen Zusammenhang zwischen den Codierungen und den Bewertungen oder Einstellungen des Codierers offenzulegen, um so das Ausmaß der Reaktivität kontrollieren zu können (vgl. MERTEN 1995: 94, 193 ff., 227 ff.). Die Kontrolle des Codierprozesses selbst wird weniger stark thematisiert.

5. Die zentralen Gütekriterien der Inhaltsanalyse

Auch bei der Reliabilität und Validität als die zentralen Gütekriterien (nicht nur) der Inhaltsanalyse offenbaren sich begriffliche Nuancierungen. Früh betrachtet als Validität vor allem die Sicherstellung der Tatsache, daß das vom Forscher gemeinte theoretische Konstrukt bzw. dessen Bedeutungsgehalt von den Codierern auch tatsächlich gemessen wurde (FRÜH 1998: 171 f.). Wie gut dieses Ziel erreicht ist, kann nach Früh empirisch mit Hilfe der Intercoderreliabilität zwischen Codierern und Forschern gemessen werden (FRÜH 1998: 172f.). Hier ist implizit eine konstruktivistische Annahme enthalten, nämlich daß der »Gegenstand der wissenschaftlichen Prüfung (...) die Brauchbarkeit [des] kognitiven Realitätsmodells [des Forschers] ist«. Da es also den unmittelbaren Zugang zur Realität nicht gibt, ist auch die Tatsache, daß der Forscher die Realität im Codiervorgang in eine subjektiv geprägte Wirklichkeit überführt, für Früh unproblematisch, solange der Forscher seine Sichtweise offenlegt und sie den Codierern vermitteln kann (FRÜH 1998: 173). Frühs Methodenverständnis folgend, bezieht sich auch sein Validitätsbegriff schwerpunktmäßig auf den Prozeß bis zur Datengenerierung und nicht auf die Interpretation. Merten differenziert dagegen acht verschiedene Formen der Validität, die gemeinsam den gesamten Forschungsprozeß von der Theorie bis zum Schluß auf die soziale Wirklichkeit umspannen. Die Zuverlässigkeit als interne Gültigkeit, die Merten anhand mehrerer verschiedener Prüfverfahren vorstellt, ist dabei nur als eine von vielen in den Forschungsprozeß eingebettet (vgl. MERTEN 1995: 312). Der inferenztheoretische Anspruch Mertens macht verständlich, daß er hinsichtlich der Gütekriterien Reliabilität und Validität deutlich zwischen instrumenteller (interne Vialidät als Gütekriterium der eigentlichen Meßprozedur) und methodentheoretischer (externe Validität als Gütekriterium des gesamten Erhebungsvorgangs) Ebene differenziert (MERTEN 1995: 302). Ebenso wie Früh betrachtet er (ceteris paribus) freilich die Reliabilität als Indikator für die Reproduzierbarkeit von Meßergebnissen und als Voraussetzung für die (externe) Validität.

6. Der Lehrbuchcharakter

Die beiden Perspektiven der Autoren schlagen sich folgerichtig auch in Aufbau und Art der Vermittlung ihrer beiden Lehrbücher nieder. Im Gegensatz zum eher thematischen, theoriegeleiteten Aufbau Mertens Werkes zeichnet sich das Kompendium Frühs durch einen erklärenden und ablauforientierten Aufbau aus, wobei der instrumentelle Charakter der Methode betont wird. Sein Theorieteil ist weniger eine methodentheoretische Auseinandersetzung mit der Inhaltsanalyse als vielmehr eine Darstellung der Grundlagen, Ziele und der prinzipiellen Vorgehensweise, immer mit Blick auf die forschungspraktische Umsetzung. Zahlreiche Beispiele dienen der Veranschaulichung. Dabei konzentriert sich Früh auf die Prototypen Themenfrequenz- und Bedeutungsanalyse. Der Analyseprozeß wird anhand eines bekannten Beispiels von Anfang bis Ende durchdekliniert. Früh zeigt hier, daß die Inhaltsanalyse auch in ihrer scheinbar einfachsten Variante, der formalen Deskription von Texten, weit mehr leistet, als von Kritikern unterstellt wird. (vgl. FRÜH 1998: zweiter Teil, Kapitel 1).

Der Theorieteil Mertens spiegelt dagegen viel stärker einen von verschiedenen Disziplinen beeinflußten Diskurs auf wissenschaftstheoretischer und -historischer Ebene wider. Die Inhaltsanalyse wird in ihrem

Verhältnis zu anderen empirischen Methoden beleuchtet, wobei den Beispielen und zahlreichen Zitaten eher eine belegende Funktion zukommt. Verschiedene typologisierte Analyseformen stehen gleichberechtigt nebeneinander.

7. Zusammenfassung

Frühs Buch könnte zusammenfassend als eine praxisnahe, aber theoretisch dezidiert untermauerte Anleitung bezeichnet werden, während Mertens Buch den Fokus vor allem auf eine theoretische Auseinandersetzung mit den methodischen Grundprinzipien und auf die Stellung der Inhaltsanalyse innerhalb der empirischen Sozialforschung legt, wobei Breite und Vielseitigkeit der Methode hervorgehoben werden.

Insgesamt schreibt Früh der Inhaltsanalyse einen instrumentellen Charakter zu, und er betrachtet die Methode eher im Hinblick auf den eigentlichen Erhebungsvorgang und die damit verbundenen Ziele und Probleme. Die Bestandteile und Vorgehensweisen der Inhaltsanalyse gewinnen dadurch an Klarheit, auf der anderen Seite werden potentiell davon fortführende methodentheoretische Aspekte ausgeklammert. Mertens Herangehensweise ist stärker methodentheoretischer Natur und deshalb losgelöst von konkreten praktischen Umsetzungsproblemen. Die Inhaltsanalyse wird als eine den gesamten Forschungsprozeß umspannende Prozedur verstanden, woraus sich folgerichtig andere Fragen und Ansprüche ergeben.

Die Frage, ob die Unterschiede zwischen Früh und Merten gradueller oder grundsätzlicher Art sind, ist letztlich nicht klar zu beantworten. Eine salomonische Antwort könnte lauten: Die Autoren schreiben der Inhaltsanalyse partiell unterschiedliche Kernkompetenzen zu, woraus sich zumindest je spezifische Schwerpunktsetzungen ergeben. Daher sind viele theoretische und praktische Aspekte möglicherweise nicht als Indikatoren grundsätzlich verschiedener Ansätze zu begreifen, sondern durch die eher methodentheoretische Perspektive Mertens auf der einen und die forschungspraktische, anleitende Perspektive Frühs auf der anderen Seite begründet. Nicht zuletzt offenbart sich gerade durch diese (begrenzte) Unterschiedlichkeit, warum sich beide Werke nebeneinander etabliert haben und im Rahmen der Ausbildung wechselseitig ergänzen.

Literatur

BERELSON, B.: *Content Analysis in Communication Research*. New York 1971 [1952]

ESSER, H.: Zum Problem der Reaktivität bei Forschungskontakten. In: *Kölner Zeitschrift für Soziologie und Sozialpsychologie*, 27, 1975, S. 257-272

FRÜH, W.: *Inhaltsanalyse. Theorie und Praxis*. 4., überarbeitete Auflage [1. Auflage 1981], Konstanz 1998

KRIPPENDORF, K.: *Content Analysis. An Introduction to Its Methodology*. 5. Auflage. London: 1985

LISCH, R.: *Inhaltsanalyse. Eine kritische Betrachtung des gegenwärtigen Entwicklungsstandes und Ansätze zur weitern Entwicklung*. Bremen 1979

LISCH, R.; J. KRIZ: *Grundlagen und Modelle der Inhaltsanalyse. Bestandsaufnahme und Kritik*. Reinbek 1978

MERTEN, K.: *Inhaltsanalyse. Einführung in Theorie, Methode und Praxis*. 2., verbesserte Auflage [1. Auflage 1983]. Opladen 1995

RIFFE, D.; S. LACY; F. G. FICO: *Analyzing Media Messages. Using Quantitative Content Analysis in Research*. London 1998

RITSERT, J.: *Inhaltsanalyse und Ideologiekritik. Ein Versuch über kritische Sozialforschung*. Frankfurt a.M. 1972

RUST, H.: *Methoden und Probleme der Inhaltsanalyse: eine Einführung*. Tübingen 1981

RUSTEMEYER, R.: *Praktisch-methodische Schritte der Inhaltsanalyse: eine Einführung am Beispiel der Analyse von Interviewtexten*. Münster 1992

Autoren

ALEXA, MELINA, Dr., studierte Anglistik und Linguistik in Griechenland und Computerlinguistik in Großbritannien. Nach der Promotion arbeitete sie als wissenschaftliche Angestellte im *Language Engineering Department in Manchester* (UMIST), sowie am GMD-*Institut für integrierte Publikations- und Informationssysteme* (IPSI) in Darmstadt und dem *Zentrum für Umfragen, Methoden und Analysen* (ZUMA) in Mannheim. Im Oktober 1999 Wechsel zum *Verlag Bibliographisches Institut & F.A. Brockhaus AG* als Projektleiterin für den Bereich Sprachtechnologie der Abteilung Neue Medien.

BAUMANN, EVA, Jg. 1974, Studentische Mitarbeiterin, seit 1997 Studium Medienmanagement am *Institut für Journalistik und Kommunikationsforschung der Hochschule für Musik und Theater Hannover*. Arbeitsschwerpunkte: politische Kommunikation, Empirische Methoden, Rezeptionsforschung.

BILANDZIC, HELENA, Jg. 1972, M.A., Studium der Kommunikationswissenschaft, der Französischen Philologie und des Medienrechts in München, seit 1997 wissenschaftliche Mitarbeiterin am Institut für Kommunikationswissenschaft der LMU München. Forschungsschwerpunkte: Rezeptionsforschung, Methoden, Medieninhalte.

ENGESSER, EVELYN, Jg. 1968, M.A., Studium der Publizistikwissenschaft, Allgemeinen und Vergleichenden Literaturwissenschaft und Amerikanistik in Mainz. Seit 1996 wissenschaftliche Mitarbeiterin am Institut für Publizistik der Johannes Gutenberg-Universität Mainz. Forschungsschwerpunkte: Onlinekommunikation, Journalismus im Film und in der Literatur

FRÜH, WERNER, Jg. 1947, Prof. Dr., Studium der Publizistik, Germanistik und Soziologie. 1976-1987 Leiter der Abteilung Text- und Medienanalyse beim *Zentrum für Umfragen, Methoden und Analysen* (ZUMA); 1987-1994 Professor für angewandte Medienforschung an der Universität München; seit 1994 Lehrstuhl für empirische Kommunikations- und Medienforschung an der Universität Leipzig. Arbeitsschwerpunkte: Empirische Methoden, insbes. Inhaltsanalyse; Rezeptions- und Wirkungsforschung.

GEIS, ALFONS, Jg. 1946, 1969 Studium der Publizistik, Geschichte und Soziologie in Mainz, Abschluß 1975 mit Magister, Mitarbeit in verschiedenen inhaltsanalytischen Projekten, 1977 bis 1982 Lehrauftrag in Mainz für Methodenausbildung (Inhaltsanalyse), seit 1980 als wissenschaftlicher Mitarbeiter beim *Zentrum für Umfragen, Methoden und Analysen* (ZUMA), ab 1996 Leiter der Abteilung Textanalyse, Medienanalyse, Vercodung (TEMEV). Arbeitsschwerpunkte sind Inhaltsanalyse, computerunterstützte und coderbasierte, Berufs- und Branchencodierung, Text- und Datenerfassung.

GRITTMANN, ELKE, Jg. 1966, M.A., studierte Kunstgeschichte, Journalistik und Politische Wissenschaft in Heidelberg, Hamburg und Rom. Tätigkeit als Journalistin bei Tages- und Wochenzeitungen sowie im Hörfunk, Redaktionsassistenz beim Fernsehen und als Beraterin in einer PR-Agentur. Nach dem Studium zunächst Projektmitarbeiterin und seit Frühjahr 1997 wissenschaftliche Mitarbeiterin am Institut für Journalistik der Universität Hamburg. Dissertation über die visuelle Darstellung von Politik in Printmedien.

HAGEN, LUTZ M., Dr. rer. pol., Diplom-Kaufmann. Studium der Betriebswirtschaftslehre in Nürnberg. Promotion 1994 über Informationsqualität von Nachrichten. Seither wissenschaftlicher Assistent am Lehrstuhl für Kommunikations- und Politikwissenschaft der Friedrich-Alexander-Universität Erlangen-Nürnberg. Forschungsschwerpunkte: Nachrichtentheorie und Nachrichten-Journalismus; Produktion, Rezeption und Wirkung der Wirtschaftsberichterstattung; Nutzung und Wirkung von Online-Medien; Methoden der empirischen Kommunikationsforschung - insbesondere Inhaltsanalyse und Zeitreihenanalyse; Medienökoomie.

AUTOREN

HÜNING, WOLFGANG, Jg. 1966, studierte Sozialwissenschaften (Fachrichtung Politikwissenschaft) und Psychologie in Duisburg. Seit 1997 ist er - zunächst als Diplomand, später als Wissenschaftlicher Mitarbeiter - in der Abteilung Medien, Kommunikation und Telematik im *Rhein-Ruhr-Institut für Sozialforschung und Politikberatung* (RISP) beschäftigt. Seit 2000 ist er Wissenschaftlicher Mitarbeiter am Lehrstuhl für Deutsche Politik an der Gerhard-Mercator-Universität Duisburg.

JANDURA, OLAF, JG. 1974, M.A., Studium der Kommunikationswissenschaft, Politikwissenschaft und Soziologie in Dresden und Pamplona/Spanien. Seit 1999 wissenschaftlicher Mitarbeiter am Institut für Kommunikationswissenschaft der TU Dresden. Forschungsschwerpunkte: Politische Kommunikation, Medienwirkungsforschung.

KOSCHEL, FRIEDERIKE, Jg. 1958, M.A., bis 1994 Beratung für Unternehmenskommunikation, Entwicklung von CI-Programmen in Münchner PR- und Werbeagenturen; bis 1998 Studium am Institut für Kommunikationswissenschaft, München; bis 2000 wissenschaftliche Mitarbeiterin am Institut für Angewandte Psychologie DIAGNOSE + TRANSFER, München; seit 4/2000 wissenschaftliche Mitarbeiterin am Lehrstuhl Prof. Heinz Pürer am IFKW. Forschungsschwerpunkte: Methoden der empirischen Kommunikationsforschung; Inhalte und Rezeption von Wirtschaftsberichterstattung.

KRÜGER, UDO MICHAEL, Jg. 1942, Dr., Sozial- und Kommunikationswissenschaftler, Leitung des IFEM *Institut für empirische Medienforschung GmbH*, Köln. Arbeitsschwerpunkte: Fernsehprogramm- und Inhaltsforschung.

LAUF, EDMUND, Jg. 1959, M.A., Dr. phil., Studium der Publizistik, Geschichte und Soziologie an der Westfälischen Wilhelms-Universität-Münster. Von 1989 bis 1998 wissenschaftlicher Mitabeiter an der Universitäten Münster und Siegen sowie an der Hochschule für Musik und Theater Hannover. Seit 1999 Postdoctoral Research Fellow an der *Amsterdam School of Communications Research* (ASCOR) der Universiteit van Amsterdam. Schwerpunkte: Internationale Mediennutzungs und -wirkungsforschung.

MAURER, MARCUS, Jg. 1969, M.A., Studium der Publizistikwissenschaft, Politikwissenschaft und Deutschen Philologie in Münster und Mainz. Seit 1997 wissenschaftlicher Mitarbeiter am Institut für Publizistik der Johannes Gutenberg-Universität Mainz. Forschungsschwerpunkte: Politische Kommunikation, Medienwirkungsforschung.

PETER, JOCHEN, Jg. 1972, M.A., Studium der Publizistik, Soziologie und Germanistik in Mainz und Leicester, GB. Seit 1998 Projektmitarbeiter und Dozent an der *Amsterdam School of Communications Research* (ASCOR) Universiteit van Amsterdam. Forschungsschwerpunkte: politische Kommunikation und öffentliche Meinung.

REINEMANN, CARSTEN, Jg. 1971, M.A., Studium der Publizistikwissenschaft, Politikwissenschaft und Psychologie in Mainz. 1997 Wissenschaftlicher Projektmitarbeiter am Institut für Kommunikations- und Medienwissenschaft in Leipzig. Seit 1997 wissenschaftlicher Mitarbeiter am Institut für Publizistik der Johannes Gutenberg-Universität Mainz. Forschungsschwerpunkte: Politische Kommunikation, Journalismusforschung.

RÖSSLER, PATRICK, JG. 1964, Prof. Dr., 1982 bis 1987 Studium der Publizistik, Jura und Politikwissenschaft an der Johannes-Gutenberg-Universität, Mainz. 1989 bis 1994 Projektmitarbeiter und wissenschaftlicher Mitarbeiter am Lehrstuhl für Kommunikationswissenschaft und Sozialforschung. 1996 Promotion zum Dr.rer.soc. an der Fakultät für Wirtschafts- und Sozialwissenschaften der Universität Hohenheim. 1997 - 2000 wissenschaftlicher Assistent am Institut für Kommunikationswissenschaft (ZW) der Ludwig-Maximilians-Universität München. Stellvertretender Sprecher der Fachgruppe *Rezeptionsforschung* der DGPuK. Seit April 2000 Professur (C3) für Kommunikationssoziologie und -psychologie an der Universität Erfurt. Seit 2001 Repräsentant der *International Communication Association* (ICA) in Deutschland. Forschungsschwerpunkte: Politische Kommunikation, Medienwirkungen, Medieninhalte, neue IuK-Technologien, Filmjournalismus.

SCHEUFELE, BERTRAM-THIEMO, Jg. 1969, M.A., Studium der Publizistik, Soziologie und Kunstgeschichte an der Johannes-Gutenberg-Universität Mainz, Juli 1997 bis Juni 2000 Projektmitarbeiter DFG-Projekt

AUTOREN

Massenmedien und Fremdenfeindlichkeit 2 am Lehrstuhl Prof. Dr. Hans-Bernd-Brosius, seit Oktober 2000 wissenschaftlicher Mitarbeiter am IFKW, seit 1997 Redaktion Buchbesprechungen der *Publizistik*. Arbeitsschwerpunkte: Politische Kommunikation, Medieninhalte, Kommunikatorforschung, Methoden, Zeitreihenanalysen.

SCHMID, INGRID, JG. 1970, M.A., Studium der Kommunikationswissenschaft, Statistik, Theaterwissenschaft in München. Von 1999 bis 2000 Mitarbeiterin am Institut für Medien- und Kommunikationswissenschaft der Technischen Universität Ilmenau. Seit 2000 Mitarbeiterin am Institut für Kommunikations- und Medienwissenschaft an der Universität Leipzig. Hauptarbeitsgebiete: Methoden der Medienforschung, Fernsehnutzung, gesellschaftliche Medienwirkungen

TREBBE, JOACHIM, JG. 1965, Wissenschaftlicher Assistent am Institut für Publizistik- und Kommunikationswissenschaft der Freien Universität Berlin. Studium der Sozialwissenschaften in Göttingen. 1990 Abschluss zum Diplom-Sozialwirt mit einer Sekundäranalyse der Media-Analyse. 1996 Promotion zum Dr. phil an der Freien Universität Berlin. 1990 bis 1994 Projektleiter am Göttinger Institut für angewandte Kommunikationsforschung in Göttingen (heute GöfaK Medienforschung, Potsdam), Lehrbeauftragter der Universitäten Göttingen und Leipzig. Seit 1994 an der Freien Universität Berlin. Forschungsschwerpunkte: Angewandte Medienforschung: Befragungen und Inhaltsanalysen, Internetforschung, Wissenschaftskommunikation, Projektmanagement.

WEISS, HANS-JÜRGEN, Jg. 1944, Professor für empirische Kommunikations- und Medienforschung am Institut für Publizistik- und Kommunikationswissenschaft der Freien Universität Berlin. Studium der Soziologie, Psychologie und Kommunikationswissenschaft an der Universität München. Magister (M.A.) und Promotion an der Universität München, Habilitation an der Universität Göttingen. Seit 1972 wissenschaftliche Tätigkeit im Bereich der empirischen Kommunikations- und Medienforschung, bis 1978 an der Universität München, 1978-1994 an der Universität Göttingen, seit 1994 an der Freien Universität Berlin. Seit 1988 wissenschaftlicher Leiter der *GöfaK Medienforschung GmbH*. Forschungsschwerpunkte: Politische Kommunikation; individuelle und gesellschaftliche Medienwirkungen; Medienanalysen.

WIRTH, WERNER, Jg. 1959, Dr. phil., M.A., Studium der Kommunikationswissenschaft, Psychologie, Statistik, Soziologie und Informatik in München. 1989 Abschluss M.A., 1994 Promotion mit einem Thema zur medialen Wissensvermittlung. Wissenschaftlicher Mitarbeiter an den Universitäten München und Leipzig, seit 1999 an der HMT Hannover am Institut für Journalistik und Kommunikationsforschung. Seit 1998 Sprecher der Fachgruppe *Methoden der Publizistik- und Kommunikationswissenschaft* in der DGPuK. Arbeitsschwerpunkte: Medienwirkungen, Rezeptions- und Selektionsforschung, Infotainment im Fernsehen (Inhalte und Wirkung), politische Kommunikation, Onlineforschung (Navigation, Chatten, Diffusionsprozesse), empirische Methoden.

WÜNSCH, CARSTEN, Jg. 1972, M.A., Studium der Kommunikationswissenschaft, Politikwissenschaft und Philosophie an der Technischen Universität Dresden. Seit 2000 Mitarbeiter am Institut für Kommunikations- und Medienwissenschaft an der Universität Leipzig. Hauptarbeitsgebiete: Rezeptionsforschung und Politische Kommunikation.

ZUELL, CORNELIA, arbeitete beim *Zentrum für Umfragen, Methoden und Analysen* (ZUMA) zunächst in der EDV Abteilung im Bereich Statistik-Software. Daneben war und ist sie maßgeblich an der Entwicklung des Programms TEXTPACK zur computerunterstützten Inhaltsanalyse beteiligt. Seit einigen Jahren arbeitet sie im Bereich ›Textanalyse‹ bei ZUMA und beschäftigt sich dort vor allem mit computerunterstützten Verfahren der Inhaltsanalyse.